Wolfgang Kraushaar

Achtundsechzig

WOLFGANG KRAUSHAAR

Achtundsechzig

Eine Bilanz

Propyläen

Die Fotomontage auf dem Cover zeigt von links:
Fritz Teufel, Rudi Dutschke, Rainer Langhans

Propyläen ist ein Verlag der Ullstein Buchverlage GmbH
www. propylaeen-verlag.de

ISBN 978-3-549-07334-6

Lektorat: Karin Schneider
Gesetzt aus der Cheltenham bei LVD GmbH, Berlin
Druck und Bindung: GGP Media GmbH, Pößneck
Printed in Germany

»Wer sich an irgend etwas aus den sechziger Jahren erinnert,
war mit Sicherheit gar nicht dabei.«

Paul Kantner

INHALT

I. Prolog: Die Hippiebewegung 9

II. »Achtundsechzig« – Kulturkampf und Sprachverwirrung 42

Wer spricht hier eigentlich? 45
Worüber reden wir, wenn wir von »Achtundsechzig« sprechen? 49
Eine zutreffende Bezeichnung? 56

III. Die Konstitutionsfaktoren 65

Makro- und Mikropolitik 68
Vergangenheit und Gegenwart 72
Ost und West 76

IV. Die Ursprungsmythen 80

Gewalt 81
Sexualität 95
Dritte Welt 100

V. Kulturrevolution 111

Kommunen 122
Kinderläden 131
Räte 141

VI. Die Dynamiken 150

Der Tod Benno Ohnesorgs 150
Das Attentat auf Rudi Dutschke 153

VII. Die Kampagnen 157

Anti-Springer-Kampagne 157
Antinotstandsbewegung...................................... 163
Anti-NPD-Bewegung.. 175

VIII. Die Entmischung 183

Erstes Resultat: Sekten 188
Die Politsekten.. 190
Die Psychosekten 194
Die terroristische Sekte 206
Zweites Resultat: Milieus 213
Die Berliner Haschrebellen 213
Die Frankfurter Spontiszene 218
Drittes Resultat: Bewegungsfermente 224
Die neue Frauenbewegung 226
Die Ökologiebewegung 230

IX. Langzeitwirkung: Die Partei der Grünen 234

X. Dreißig Jahre danach: Die Entpuppung prominenter Achtundsechziger 240

XI. »Ursprung ist das Ziel« 253

Rousseaus »Zurück zur Natur« 253
Die romantische Revolte 258
Die religiösen Wurzeln 268

XII. Fazit 286

Anmerkungen 299
Personenregister 327
Bildnachweis 334

I.

Prolog: Die Hippiebewegung

Wer vierzig Jahre später einen Blick zurück auf »1968« werfen will, der sollte sich von vornherein nicht einfach auf das bundesdeutsche Kapitel fixieren. Die damaligen Proteste gegen die Schwachstellen der Wohlstandsgesellschaft bewegten sich ganz unzweifelhaft in einem transnationalen Zusammenhang. Ihre Wunschträume, ihr utopischer Überschuss, aber auch ihre Vermessenheiten, wurden zuerst auf der anderen Seite des Atlantiks intoniert. In den USA war bereits Mitte der sechziger Jahre vieles von dem vorweggenommen worden, was hierzulande erst an deren Ende Gestalt annehmen sollte. Wer also begreifen will, um welche Impulse es dabei im Einzelnen gegangen und was davon wiederum in einer spezifisch deutschen Weise anverwandelt worden ist, der kommt nicht umhin, sich der wichtigsten US-amerikanischen Strömungen zu vergewissern, die für zahlreiche Bewegungen in anderen Industrienationen den Ton angaben.

Einer der spektakulärsten Prozesse der US-Geschichte fand im Herbst 1969 in Chicago statt. Auf der Anklagebank saßen mit Dave Dellinger, Tom Hayden, Abbie Hoffman, Jerry Rubin, John Froines, Lee Weiner und Bobby Seale die Galionsfiguren von Protest, Ungehorsam und Widerstand. Es waren keine Geringeren als die Wortführer der amerikanischen Antikriegsbewegung. Die sogenannten Chicago Eight beziehungsweise – nachdem die Anklage gegen einen von ihnen fallengelassen worden war – Chicago Seven wurden beschuldigt, ein Jahr zuvor die Protest- und Störaktionen beim Konvent der Demokratischen Partei organisiert zu haben. Als Zeugen traten Prominente wie der Schriftsteller Norman Mailer, der Folksänger Arlo Guthrie, der LSD-Papst Timothy Leary sowie der Prediger, Bürgerrechtler und spätere Präsidentschaftskandidat Jesse Jackson auf.[1] Welche Welten dabei im Gerichtssaal aufeinanderprallten, wurde schon bei der Feststellung der Personalien eines der Angeklagten deutlich:

»Würden Sie Ihren Namen nennen?

Hoffman: Mein Name ist Abbie. Ich bin ein Waisenkind aus Amerika.

Wo wohnen Sie?

Hoffman: In Woodstock Nation.

In welchem Staat liegt das?

Hoffman: Im Bewußtsein. Es ist eine Nation entfremdeter junger Leute. Wir tragen sie in unseren Köpfen mit uns herum ebenso wie die Sioux Indianer die Sioux Nation in ihren Köpfen mit sich herumtrugen.

Eine Adresse genügt. Bloß nichts über Philosophie oder Indianer.«[2]

Soweit der Auszug aus dem Protokoll dieses Prozesses, der unter tumultartigen Zuständen nach fünf Monaten zu Ende ging. Alle sieben Angeklagten wurden in Hinblick auf den Vorwurf der Verschwörung für nicht schuldig befunden, zwei von ihnen komplett freigesprochen, die anderen fünf allerdings für schuldig befunden, einen Volksaufruhr angezettelt zu haben. Sie erhielten deshalb eine Haftstrafe von jeweils fünf Jahren und Geldstrafen von mehreren tausend Dollar. Diese Urteile wurden jedoch in einem Berufungsverfahren zweieinhalb Jahre später aufgehoben. Das Verteidigungsministerium in Washington entschied schließlich, den Fall nicht wieder aufzurollen.

Hoffman hatte das Stichwort genannt: »Woodstock Nation«. Worum ging es? Um Woodstock? Nein, jedenfalls nicht in erster Linie. Worum es wirklich ging, war nichts anderes als die Hippiebewegung, eine gegenkulturelle Bewegung, die zur Keimzelle einer anderen amerikanischen Nation hätte werden sollen. Darüber ist doch, ließe sich einwenden, bereits alles gesagt worden. Wirklich? Einer der besten Kenner, der Herausgeber der Zeitschrift *Rolling Stone,* Charles Perry, hat die sogenannte Flower-Power-Ära als »das am meisten beschriebene, jedoch am wenigsten verstandene Ereignis der sechziger Jahre« bezeichnet.[3]

»California Dreamin«, »Surfin' USA«, »Summer In The City«, »Let The Sunshine In«, »Fun, Fun, Fun«, »Dance, Dance, Dance«

und wie die Titel der Popsongs alle lauteten – lässt sich von einem Phänomen, das derartig mit Klischees überfrachtet ist, überhaupt noch angemessen berichten? Die Zweifel daran sind sicherlich nicht ganz unberechtigt. Schließlich fallen einem sofort zahllose Attribute ein, die dazu geeignet sein könnten, all diese Klischees zu bestätigen: Lange Haare, bunte Klamotten, wallende Gewänder, Blumenschmuck, ebenso laute wie nicht enden wollende Musikstücke, Räucherstäbchen, Haschisch, LSD und Marihuana. Es gehört nicht viel dazu, die Hippiebewegung als einfältige Selbstsuche, als grenzenlose Naivität, als Ausdruck einer infantilen Weltsicht zu entlarven.[4] Die Parolen, die in jener Zeit in Kalifornien geprägt wurden und im Deutschen ebenso wie in vielen anderen Sprachen in den allgemeinen Zitatenschatz gewandert sind, scheinen das zu bestätigen: »High sein, frei sein«, »Trau keinem über dreißig«,[5] »Wir sind die, vor denen uns unsere Eltern gewarnt haben«.[6] Doch auch dieser Entlarvungsgestus hat sich erschöpft.

Übrig geblieben ist nichts anderes als das Klischee. Verschwunden ist eine Ahnung davon, dass es hinter den Mustern, Codes und Emblemen eine innovative Strömung gegeben haben könnte, aus der Impulse für eine globale Jugendkultur hervorgegangen sind.[7] Der von der Popmusik geschaffene, nicht abreißende Klangfilm sorgt dafür, die Illusion zu erzeugen, dass es um Ereignisse gehe, die erst gestern geschehen seien, die in Wirklichkeit aber bereits mehr als vier Jahrzehnte vorüber sind. Und als sich die Zeile »If you are going to San Francisco/Be sure to wear some flowers in your hair« seinerzeit wie ein Ohrwurm festsetzte,[8] war in Wirklichkeit das meiste bereits vorüber.

Die Wurzeln der wichtigsten Subkulturen der sechziger Jahre befanden sich in einem vergleichsweise kleinen, überschaubaren Areal – in der Bay Area von San Francisco.[9] In der am Pazifik gelegenen kalifornischen Großstadt, in der der Eroberungsdrang der Pioniere an seine natürlichen Grenzen stieß und die von manchen als die europäischste Metropole der Vereinigten Staaten angesehen wird, entstanden Mitte der sechziger Jahre in kurzen Abständen und in unmittelbarer geografischer Nähe mehrere Bewegungen:

An der Universität Berkeley entwickelte sich im Herbst 1964 das Free Speech Movement, das so etwas wie das Urmodell für die weltweit ausbrechenden Studentenrevolten abgegeben hat und in dem mit Joan Baez die Ikone der Folkmusik eine aktive Rolle gespielt hat. Im Stadtteil Haight-Ashbury gab es ab dem Sommer 1965 die Hippiebewegung, die der Gegenkultur ein Gesicht gab und die sich neben London über Jahre hinweg als die vitalste Quelle der Popmusik erwiesen hat. Im Vorort Oakland formierte sich 1966 die militante Black-Power-Bewegung, die drei Jahre später mit Waffengewalt vom FBI zerschlagen wurde. Auf der in der Bucht gelegenen Insel Alcatraz machte im November 1969 die Indianerbewegung von sich reden, die mit einer Besetzungsaktion das Eiland, das Jahrzehnte als Zuchthaus gedient hatte, für sich zurückforderte, und in San Franciscos Castro Street fand 1969 die Schwulenbewegung ihren Anfang, aus der mit Harvey Milk ein Stadtrat hervorging, der 1978 ermordet wurde.

Was das »Swinging London« für die Popkultur[10], das Amsterdam der Provos für die gegenkulturellen Einflüsse auf Kontinentaleuropa[11] und New Yorks Greenwich Village für eine Künstlergeneration war,[12] das spielte sich in potenzierter Form in San Franciscos Bay Area ab. Die Radikalisierung der Studenten in Berkeley, der Schwarzen in Oakland, der Hippies in Haight-Ashbury und der Homosexuellen um die Castro Street herum schufen neuartige kulturelle Codes und Muster, die – Hollywood liegt nicht weit entfernt – multimedial vermittelt ihre Wirkung rund um den Globus nicht verfehlten.[13] In wenigen Stadtteilen und Straßen der kalifornischen Metropole wurden auf engstem Raum neue Kultur-, Politik- und Lebensformen erprobt, die vor allem als Kreierung eines eigenen Jugendstils ausstrahlten.[14] San Francisco war in jenen Jahren das Mekka der Gegenkultur. Und für die schillernde antiautoritäre Strömung innerhalb der Achtundsechzigerbewegung war es eine Art Blaupause, der hierzulande alle mehr oder weniger nacheiferten.

Was sich in der Bay Area abspielte, die wegen ihres kühlen Wetters und des fast jeden Abend aufziehenden Nebels zumindest klimatisch kaum dem Kalifornien-Klischee entspricht, lässt sich nicht begreifen, ohne auf eine andere kulturelle Strömung zurückzugehen, die ebenso als eine Reaktion auf die Krise des »American way of life« zu betrachten ist.

Auch wenn die Hippies von San Francisco das Urbild für das waren, was in den Jahren danach als »counterculture« von sich reden machte, besaß ihre Bewegung eine Vorgeschichte, die auf eine literarische Avantgarde zurückging und deren Vorreiter sich vorübergehend in San Francisco ansiedelten. Gemeint sind die Schriftsteller der Beat-Generation mit ihren drei Ikonen Jack Kerouac, Allen Ginsberg und William Burroughs. Entstanden war die Kerngruppe ursprünglich in New York, genauer an der Columbia University, wo sich die drei 1943, also mitten im Zweiten Weltkrieg, kennenlernten.[15]

Erst als im Oktober 1955 Ginsberg und Kerouac einige ihrer Texte in der Gallery Six am Embarcadero Place in San Francisco vorlasen, wurde der Kreis mit einem Schlag in der Öffentlichkeit bekannt. Dass dies geschah, lag vor allem an Ginsbergs hundertzwölf Strophen umfassendem Mammut-Gedicht »Howl« (Gebrüll), in dem die »Hipsters« als ihrem Vitalismus frönende Gegner des »American way of life« porträtiert wurden.[16] Der Erfolg von Kerouacs zwei Jahre später erschienenem Roman »On the Road«, in dem sich zwei Tramps auf die Suche nach einem neuen, den amerikanischen Normen nicht unterworfenen Lebensgefühl begeben,[17] wäre ohne das Echo auf diesen Auftritt kaum möglich gewesen. Erst die zweite Hälfte der fünfziger Jahre, als die Protagonisten ihre besten Zeiten bereits hinter sich hatten, markiert in der Wahrnehmung der amerikanischen Kritik den literarischen Beginn der Beat-Generation.[18] Ein Freund Kerouacs hatte 1952 in einem Aufsatz die aus dem Zweiten Weltkrieg als Sieger zurückgekehrten GIs als »the beaten generation«, die geschlagene Generation, bezeichnet.[19]

Die Beat-Generation galt als eine Art Basislager der meisten auf sie folgenden Subkulturen. Was Burroughs, Kerouac und Ginsberg im Kontext ihres Schreibens entwickelt hatten, wurde von ihnen an Jüngere weitergegeben. Es waren vor allem fünf Grundelemente, die sie in ihren Experimenten hervorgehoben hatten und die in der zweiten Hälfte der sechziger Jahre eine zentrale Rolle spielen sollten: Die Geringschätzung materieller Werte und die Bevorzugung des Abenteuers – des geistig-intellektuellen ebenso wie des körperlich-sinnlichen – gegenüber allen Sicherheitsversprechungen einer bürgerlichen Existenz; die Praktizierung einer triebgesteuerten Sexualität jenseits gesellschaftlicher Konventionen und Normen; die Erweiterung des Bewusstseins durch einen experimentellen Umgang mit Drogen und die Entdeckung einer neuen Religiosität, die nicht mehr vom Christentum, sondern von Buddhismus und Taoismus inspiriert war und mit der Wiederbelebung von Spiritualität, Okkultismus und allerlei Mystizismen einherging.

Auf jene, die ihnen folgen sollten, blickten nicht wenige Repräsentanten der Beat-Generation hochnäsig herab.[20] In ihren Augen stellten Hippies nichts anderes dar als die Imitation einer spezifischen Art von Boheme, die sich nicht mehr für eine »seriöse« Form der Kultur wie Poesie oder Jazz interessierte und es sich nur noch gut gehen lassen und nach Möglichkeit immer »stoned« sein wollte. Bereits für die Beatniks bedeutete das Adjektiv »hip« soviel wie erfahren, eingeweiht und sich eins mit der eigenen Bewegung fühlend.[21] Als »Hipster« wurde in den fünfziger Jahren der amerikanische Typ des Existenzialisten bezeichnet. Er orientierte sich an dem in den Ghettos der Schwarzen entwickelten Stil – in der Mode, der Musik, der Art und Weise zu sprechen und sich zu bewegen. Die Beatniks bezeichneten nun die jungen Leute, die zu Beginn der sechziger Jahre in ihren Augen kaum anderes im Kopf zu haben schienen, als an Drogen heranzukommen, als »junior grade hipsters«, kurz Hippies genannt. Damit hatten sie zugleich eine Bezeichnung, mit der sie die Anhänger der Rockmusik von denen der Protestsongs unterscheiden konnten, die kurz Folkies genannt wurden.[22] Aber die so abschätzig Attributierten begannen bald damit, diese Bezeichnung selbst zu verwenden. Charles Perry, einst auch aktiv in der Hippieszene von Haight-Ashbury, beantwortete zwanzig Jahre nach deren Auflösung die Frage, was unverwechselbar an der Einstellung der Hippies gewesen sei, mit der Feststellung, sie hätten eine theatralische Attitüde an den Tag gelegt, die man als »being cool enough to have fun« bezeichnen könne.[23]

Haight-Ashbury war im Grunde nichts anderes als die Kreuzung zweier Straßen in der Nähe des Golden Gate Parks im westlichen Teil San Franciscos. Die meisten der dort im 19. Jahrhundert errichteten Häuser mit ihren schönen Holzfassaden hatten das große Erdbeben von 1906 unversehrt überstanden. Nachdem die begüterten Bewohner vor dem zunehmenden Autoverkehr aus der Stadt geflohen waren und sich in den luxuriöseren Vororten niedergelassen hatten, waren dort Studenten der San Francisco State University sowie Mexikaner, Chinesen, Russen und Schwarze eingezogen.

Und als Mitte der sechziger Jahre Tausende begannen, unter

dem Einfluss von LSD mit ihrem Leben zu experimentieren, zogen immer mehr Dealer in die Gegend. Haight-Ashbury wurde zum zentralen Drogenumschlagplatz für die gesamte Bay Area. Nur dort konnten Drogen ohne größere Komplikationen erworben werden. Wenn jemand zwischen dem Golden Gate und dem Buena Vista Park durch die Straßen zog und in einem der Fenster ein aus bunten Wollfäden gespanntes, auf die Spitze gestelltes Quadrat sah, dann konnte er sicher sein, dass er hier als Dope rauchender Freak willkommen geheißen wurde. Die Unbekümmertheit in der Anfangszeit soll so weit gegangen sei, dass man jedes Haus, dessen Tür offen stand, habe betreten können, um sich dort zu bedienen. Man habe einfach etwas Geld hingelegt und sei wieder verschwunden.

In Haight-Ashbury, wo auf dem Höhepunkt der Bewegung nahezu 100 000 Hippies lebten, gab es einige wenige Schlüsselpersonen – einen Poeten, einen Guru, einen Produzenten und einen Impresario.

Von den drei Ikonen der Beat-Generation wurde einer zu einer lebenden Brücke zwischen den Subkulturen der fünfziger und der sechziger Jahre: Allen Ginsberg. Er gab den Impuls der Beat-Autoren weiter an die Hippiebewegung, indem er wie das Exempel für eine andere, spirituell bestimmte Lebensform auftrat. Nachdem Ginsberg durch die Lesung in der Gallery Six zu einer öffentlichen Figur geworden war, versuchte er sich den in der Folge an ihn gerichteten Ansprüchen zu entziehen und sich wieder stärker seinen Experimenten mit bewusstseinsverändernden Stimulanzien zu widmen. Dabei machte er 1959 erstmals Erfahrungen mit LSD. Er war Versuchsperson an dem von Professor Gregory Bateson geleiteten Mental Research Institute in Palo Alto geworden. Über seine dabei gewonnenen Erfahrungen berichtete er seinem Vater mit den Worten: »Diese Droge scheint automatisch ein mystisches Erlebnis zu produzieren. Die Wissenschaft wird wirklich hip.«[24]

Das nächste Drogenexperiment, auf das er sich einließ, diesmal war es Psilocybin, fand ein Jahr später an der Harvard University unter der Leitung von Professor Timothy Leary statt. Ginsberg glaubte nun, er sei der Messias und das Schicksal habe ihn dazu ausersehen, eine Revolution zu vollbringen. Er nahm den Telefonhörer in die Hand, stellte sich dem staunenden Fräulein vom Amt als Gott vor, buchstabierte das Wort sicherheitshalber noch einmal, um Missverständnisse zu vermeiden, und verlangte dann, auf dem direktesten Wege mit Nikita Chruschtschow, William Carlos Williams und Norman Mailer verbunden zu werden. Als das nicht klappte, sprach er mit seinem ehemaligen Weggefährten Jack Kerouac und forderte ihn auf, sofort nach Boston zu fliegen: »Ich bin high und nackt, und ich bin der König des Universums. Steig in die nächste Maschine. Es ist Zeit!«[25] Mit dem betreuenden Psychologen kam er anschließend überein, möglichst viele führende Persönlichkeiten dafür gewinnen zu wollen, ebenfalls Psilocybin zu nehmen.

Nachdem Ginsberg Reisen nach Peru, Indien und Japan unternommen hatte, um die Anwendung spiritueller Methoden zu erlernen, kehrte er 1965 nach San Francisco zurück. Er trat mit Vollbart und wallenden Gewändern auf und beteiligte sich an Protestmärschen gegen den Vietnamkrieg, setzte sich für die Legalisierung von Marihuana ein und sang und spielte für die Religionsfreiheit. Von der Presse wurde Ginsberg, der bei allem Trubel eine gleichmütige Herzlichkeit bewahrte, bald als »Uncle Sam des Undergrounds« und als »Ahnherr der Love Generation« bezeichnet.

Der Schriftsteller Ken Kesey hatte ebenfalls 1959 damit begonnen, mittels Drogen psychedelische Experimente durchzuführen. Er sah darin allerdings weder einen Ansatz zu einer intensiveren persönlichen Erfahrung noch den zu einer religiösen Erleuchtung. Was er suchte, war so etwas wie ein Akt der Freiheit, ein letztes individuelles Abenteuer. In seinen Augen hatte es etwas Heroisches, den Mut aufzubringen, sich auf die kolossalen Veränderungen der Sinneswahrnehmung, die mit dem Drogengenuss einhergingen, einzulassen.

Als Kesey, der sich als Autor vor allem mit seinem Roman »Einer flog über das Kuckucksnest«[26] einen Namen machte, 1962 an der Stanford University ein Seminar über kreatives Schreiben belegte, lernte er jenen Neal Cassady kennen, der 1949 Jack Kerouac auf seinem Trip durch die Vereinigten Staaten begleitet hatte. Zwischen den beiden funkte es. Der Mann, der als Dean Moriarty eine der beiden Hauptfiguren in »On the Road« verkörperte, bezeichnete Kesey vom ersten Moment an als »Chief«, als seinen »Häuptling«.

Ganz so, als würde er unter Keseys Führung die Rolle, die er bei Kerouac gespielt hatte, noch einmal wiederholen, übernahm Cassady erneut die Aufgabe, ein Fahrzeug zu lenken. Diesmal war es allerdings kein Pkw, sondern ein Bus, und die Route sollte nun, 1964, genau umgekehrt von San Francisco nach New York führen, zur Weltausstellung. Kesey hatte unter dem Namen »Merry Pranksters« (Fröhliche Schelme) eine Gruppe junger Leute um sich versammelt, die laut eigenem Bekunden eine »Neon-Revolution« durchführen wollten. Für ihre Fahrt über den Kontinent hatten sie sich einen alten Schulbus, Baujahr 1939, gekauft, ihn mit schrillen Leuchtfarben bemalt und Lautsprecher sowie Mikrofone eingebaut.[27] Über der Vorderscheibe war in großen Lettern lediglich die Aufschrift »FURTHER« (Weiter) zu lesen und am Heck der warnende Hinweis »Achtung: Irre an Bord«. Zu den Passagieren zählte neben Ken Babbs, Paul Foster, Mountain Girl, Kesey und Cassady auch ein gewisser Jerry Garcia. Obwohl »Speed Limit«, wie sich Cassady bald nannte, den Bus zumeist unter Drogen und mit Musikbeschallung steuerte, brachten sie ihre Reise unversehrt hinter sich.

Eine zweite Gruppe, in der Kesey mit Drogen experimentierte, waren erstaunlicherweise die Hell's Angels – die berühmt-berüchtigte kalifornische Biker-Gang. Auch diesen Kontakt sah Kesey als eine Art Abenteuer an. Er wollte herausfinden, wie sie wirklich waren und ob es sich bei den in der Öffentlichkeit verbreiteten Ansichten um Vorurteile handelte.

Als die ersten Begegnungen besser verlaufen waren als vermutet, hatte Kesey die Idee, zusammen mit den Hell's Angels in aller Öffentlichkeit LSD-Partys aufzuziehen. Dazu wurden Mikrofone angeschlossen, Fernseher aufgestellt, Lightshows inszeniert und Bands eingeladen, um die Selbstwahrnehmung unter LSD optisch und akustisch zu steigern. Jeder, der zu einer solchen Party kommen wollte, musste ein Eintrittsgeld von einem Dollar zahlen. Die mit einem Augenzwinkern ausgesprochene Parole lautete: »Bestehst du den Acid-Test?«

Obwohl nur hin und wieder zu Besuch, war Leary zweifelsohne eine der Ikonen der gegenkulturellen Szene von Haight-Ashbury. Der ehemalige Professor für klinische Psychologie an der Harvard University war Autorität und Aussteiger zugleich. Er war der Messias der psychedelischen Bewegung ebenso wie ihr Märtyrer. Für den Wissenschaftler, der anderthalb Jahre an der Militärakademie

West Point gedrillt worden war, hatte alles mit einer zufälligen Begebenheit im Sommer 1960 begonnen. Der damals Neununddreißigjährige saß am Swimmingpool seines Sommerhauses in Cuernavaca und wunderte sich darüber, welch außerordentlich stimulierende Wirkung der Genuss von Pilzen auslösen konnte. Innerhalb nur weniger Minuten, schilderte er später seine erste Rauscherfahrung, fühlte er sich »über den Rand eines sinnlichen Niagaras in einen Strudel transzendenter Visionen und Halluzinationen geschleudert. Die nächsten fünf Stunden könnten in vielen außerordentlichen Metaphern beschrieben werden, doch waren sie vor allem und fraglos die tiefste religiöse Erfahrung meines Lebens.«[28]

Er war von dieser »Pionierfahrt ins innere All« so sehr beeindruckt, dass er zurück in Harvard damit begann, die Wirkung von Psychedelika experimentell zu erforschen. Er untersuchte zunächst an sich selbst, dann aber auch an seinen Mitarbeitern und Hunderten von Versuchspersonen die veränderten Wahrnehmungen unter Marihuana, Meskalin, Peyote und einer synthetischen Verbindung, die der Schweizer Chemiker Albert Hofmann 1938 zufällig entdeckt hatte, als er ein Schmerzmittel für Migräneanfälle suchte: Lysergsäurediäthylamid, kurz LSD. Die Wirkung, die dieses geschmack-, geruch- und farblose Mittel auslöste, war hundertmal stärker als die der meisten anderen Substanzen. Einige sprachen gar davon, es handle sich bei LSD oder Acid um das »spirituelle Äquivalent der Wasserstoffbombe«. Leary war von den erzielten Effekten hellauf begeistert, seine Universität allerdings weniger. Sie entließ den aufstrebenden Psychologen, wenn auch mit ausdrücklichem Bedauern. Doch Leary gab nicht auf. Zusammen mit seinem ebenfalls gefeuerten Kollegen Dr. Richard Alpert gründete er im mexikanischen Zihuatanejo ein psychedelisches Forschungszentrum. Als die mexikanische Regierung Schwierigkeiten machte und sie schließlich aufforderte, das Land zu verlassen, kam ihnen ein Zufall zu Hilfe. Der Millionär Billy Hitchcock, der selbst LSD ausprobiert hatte, stellte Leary in Milbrook im Bundesstaat New York ein schlossartiges Anwesen zur Verfügung, das über nicht weniger als sechsundvierzig Zimmer verfügte. Dort gründete Leary die League for Spiritual Discovery, in der er zusammen mit seinen Anhängern die Experimente fortsetzen konnte. Milbrook wurde rasch zum Mekka der psychedelischen Bewegung.

In einem berühmten Interview mit dem *Playboy* gab Timothy

Leary 1966 nicht nur Auskunft über seine Arbeit und seine Biografie. Er stellte sich auch der Schwierigkeit, die Wirkung von LSD auf die Sinnesorgane genauer zu beschreiben: »Allgemein gesprochen erlebt jeder eine unglaubliche Beschleunigung und Intensivierung aller Sinne und aller geistigen Prozesse – was sehr verwirrend sein kann, wenn man nicht darauf vorbereitet ist. Jede Sekunde werden rund tausend Millionen Signale im menschlichen Gehirn ausgelöst; in jeder Sekunde einer LSD-Sitzung ist man an Tausende dieser Botschaften angeschlossen, die man gewöhnlich nicht bewußt registriert. Und man kann eine unglaubliche Zahl gleichzeitiger Botschaften aus verschiedenen Körperteilen wahrnehmen.«[29]

Detailliert beschrieb Leary die eruptionsartigen Veränderungen beim Sehen, Hören, Schmecken, Riechen und Tasten. Als besonders folgenreich empfand er die Intensivierung des Gehörsinns: »Normalerweise hören wir nur isolierte Geräusche: das Klingeln eines Telephons, den Klang von Worten. Aber wenn man sich mit LSD anturnt, wird das Cortische Organ im inneren Ohr zu einer zitternden Membrane, die unter dem Zapfenstreich der Klangwellen aufschäumt. Die Vibrationen scheinen tief in einen zu dringen, zu schwellen und dort zu platzen«, man höre die Musik nicht nur, man sehe sie aus dem Lautsprecher kommen, »wie tanzende Teilchen, wie gewundene Zahnpastalocken. Man sieht wirklich den Klang in vielfarbigen Mustern, während man ihn hört. Zugleich ist man der Klang, ist man die Note, ist man die Geigen- oder Klaviersaite. Und jedes Organ pulsiert und hat Orgasmen im Rhythmus der Musik.«[30] In dieser Schilderung, in der LSD als etwas beschrieben wird, das das Hören nicht nur potenziert, sondern es auch in die Rauscherfahrung integriert, steckt zugleich eine Beschreibung dessen, was »Acid Rock« von anderen Formen der Rockmusik unterscheidet.

Die unbekannteste der Schlüsselfiguren von Haight-Ashbury war vielleicht die wichtigste. Denn sie produzierte und lieferte den Stoff, um den sich fast alles drehte. Der Chemiker Owsley Stanley hatte zunächst als Radartechniker gearbeitet. Als Gerüchte aufkamen, dass er in seinem Haus in Berkeley ein Methedrine-Laboratorium betreibe, führten Fahnder des Rauschgiftdezernats im Februar 1965 eine Hausdurchsuchung bei ihm durch. Dabei fanden sie zwar ein Laboratorium, jedoch keinerlei Spuren von synthetischen Drogen. Wären sie zwei Monate später auf der Bildfläche erschienen, hätte das vermutlich anders ausgesehen. Erst vom April 1965 an war Stanley dazu in der Lage, LSD zu produzieren. Und zwar nicht irgendwelches, sondern eines, dessen Stärke alles bis dahin Bekannte in den Schatten zu stellen schien.

Über ein Netz, das zunächst die Bay Area erfasste, belieferte er die Subkultur in und um San Francisco mit der neuartigen Substanz. Bald wurde schon gemunkelt, er versorge auch die Beatles und die Rolling Stones mit seinen Pillen. Auf dem Markt der synthetischen Drogen etablierte er sich als Monopolist. Im Juni 1966 erschien in der *Los Angeles Times* ein Porträt von ihm mit dem schlichten Titel »Der LSD-Millionär«. Wenig später wurde behauptet, er habe bereits anderthalb Millionen LSD-Pillen produziert.

Eine andere wichtige Aufgabe bestand darin, die Auftritte der Rockbands zu managen. Der Mann, der es damit zu legendärem Ruf brachte, wurde 1931 als Wolfgang Grajonca in Berlin geboren. Er war das jüngste von fünf Kindern einer jüdischen Familie. Sein Vater starb zwei Tage nach seiner Geburt. Als er neun Jahre alt war, wurde er verschickt, zunächst nach Frankreich, von dort aus in die USA. Seine Mutter, der die Flucht nicht gelang, wurde später auf dem Weg in ein Konzentrationslager ermordet. Grajonca wuchs in New York auf. Da kaum jemand seinen Namen aussprechen konnte, änderte er ihn mit achtzehn Jahren in William Graham ab. Von einem seiner damaligen Freunde, Irving Cohen, wird er als Antityp beschrieben, als einer, der gegen alles eingestellt gewesen sei. Er sei ein regelrechter Vagabund gewesen, den es immer in die Ferne gezogen habe. Häufig sei er zwischen New York und San Francisco gependelt. Ende der fünfziger Jahre nahm er in dem berühmten Actor's Studio von Lee Strasberg Schauspielunterricht, wo er unter anderen Dustin Hoffman und Peter Falk kennenlernte. Nachdem es ihn wieder nach Kalifornien verschlagen hatte, arbeitete er zunächst für die San Francisco Mime Troupe. Er plakatierte, verkaufte Eintrittskarten und chauffierte – er war Mädchen für alles.

Sein schlummerndes Organisationstalent konnte er erstmals im November 1965 unter Beweis stellen. Als es der Mime Troupe wegen eines Zwischenfalls untersagt wurde, in öffentlichen Parks aufzutreten, kündigte er einen Benefizabend an – die »Appeal-Party«. Die von viertausend jungen Leuten besuchte Veranstaltung war ein Novum. Es traten Newcomer-Bands wie Jefferson Airplane, Family Dog und die Fugs auf und Autoren wie Lawrence Ferlinghetti lasen Gedichte. Es kam zu einer richtungweisenden Fusion von Literatur und Rockmusik und zu einer von Bühnenakteuren und Publikum. Die schier unüberbrückbare Grenze zwischen Darbietenden auf der einen und Zuschauern auf der anderen Seite wurde aufgehoben. »Es war«, schilderte er den denkwürdigen Moment später, »wie eine Verbrüderung aus dem Augenblick heraus. Sie sind alle eins geworden. Als ob du dir Protoplasma durch ein Mikroskop anschaust. All diese Zellen sind gleichzeitig in Bewegung, sie pulsieren und berühren sich gegenseitig. In dieser Nacht haben alle bei dem Stück mitgespielt. Es war einfach Total-Theater.«[31] Das war Grahams Start als Impresario der Rockmusik.[32] Er war identisch mit dem Beginn von Haight-Ashbury als Keimzelle einer neuen Jugendkultur.

Nach diesem Initiationserlebnis konnte er nicht mehr länger für die Mime Troupe arbeiten. Das Bedürfnis nach einer neuen Kultur war für ihn in erster Linie zu einer politischen Frage geworden. Theaterstücke aufzuführen, reichte nicht mehr aus. »Meine Generation«, gab Graham zu bedenken, »war im allgemeinen eher passiv. Aber die jungen Leute auf dem Campus und in der Haight Street, die Maler und die Musiker – sie waren seit langer Zeit die erste größere Gruppe in unserer Gesellschaft, die aufgestanden ist und gesagt hat: ›Wir wollen etwas anderes ausprobieren. Wir wollen nicht in eure Fußstapfen treten.‹ Und ich hab mit fünfunddreißig Jahren mitten in dieser Zeit gesteckt. Das hier war mehr als in der Oberliga spielen zu können. Das war das Schauspiel des Lebens. Das war Leben und Theater zugleich. Alle Rollen waren mit *wirklichen Menschen* besetzt.«[33] Und der Motor dieser Entwicklung sei die Rockmusik gewesen.

Je stärker sich die Musikszene entwickelte, umso wichtiger wurden auch die Veranstaltungsorte. Der Avalon Ballroom, das Matrix, die Longshoreman's Hall und das Winterland waren einige Zeit die bekanntesten. Keines dieser Theater oder Hallen konnte jedoch mit dem Fillmore Auditorium konkurrieren, das am 10. Dezember 1965 eröffnet wurde. Hier traten mit Jefferson Airplane, den Grateful Dead, Family Tree, dem Quicksilver Messenger Service, der Butterfield Blues Band, Big Brother and the Holding Company die wichtigsten Newcomer-Bands auf. Unter den ersten waren auch Frank Zappas Mothers of Invention aus Los Angeles, der Soulsänger Otis Redding und Andy Warhols Velvet Underground aus New York. Im Fillmore fanden aber ebenso Solidaritätsveranstaltungen für das Student Non-Violent Coordinating Committee (SNCC) der Bürgerrechtsbewegung, vom City Lights Book-Shop gesponserte Lyriklesungen mit Andrej Wossnessenski, Lawrence Ferlinghetti und Allan Ginsberg oder Modeshows mit psychedelischen Kleidern statt. Die Ecke Fillmore Street/Geary Street war mehrere Jahre lang die berühmteste Rockadresse der Welt. Dies lag nicht zuletzt an Bill Graham, der bald als der einflussreichste Manager von Rockkonzerten galt und dessen Einfluss zeitweise auch Bob Dylan und die Rolling Stones fürchteten.

Im Juli 1968 zog Graham mit dem Fillmore um. Er veranstaltete seine Rockevents nun im ehemaligen Carousel Ballroom in der Market Street, der Haupteinkaufsstraße von San Francisco. Da er zur selben Zeit Tausende von Kilometern entfernt ein Pendant in der Second Avenue eröffnete, versuchte er bereits mit den Namen, eine Entsprechung zum Ausdruck zu bringen. Mit dem Fillmore West in San Francisco und dem Fillmore East in New York, die beide über eine kostspielige elektronische Ausstattung verfügten, gab es eine Klammer, die die Rockmusik der West- mit der der Ostküste verband und so gewissermaßen die gesamten USA umspannte.

In der ebenso stürmischen wie chaotischen Entwicklung war Graham – und das war nicht nur Pete Townshend aufgefallen – ein »Fels in der Brandung«. Die Kraft seiner Autorität beruhte nicht zuletzt darauf, dass er als jemand galt, der zu seinem Wort stand. In einer Szene, in der alles versprochen und kaum etwas gehalten wurde, war das ungewöhnlich.

Bei alledem gab es einen grundlegenden Unterschied zwischen Graham und der Szene – er nahm keine Drogen, weder Marihuana noch LSD. Immer wieder hieß es: Alle waren sie high, bis auf Bill. Für diese Weigerung musste er es in Kauf nehmen, sich bei jeder Gelegenheit verspotten zu lassen. Nur einmal, am Abend nach der Eröffnung des Fillmore West, war es den Grateful Dead gelungen, ihm eine LSD-Pille unterzuschieben. Danach soll er mit auf die Bühne gegangen sein und vier Stunden ohne Unterbrechung Congas gespielt haben. Doch auch dieser Ausflug in die psychedelische

Welt änderte seine Einstellung nicht. Er weigerte sich weiterhin, Drogen zu nehmen.[34] Er, der NS-Flüchtling, blieb der Außenseiter in einer Szene, die sich aus Aussteigern und Außenseitern zusammensetzte. Allen Wandlungen zum Trotz blieb er immer auch jener Grajonca, der er einmal gewesen war.

Als Graham, der von sich sagte, er sei erst 1965 in San Francisco zur Welt gekommen, 1991 bei einem Hubschrauberabsturz ums Leben kam, wurde zu seinem Andenken im Golden Gate Park ein Konzert veranstaltet. Unter dem Titel »Laughter, Love and Music« kamen so viele Menschen zusammen wie vermutlich nie zuvor bei einer Trauerveranstaltung für eine Privatperson. Es sollen ebenso wie in Woodstock 400 000 gewesen sein. Moderiert von Jerry Pompili,[35] einem seiner engsten Mitarbeiter, traten Jackson Browne, Carlos Santana, Robin Williams, Crosby, Stills, Nash & Young, Grateful Dead, John Fogerty, Joan Baez und Kris Kristofferson auf. In der Bereitschaft der Musiker, zum Gedenken an ihn aufzuspielen, und der überwältigenden Besuchermenge spiegelte sich, wie wichtig Grahams Rolle im Freilandversuch der Gegenkultur gewesen war.

Im Laufe nur weniger Monate des Jahres 1965 schälten sich in der Szene einzelne Gruppierungen heraus, die für unterschiedliche Ansprüche und Interessen standen. Neben Keseys Merry Pranksters waren die bekanntesten die Diggers. Unter diesem Namen hatte sich im England des 17. Jahrhunderts eine altruistische Sekte verborgen, die unter Oliver Cromwell entstanden war. Sie hatte sich dadurch einen Ruf verschafft, dass sie brachliegendes Land urbar machte, um es unentgeltlich jenen zur Verfügung zu stellen, die es am dringendsten brauchten. Die Diggers galten in Haight-Ashbury als die Heiligen der Szene. Sie waren selbstlos, über jeden Verdacht erhaben und verteilten im Buena Vista Park kostenlos Nahrungsmittel. So fuhren sie während des »Summer of Love« jeden Nachmittag mit einem Lastwagen vor, um die dort Versammelten mit Gratisspeisen zu versorgen. Sie lehnten nicht nur den Kommerz, sondern auch die Geldwirtschaft ab. Nach ihrem Selbstverständnis bedurfte es keiner Führungsfiguren, um sich in einer funktionierenden Gruppe zu bewegen. Dennoch gab es auch bei den Diggers mit Emmett Grogan und Peter Berg zwei Aktivisten, die den anderen als Vorbilder galten. Derek Taylor, der Pressechef der

Beatles, hat sie einmal als den »harten Kern der Gegenkultur« bezeichnet. Ihr Symbol war ein Poster, auf dem »1% Free« zu lesen war. Sie hatten damit jene zitiert, die ihnen diametral entgegenstanden – die Hell's Angels. Was diese damit für sich beanspruchten, war nichts anderes, als jener Rest zu sein, den die amerikanische Motorradfahrer-Vereinigung meinte, als sie verlautbaren ließ, dass »neunundneunzig Prozent aller Motorradfahrer anständige, gesetzestreue Bürger« seien. Die Diggers, diese »Einprozentigen« galten bald als die »Hundertprozentigen« unter den Hippies. Sie besaßen sogar einen Laden, den Free Store, in dem es grundsätzlich alles umsonst gab.

Wovon das Treiben der Szene bestimmt war, kam nirgends konzentrierter zum Ausdruck als in einigen Manifestationen, deren Namen bereits Programm waren: Im »Trips-Festival«, dem »Human Be-In« und dem »Death of Hippie«. Das drei Tage dauernde Trips-Festival in der Longshoremen's Hall trug das Motto »Eine psychedelische Erfahrung ohne Drogen« oder wie es der Schriftsteller Tom Wolfe formuliert hat: »Ein LSD-Trip ohne LSD.« In der Presseankündigung hieß es: »Die Dinge haben sich geändert – aus Feierlichkeiten in kleinen, sich selbst genügenden Gruppen sind nunmehr große Happenings geworden, bei denen das gesamte Publikum mitwirkt. Das gemeinsame Tanzen aller Anwesenden ist ein Teil der Darbietungen, und alle, die kommen, sind aufgerufen, sich so ekstatisch wie möglich zu kleiden und selbst Instrumente mitzubringen. (Anschlüsse für Elektronikinstrumente sind vorhanden.)«[36] Hauptakteure waren neben Ken Kesey und seinen Merry Pranksters, die Grateful Dead und Big Brother and the Holding Company. Das unverkennbare Ziel bestand darin, die halluzinogenen Effekte eines LSD-Trips durch eine Form von Gruppenekstase zu erreichen. Um dieser Wirkung nahezukommen, bedurfte es jedoch allerlei technischer Geräte – Scheinwerfer, Filmprojektoren, Lautsprecher und anderes mehr, um Farb- und Lichtkaskaden zu erzeugen. Die Teilnehmer wirkten wie eine Mischung aus Raumfahrern, Zirkuspferden und Figuren vom Karneval in Rio oder Venedig. Neal Cassady, der Bus-Driver der Merry Pranksters, raste als Gorilla verkleidet hinter der angebeteten Ann Murphy her. Und auf einem in der Mitte der Halle platzierten »Stroboskopischen Trampolin« vollführten einige große Sprünge im wahrsten Sinne des Wortes. Das Trips-Festival war das erste große psychedelische

Spektakel, das die Szene erlebt hatte, Charles Perry bezeichnete es als »McLuhanite global village/electronic art happening«.[37]

Ein anderes Ereignis war die große Silvesterfete zum Jahreswechsel 1966/67 im Winterland. Es war das wohl ausgefallenste und ausschweifendste Fest, das es in der Hippieszene gegeben hat. Bill Graham hatte es organisiert. Kurz vor Mitternacht ritt ein nur mit einem Lendenschurz bekleideter junger Mann auf einer weißen Stute herein und ließ unter ohrenbetäubendem Applaus im Scheinwerferkegel mehrere Dutzend weißer Tauben hochfliegen.

Der definitive Höhepunkt in der kurzen Geschichte der Hippiebewegung dürfte jedoch ein Meeting gewesen sein, das unter der ontologisch klingenden Bezeichnung »Human Be-In« am 14. Januar 1967 auf dem Pologelände im Golden Gate Park gestartet wurde. Der Zeitpunkt war von zwei Astrologen als der für ein solches Treffen günstigste festgesetzt worden. Sie sagten voraus, dass an diesem Tag, der sich als ein kalter, aber sonniger Wintertag herausstellen sollte, die Bedingungen für eine Kommunikation unter allen Beteiligten optimal sein würden. Dem Aufruf folgten mehr als 25 000 junge Leute aus der gesamten Bay Area. Für die musikalische Untermalung der mystisch anmutenden Massenbegegnung sorgten Jefferson Airplane, Grateful Dead und viele andere bekannte Bay-Area-Bands. Die Presse war beunruhigt, weil sich niemand erklären konnte, was es wohl mit dieser Veranstaltung auf sich haben würde. Was ein Sit-In oder ein Teach-In war, das wusste man inzwischen, aber was um Himmels willen sollte ein Be-In sein?!

Auf einer gut besuchten Pressekonferenz, auf der Haschischplätzchen an die Journalisten verteilt worden waren, hatten Gary Snider, Michael Bowen, Jerry Rubin, Allen Cohen und Jay Thelin in einem Hinterraum des Print Mint zwei Tage zuvor dessen Zielsetzungen angekündigt: »Die politischen Aktivisten aus Berkeley und die Generation der Liebe aus Haight-Ashbury werden sich mit anderen Angehörigen der neuen Nation zusammenschließen, die aus allen Teilen unseres Landes anreisen werden. All die Mitglieder der verschiedenen Stämme der Jugend (der neu entstehenden Seele der Nation) werden beraten, feiern und das Zeitalter der Befreiung, der Liebe, des Friedens, des Mitgefühls und der Einheit der Menschheit verkünden. Die Nacht, in der Amerika die Adlerbrust schwellen musste, um seine Angst zu vergessen, ist vorbei. Werft eure Ängste über Bord und vertraut euch der Zukunft an.«[38]

Die Titelzeile des von Bowen entworfenen Plakats, auf dem auch »Nude Dancing« angekündigt wurde, warb mit »Pow-Wow. A Gathering of the Tribes for a Human Be-In«. Im Mittelpunkt der Grafik standen die Porträts von einem halben Dutzend Indianern.[39] Alles machte den Eindruck, als ginge es um einen Appell zur Vereinigung verschiedener »Stämme« von Jugendlichen, die in allen Landesteilen zerstreut auf ein Zeichen ihrer Verlebendigung warteten. Zum ersten Mal fiel im Zusammenhang der Hippiekultur das Stichwort Nation. Die Rede war von einer »neuen Nation«, ganz so als ginge es noch einmal wie in dem berühmten, 1915 von David Wark Griffith gedrehten Epos um »The Birth of a Nation«. Anders jedoch als in dem Stummfilm sollte sich die Wiedergeburt nun als Rekurs auf die unterdrückten Ureinwohner vollziehen.

All diese sich mit der Hippiebewegung assoziierenden Subkulturen begriffen sich als wiedererstandene Indianerstämme, die ihr Zusammenleben vermeintlich in einer spirituell-durchgeistigten Weise harmonisch zu organisieren vermocht hatten. »Die Generation, die hier mit der amerikanischen Jugend heranwächst«, hieß es weiter in der Presseerklärung, »will durch ein freudvolles Leben und durch die gegenseitige Umarmung ein neues, besseres Leben, ohne Ängste, Dogmen, kleinkarierte Rechthaberei und Misstrauen für alle Männer und Frauen Amerikas schaffen. Die Beziehungen der Menschen zueinander sollen harmonischer werden, sie müssen sich aus dem jugendlichen Untergrund heraus entwickeln, bewusst werden und in ihrer neuen, menschlicheren Form eine Wiedergeburt des Verständnisses, des Bewusstseins, der Entdeckung der Einheit der Menschheit und der Liebe mit sich bringen. Das Human Be-In ist der freudvolle Anfang einer neuen Epoche, der wir mit offenen Augen entgegengehen.«[40]

Was sich tatsächlich abspielte, beschrieb Gene Anthony, der Hofhistoriker der Hippieszene, mit den Worten: »Das Be-In begann mit dem Ruf von Gary Snider auf einem mit weißen Glasperlen besetzten Muschelhorn. Die langanhaltenden, schwermütigen Klänge verhallten über der Menge, die sich bis an den Horizont erstreckte. Trommeln, Schellen und Glocken stimmten ein. Es wurde gepfiffen und gelacht, gesungen und geklatscht. Ommmmmm.«

Kleine Hand-Zymbeln klingelten, der Schlag der Tambourine ertönte. »Als ›Steve der Zwilling‹ an einem psychedelischen Fallschirm zur Erde schwebte, brach ein großes Gelächter aus und alle zeigten auf ihn und machten ›ooooh‹ und ›aaaah‹. Wir waren alle ineinander verliebt. Die Sonne ging unter. ›Friede im Herzen. Friede im Park.‹«[41]

Mit Allen Ginsberg saß eine der Ikonen der Beat-Generation neben Michael McClure und Gary Snider im Schneidersitz auf einer Bühne und intonierte in nicht zu überbietender Monotonie »Hare-Krishna-Hare-Krishna-Hare-Hare-Hare-Rama«, als seien sie von einer anderen Welt. Auch Michael Bowen, Allen Cohen, Lawrence Ferlinghetti, Ken Kesey und Jerry Rubin waren beteiligt, und Timothy Leary, ganz in Weiß gekleidet und mit Blumen im Haar, ging ans Mikrofon und forderte die Teilnehmer voller Entschiedenheit auf, sie sollten alle Erziehungseinrichtungen verlassen: »Verlaßt die Schulen, verlaßt die Universitäten, verlaßt die Fachschulen!« Dann sprach er jenen Satz, der zum Credo der Aussteiger, Ausreißer und Freaks überhaupt werden sollte: »Turn on, tune in, drop-out!«[42]

Einiges ging jedoch auch schief. Irgendjemand hatte das Stromkabel, das zum Generator führte, durchgeschnitten. Danach gab es keine Lautsprecherübertragungen mehr. Country Joe & the Fish hatten zu diesem Zeitpunkt allerdings ohnehin schon von ihrem ursprünglich geplanten Auftritt Abstand nehmen müssen. Sie waren einfach zu stoned, um ihre Gitarren noch halten zu können. Für die Sicherheitsvorkehrungen war ein gewisser »Chocolate George« von den Hell's Angels zuständig. Er soll sich, wie es später hieß, damit verdient gemacht haben, einige entlaufene Kinder wiederzufinden und ihren Eltern zurückzubringen. Ein anderer junger Mann, ein Schauspieler namens Dennis Hopper, drehte von dem eigentümlichen Geschehen im Golden Gate Park einen Film. Von diesem schönen Wintertag an ist von »counterculture« die Rede, ein Schlüsselwort, das innerhalb kürzester Zeit Eingang in die amerikanische ebenso wie in die europäische Soziologie fand.[43]

Als dann einige Monate später auch in Europa Scott McKenzies Song »San Francisco« gerade die Hitparaden eroberte und die Hippiefigur zu einer massenmedial präsenten Erscheinung machte, wurde in Haight-Ashbury die Flower-Power-Bewegung bereits symbolisch zu Grabe getragen. Am 6. Oktober 1967 beging man mit einem festlichen Umzug »The Death of Hippie«. Ein überdimensionaler Sarg wurde durch die Haight Street getragen. Er war offen, damit die Bewohner von Haight-Ashbury all jene Symbole, die für ihre spirituelle Lebensweise standen – Perlen, Sticker, Haschisch-Pfeifen, Buttons, Anhänger – dort hineinwerfen konnten. Im Buena Vista Park wurde der Sarg schließlich abgestellt und in einem feierlichen Akt angezündet.

Die Zeremonie, die das Ende der Hippiebewegung verkündete, hatte zwei Anlässe: An diesem Tag jährte sich zum ersten Mal, dass der Bundesstaat Kalifornien den Konsum von LSD unter Strafe gestellt hatte. Dieser Trauerakt verriet, wie konstitutiv der Drogenkonsum für die Subkultur ganz offenbar war. Sie fand aber auch statt, um sich dagegen zu wehren, dass der Hippie zu einer Medienfigur geworden war, die immer weniger mit dem zu tun hatte, was sich die Aussteiger selbst unter einer anderen Form des Zusammenlebens vorstellten. Mit der Inszenierung des »Death of Hippie« sollten die Medien mit ihren eigenen Mitteln geschlagen werden; der Umzug war als eine Art Befreiungsschlag gegenüber den Kräften des Kommerzes konzipiert.

Der »Tod des Hippie« sollte sich jedoch schon bald als die entscheidende Zäsur in der Geschichte von Haight-Ashbury erweisen. Einige der wichtigsten Protagonisten verließen nicht nur das Viertel, sondern die Stadt. Michael Bowen ging nach Mexiko, um sich dort als Maler niederzulassen, Allen Cohen in den Norden Kaliforniens, um dort in einer Kommune zu leben, Emmett Grogan zog nach New York, wo er an einem Roman schrieb, und Michael McClure, der wie kaum ein anderer die Verbindung zwischen der Beat- und der Hippie-Generation verkörperte, trat eine Weltreise an.

Von nicht zu unterschätzender Bedeutung waren in der Gegenkultur die Gründung eigener Läden und Einrichtungen. Der Psychedelic Shop in der Haight Street No. 1535 wurde am Neujahrstag 1966 von den beiden Brüdern Jay und Ron Thelin gegründet. Anfangs wurden dort vor allem Bücher, Schallplatten, Zeitschriften und Poster verkauft. Bald veränderte sich das Angebot jedoch zu einem wahren Panoptikum der Hippieszene. Der Psychedelic Shop war der erste sogenannte Head Shop. Ed Sanders, zusammen mit Tuli Kuperberg Kopf der legendären Fugs, hat einmal beschrieben, was es in dem Laden alles gab: Neben jedem nur erdenklichen Utensil für den Drogenkonsum, Aphrodisiaka sowie zeremoniellen und magischen Gerätschaften waren das »Brillengläser, die das Licht brachen, Kaleidoskope, Pfauenfedern ... Runensteine, Tarotkarten, Massageöl ... Orgienbutter, Salbeibüschel für den rituellen Gebrauch, aromatische Stirnbänder ... Voodoofiguren, Erdmuttersymbole, Rock-and-Roll-Posters, Körperfarben, Moiré-Scheiben für Stirn oder Nippel, kleine Glücksbringer für den Nabel, Merlin-Schuhe, stroboskopische Leuchten, Flaschenkürbisrasseln mit perlenverzierten Griffen für Peyotezeremonien, Kräutertees für den Morgen danach ... in den Ganges getauchte Eisenholzstäbe zur Steigerung der poetischen Ausdruckskraft, Zebraschädel ... und« – natürlich nicht zu vergessen – »Marihuana«.[44]

Der Psychedelic Shop, der schon allein seiner Farbenpracht wegen ein Anziehungspunkt war, besaß jedoch vor allem eine soziale Funktion. Er bot jenen Zuflucht, die keine Bleibe hatten, er war Nachrichtenzentrale und Gemeindezentrum für ganz Haight-Ashbury. Außerdem gab es einen Meditationsraum. Es sei nicht unwahrscheinlich, behauptete Ron Thelin später, dass dort eine größere Anzahl von Kindern gezeugt worden sei.

Die Free Clinic, eine Gratis-Einrichtung, ist vor allem deshalb geschaffen worden, um jenen zu helfen, deren Drogenkonsum zu akuten oder längerfristigen Ausfallerscheinungen oder ähnlich gravierenden Problemen führte, die sich aber schon aus finanziellen Gründen nicht behandeln lassen konnten. Ein spezieller Ruheraum war für »psychedelische Weltraumfahrer« eingerichtet worden, die offenbar Probleme hatten, ihren Rückflug so zu organisieren, dass sie mit einer weichen Landung rechnen konnten.

Die Free Clinic ist die einzige Institution, die aus der Hippieszene entstand und sie überdauert hat. Inzwischen gibt es in den Vereinigten Staaten nicht weniger als dreihundertfünfzig Einrichtungen dieser Art. Wer sich dort behandeln lässt, braucht weder hohe Rechnungen noch eine übertriebene Bürokratie zu fürchten. Man muss nur seinen Namen angeben. Die Behandlung ist kostenlos, lediglich für Medikamente wird eine Beteiligung erhoben. Die Kliniken finanzieren sich durch Privatspenden oder durch staatliche Zuschüsse.

Zu den eindrucksvollsten ästhetischen Phänomenen zählten die Wiederentdeckung und Weiterentwicklung der Plakatkunst. Es begann im Sommer 1965 mit dem Druck eines Schwarz-Weiß-Posters von Lorin Gillette, das die Überschrift »Love« trägt und auf dem sich ein am Strand stehendes Paar umarmt. Das Love-Poster wurde zunächst in Gillettes Laden in der Divisadero Street ausgehängt und verbreitete sich von dort aus über die gesamte Stadt. Einer der entscheidenden Promoter dieses wieder zum Leben erweckten Mediums war Bill Graham, der in den kunsthandwerklichen Plakaten ein probates Mittel sah, für seine Rockkonzerte zu werben. Der Laden, in dem es sämtliche in Umlauf befindliche Poster zu kaufen gab, war das Print Mint, er lag in der Haight Street No. 1542. Nach einer Anlaufphase von etwa einem Jahr galten die Plakate als Kunstobjekte. Ständig tauchten neue Namen von Grafikern auf, die als Plakatkünstler von sich reden machten. Ein Boom brach aus, der dafür sorgte, dass bereits 1969 eine so renommierte Einrichtung wie das Museum of Modern Art in New York eine große Poster-Ausstellung zeigte.

Zu den wichtigsten Institutionen der Gegenkultur zählten auch eigene Publikationsorgane. Im Oktober 1966 war etwa *The San Francisco Oracle* gegründet worden, eine Underground-Zeitung, die ihren Namen verdiente. Konventionelle Nachrichten gab es nur in den ersten Ausgaben. Die traditionelle Berichterstattung wurde immer mehr durch Themen mit transzendentaler Absicht in den Hintergrund gedrängt: Da gab es Anweisungen zur Vorbereitung eines Trips, Auslegungen indischer Philosophie standen neben Traktaten zur indianischen Kultur. Die Titelseiten wurden beim Druck mit der »Split fountain«-Methode bearbeitet, so dass ihre Ränder in den Farben des Regenbogens strahlten. Jedes Exemplar wurde außerdem, um die Sinnlichkeit des Unternehmens erfahrbar zu machen, mit Jasmin parfümiert.

Andere wichtige Organe waren *Berkeley Barb* und insbesondere *Ramparts,* das durch die Aufdeckung der CIA-Finanzierung des sich liberal gebenden, aber antikommunistisch eingestellten »Kongresses für kulturelle Freiheit« für große Aufmerksamkeit sorgte. Die bekannteste Zeitschrift, die aus der Gegenkultur hervorgegangen ist, war sicherlich *Rolling Stone,* das wohl bis auf den heutigen Tag bedeutendste Organ der Rock- und Popmusik.

In der zweiten Hälfte der sechziger Jahre gab es in und um San Francisco Hunderte von Rockbands. So wie vom »Westcoast Sound« für Kalifornien die Rede war, so etablierte sich bald die Bezeichnung »San Francisco Sound« für all jene Gruppen, zeitweilig waren es sogar tausendfünfhundert, die aus dieser Region kamen. Die großen Vorbilder saßen in England und waren damit einer unmittelbaren Vergleichsmöglichkeit entzogen. Die eigentliche Konkurrenz kam aus Los Angeles, das mit den Byrds, den Doors und den Mothers of Invention kaum weniger einflussreiche Formationen vorweisen konnte.

Unter den Bands der Bay Area waren Jefferson Airplane für mehrere Jahre die No. 1, nicht zuletzt wegen ihrer Sängerin Grace Slick. Sie traten im August 1965 zum ersten Mal auf, in dem in der Fillmore Street gelegenen Matrix, erhielten als Erste der Szenebands einen Schallplattenvertrag bei RCA Victor und eroberten sich mit Stücken wie »Do You Believe in Magic?«, »Somebody to Love« und »White Rabbit« die Position der führenden psychedelischen Acid-Rock-Formation. In einer Strophe heißt es, auf die LSD-Erfahrung anspielend: »Eine Pille macht dich größer, eine macht dich kleiner und keine derjenigen, die dir deine Mutter gibt, bewirkt irgend etwas davon.« Und weiter, über eine Alice im Wunderland der Drogen: »Geh zu Alice und frag sie, wenn sie zehn Fuß hoch ist und füttere deinen Kopf damit.« Diese Stücke finden sich auf der LP »Surrealistic Pillow«, die mit ihrer Mixtur aus Folk, Blues und Acid Rock so etwas wie den Soundtrack zum »Summer of Love« abgegeben hat.

Wie eine Art kollektives Bekenntnis klingt, was Jefferson Airplane in ihrem Stück »We Can Be Together« von der 1969 herausgekommenen LP »Volunteers« sangen: »Wir sind Außenseiter in den Augen Amerikas. Wir stehlen, betrügen, lügen, fälschen, verstecken und handeln mit Rauschgift, um zu überleben. Wir sind obszön, ungerecht, scheußlich, gefährlich, dreckig, gewalttätig und jung. Wir sind die Vollstrecker von Chaos und Anarchie. Alles, was man über uns sagt, sind wir wirklich.« Das klang ganz nach dem Motto der Merry Pranksters: »Wir sind genau die, vor denen uns unsere Eltern schon immer gewarnt haben.« Als die Plattenfirma RCA versuchte, manche Passagen der LP zu entschärfen, zogen sie vor Gericht und setzten durch, einige der berüchtigtsten »four letter words« in ihren Songs benutzen zu dürfen.

Den im selben Jahr gegründeten Grateful Dead[45] mit ihrer Frontfigur Jerry Garcia, dem Inbegriff eines Freaks, wurde von Beobachtern nur die Rolle einer No. 2 zugestanden, doch mehr noch als Jefferson Airplane verkörperten die Dead, wie sie von ihrer bis auf den heutigen Tag eisern zusammenhaltenden Fangemeinde genannt werden, die Hippiekultur als Lebensentwurf. Die Band war eher eine Kommune als eine Musikformation, die zeitweilig über siebzig Mitglieder zählte und sich in einem der für Haight-Ashbury charakteristischen Holzhäuser – Ashbury Street No. 710 – niedergelassen hatte. Sie unterstützten die studentische Linke in Berkeley, lehnten Spitzengagen ab und versuchten sich dem Showbusiness so weit wie möglich zu entziehen. Zumeist traten sie umsonst und draußen auf, in einem der öffentlichen Parks, verteilten LSD unter ihren Zuhörern und verfolgten das Ziel, »die Welt für jeden etwas angenehmer« zu machen. Mit dieser Einstellung, die ihnen von vielen ihrer Bewunderer durch eine ans Religiöse grenzende Verehrung gedankt wurde, brachten sie es rasch zu einem lebenden Mythos der Rockszene.

Außerdem gab es Country Joe & the Fish, benannt nach dem Mao-Diktum, dass man sich im Volk wie ein Fisch im Wasser bewegen müsse, Big Brother and the Holding Company mit Janis Joplin, die Quicksilver Messenger Service, die Charlatans, die Family Dog, Blue Cheer, It's A Beautiful Day, deren Sound von der Zeitschrift *Rolling Stone* eine »etwas ätherische und lahme Saccharin-Mentalität« nachgesagt wurde, und die nach ihrem aus Mexiko stammenden Leadgitarristen benannte Band Santana, der ersten Latin-Rock-Formation. Bill Graham schildert in seinen Erinnerungen, wie der junge Carlos Santana, der kein Geld hatte, um den Eintritt im Fillmore zahlen zu können, so lange am Eingang herumlungerte, bis ihm schließlich der Kragen geplatzt sei und er ihn umsonst hereingelassen habe.

Was die Bay-Area-Bands miteinander gemein hatten, war die Tatsache, dass sie meistens reine Liveformationen waren. Ihnen kam es auf die Performance, auf den spontanen Gig an. Sie spielten in der Regel keine Aufnahmen im Studio ein. So ist es kein Zufall, dass es sich bei vielen ihrer bekanntesten, auf LPs gepressten Stücke um Liveaufnahmen handelt. Das war natürlich ein nicht unerhebliches Hindernis bei der Vermarktung. Die Musikstücke waren in ihrem Aufbau wenig strukturiert, wirkten oftmals diffus und tendierten dazu, jeden Zeitrahmen zu sprengen; außerdem war ihre Tonqualität häufig miserabel. Mit anderen Worten, ihre

Stücke eigneten sich nicht dafür, als potenzielle Hit-Singles auf den Markt geworfen zu werden.

Eine besondere Beziehung existierte zwischen den Beatles und der Hippiebewegung, sie war durchaus wechselseitig bestimmt. Auf der einen Seite wurden LPs wie »Rubber Soul«, »Revolver« oder »Help« in den Parks und Straßen von Haight-Ashbury begeistert aufgenommen und Songs wie »Yesterday« waren bald Hymnen, genauso verspürten die Beatles ihrerseits eine starke Affinität zur dortigen Hippieszene. Insbesondere George Harrison, der zusammen mit seiner Freundin Patti Boyd längere Zeit in San Francisco war, hatte einiges übrig für die transzendentale Dimension des Aussteigerlebens.

Das letzte Livekonzert der Beatles fand – ob Zufall oder nicht – am 29. August 1966 im Candlestick Park in San Francisco statt. Unmittelbar im Anschluss daran erklärte Harrison, das sei es gewesen, sie würden nie mehr öffentlich auftreten – und er sollte, was sich zunächst niemand vorstellen konnte, tatsächlich recht behalten. Ihr Produzent George Martin erklärte später, sie seien in San Francisco zwar als Liveband zu Grabe getragen worden, andererseits sei dort aber auch ihr Konzeptalbum »Sgt. Pepper's Lonely Hearts Club Band« geboren worden.[46] Wenn »All You Need Is Love« als die Hippiehymne angesehen werden könne, die am 25. Juni 1967 in der ersten weltweit ausgestrahlten Fernsehsendung über 400 Millionen Menschen miterlebten, dann sei das Album der »Sgt. Pepper's Lonely Hearts Club Band« die »definitive Hippie-Sinfonie« gewesen.[47]

Obwohl die LP zweifellos den Eindruck einer Drogenerfahrung, eines musikalischen Trips erweckte, so waren Spekulationen darüber, dass es sich bei einem der wichtigsten Stücke um einen verschlüsselten LSD-Song handelte, an den Haaren herbeigezogen. Im Titel »Lucy In The Sky With Diamonds« ließen sich mit einiger Mühe zwar die Anfangsbuchstaben der halluzinogenen Droge wiederfinden, in Wirklichkeit jedoch war es Julian Lennon, der kleine Sohn von John Lennon, der später selbst Rockmusiker werden sollte, von dem der Titel stammte und der die Beatles auf die Idee gebracht hatte, daraus einen psychedelischen Song zu fabrizieren.

Die andere Galionsfigur, zu der es eine besondere Affinität gab, war zweifelsohne Robert Zimmermann, jener junge Mann, dessen

Stimme sich anhörte, als käme sie aus einem »Tuberkulose-Sanatorium«, wie *Time* befand, und der sich nach dem walisischen Lyriker Dylan Thomas Bob Dylan nannte. Als er es auf dem Newport Folk Festival im Sommer 1965 wagte, seine Gitarre an einen Elektroverstärker anzuschließen, wurde er als Verräter beschimpft und musste unter Buhrufen fluchtartig die Bühne verlassen. Ohne es zu ahnen, hatte er mit diesem, von der Butterfield Blues Band unterstützten Auftritt die Bahn für unzählige andere Folkinterpreten freigemacht, die sich nun ebenfalls nicht scheuten, eine E-Gitarre in die Hand zu nehmen und sich an einer Fusion von Folk und Rock abzuarbeiten.

Zwar hatte es mit den Newport Jazz und Folk Festivals eine Tradition gegeben, aus der mit Dylan der wohl wichtigste Interpret der Folk- und Popmusik hervorgegangen war, doch erst im nur wenige Meilen südlich von San Francisco gelegenen Monterey fand vom 16. bis zum 18. Juni 1967 das erste Popfestival der Geschichte statt. Es war im Grunde nichts sehr viel anderes als die Verlegung der Haight-Ashbury-Szene an die Pazifikküste. »Es war alles wie im Fillmore«, meinte Bill Graham, »nur eben viel größer.«[48] An den drei Tagen wurden 50 000 Besucher gezählt.

Organisiert hatten »die erste große Heerschau der neuen Popmusik« John Philips, der Sänger und Songwriter der Mamas & Papas, sowie der Produzent Lou Adler. Mit Janis Joplin, Jefferson Airplane, der Butterfield Blues Band und The Electric Flag traten einige der wichtigsten Rockmusiker aus der Bay Area auf. Verstärkt wurden sie von mehreren Bands aus Los Angeles, den Byrds, den Mamas & Papas, Blood, Sweat & Tears, sowie den Who aus London. Höhepunkte waren die Auftritte von Otis Redding, der ein halbes Jahr später bei einem Flugzeugabsturz ums Leben kam, und von Jimi Hendrix, der am Ende seine Gitarre anzündete und mit den Resten die Anlage zertrümmerte. Der Regisseur D. A. Pennebaker, der im Jahr zuvor bereits Bob Dylan auf seiner Europatournee mit der Kamera begleitet hatte,[49] drehte einen anderthalbstündigen Film von dem Festival. Der Reingewinn der mit geringem organisatorischem Aufwand betriebenen Veranstaltung soll am Ende 430 000 Dollar betragen haben.

Als die Sogwirkung, die das Festival ganz augenscheinlich für Jugendliche besaß, jedem kalifornischen Zeitungsleser vor Augen trat, stieg auch die Schallplattenindustrie ein. »That's Underground«

hieß einer der seinerzeit erfolgreichsten Popsampler. Auf der im Psychedelic Look geprägten Vinylplatte waren Al Kooper, der Bob Dylan auf dem Newport Folk Festival bei dessen erstem Auftritt mit einer elektrischen Gitarre begleitet hatte, Big Brother and the Holding Company, die Chamber Brothers, die Young Rascals und Spirit mit Randy California zu hören. Das Album war von dem Medienkonzern CBS produziert worden und drückte den Bands den Stempel des Authentischen auf – eine ganz offensichtlich erfolgreiche Marketingstrategie.

Aus dem Ei, das in Monterey gelegt worden war, schlüpfte, wie es Bill Graham einmal formuliert hat, zwei Jahre später Woodstock aus. Obwohl auf der anderen Seite der USA, im Bundesstaat New York, gelegen, war es nach Monterey eine weitere Potenzierung dessen, was sich in Haight-Ashbury entwickelt hatte. Die Wahl des Veranstaltungsortes hing vor allem damit zusammen, dass dort der wichtigste Sänger und Songwriter des Folk-Rocks lebte – Bob Dylan.[50] Als dieser sich 1966 bei einem Motorradunfall so schwer verletzt hatte, dass ein vorzeitiges Karriereende nicht mehr auszuschließen war, zog er sich in den kleinen Ort zurück, der später von Thomas Groß in der *FAZ* einmal spöttisch als »das Worpswede der New Yorker Bohème« bezeichnet wurde. Obwohl Dylan bis zuletzt mit dem Gedanken gespielt hatte, selbst in Woodstock aufzutreten, blieb diese Hoffnung der Veranstalter unerfüllt.

Organisator des Mammutfestivals, das vom 15. bis 17. August 1969 stattfand, bei dem nicht weniger als zweiunddreißig Bands und Einzelinterpreten auftraten, war ein unerfahrener Lockenkopf, der erst zweiundzwanzigjährige Michael Lang. Hätte ihm nicht Bill Graham beratend zur Seite gestanden und wäre das Bühnenmanagement ebenso wie der Sicherheitsdienst nicht von Mitarbeitern des Fillmore East übernommen worden, wäre daraus vermutlich ein gigantisches Desaster geworden. Doch trotz des unerwarteten Regens, der über dem Gelände herniederging und die Wiese zeitweilig in einen Sumpf verwandelte, ging das Großereignis so über die Bühne, dass seiner späteren Mythologisierung nichts mehr im Wege zu stehen schien.[51] Zwar gab es ein Todesopfer, weil ein Jugendlicher in seinem Schlafsack von einem Fahrzeug überrollt worden war, jedoch wurde, wie stolz in einer der Ansagen verkündet werden konnte, irgendwo auf dem Gelände auch ein neuer Erdenbürger geboren.

Wie ein Akt der Massenmagie wirkte, als aus 400 000 Mündern mit »F-U-C-K« jeder einzelne Buchstabe des berüchtigtsten aller »four letter words« nachgebrüllt wurde. Damit sollten die Zeiten des Kalten Krieges, in denen die Herausgeber von Büchern, in denen solche Worte verwendet wurden, befürchten mussten, dafür in Haft genommen zu werden, endgültig der Vergangenheit angehören. Über die musikalische Qualität der einzelnen Auftritte ist oft gestritten worden. Carlos Santana hat später eingeräumt, dass er wegen seines Meskalinkonsums allein von der Furcht bestimmt gewesen sei, falsche Töne zu spielen oder aus dem Rhythmus zu kommen.

Was Jimi Hendrix ganz am Ende, als sich nur noch wenige Tausend vor der Bühne eingefunden hatten, mit seiner Instrumentalimprovisation »Star Spangled Banner« aufführte, bannte die Utopie der Hippiekultur in einem Klangbild: Die musikalische Zerfetzung der amerikanischen Nationalhymne war zugleich eine Art melancholischer Liebeserklärung an das andere Amerika.[52] Es war Anklage und Wehmut zugleich, ein modernes Requiem musikalischer Gegenkultur. Es war der Anspruch, die amerikanische Jugend könne mit anderen Werten eine legitimationsfähigere Nation repräsentieren als jene, die in Vietnam Krieg führe.

Während der Soundtrack und der Film millionenfach Verbreitung fanden, etablierte sich in vielen Ländern die Idee, selbst Woodstocks zu organisieren. Ob auf der Isle of Wight, auf Fehmarn,[53] in Roskilde oder anderswo – plötzlich schossen Open-Air-Festivals wie Pilze aus dem Boden. Doch die Hippiekultur war zu dem Zeitpunkt, da sie als Ikone der Gegenkultur um den Globus ging, längst entmystifiziert.

Als Woodstock vorüber war, breitete sich unter jenen, die dabei gewesen waren, trotz allem die Stimmung aus, an einem dreitägigen Gegenentwurf zur US-Gesellschaft teilgenommen zu haben. Alles schien plötzlich ganz einfach: Man nehme eine große Wiese, engagiere ein paar Bands, baue eine Bühne auf, versammle sich in einer möglichst großen Menge und – Sonnenschein vorausgesetzt – genieße das Leben in vollen Zügen. Alles sollte möglichst friedlich, spontan, kollektiv und lustbetont ablaufen.

Einer, der diese Welle der Euphorie ungebremst aufnahm, war der Yippie[54] Abbie Hoffman, der sich mit dieser Wortschöpfung, die aus der Abkürzung von Youth International Party resultierte, von der unpolitischen Haltung der meisten Hippies absetzen wollte. Er war davon überzeugt, in Woodstock einen »Trip in die Zukunft« genommen zu haben. Nur wenige Tage, nachdem die 400 000 Sam Yagurs Wiese geräumt hatten, setzte er sich hin und schrieb in den Räumen des renommierten New Yorker Verlages Random House innerhalb von zwei Wochen ein Buch mit dem programmatischen Titel »Woodstock Nation«. Diese Entschlossenheit gründete in einer demütigenden Erfahrung, die Hoffman auf der Bühne von Woodstock hatte machen müssen. Als er kurz vor dem Auftritt der Who nach vorne gegangen war, um eine Rede für John Sinclair zu halten, den wegen Marihuanabesitzes zu zehn Jahren Gefängnis verurteilten Manager der Rockband MC5, war er verprügelt worden. Pete Townshend, der aus der britischen Subkultur der Mods kam und die Hippies schon immer verachtet hatte, schlug, ohne zu wissen, worum es überhaupt ging und mit wem er es zu tun hatte, mit seiner Gitarre auf Hoffman ein.[55] Dieses politische Manifest wollte Hoffman nun in seinem Buch nachholen.

Er skizzierte darin ein Bild, das wie die Reinkarnation des Nationalen durch jene wirkte, die sich von der Nation abgewendet hatten: »Woodstock Nation bedeutet Verweigerung, bedeutet Abkehr, bedeutet Subversion. Woodstock Nation bedeutet den Bruch mit der bestehenden Gesellschaft, mit ihren Gesetzen, Traditionen, Werten und Normen. Woodstock Nation bedeutet, dass einer nicht länger mitmacht, dass er aufhört zu tun, was ihm gesagt wird, und stattdessen so zu leben versucht, wie er selbst es für richtig hält.« Sie bedeute den Versuch, Alternativen zu entwickeln und die Veränderungen umgehend in Angriff zu nehmen, »die Lücken und Schwächen des Systems auszunutzen, wo und wann immer sich die Möglichkeit dazu ergibt. Woodstock Nation bedeutet, dass jeder für sich selbst, aber zusammen mit den anderen das System untergräbt, indem er sich all das nimmt, was ihm verweigert, und all das tut, was ihm verboten wird. Woodstock Nation ist ein Vorgriff auf die befreite Gesellschaft, ist der Beginn der Revolution.«[56]

Die prominentesten Yippies, Abbie Hoffman und Jerry Rubin, versuchten aus dem Zufallsereignis eine Art Gegenmodell zur amerikanischen Gesellschaft zu machen: »Woodstock Nation«.[57] Das, was Hoffman als die »Woodstock experience« bezeichnete, war für ihn, wie er an das wichtigste Ereignis des Jahres 1969, die Mondlandung, anknüpfte und diesen Triumph umkehrte, nichts anderes als »der erste Versuch des Menschen, auf der Erde zu landen«.[58]

Seitdem der Vietnamkrieg eskalierte und sich die Antikriegsbewegung in den USA immer weiter ausbreitete, häuften sich in der Öffentlichkeit die Attacken auf nationale Symbole. Die »Stars and stripes«, die amerikanische Nationalflagge, liefen immer wieder Gefahr, aus Protest gegen den nicht zu rechtfertigenden Krieg in Südostasien angezündet zu werden. Als Abbie Hoffman es wagte, vor dem Schwurgericht in Chicago mit einem Hemd zu erscheinen, das aus den »Stars and stripes« geschneidert war, stürzten sich erboste Polizisten auf ihn und rissen es ihm vom Leib. Doch sie staunten nicht schlecht, was sie mit ihrem gewalttätigen Übergriff zum Vorschein brachten. Unter den Stofffetzen tauchten die Farben einer weiteren Flagge auf, der des Vietcong. Hoffman hatte sie sich auf den Oberkörper malen lassen. Die Staatshüter waren in eine Falle gelaufen und hatten sich gleich doppelt blamiert – sie hatten ihre eigene Fahne zerrissen und damit die des Gegners freigelegt.

Eine ganz andere Schändung des Nationalsymbols war bei dem Verbrechen der »Manson-Family« verübt worden: Der Körper der ermordeten Sharon Tate war in eine von ihrem Blut durchtränkte US-Flagge eingewickelt. Die Täter hatten offenbar zugleich die Nation erniedrigen und mit Blut besudeln wollen.

Es gab in jener Zeit allerdings auch unzählige Anzeichen der Verehrung, wenn nicht gar der Vereinnahmung des Nationalsymbols. So trat Jerry Garcia von den Grateful Dead zumeist mit einem Hut auf, der in den Farben und Mustern der »Stars and stripes« gestaltet war.

Woodstock war mehr als eine bloße Momentaufnahme, ein situatives Kollektiverlebnis im Sommer 1969, mehr als ein Tagtraum von nahezu einer halben Million Aussteiger. In ihm aufgehoben waren mit der Beat- wie der Hippiebewegung die beiden entscheidenden Generationen der in San Francisco angesiedelten Subkultur.

Der Beat war der Schlag, der Puls und der Impuls. In Analogie zur »Lost Generation«, wie Gertrude Stein nach dem Ersten Weltkrieg die seinerzeitige Garde der jungen amerikanischen Schriftsteller wie Hemingway, Dos Passos und Fitzgerald genannt hatte, bezeichneten sich die Poeten der Bay Area nach dem Zweiten Weltkrieg als »The Beaten Generation«; auf die verlorene Generation war die geschlagene Generation gefolgt.

Die Musik war der Strom, die Strömung, in der sich die Vergemeinschaftung vollzog und die Subkultur sich konstituierte. Diese Tendenz, dass es um ein Lebensgefühl ging, war bereits im Beat zum Ausdruck gekommen. So wie der Beat im Jazz eine bestimmte Haltung ausdrückte, so war der Beat in der literarischen Bewegung eine Metapher für die Musik.

Doch erst in der Hippiebewegung wurde die Ausdrucksform zum Ton und nahm durch die Rockmusik die Gestalt eines musikalischen Stückes an. Worum es ging, war die akustische Stimulierung von »good vibrations«, Wortvibrationen, wie sie in Ginsbergs Mammutgedicht »Howl« zu hören sind, Klangvibrationen, wie sie in den perlend-vorantreibenden Percussion-Elementen von Santanas Latin-Rock zum Ausdruck kommen, zu übersetzen und die geballte Energie schließlich in Vitalität umzusetzen.

Während sich in Haight-Ashbury 1969 das ausbreitete, was romantisierend als der »Winter of Love« bezeichnet wurde,[59] mehrten sich die Alarmzeichen für die Selbstzerstörung des Eldorados der amerikanischen Gegenkultur. So wie die Szene mit LSD und Marihuana als den Stoffen zur Erzeugung »künstlicher Paradiese« entstanden war, so ging sie an diesen schließlich zugrunde. Die Subkultur, die sich als Gegenentwurf zum »american way of life« verstand und zu der allein in Haight-Ashbury zeitweilig fast hunderttausend junge Leute zählten, hätte sich ohne den Drogenhandel wohl kaum reproduzieren können. Ihr Zerfall ging einher mit der Transformation in eine Szene, in der Heroinkonsum nicht die Ausnahme war, sondern binnen zweier Jahre zum Standard wurde.[60] Die Hippieszene verwandelte sich mit innerer Logik in eine Junkieszene. Die Grenzerfahrung, die Kräfte des Rausches zu mobilisieren, war nicht mit dem Ziel einer gesellschaftlichen Umwälzung erfolgt, sondern mit der Absicht, auf künstlichem Wege ein möglichst paradiesisches Körpergefühl zu erzeugen.

Eines der alarmierendsten Anzeichen für den Niedergang von Haight-Ashbury war das nur wenige Tage vor dem Woodstock-Festival verübte Massaker, das die gesamten USA in Atem hielt. Mitglieder einer zur Hippieszene zählenden Kommune hatten in der Nacht vom 8. auf den 9. August 1969 die Filmschauspielerin Sharon Tate und vier weitere Personen ermordet.[61] Die hochschwangere Verlobte des Filmregisseurs Roman Polanski, in dessen Film »Tanz der Vampire« sie die weibliche Hauptrolle gespielt hatte, wurde in einer Villa in Hollywood mit sechzehn Einstichen in einer Blutlache liegend aufgefunden. Anhänger des vierunddreißigjährigen Hippies Charles Manson hatten, wie sich bald herausstellte, die als Ritualmord eingestufte Bluttat verübt. Unter den Bewohnern der Filmmetropole breiteten sich Angst und Paranoia aus. Viele waren davon überzeugt, dass es sich bei der Wahl der Opfer um einen Zufall gehandelt habe und es sie im Grunde genauso hätte treffen können. Für Richard Sylbert, den Produktionschef der Paramount, stand zum Beispiel fest, dass das Massaker der »Manson-Family« zugleich »das Ende der Sixties« gewesen sei.[62] Um sich auf dem schnellsten Wege aller Drogen zu entledigen, habe man überall in Hollywood die Toilettenspülungen betätigt. Ein Gericht verurteilte die Täter 1971 samt ihres Anführers zum Tode, später wurden die Urteile in lebenslängliche Haftstrafen umgewandelt. Manson sitzt heute, knapp vierzig Jahre danach, immer noch im Gefängnis.

Nur wenige Wochen später starben kurz hintereinander drei Symbolfiguren, ein Gitarrist, eine Sängerin und ein Poet: am 19. September in London Jimi Hendrix, dessen Stern erst in Monterey aufgegangen war, am 4. Oktober in Los Angeles Janis Joplin, von der es hieß, dass sie den Blues »wie keine Weiße« singen könne, und am 22. Oktober in Florida mit Jack Kerouac der wichtigste Repräsentant der Beat-Generation. Bei allen dreien waren Drogen und/oder Alkohol im Spiel.

Als Janis Joplin, deren Vorliebe für Whiskey der Marke Southern Comfort bekannt war, in einem Motelzimmer aufgefunden wurde, wies ihr Unterarm vierzehn Einstiche auf. Sie hatte, was nicht wenige überraschte, Heroin gespritzt. Ihr letzter, gerade in einem Studio aufgenommener, von Kris Kristofferson stammender Song war »Me And Bobby McGhee«, jenes posthum veröffentlichte Stück mit der berühmten Zeile »Freedom's just another word for nothing left to loose« (Freiheit bedeutet nur, dass du nichts mehr zu verlieren hast). Das wenige Geld, das sie hinterließ, es sollen zweitausendfünfhundert Dollar gewesen sein, vertranken ihre Freunde, ganz so wie sie es sich gewünscht hatte, auf einer großen Party. Anschließend wurde ihre Asche in den Pazifik gestreut.

Doch es sollte noch schlimmer kommen. Als die Rolling Stones am 6. Dezember 1969 auf einer stillgelegten Autorennbahn in Altamont bei San Francisco ein Free Concert gaben, um auf diese Weise zu kostenlosen Statisten für einen Tourneefilm zu kommen, wurde einer der Zuhörer vor laufenden Kameras direkt vor der Bühne ermordet. Während die Band vor 300 000 Leuten »Sympathy For The Devil« spielte, traten, prügelten und stachen Mitglieder der als Ordner angeworbenen Hell's Angels auf den achtzehnjährigen Farbigen James Meredith so lange ein, bis er regungslos liegen blieb. Trotz des Vorfalls ging die Show weiter. Am Ende des Konzerts, das zunächst im Golden Gate Park hätte stattfinden sollen, dann aber von den Behörden wegen der bereits erwarteten Gewalttätigkeiten dort nicht erlaubt worden war, wurden drei Tote und über siebenhundert Verletzte gezählt.[63] Auch die Hell's Angels, die für ihre Ordnerdienste eine Lkw-Ladung Bier verlangt und auch bekommen haben sollen, gehörten zu Haight-Ashbury. Aus dem »Winter of Love« war spätestens jetzt ein Alptraum geworden.[64]

II.

»Achtundsechzig« – Kulturkampf und Sprachverwirrung

Das Vorspiel hatte also Tausende von Kilometern entfernt am anderen Ende der Welt stattgefunden. So unaufgeregt jenes so überaus komplexe Kapitel, das in der Regel mit dem simplen Kürzel »Sixties« bezeichnet wird, inzwischen in den USA daherkommt, so wenig gilt das für das eigene Land. An der Chiffre »68« scheiden sich noch immer die Geister. Der »Kulturkampf« um den Stellenwert dieses Jahres, der spätestens nach dem Fall der Berliner Mauer und der bald darauf folgenden deutschen Einigung entbrannt ist, hält unvermindert an.[65] Alle Prognosen, dass sich diese Streitigkeiten erschöpfen und damit endgültig Vergangenheit werden könnten, haben sich bislang als gegenstandslos erwiesen. Die Irritation, die von der damaligen Bewegung ausging, wirkt auf merkwürdige Weise, teils verstörend, teils befremdend, zum Teil aber auch beunruhigend, noch immer fort.

Das Kürzel »68« steht für einen richtungweisenden, aber ambivalenten Ereigniszusammenhang: einerseits für einen Aufbruch zu neuen gesellschaftlichen Ufern, andererseits für eine Regression in die Innerlichkeit, einen hartnäckigen Flirt mit dem kommunistischen Totalitarismus und nicht ganz ungefährliche politische Allmachtsphantasien. »68« spaltet nach wie vor die Gesellschaft. Für beide Seiten des politischen Lagers ist »68« aber auch zu einer Art Projektionsleinwand geworden. Von der einen wird es als Grundübel aller gesellschaftlichen Fehlentwicklungen verdammt, von der anderen wird es zum nachträglichen Gründungsakt der Bundesrepublik hochstilisiert.

Für Konservative sind »die Achtundsechziger« für viele, wenn nicht gar die meisten grundlegenden Probleme der Gegenwart verantwortlich – für die Bildungsmisere, die Arbeitslosigkeit, die mangelnde Wettbewerbsfähigkeit der deutschen Wirtschaft, den Rechtsradikalismus, den Terrorismus, den Verfall der Moral und der bürgerlichen Werte insgesamt.

Für Linke und Linksliberale steht 1968 dagegen für den Aufbruch zur einzigen Reformära in der Bundesrepublik, die diesen Namen angeblich auch verdiene – die Ära des sozialdemokratischen Kanzlers Willy Brandt. Der Sozialphilosoph Jürgen Habermas ist 1988 so weit gegangen, die Folgen der Achtundsechzigerbewegung pauschal als »Fundamentalliberalisierung« zu charakterisieren. Unerklärt bleibt dabei freilich, mit welch wundersamer Dialektik eine Bewegung, die für den Liberalismus kaum mehr als Verachtung übrig hatte, die Gesellschaft grundlegend liberalisiert haben sollte.

Diese Konfrontation markiert zwar den politischen wie kulturellen Spannungszusammenhang, in dem sich die seit Langem anhaltenden Auseinandersetzungen bewegen, sie bildet jedoch nicht den gegenwärtigen Stand im Verständnis dieses Phänomens ab. Denn unabhängig von jener Polarisierung hat die Chiffre »68« im Laufe der Jahre einen enormen Kursverfall erlebt. Auch viele derjenigen, die ursprünglich einer positiven Lesart anhingen, betreiben inzwischen eine Entwertung der damaligen Rebellion. Es ist alles andere als Zufall, dass der einstige Aktivist und jetzige NS-Historiker Götz Aly jüngst festgestellt hat, je größer der zeitliche Abstand von 1968 werde, umso distanzierter falle auch dessen Beurteilung aus.

Im Wesentlichen existieren drei Deutungsmuster, mit denen die Achtundsechzigerbewegung verworfen beziehungsweise in Frage gestellt wird:

Erstens: Von wertkonservativen Politikern wird behauptet, die fundamentale Kritik an Staat und Institutionen, Familie und Rollenmustern sei ein gefährlicher Irrweg gewesen und habe die Gesellschaft in ihrem Zusammenhalt bedroht. Es gelte nun, ein staatsorientiertes Selbstverständnis der Institutionen sowie ein traditionales Familienbild mit seinem christlich grundierten Wertekanon wiederherzustellen.

Zweitens: Von sozialdemokratischen Zeithistorikern wird erklärt, die Achtundsechziger seien nichts anderes als unfreiwillige Katalysatoren einer umfassenden Modernisierung gewesen. Die meisten der in den sechziger Jahren in Gang gekommenen sozialen Veränderungen wären Ausdruck eines tiefgreifenden, ohnehin unabwendbaren, von ihren Akteuren jedoch nicht intendierten Strukturwandels gewesen.

Drittens: Von Seiten einiger der ehemals wichtigsten Akteure wird nun behauptet, dass es ihnen vor vierzig Jahren in Wahrheit um eine nationale Revolution gegangen sei, die sich gegen die USA und die Sowjetunion und damit gegen die westlichen wie die östlichen Besatzungsmächte gerichtet habe.

Zu diesem Bild scheint zu passen, dass mit Rudi Dutschke etwa der unangefochtene Wortführer der Achtundsechzigerbewegung, der durch das Attentat und seinen frühen Tod zum tragischen Helden werden sollte, ein überzeugter Nationalist gewesen ist. Der Mann, der lange Zeit als ein entschiedener Internationalist galt, hatte – wie erst nach 1990 bekannt geworden ist – auf dem Höhepunkt der Studentenbewegung das Ziel verfolgt, aus West-Berlin einen »Transmissionsriemen für die deutsche Wiedervereinigung« zu machen.[66]

Sein engster Freund und Weggefährte, der ebenfalls aus der DDR stammende Soziologe Bernd Rabehl, glaubt nun, in Dutschkes strategischer Zielsetzung einen nationalrevolutionären Ansatz erkennen zu können[67] und benutzt diese Umwertung als Rechtfertigung für seinen mit Fremdenfeindlichkeit gepaarten Nationalismus, der ihn bis an den Rand einer Partei geführt hat, vor der die Achtundsechzigerbewegung am meisten gewarnt hatte und deren Einzug in den Bundestag sie schließlich mit verhindern konnte – der rechtsextremen NPD.

Und mit dem früheren APO-Anwalt und Mitbegründer der terroristischen RAF, Horst Mahler, hat sich ein anderer exponierter Akteur im Laufe eines Jahrzehnts vom Rechtshegelianer zum bekennenden Nationalisten, Antisemiten und Holocaust-Leugner entwickelt.[68] Seine Mitgliedschaft in der NPD gab er wegen ihrer, wie er fand, zu starken Fixierung auf den Parlamentarismus bald wieder auf. Allem Anschein nach hat er wie kein anderer einen extremen politischen Positionswechsel vollzogen. Oder aber sollte sich in seiner neuen Rolle etwas offenbart haben, das bereits seit Langem vorhanden und die ganze Zeit nur übersehen worden war?

Die Frage stellt sich nun, ob nicht zentrale, lange Zeit als selbstverständlich geltende Positionen der Achtundsechzigerbewegung

– sei es ihr Antikapitalismus, ihr Antifaschismus oder ihr Antiimperialismus – mit einer Art doppeltem Boden ausgestattet gewesen sind, der in einem deutschen Kontext wiederum ganz anderen, als konträr einzuschätzenden Einstellungen Raum geben konnte. Im Lichte neuerer historischer Erkenntnisse zeichnet sich im Verständnis der Achtundsechzigerbewegung jedenfalls die Möglichkeit einer geradezu dramatischen Links-Rechts-Verschiebung ab.

Angesichts dieser überraschenden Einblicke ist es keine besondere Kunst, die Achtundsechzigerbewegung im Nachhinein in Grund und Boden zu kritisieren. Dazu bedarf es lediglich der Isolierung einzelner Negativphänomene, um das gesamte Bild in ein düsteres Licht rücken und sie gegen andere, eher positiv konnotierte ausspielen zu können. Demgegenüber bedarf es einer Ausgewogenheit der einzelnen Aspekte in der Darstellung und einer Angemessenheit in der Beurteilung insgesamt. Angesichts der fortwährenden Instrumentalisierung von »68« zu einer Art Spielball in der parteipolitischen Auseinandersetzung wäre es naiv, historische Gerechtigkeit einfordern zu wollen. Trotz eines Abstands von vier Jahrzehnten – das sind beinahe zwei Generationen – erscheint die gebotene Distanz dafür zu gering und die emotionale Aufladung, die nicht nur unter ehemaligen Beteiligten und Zeitzeugen, sondern auch unter vielen Nachgeborenen existiert, immer noch zu hoch zu sein.

Dies alles unterstreicht: »1968« in seiner historischen Bedeutung gehört auf den Prüfstand, im Hinblick auf jedes einzelne der drei genannten Deutungsmuster, insbesondere jedoch in Richtung auf den verkappten Nationalismus, der manches von dem, was über Jahrzehnte hinweg als liberalisierend betrachtet worden ist, auf den Kopf stellen könnte.

Wer spricht hier eigentlich?

Walter Benjamins Credo, dass die erste Person Singular, genauer der Autor, bei der Darstellung eines Sachverhalts zur »eisernen Ration« gehören sollte,[69] kann immer noch als vorbildlich gelten. Zum einen macht es deutlich, dass beim Verfassen eines Textes die Aufgabe nicht darin bestehen kann, historische Ereignisse etwa als Lichtquelle zur besseren Ausleuchtung des eigenen Subjekts zu benutzen, zum anderen aber verleugnet es nicht, dass das Ich keine neutrale Instanz ist, die schreibt oder spricht, sondern ein menschliches Wesen, das von seiner je eigenen Geschichte, seinen individuellen Prägungen, seinen Gefühlen, seinen Träumen, Ängsten und Wünschen bestimmt wird. Allerdings ist es ein Plädoyer dafür, mit seinen Erfahrungen zurückhaltend umzugehen und den eigenen Erinnerungen gegenüber möglichst misstrauisch zu sein und immer auf der Hut zu bleiben.

In dem angeschnittenen Zusammenhang möchte ich jedoch eine Ausnahme machen und mich vorweg zu zweierlei äußern: Zur eigenen Person und zum Kontext der Fragestellung, dem gegenwärtigen Bezugsfeld sowie zur aktuellen Aufladung des Echoraumes, in dem die Frage nach der Achtundsechzigerbewegung und ihrer Bedeutung gestellt wird.

Ich war neunzehn, als ich unter der Androhung, von der Schule verwiesen zu werden, zum ersten Mal an einer Demonstration teilnahm. Das war an einem Samstag, am 11. Mai 1968. Es ging damals um den sogenannten Sternmarsch auf Bonn, mit dem in letzter Minute die Verabschiedung der Notstandsgesetze verhindert werden sollte.

In jenen Tagen, während im Pariser Quartier Latin Barrikaden errichtet wurden und die bundesdeutschen Universitätsstädte vor Aktivitäten vibrierten, um der jungen Republik eine veränderte Verfassung, die Notstandsverfassung, zu ersparen, machte ich an einem Provinzgymnasium Abitur. Das Thema meines Deutschaufsatzes lautete: »Die Studentenunruhen in der Sicht eines Primaners – Diskutieren Sie das Recht auf Widerstand in einer parlamentarischen Demokratie!«[70] Wer hätte gedacht, dass ich mich mit einem ähnlichen Thema auch noch Jahrzehnte danach beschäftigen würde – ich vermutlich am allerwenigsten.

Im Wintersemester 1968/69 begann ich an der Frankfurter Goethe-Universität Philosophie zu studieren. Als ich im Dachgeschoss eines großbürgerlich anmutenden Hauses mein Zimmer bezog, hatte ich mir vor allem Literatur zur Sprachphilosophie und eine einzige LP mitgebracht: »We're Only In It For The Money« von den Mothers Of Invention, eine als kommerzielle Entlarvung angelegte Parodie auf die Hippiebewegung. Nach nur wenigen Wochen war ich informelles Mitglied im Sozialistischen Deutschen Studentenbund (SDS) und beteiligte mich an einem monatelang andauernden Universitätsstreik. Dabei ging es weniger darum, die Universität zu reformieren; sie wurde eher als ein potenzieller Freiraum betrachtet, den es für die seinerzeit erwarteten Klassenkämpfe der Zukunft abzusichern und als eine Bastion zu nutzen galt.

Im April 1969 wurde ich aus dem ganzen Trubel herausgerissen, weil mir als Kriegsdienstverweigerer nichts anderes übrig blieb, als meinen Zivildienst anzutreten. Ich arbeitete als Pfleger in einer Psychiatrischen Klinik – eine ebenso wichtige wie auch bedrückende Erfahrung, weil sie mich mit all dem psychischen Elend konfrontierte, das in der Gesellschaft üblicherweise verborgen bleibt, und mir in aller Schonungslosigkeit zeigte, wie rechtlos Individuen, denen ihre Entscheidungskompetenz abgesprochen wurde, in einer derartigen Institution immer noch waren.

Nach meiner Rückkehr an die Universität schreckte mich die Vorherrschaft maoistischer Sekten nachhaltig ab. Überall führten die Matadoren der Roten Zellen das Wort, verurteilten gerade die soziokulturelle Dimension der Studentenbewegung als »kleinbürgerlich« und setzten sich mit einem marxistisch-leninistischen Kauderwelsch von der eigenen, nur allzu jungen Vergangenheit ab. Zwei, drei Jahre lang beschäftigte ich mich so gut wie ausschließlich damit, Schriften der Kritischen Theorie und der Psychoanalyse zu rezipieren. Davon versprach ich mir zweierlei: das psychische Leid, das ich in der Psychiatrie auf so extreme Weise erlebt hatte, besser zu begreifen und jene theoretischen Voraussetzungen zu erarbeiten, die mit der Sozialpsychologie vom autoritären Charakter und der Theorie des autoritären Staates für die Begründung einer antiautoritären Bewegung maßgeblich zu sein schienen. Das, was sich an Veränderungen im Alltagsleben konkret niederschlug, galt mir hinfort als Kriterium für politische Positionen und Programmatiken. Ideologien – und seien sie theoretisch auch noch so stringent begründet – bedeuteten mir, das jedenfalls glaubte ich mir damals einreden zu können, dagegen nichts.

Erst im Herbst 1972 begann ich wieder damit, mich in die Hochschulpolitik einzumischen, und beteiligte mich an der Gründung einer Gruppe mit dem Vorläufigkeit anmeldenden Namen Sozialistische Hochschulinitiative (SHI). In einer Phase ideologischer Überzeugtheiten sollten damit Vorsicht und ein Bewusstsein von der Notwendigkeit einer experimentellen Erprobung gesellschaftsverändernder Strategien signalisiert werden. Den Impuls dafür hatte eine Gruppe gegeben, die sich emphatisch Revolutionärer Kampf (RK) genannt hatte und nach dem Zerfall der Achtundsechzigerbewegung in die Betriebe gegangen war, um die Gesellschaft von dort aus zu verändern.

Von 1974 bis 1975 – während der sogenannte Häuserkampf in Frankfurt die Schlagzeilen bestimmte – war ich zu einer Zeit AStA-Vorsitzender, als die verfasste Studentenschaft wegen ihrer über die Hochschule hinausgehenden politischen Aktivitäten ständig in der Gefahr schwebte, von der hessischen Landesregierung verboten zu werden.

Anschließend arbeitete ich zwei Jahre lang als Lektor in dem kleinen, noch vom SDS gegründeten Verlag Neue Kritik. Als ich 1977 dort aufhörte, um mich meiner Promotion zu widmen, tat ich das mit einer Abrechnung mit der Spontibewegung,[71] die mir Anfeindungen bescherte, aber auch Respekt einbrachte.

Warum schildere ich das? Es geht für mich als jemanden, der inzwischen als Politikwissenschaftler und Historiker über Protestbewegungen nach 1945 im Allgemeinen und die genannten Aspekte im Besonderen arbeitet, immer auch darum, die angesichts meiner eigenen theoretischen, aber auch politischen Sozialisation naheliegende Frage nach Übertragung und Gegenübertragung aufzuwerfen. Spätestens seitdem sich die Sozialwissenschaften nicht mehr pauschal dagegen sträuben, etwas von der methodischen Selbstreflexion der Freud'schen Psychoanalyse aufzunehmen und sich kritisch nach Chancen und Gefahren dieser doppelseitigen Transmission zu befragen, sollte es jedenfalls unmöglich geworden sein, den idealtypischen Wissenschaftler »sine ira et studio« spielen zu wollen.

Nicht ohne Grund hat der Ethnopsychiater Georges Devereux in seiner grundlegenden Studie »Angst und Methode in den Verhaltenswissenschaften« gefordert, das Verhalten des wissenschaftlichen Beobachters wegen seiner zumeist ungeklärten Beziehungen zum Objekt seiner Erkenntnis genauer zu analysieren.[72] Devereux spricht von »Gegenübertragung in der verhaltenswissenschaftlichen Forschung« und »Verzerrung als Weg zur Objektivität«. Gerade wer glaubt, sich jener puristischen Rolle am sichersten sein zu können, ist davor am wenigsten gefeit.

Stünde »68« jedenfalls vor Gericht und käme jemand auf die Idee, in diesem Zusammenhang einen Befangenheitsantrag gegen mich zu stellen, würde ich diesen vermutlich nicht überstehen. Denn ich bin nach allem, was ich geschildert habe, durchaus befangen, in einem ganz persönlichen Sinne befangen.

Bei näherem Hinsehen mag das allerdings auch etwas befremdlich klingen. Denn jenen Ereigniskomplex, der im Nachhinein als Achtundsechzigerbewegung bezeichnet worden ist, habe ich zwar miterlebt und auf das Genaueste verfolgt, in einem emphatischen Sinne mitgestaltet habe ich ihn jedoch nicht. Dafür hatte ich als jemand, der erst im Mai 1968 Abitur machte, kaum eine Gelegenheit.

Als ich im September 1968 nach Frankfurt kam, war der Zenit der damaligen Bewegung – ohne dass mir das bewusst gewesen wäre – bereits überschritten. Ich war also nur am Rande und nur bedingt für einen begrenzten Zeitraum beteiligt und kann die Rolle, die im Soziologendeutsch als »Akteur« bezeichnet wird, nicht für mich in Anspruch nehmen. Aber ich war Zeitzeuge. Jahre später wurde ich Kommentator und noch sehr viel später Historiker, in gewisser Weise ein Bewegungshistoriker. Zweifelsohne handelt es sich in meinem Fall um eine Rollenakkumulation. Auf Gedeih und Verderb bewege ich mich in einem Spannungsfeld, das vom Erlebnishorizont des Zeitzeugen ebenso wie vom Erklärungshorizont des Sozialwissenschaftlers markiert wird.

Einerseits muss ich es mir durchaus gefallen lassen, als »Achtundsechziger« abgestempelt zu werden, andererseits aber muss ich diejenigen enttäuschen, denen aus welchen Gründen auch immer daran gelegen ist, dass ich diesem Etikett tatsächlich entspreche. Schließlich habe ich den Ereigniszusammenhang eher gestreift. Insofern bin ich nicht mehr und nicht weniger als eine Art Tangential-Achtundsechziger gewesen.

Worüber reden wir, wenn wir von »Achtundsechzig« sprechen?

1968 polarisiert nicht nur, es ist auch ein Puzzle, dessen Fragmente sich im Nachhinein nur noch schwer zu einem kohärenten Bild zusammenfügen lassen, es ist eine Art Kaleidoskop, dessen Bildelemente sich immer wieder verschieben und neue Eindrücke vermitteln. Die Wechselhaftigkeit mancher Achtundsechziger-Biografien scheint dafür überreichlich Stoff zu bieten.

Ein überzeugter Internationalist wie Rudi Dutschke erscheint inzwischen als ein bekennender Nationaler und Vorkämpfer der deutschen Wiedervereinigung. War seine Wahrnehmung als Aktivist für die Befreiungsbewegungen der Dritten Welt eine optische Täuschung oder wie ist dieser Widerspruch zu erklären? Sein Mitstreiter Bernd Rabehl, der nicht weniger internationalistisch orientiert war und im Sommer 1968 mehrere Wochen auf Kuba weilte, hat sich inzwischen der NPD angenähert, ist Stammautor der rechten Wochenzeitung *Junge Freiheit* und begreift sich als überzeugter Nationalrevolutionär. Der SDSler Reinhold Oberlercher, den der *Spiegel* 1967 als »Hamburgs Dutschke« bezeichnet hatte,[73] versteht sich als »Nationalmarxist«, fordert den Aufbau eines »Vierten Reiches« und beschimpft diejenigen unter seinen Weggefährten, die die westliche Wertegemeinschaft bejahen, als »Verräter«. Das frühere Mitglied der Subversiven Aktion, Günter Maschke, begründete in Wien zunächst eine Kommune, floh dann nach Kuba, um sich der Wehrpflicht zu entziehen, erlebte dort als Linksradikaler seine Desillusionierung, kehrte als Renegat zurück und wandte sich schließlich ebenfalls der Rechten zu. Der Münchner SDS-Mann Herbert Röttgen, der den Trikont-Verlag geleitet hatte, ist Esoteriker geworden und hat wie seine Umbenennung in Victor Trimondi zeigt, auf seine Weise die Identität gewechselt. Und der Exkommunarde Rainer Langhans, der vielleicht am stärksten von allen eine Kontinuitätslinie des subkulturellen Aufbruchs verkörpert, wird nicht müde, einen esoterischen, einen »besseren Faschismus« zu predigen. Ein Kulturrevolutionär der ersten Stunde als ein »besserer« Faschist? Wie kommt ein solcher Mann überhaupt dazu, den Faschismus auf einer positiven Skala anzusiedeln und für steigerungsfähig zu halten? Fragen über Fragen.

Das Echo jener Tage ist überaus irritierend. Die immer mehr ins Kraut schießenden Deutungen haben zu äußerst divergenten Gedankenkonstruktionen geführt und erwecken bisweilen den Eindruck eines babylonischen Sprachgewirrs. Erklärungsversuche bleiben zumeist in einem Verwirrspiel stecken. Beschreibungen, Bilder, Deutungsmuster und Interpretationsfiguren werden wie die Spielkugeln eines Flippers rasch hintereinander nach oben geschossen, ohne dass man wüsste, welche Erklärung am Ende dabei herauskommen wird.

Mal war es eine Revolte, mal eine Rebellion, dann wieder ein

Aufstand oder gar eine gescheiterte Revolution; mal war es eine Westberliner, mal eine bundesdeutsche, dann eine europäische, schließlich sogar eine weltweite Angelegenheit. Es wurde als eine Studenten-, eine Jugend- beziehungsweise eine außerparlamentarische Bewegung bezeichnet; mal als ein Zeichen für einen nachholenden Antifaschismus, mal als Indiz für nichts anderes als spätpubertäre Unmutsbezeugungen, mal als bloßes Symptom für jugendlichen Überdruss in einer Wohlstands- oder gar Überflussgesellschaft; dann als ein Krisenphänomen, das wechselweise einer Industriegesellschaft, dem kapitalistischen System, dem Spätkapitalismus, einer postmaterialistisch geprägten Lebenskultur oder dem »anything goes« der Postmoderne zugerechnet wurde.

Wer soll sich, muss man fragen, durch diesen Dschungel an Erklärungsmustern einen Weg bahnen können, ohne sich dabei zu verheddern? Wie beim Flippern kollidieren die Deutungsversuche während des Zurückrollens mit eingebauten Hindernissen und verschwinden nach einem hektischen Kurs jeweils in der Versenkung, als würden sie damit von irgendeinem Interpretament aufgefangen. Das Ganze hat allen historisierenden Anstrengungen zum Trotz einen hohen Grad an Beliebigkeit behalten. Noch immer hinterlässt die Rede über »68« zumeist den Eindruck, als würden diejenigen, die darüber sprechen, mehr über sich als über den Gegenstand ihrer Rede verraten.

Dem Schillern der Achtundsechzigerbewegung, die im Kern eine antiautoritäre Revolte war, entspricht die Umstrittenheit ihrer Bedeutung. Diese eruptionsartig ausgebrochene Bewegung lässt sich kaum auf einen Nenner bringen. Alle Versuche, ihr historisch, analytisch oder psychologisierend auf die Schliche zu kommen, sind bislang nur in Ansätzen, nicht aber in einem Gesamtentwurf überzeugend. Für die einen war es eine »Fundamentalliberalisierung« (Jürgen Habermas), eine »glücklich gescheiterte Revolution« (Claus Leggewie), das »Epi-Phänomen« (Claus Offe) eines ohnehin für unvermeidlich gehaltenen sozialen Wandels, für die anderen war es eine ausufernde »Massenpsychose« (Helmut Schmidt), ein »romantischer Rückfall« (Richard Löwenthal) oder schlicht »Karneval« (Raymond Aron).

Doch selbst für einen eher rechtsorientierten Literaturwissenschaftler wie Karl Heinz Bohrer stand das Datum der »Kulturrevolution von '68« dafür, dass »der zivile Staat sich in der Bundesrepublik durchgesetzt hat – gegen die Vertreter der deutsch-autoritären Tradition«.[74] Darin liege, so betonte er, »die nicht hoch genug zu veranschlagende Bedeutung von '68 für die westdeutsche Gesellschaft«, auch wenn die einstmals an den Tag gelegte Phantasie längst verloren gegangen sei.

Die am stärksten mit Affekten aufgeladene Gegenhaltung nimmt vermutlich der konservative Publizist Ludolf Hermann ein. Mit einem Abstand von anderthalb Jahrzehnten beklagte er: »Hitler haben wir, wenn auch vielleicht nicht endgültig, bewältigt. Nicht bewältigt haben wir die Bewältigung Hitlers, wie sie zur Studentenrebellion von 1968 geführt hat. 50 Jahre nach der Machtergreifung ist Hitler für uns ein Gegenstand der Geschichte, unser Problem aber ist die Antwort auf ihn, wie sie in den sechziger Jahren gegeben worden ist.«[75] Das eigentliche Problem habe demnach darin bestanden, die gesellschaftspolitischen Folgen der Achtundsechzigerbewegung zu überwinden. Wie das hätte geschehen können, ohne damit zugleich das zu revidieren, was Hermann kurz und einfach als »Bewältigung Hitlers« bezeichnete, blieb dabei jedoch völlig schleierhaft.

Unter den einstmals Beteiligten herrscht ein einziges Stimmengewirr. Peu à peu hat sich eine Geräuschkulisse ausgebildet, die der Kakophonie probender Orchestermusiker nahe kommt, und Dissonanzen des Erinnerns übertönen alles. Unter nicht wenigen ist die Atmosphäre vergiftet. Viele wollen gar nicht mehr auf ihre einstige Rolle angesprochen werden und weisen eine Beteiligung selbst dann von sich, wenn sie zur Hochzeit der Bewegung Mitglied im SDS waren. Manche, wie etwa der Europaabgeordnete der Grünen, Daniel Cohn-Bendit, lehnen die Teilnahme an Podiumsdiskussionen zum Thema mit der Begründung ab, nicht länger mehr auf »68« festgelegt werden zu wollen.[76]

Ein Autor, der wie kein Zweiter Poesie und Kritik der alten Bundesrepublik verkörpert und damals ebenfalls zu den Rebellen gehört hat, bezeichnet es sarkastisch als »Erinnerungen an einen Tumult«, was sich in jenem Jahr abgespielt hat: »Ein Gewimmel von Reminiszenzen, Allegorien, Selbsttäuschungen, Verallgemeinerungen und Projektionen«, listet Hans Magnus Enzensberger Notizen zu einem »Tagebuch aus dem Jahre 1968« auf, »hat sich an die Stelle dessen gesetzt, was in diesem atemlosen Jahr passiert ist. Die Erfahrungen liegen begraben unter dem Misthaufen der Medien, des ›Archivmaterials‹, der Podiumsdiskussionen, der veteranenhaften Stilisierung einer Wirklichkeit, die unter der Hand unvorstellbar geworden ist.« Seine Erinnerung spult einen Film ab, aufgenommen mit »wackelnder Handkamera«, mal unterbelichtet, mal falsch synchronisiert, mit Sequenzen, die nicht zueinander passen, und Akteuren, die er nicht mehr erkennt. »Je länger ich mir das Material ansehe, desto weniger begreife ich ... Es war nicht möglich, das alles gleichzeitig zu ›verstehen‹, sich ›einen Vers darauf zu machen‹, es ›auf den Begriff zu bringen‹. Die Widersprüche schrien zum Himmel. Jeder Versuch, den Tumult intelligibel zu machen, endete notwendig im ideologischen Kauderwelsch. Die Erinnerung an das Jahr 1968 kann deshalb nur eine Form annehmen: die der Collage.«[77]

Was Enzensberger vor über zwei Jahrzehnten anlässlich einer Ausstellung des Prager Künstlers Jiří Kolář beschrieben hat, ist eine Flut an Bildern und Sequenzen, die wie vom Montagetisch gefegt erscheinen und wohl von niemandem mehr, am wenigsten vom Autor selbst, zusammengefügt werden können. Die Ordnung der Dinge hat für ihn zu existieren aufgehört. Verwunderung tritt an die Stelle von Erinnerung, Verwunderung darüber, »wie in 365 Tagen überhaupt so viel passieren konnte«. Nicht mehr bestimmte Konfigurationen sind es, die das Gedächtnis bevölkern, sondern Elemente einer chaotischen Menge. Staub, Schnipsel, Bruchstücke, Fetzen – alles ist nur noch Material. Nicht einmal mehr ein Konfettiregen an Eindrücken geht hernieder. Aber, so ließe sich einwenden, ist das nicht nur eine nachträgliche Verklärung, die einem insgeheimen Bedürfnis zur Romantisierung gehorcht, die Ereignisse vor dem rationalistischen Zugriff absperrend, die subjektive Erinnerungsblockade als Rätselfigur, als historisches Geheimnis ausgebend?

Die Achtundsechzigerbewegung ist jedoch kein Geheimnis. Ihre rätselhaft anmutenden Züge lassen sich in der für eine Deutung nötigen Differenzierung auflösen. Zunächst einmal gilt es festzuhalten, dass sie ein Konglomerat ganz unterschiedlicher linker Gruppen und Strömungen gewesen ist. Selbst im SDS, der so etwas wie der Braintrust und Motor dieser Bewegung war, herrschte keine Homogenität. Der Studentenbund, von dem sich die SPD 1961 mit der Verhängung eines Unvereinbarkeitsbeschlusses getrennt hatte, war in der zweiten Hälfte der sechziger Jahre von einer Fraktionierung gekennzeichnet, die 1968 zu einer tiefgreifenden Spaltung führte. Es existierte eine Kluft zwischen den sogenannten Traditionalisten, die an der verbotenen KPD und einem orthodoxen Marxismus orientiert waren, für die Wolfgang Abendroth mit seiner Marburger Schule maßgeblich war, und den sogenannten Antiautoritären, die alle Spielarten des Sowjetkommunismus ebenso vehement wie die Sozialdemokratie ablehnten, sich mit Rätesozialismus und Anarchismus identifizierten und sich an Herbert Marcuse und der Frankfurter Schule ausrichteten. Sie wurden erst im Zuge der Bewegungsdynamik, die nach dem 2. Juni 1967 die Universitäten erfasste, mehrheitsfähig, bildeten ab dem Herbst 1967 den Bundesvorstand und spielten seitdem in den meisten Kampagnen eine führende Rolle.

Der Wille zu einer revolutionären Umwälzung der Gesellschaft war in dieser rhetorisch begabten Gruppierung zweifelsohne vorhanden, jedoch zu keinem Zeitpunkt eine der dafür notwendigen Voraussetzungen. Es mangelte an den sozialen, den politischen und nicht zuletzt an den machtpolitischen Bedingungen. Die Akteure entstammten einer akademischen Elite und bildeten in ihrem Alterssegment eine kleine, obgleich wirkungsvolle Minderheit. Da sie nicht über die Mittel zu einer revolutionären Veränderung verfügten, versuchten sie temporär Koalitionspartner zu finden, um ihre machtpolitischen Defizite zu beheben. Wichtigster Ansprechpartner war zeitweilig die IG Metall. Sie bot sich im Rahmen der Kampagne gegen die Verabschiedung der Notstandsgesetze als Bündnispartnerin und Multiplikatorin an. Als sich jedoch herausstellte, dass diese Kooperation nur auf eine eingeschränkte Weise funktionieren würde und sich vor allem die Absicht, wegen der vermeintlich drohenden Gefahr eines autoritären Staates einen Generalstreik auszurufen, nicht realisieren ließ, brach das Unterfangen wie ein Kartenhaus in sich zusammen.

Die Idee einer revolutionären Machtergreifung war eine Fiktion. Selbst in Frankreich, wo der Sturz des Staatspräsidenten und seiner Regierung für einen begrenzten Zeitraum durchaus auf der Tagesordnung stand, wären die romantisch-anarchistisch inspirierten Studenten um die Bewegung 22. März, die den Funken von der Universität Nanterre auf die Sorbonne hatte überspringen lassen, niemals an die Macht gekommen. Sie waren Katalysatoren eines sozialen und politischen Prozesses, nicht jedoch dessen Träger, geschweige denn ihr politischer Nutznießer. Wäre der Rücktritt de Gaulles erfolgt, dann wäre es mit hoher Wahrscheinlichkeit zur Bildung einer sozialistischen Regierung gekommen. Nicht ohne Grund hatte sich Mitterrand zusammen mit einigen seiner Weggefährten medienwirksam an die Spitze einiger Großdemonstrationen gesetzt. Der Politiker, der 1981 Staatspräsident wurde, stand bereits im Mai 1968 dafür bereit.

In der Bundesrepublik Deutschland war die politische Konstellation eine völlig andere. Für einen revolutionären Umschwung fehlte es in jeder Hinsicht an den dafür notwendigen Voraussetzungen. Als die Bewegung im Herbst 1969 erste Auflösungserscheinungen zeigte, versuchte der harte Kern der Antiautoritären sich eines Tricks zu bedienen und seine machtpolitische Ohnmacht durch die Adaption kommunistischer Modelle und Strategien zu kompensieren. Man unternahm Anleihen bei Leninismus, Stalinismus oder Maoismus und kostümierte sich mit entliehenen Identitätsformen. Doch das, was revolutionär zu sein schien, waren in Wirklichkeit Ausformungen totalitären Größenwahns.

Im Gegensatz zum SDS war die außerparlamentarische Opposition (APO) ein Sammelbecken ganz unterschiedlicher Personengruppen wie Gewerkschaftlern, Christen, Jungsozialisten gewesen. In ihr versammelten sich vor allem jene, die von der Tatsache, dass die SPD bereit war, mit der Union eine Große Koalition einzugehen, tief enttäuscht waren und einen politischen Ausweg suchten: durch eine externe Korrektur des sozialdemokratischen Kurses auf dem Wege außerparlamentarischer Kampagnen oder durch die Gründung einer sozialistischen Partei.

In der Entstehung der APO mit dem SDS als ihrem wichtigsten Motor trat auch das Moment einer verschleppten Identitätskrise der Sozialdemokratie in Erscheinung. Dieses Problem, mit dem die Partei, die sich einst in erster Linie als Interessenvertretung der Lohnabhängigen verstanden hatte, dem Strukturwandel einer modernen Industriegesellschaft Rechnung zu tragen hatte, verschärfte sich in zwei Schritten: zunächst 1959 mit der Verabschiedung des Godesberger Programms durch die Transformation von einer Klassenkampf- in eine Volkspartei und der nachträglichen Akzeptanz der vom politischen Gegner eingeschlagenen Richtung – der Westbindung, der Wiederbewaffnung und der Mitgliedschaft in der NATO; dann 1966 mit der Bildung der Großen Koalition, die es dem schärfsten innenpolitischen Gegner, dem wegen der *Spiegel*-Affäre abgetretenen Verteidigungsminister Franz Josef Strauß ermöglichte, in die Bundesregierung zurückzukehren, diesmal als Finanzminister. Diese beiden Kursänderungen, für die Herbert Wehner maßgeblich Verantwortung trug, haben altbekannte Vorwürfe wiederbelebt, tiefsitzende Vorbehalte genährt und das Glaubwürdigkeitsproblem, das sich angesichts der damals bevorstehenden Verabschiedung der Notstandsgesetze stellte, auf dramatische Weise verstärkt.

Unter den Akteuren gab es, obgleich sie sich allesamt innerhalb eines breiten Spektrums der Linken verorteten, das von anarchistisch-libertären bis zu stalinistisch-totalitären Positionen reichte, weder eine theoretisch-ideologische noch eine organisatorisch-handlungsleitende Einheit. Keine Großorganisationen wie Gewerkschaften, kommunistische oder sozialdemokratische Jugendorganisationen waren für die Ausrichtung der Bewegung ausschlaggebend, sondern kleine Gruppierungen aus dem Bereich der wissenschaftlichen Intelligenz oder den Milieus unterdrückter Minderheiten, die sich wegen ihrer machtpolitischen Bedeutungslosigkeit zumeist auf eine Aufgabe beschränken mussten – Bewusstsein zu konstituieren. Solche Katalysatoren waren in Frankreich etwa die Bewegung 22. März, in den USA die Students for a Democratic Society (SDS) und in der Bundesrepublik der Sozialistische Deutsche Studentenbund (SDS) sowie die Kommune I.

Einer der Ersten, die ein ausgeprägtes Bewusstsein von der neuartigen Rolle solch minoritärer Gruppierungen besaßen, war Herbert Marcuse.[78] Auch wenn er kaum Illusionen hegte, was ihre faktische Einwirkung auf die Machtpolitik anbetraf, so war er doch von der Hoffnung bestimmt, dass aus diesen desintegrierten Kleinorganisationen Impulse ausgehen würden, die Teile der Mehrheitsgesellschaft ebenfalls in Bewegung versetzen und nachhaltig revolutionär beeinflussen könnten.

Eine zutreffende Bezeichnung?

Weil 1968 ein so extrem zerrissenes, vieldeutiges, aber auch schillerndes Jahr war, gab es in der Bundesrepublik von Anfang an eine große Unsicherheit in seiner Bezeichnung. Dem Oszillieren zwischen Namen wie Studentenbewegung, außerparlamentarischer Opposition, Revolte oder Rebellion ist man schließlich durch das Zitieren des Jahres selbst aus dem Weg gegangen. Die Redeweise von »68«, »den Achtundsechzigern« oder gar »der Achtundsechzigergeneration« ist jedoch alles andere als selbstverständlich. In den siebziger Jahren war sie noch völlig unbekannt, durchgesetzt hat sie sich erst zu Beginn der achtziger Jahre. Sie ist ein Distanz- und Kontrastetikett gewesen. Verwendet wurde sie von einer neuen Jugendbewegung, den Hausbesetzern, die nicht im Schatten der alten Bewegung stehen wollte. »68« ist insofern zunächst ein Versuch der Abstempelung, einer Distanzierung gewesen, die nur wenig mit den damaligen Ereignissen und deren Aktivisten zu tun hatte, aber von den Medien bereitwillig aufgegriffen wurde.

Von Anfang an war es also umstritten, wie das neuartig erscheinende Phänomen zu bezeichnen sei. Zunächst schien es sich von der Eindeutigkeit der Träger her um eine Studentenbewegung zu handeln. Insofern war es durchaus legitim, von einer Revolte oder Rebellion der Studenten zu sprechen. Doch die Universitäten, an die sich die ersten Forderungen richteten, spielten bald kaum noch eine Rolle. Sie blieben zumeist zwar der Schauplatz, an dem die jeweiligen Konflikte ausgetragen wurden, sie waren aber immer weniger Gegenstand der Aktivitäten. Der anfangs mit so viel Emphase geführte Kampf gegen die Ordinarienuniversität war ebenso wie die Gründung einer »Kritischen Universität« bald schon überholt. Die Universitäten taugten nicht mehr als Ziel von Reformbestrebungen, sondern als Bastionen der selbsternannten Kader für künftige Klassenkämpfe.

Als dann auch die Schüler und Lehrlinge von der Bewegung erfasst wurden, erweiterte man die Bezeichnung. Das Ganze nahm Züge einer neuen Jugendbewegung, ja einer spezifischen, mit Haschischgenuss, Popmusik und allerlei modischen Accessoires verbundenen Jugendrevolte an. Dies deckte sich jedoch nicht mit der Rolle einer außerparlamentarischen Opposition, die zum Sammelbegriff für all jene geworden war, die sich an der Politik der Großen Koalition rieben und nach Reformen oder mehr riefen.

Achtundsechzigerbewegung und APO sind jedoch beinahe Synonyme. Das, was als »Achtundsechzigerbewegung« bezeichnet wird, währte länger als nur ein Jahr: Es dauerte von 1967 bis 1969. Der Journalist Sebastian Haffner hatte nach den Bundestagswahlen vom September 1969 die Prognose vom Ende der APO abgegeben. Und er sollte Recht behalten: Die APO war im Großen und Ganzen eine Parallelerscheinung zur Großen Koalition von CDU/CSU und SPD. Die Achtundsechzigerbewegung ist im Frühsommer 1967 eruptionsartig entstanden und im Spätherbst 1969 kaum weniger überraschend zerfallen.

Obwohl sich eine Vielzahl von Transformationsprozessen nachzeichnen lässt, die in den siebziger Jahren zu neuen Bewegungen und Organisationen geführt haben, so ist wenig davon zu halten, einfach einen Bogen von 1967 bis 1977 zu schlagen und allgemein von einem »roten Jahrzehnt« zu sprechen.[79] Das verwischt die Grenzen zwischen höchst unterschiedlichen sozialen Aggregationen und vernebelt die ebenso widersprüchlichen wie komplexen Folgen, die die Achtundsechzigerbewegung nach sich gezogen hat. Auch die Rede von der Achtundsechzigergeneration ist eher eine rhetorische Figur, mit der die Feuilletons bei wechselnden Anlässen überschwemmt werden, die jedoch einer genaueren Überprüfung nicht standhält.

Die Verwendung des Generationenbegriffs beinhaltet – wie die Inflation derartiger Wortvariationen in den letzten Jahren gezeigt hat – ein erhebliches Maß an Willkür. »Stünden alle echten Achtundsechziger nebeneinander«, hieß es vor nicht allzu langer Zeit in einem Zeitungsartikel, »käme keine Generation zusammen. Die Menge würde allenfalls die Stehplätze im Stadion von Wacker Burghausen füllen.«[80] Das mag witzig und in seiner Reduktion auf ein Provinzstädtchen vielleicht übertrieben erscheinen, es dürfte aber im Kern – wenn sich die in Frage kommende Menge auf ein ausverkauftes Stadion des einstigen Bundesligisten verteilen könnte – durchaus zutreffend sein. Im Nachhinein hat es angeblich Hunderte von Mitbewohnern der Kommune I und Hunderttausende von Angehörigen der Achtundsechzigerbewegung gegeben. Diese Übertreibungen sind jedoch nichts anderes als der Ausdruck von Selbststilisierung und biografischer Relevanzanleihe. Die Anzahl der einstigen Aktivisten dürfte in der Bundesrepublik und in West-Berlin kaum über 10 000 gelegen haben und es sich damit also in der Tat eher um eine kleine Minderheit als eine Generationenkohorte gehandelt haben.

Wohl kaum eine andere Bewegung hat sich so sehr dagegen gesträubt, unter den Generationenbegriff subsumiert zu werden, wie die der Achtundsechziger. Man glaubte, darin den Versuch zu erkennen, das historisch Neue des Aufbruchs zu psychologisieren, zu entdramatisieren und damit zu entpolitisieren. Als der Soziologe und spätere hessische Kultusminister Ludwig von Friedeburg im Oktober 1968 an der Frankfurter Universität in seiner Vorlesung »Jugend in der modernen Gesellschaft« mit dem Generationenbegriff operieren wollte,[81] wurde er mit Wurfgeschossen aller Art traktiert, weil empörte SDS-Mitglieder darin die Herabwürdigung eines revolutionären Prozesses zu einem Pubertätsphänomen zu erkennen glaubten. Niemand wollte sich in ein Interpretationsschema einordnen lassen, bei dem es selbstverständlich zu sein schien, dass Jugendliche gegen ihre Eltern aufbegehrten.

Die theoretische Verwendung des Generationenbegriffs ist jedoch aus ganz anderen Gründen in zweierlei Hinsicht problematisch: Zum einen ist der Terminus in der Soziologie trotz aller Anstrengungen, die insbesondere Karl Mannheim zu seiner Bestimmung unternommen hat, umstritten geblieben und zum anderen hat sich die Frage seiner Anwendbarkeit, genauer die Problematik willkürlicher Zuordnungen, noch weiter verschärft.

Relativ wenig umstritten ist die Annahme, dass eine Generation eine Zeitdauer von zwanzig bis fünfundzwanzig Jahren umfasst. Zu welchem Zeitpunkt jedoch der historische Schnitt erfolgen soll, um den Beginn einer solchen Alterskohorte anzusetzen, ist aus naheliegenden Gründen sehr viel schwieriger zu entscheiden. Insofern ist die Frage nach der Spezifik einer Generationenkonfiguration höchst voraussetzungsvoll und bis zu einem gewissen Grade immer anfechtbar. Wann sind die Kriterien erfüllt, um von einem eigenen Generationstyp sprechen zu können? Oder anders gefragt: Lassen sich überhaupt Kriterien entwickeln, um darauf begründet Antworten geben zu können?

Was die deutsche Geschichte der letzten beiden Jahrhunderte anbetrifft, gibt es eine ganze Reihe prominenter Beispiele von Generationstypen: In der Mitte des 19. Jahrhunderts bürgerte sich die Rede von der »Achtundvierzigergeneration« ein, die Bezeichnung für die gescheiterten Revolutionäre von 1848, die nach der Gründung des Deutschen Reiches 1871 von der »Gründergeneration« abgelöst wurde, die für Modernisierung, Industrialisierung und für Fortschritt unter nationalen Voraussetzungen schlechthin stand. Zu Beginn des 20. Jahrhunderts bis mindestens zum Ausbruch des

Ersten Weltkrieges gab es die Generation der Jugendbewegung, nach dem Ende des Zweiten Weltkrieges die »skeptische Generation«, die bis zur Wiedererlangung der staatlichen Souveränität 1955 existierte, und schließlich, in der Mitte der alten Bundesrepublik, die »Achtundsechzigergeneration«, die angeblich wie keine andere das Land in seinem politischen Selbstverständnis in Frage zu stellen vermochte.

Aufgrund des scharfen Einschnitts, den der letztere Generationentypus zu markieren vorgibt, ist es im Sinne der Kontrastierung und Abgrenzung zu zahlreichen Neuschöpfungen gekommen. Die Rede ist inzwischen von einer »Achtundfünfzigergeneration« (Jürgen Seifert), einer »Achtundsiebzigergeneration« (Reinhard Mohr, Matthias Politycki) und einer »Neunundachtzigergeneration« (Ulrich Greiner, Claus Leggewie). All diese Generationstypen sind jedoch zunächst einmal nichts anderes als »soziale Konstruktionen«. Der durch die Literaturtheoretikerin Julia Kristeva gegen die Redeweise von der »Achtundsechzigergeneration« ins Spiel gebrachte Vorbehalt, diese drücke »ein übertriebenes Wir« aus, lässt sich auch auf alle anderen Figurationen übertragen. Schließlich ist es naheliegend, dass Exponenten solcher Generationstypen die Tendenz haben könnten, ihre tatsächliche Bedeutung zu überhöhen. Generationstypen sind sicher auch Projektionsflächen für kollektive Utopien, Illusionen und Selbstidealisierungen.

Es ist wohl kaum ein Zufall, dass die Debatten um die Triftigkeit solcher Etiketten immer häufiger reine Medienprodukte sind. Zeitungen oder Zeitschriften versuchen sich mit der Initiierung solcher Kontroversen zu profilieren. Im Grunde werden derartige Beiträge wie Werbemaßnahmen herausgestrichen. Beispiele sind der Versuch Ulrich Greiners, in der *Zeit* eine Kontroverse über die »Neunundachtziger« auszulösen, oder in der inzwischen eingestellten *Woche,* mit dem Schriftsteller Matthias Politycki eine über die »Achtundsiebziger« zu starten. Kaum begonnen, sind derartige Vorstöße zumeist gleich wieder versandet. Es sind in erster Linie Zeitgeistphänomene, die sich der soziologischen Deutung immer mehr entziehen.

Es sind Phänomene, denen die Pubertät als Endlosschleife zugrunde liegt und deren Ausdruck dadurch zustande kommt, dass Erfahrungsarmut mit Surrogaten, vornehmlich durch die Fetischisierung von Markenartikeln, kompensiert wird. So wurde für Florian Illies zum Beispiel der Grundstein für die »Generation Golf« durch den gemeinsamen Start des VW-Golfs, des schwedischen Einrichtungshauses Ikea und Playmobil gelegt. Die Zugehörigkeit zu einem solchen Generationstyp wird durch Verhaltenscodes definiert. Als Codierung dienen die Namen von Marken. Wer die falschen gekauft hat oder – noch schlimmer – nicht einmal weiß, welche die richtigen sind, verrät bereits seine Nichtzugehörigkeit. Das Ganze funktioniert wie die Geheimsprache einer Konsumkultur. Wer sich zum Selbstverständnis solcher Generationen äußert, verrät etwas über die Bedeutung von Zeichensystemen, die dem Rest der Bevölkerung mehr oder weniger unbekannt beziehungsweise gleichgültig sind.

Der Historiker Hans Jäger hat in einer vor dreißig Jahren durchgeführten Untersuchung einen bemerkenswerten Satz zu bedenken gegeben: »Der Generationsgegensatz ist nicht – wie der Klassengegensatz – Ausdruck einer tiefreichenden Spaltung der Gesellschaft. Er ist vielmehr eine Meinungsverschiedenheit auf der Grundlage des Bestehenden, die den Keim des Kompromisses in sich trägt. Hierfür spricht auch, daß Generationsgegensätze nahezu beliebige Inhalte haben können und sich besonders gern in Bereichen äußern, denen ein hoher Grad an sozialer Unverbindlichkeit und Konsequenzlosigkeit eignet, etwa in der Mode oder in der Kunst.«[82] Auch dieser Gesichtspunkt, die Frage, ob vielleicht der Antagonismus von Klassen durch die Ausdifferenzierung von Generationstypen und Lebensstilen in den Hintergrund gedrängt worden ist, könnte hier eine Rolle spielen.

Karl Mannheim hat in seiner klassischen Abhandlung »Das Problem der Generationen« schon im Jahr 1928 darauf eine Antwort zu geben versucht.[83] Um der Sackgasse einer naturalistisch-anthropologischen Fassung des Generationenbegriffs zu entgehen, unterscheidet er zwischen drei verschiedenen Bestimmungen: Der biologisch fundierten Generationslagerung durch Geburt, Alter und Tod, dem historisch bedingten Generationszusammenhang im Sinne einer »gleichen Lagerung verwandter Jahrgänge im historisch-sozialen Raum« und der Generationseinheit als Ausdruck eines gemeinsamen »inneren Zieles« sowie eines gemeinsamen »Lebens- und Weltgefühls«.

Während die Generationslagerung nur die Bedingung einer Möglichkeit darstellt, steht der Generationszusammenhang bereits für die Partizipation verwandter Geburtsjahrgänge am gleichen Zeit-Raum-Kontext; doch erst die Generationseinheit definiert die Zugehörigkeit zu einem Zusammenhang, den man, wenn er nicht so ideologisch überfrachtet wäre, mit dem Ausdruck Schicksalsgemeinschaft bezeichnen könnte. Mannheim versteht darunter ein »einheitliches Reagieren, Mitschwingen und Gestalten«. In dieser Ausdifferenzierung wird deutlich, wie schwierig es ist, einen bestimmten Generationentypus aus dem Fortlauf der historischen Zeit zu erfassen und anhand bestimmter Kriterien zu definieren.

Die Aktivitäten, die um 1968 herum stattfanden, haben es in den siebziger Jahren ganz unzweifelhaft vermocht, ein generationsspezifisches Echo auszulösen. Das jedoch reicht nicht aus, um einer minoritären Bewegung, der nur wenige Promille der Geburtsjahrgänge zwischen 1938 und 1948 angehörten, im Nachhinein den Stempel einer ganzen Generation aufdrücken zu können. Die Entgrenzung und Überhöhung des Phänomens zu einer Generation ist eine Marotte, eine nachträgliche Überzeichnung, die sich wegen ihrer vielen willkürlichen Attribute umso besser für rhetorische Gefechte eignet, die von ihrem eigentlichen Gegenstand weitgehend abgelöst sind.

Wer dagegen über Gestalt, Dynamik und Entwicklung der Achtundsechzigerbewegung eine differenzierte Vorstellung gewinnen will, der kommt nicht umhin, zunächst zwischen zwei Grundtypen von Akteuren zu unterscheiden: Zwischen den Gradualisten und den Maximalisten der Gesellschaftsveränderung, zwischen Reformern und Revolutionären. Die Gradualisten entschieden sich in ihrer überwiegenden Mehrzahl, in eine der beiden als reformorientiert geltenden Parteien – die SPD oder die FDP – einzutreten und sich dort als Jungsozialisten und Jungdemokraten zu artikulieren. Die Maximalisten lehnten hingegen jegliche Beteiligung am parlamentarischen System und damit auch an den darin eingebundenen Parteien ab. Die Propagierung der Idee einer partizipatorischen Demokratie war in ihren Augen illusionär. Sie vertraten die Überzeugung, dass es ohne Sozialismus keine wirkliche Demokratie geben könne. Im Umkehrschluss bedeutete dies nichts anderes, als dass der Parlamentarismus unter den Voraussetzungen des Kapitalismus und der Klassengesellschaft nur eine ummäntelte Form der Klassenherrschaft sei.

Darüber hinaus ist es jedoch erforderlich, noch weiter gehende

Unterscheidungen zu treffen: zwischen autoritären und antiautoritären Maximalisten, zwischen orthodox-rückwärtsgewandten und unorthodox-gegenwartsbezogenen Revolutionsverfechtern. Bereits die Konfliktdynamik innerhalb des SDS war von der Konfrontation zwischen einem als »traditionalistisch« und einem als »antiautoritär« bezeichneten Flügel geprägt.

Beide beriefen sich auf Karl Marx als höchste theoretische Autorität, die Auslegung seiner wichtigsten Schriften fiel jedoch sehr unterschiedlich aus. Gegenüber standen sich Linkssozialisten, die sich in der Tradition der Arbeiterbewegung begriffen und zur Gründung einer kommunistischen Partei tendierten, und anarchistisch inspirierte Rätesozialisten, die sich als Teil einer antiimperialistischen Bewegung verstanden und Parteigründungen skeptisch bis ablehnend gegenüberstanden.

Solange sich die außerparlamentarische Bewegung in ihrer Dynamik noch nicht erschöpft hatte, blieben diese Differenzen überdeckt. Sie traten erst in den Vordergrund, als der Magnetismus des gemeinsamen Aktions- und Kampfzusammenhanges an Kraft verlor. Dies war der Fall, als der herausragende innenpolitische Konflikt der damaligen Zeit mit der Verabschiedung der Notstandsgesetze am 30. Mai 1968 beendet wurde. Der Achtundsechzigerbewegung war es trotz aller Bemühungen nicht gelungen, die Gewerkschaften für eine Aktionseinheit zu gewinnen. Obwohl nicht unerhebliche Teile der IG Metall ebenfalls befürchteten, dass mit der Durchsetzung der Notstandsgesetze die Voraussetzungen für eine Unterminierung der parlamentarischen Demokratie geschaffen würden, waren sie nicht bereit, sich auf die durch den SDS vorgegebene fundamentaloppositionelle Ausrichtung der Antinotstandsbewegung einzulassen.

Während sich die Gradualisten mehr oder weniger auf die großen Reformvorhaben der sechziger Jahre wie etwa die Entflechtung von Pressekonzernen, die Strafrechtsreform, die Hochschulreform, die Erziehungs- und Bildungsreform beschränkten und bemüht waren, auch in den Reihen der außerparlamentarischen Opposition den Legalitätsrahmen nicht zu überschreiten, traten die Maximalisten zu einem regelrechten Sturmlauf gegen die Einrichtungen von Staat und Gesellschaft an. Dabei ließen sie schon bald keinen Zweifel daran, dass es ihnen darauf ankam, die Staatsgewalt zu Gegenreaktionen zu provozieren, die ihrem Bild von der repressiven Grundstruktur eines bürgerlichen Staates entsprechen würden.

Es waren insgesamt fünf verschiedene Sphären, in denen die Maximalisten die Gesellschaft angreifen wollten: Dazu zählte, erstens, die Struktur der bürgerlichen Gesellschaft. Es galt, den bürgerlichen Staat als deren Gehäuse, die bürgerliche Klasse als deren soziale und das Kapital als deren ökonomische Struktur zu treffen. Ebenso zählten dazu die Institutionen der bürgerlichen Gesellschaft – die Parlamente, die Justiz, die Banken, die Wirtschaftsbetriebe und insbesondere die Industriekonzerne –, ihre Sozialisationsagenturen – neben der Familie als Kernzelle die Kindergärten, die Schulen und die Universitäten – sowie die Leistungs- und Reproduktionsmechanismen. Besonderer Wert wurde auf die Aushebelung der Leistungsethik gelegt, auf die antiautoritäre Erziehung als Bruch mit dem bürgerlichen Wertekanon und auf die Auslebung der Sexualität ohne irgendeinen Zwang zur Fortpflanzung. Der fünfte Angriffskomplex war die psychosoziale Charakterstruktur. Als Ergebnis erhoffte man sich nichts Geringeres als die Überwindung der anal-sadistischen Charakterzüge, die Betonung der oralen beziehungsweise genital-orientierten Charakterzüge und die Idee einer allumfassenden Emanzipation des Individuums. Grundlegend waren dafür die klassischen sozialpsychologischen Studien des Frankfurter Instituts für Sozialforschung zu Autorität und Familie sowie zur autoritären Persönlichkeit, die zunächst in unterschiedlichsten Fassungen als Raubdrucke Verbreitung fanden.

Während sich die APO aus einem ganzen Konglomerat linker Strömungen, Aktionsbündnisse und Gruppierungen zusammensetzte und klar benennbare Interessen und Ziele – wie etwa die Verhinderung der Notstandsgesetze, die Entflechtung des Springer-Konzerns und die Bekämpfung der NPD – verfolgte, stand die Achtundsechzigerbewegung darüber hinaus, in der für sie typischen Vermischung zwischen Politik und Emanzipation, Öffentlichem und Privatem, Kollektivität und Individualität für einen das Alltagspolitische überschreitenden, historische Zeichen setzenden utopischen Horizont.

III.

Die Konstitutionsfaktoren

In den sechziger Jahren radikalisierten sich in allen westlichen Industriegesellschaften Teile der Studentenschaften.[84] Es ist alles andere als Zufall, dass sich in der Bundesrepublik Deutschland diese Radikalisierung zuerst und am schärfsten in West-Berlin abspielte. In der geopolitischen Abkapselung entstand eine eigene Studentenbewegung und aus ihr heraus etablierte sich wiederum ein ganz spezifisches Milieu, eine linksradikale Szene wie sie nirgendwo sonst zu finden war. Von entscheidender Bedeutung ist dabei ganz gewiss das Koordinatensystem des Kalten Krieges gewesen: West-Berlin war eine Insel im Ostblock.

In dieser Stadthälfte drückte sich wie an keinem anderen Ort sowohl die deutsche Teilung als auch der Systemkonflikt zwischen Kapitalismus und Kommunismus aus. Da hier beide Machtblöcke unmittelbar aufeinanderprallten, stand die westliche Stadthälfte politisch und kulturell wie unter Strom. Alle wichtigen Fragen, insbesondere solche weltanschaulicher Natur, waren hochgradig aufgeladen. Wer zu jener Zeit in West-Berlin lebte, der musste offenbar Position beziehen. Eine unentschiedene, ausweichende Haltung zu den brennendsten politischen Problemen konnte sich kaum jemand leisten. Für die große Mehrzahl der Bevölkerung hieß das allerdings leidenschaftlicher Antikommunismus. Das galt für Christdemokraten ebenso wie für Sozialdemokraten. Gegen diese Haltung begann ein Teil der jüngeren, insbesondere der akademischen Generation zu rebellieren.

All dies schlug sich auch im besonderen Charakter der Freien Universität nieder. Sie war 1948 aus einem Konflikt mit den östlichen Machthabern hervorgegangen und schon in ihrem Namen drückte sich aus, dass sie als Antithese zur Erziehungsdiktatur des sozialistischen Staates geschaffen worden war. Insofern symbolisierte sie einen weltanschaulichen Anspruch, den es – wenn nicht einzulösen – so zumindest hin und wieder zu überprüfen galt. Die akademische Institution verkörperte wie keine zweite den Wertekodex des sogenannten freien Westens. Ihre Lage im beschaulichen Villenviertel Dahlem trog: In Wirklichkeit befand sie sich an einer ideologischen Front.

Nicht zufällig wurden die uneingelösten Werteimplikationen ihrer Gründung zu dem Zeitpunkt virulent, als die USA 1965 dazu übergingen, in Vietnam einen offenen Krieg zu führen. Die antikommunistische Rechtfertigung dieses Einsatzes, der schließlich über ein Jahrzehnt andauern sollte, ging mit einem erheblichen Glaubwürdigkeitsverlust einher. Der Garant westlicher Freiheit erschien plötzlich als imperiale Macht, die auch vor der Unterdrückung eines armen südostasiatischen Volkes nicht zurückschreckte. Diese Desillusionierung bildete zusammen mit der Unaufrichtigkeit der älteren Generation gegenüber der NS-Vergangenheit, dem Mangel einer parlamentarischen Opposition nach Bildung der Großen Koalition in Bonn und der Furcht vor einem neuerlichen autoritären Staat mittels der Notstandsgesetze ein Gemisch grundsätzlicher Zweifel an der Verfasstheit des westlichen Demokratiemodells.

Der Funke eines einzelnen Ereignisses reichte aus, um die Revolte zu entfachen: die Erschießung des Studenten Benno Ohnesorg am Rande der Anti-Schah-Demonstration am 2. Juni 1967. Kein anderer Vorfall hat so viel Misstrauen gestiftet wie die Tatsache, dass ein gewaltloser Demonstrant von einem Zivilpolizisten, einem sogenannten Greifer, aus nächster Nähe erschossen wurde. Während zuvor verschiedene andere Konflikte noch im Rahmen der Universität versandet waren, entzündete sich durch den Tod eines Kommilitonen nicht nur die Stimmung in der geteilten Stadt, sondern der Funke sprang zum einen auch auf nichtakademische Jugendliche über, zum anderen auf Westdeutschland. Eine Welle der Solidarisierung ergriff innerhalb weniger Tage eine bundesdeutsche Universität nach der anderen, schuf eine Mobilisierung und erzeugte eine Bewegung, zunächst der Studierenden, dann der Jugendlichen und schließlich einer sich jenseits der Parteien und ungeachtet ihrer spezifischen Interessen formierenden Opposition.

Die außerparlamentarische Opposition war – wie bereits erwähnt – eine Parallelerscheinung zur Großen Koalition. Mit ihr aktualisierte sich die in der Linken tiefsitzende Furcht vor einer gleichgeschalteten Gesellschaft. Jeder, der in der Nachkriegszeit aufgewachsen ist, hat erlebt, wie der Nationalsozialismus nachwirkte. Elternhaus und Schule, Universität und Wissenschaft, Justiz und Verwaltung, Staat und Industrie, Kirchen, Gesundheitsfürsorge, Vereinswesen – die gesellschaftlichen Institutionen insgesamt standen nur allzu spürbar unter den Folgewirkungen eines unverarbeiteten Gewaltzusammenhangs, der wie eine stumme, selten aufbrechende Bedrohung erlebt wurde. Das Wirtschaftswunder schien durch die Tabuisierung erkauft zu sein, die alle Sphären, die private wie die öffentliche, die politische wie die kommerzielle, gleichermaßen durchzog. Die Republik stand im Schatten einer unbewältigten, nicht einmal artikulierten Vergangenheit. Und die Legitimationskraft eines parlamentarischen Systems, das unter der Kanzlerschaft Adenauers nicht grundlos als »CDU-Staat« bezeichnet wurde,[85] erschien als überaus brüchig. Waren nicht Hans Globke, der die Nürnberger Gesetze mitverfasst hatte, als Staatssekretär, der ehemalige Obersturmbannführer Theodor Oberländer als Minister und Exgeneral Reinhard Gehlen als Chef des Bundesnachrichtendienstes nur allzu deutliche Beispiele für die Präsenz einer Vergangenheit, die nicht wirklich von der historischen Bühne abtreten wollte? Das Misstrauen gegen einzelne staatliche Funktionsträger, das durch eine Affäre nach der anderen wachgehalten wurde, steigerte sich schließlich durch ein Gesetzesvorhaben zur Angst vor dem Staat als Ganzem.

Mit der von den Unionsparteien zielstrebig verfolgten Notstandsgesetzgebung schien sich die Gefahr einer umfassenden autoritativen Neuformierung zu konkretisieren. Das Gesetzesinstrumentarium wirkte wie geschaffen, um mit verfassungsrechtlichen Mitteln den Ausnahmezustand definieren und das Parlament ausschalten zu können. Damit wurde das alte Trauma wieder wach. Bestand das Verhängnis des deutschen Parlamentarismus doch gerade darin, dass die Nationalsozialisten es vermocht hatten, ihre Herrschaft ohne formalen Verfassungsbruch, nämlich durch die Verabschiedung des Ermächtigungsgesetzes, anzutreten. Wesentlich dramatisiert wurde die Situation durch den Umstand, dass sich im Bundestag keine klare Opposition gegen das Vorhaben artikulierte.

Die SPD, die Adenauers Kurs der Westintegration schließlich doch nachvollzogen hatte, näherte sich auch in der innenpolitisch bedeutsamsten Frage mehr und mehr der CDU/CSU an. Dem kritischen Betrachter konnte so ein Bild vor Augen treten, das Herbert Marcuse in der Vorrede seiner Studie zum »Eindimensionalen Menschen« als Schreckgespenst einer »Gesellschaft ohne Opposition« bezeichnet hatte.[86]

Eine unverzichtbare Voraussetzung für die eruptive Wirkung, die Akteure und Aktionen der Achtundsechzigerbewegung besaßen, war außerdem die Aufmerksamkeit der Massenmedien. Wäre nicht so expressiv und intensiv über sie berichtet worden, dann hätten sich weder Faszination noch Irritation oder gar Empörung in dieser Weise einstellen und letztlich auch keine Interessen und Ziele einer außerparlamentarischen Bewegung artikulieren können. Die Achtundsechzigerbewegung wäre ohne die Multiplikatorenfunktion der Medien nie zu dieser Bedeutung gekommen.

Auch der Vietnamkrieg als ein über die Fernsehkanäle global reproduzierter Schauplatz war ein Musterbeispiel für die neue Qualität der Berichterstattung. Der Blick auf Verbrechen wie das Massaker in My Lai war nicht mehr versperrt. Jeder wurde im Grunde zu einem potenziellen Augenzeugen gemacht. Kaum noch jemand konnte sich dem Nachrichtenwirbel entziehen. Selbst der, der nichts gesehen hatte, musste davon ausgehen, dass Nachbarn, Kollegen oder Freunde zu Betrachtern geworden waren.

Makro- und Mikropolitik

Seit Mitte der sechziger Jahre hatte Peter Handke, der spätestens 1966 mit der von Claus Peymann im Frankfurter Theater am Turm inszenierten Uraufführung seiner »Publikumsbeschimpfung« ins Rampenlicht der Öffentlichkeit trat, an Texten gearbeitet, die 1969 unter dem Titel »Die Innenwelt der Außenwelt der Innenwelt« in der edition suhrkamp erschienen.[87] Er griff damit einen Gedanken auf, der von Jean Paul stammte und der seiner Textsammlung als Motto vorangestellt war: »... da allemal deine äußere und deine innere Welt sich wie zwei Muschelschalen aneinanderlöten und dich als ihr Schaltier einfassen ...« Als ein solches Schaltier verstand sich allgemein der Aktivist der Achtundsechzigerbewegung. Er begriff sich als ein Übersetzer unterschiedlicher Wirklichkeiten, einer sichtbaren und einer unsichtbaren, die er miteinander verknüpfen wollte.

Das hat mit dem Frankfurter Psychoanalytiker Reimut Reiche im Nachhinein auch ein ehemaliger Achtundsechziger so gesehen, der in West-Berlin zunächst Mitglied des Argument-Clubs und dann 1966/67 Bundesvorsitzender des SDS gewesen war. Zwanzig Jahre danach hat er die Psychoanalyse mit der Revolte verglichen. In beidem gehe es um Übersetzungen, allerdings in eine jeweils umgekehrte Richtung. Während die Psychoanalyse beständig Außenwelt in Innenwelt übersetze, so übersetze die Revolte unablässig Innenwelt in Außenwelt.[88]

Dieser Zusammenhang war bereits äußerlich sichtbar. Wer etwa Fotos von Demonstrationen aus den fünfziger und den späten sechziger Jahren miteinander vergleicht, dem werden, was den Habitus der Teilnehmer anbetrifft, markante Unterschiede auffallen. Während man früher mit Hut und Mantel ging, waren später alle Akzidenzien, die auf eine bürgerliche Herkunft hätten verweisen können, verpönt. Der unaufgeregte Habitus war durch ein expressiv-selbstdarstellerisches Szenario abgelöst worden. Innerhalb nur weniger Jahre musste sich Entscheidendes im Selbstverständnis von Demonstrierenden verändert haben. Nicht mehr die Verfolgung eines bestimmten Interesses schien nunmehr im Vordergrund zu stehen, sondern die Exponierung der Protestierenden, der Agierenden selbst. Der öffentliche Raum und insbesondere die modernen Massenmedien schienen ihnen einen Rahmen, eine Bühne, ein Forum für ihre Selbstdarstellung zu bieten. Das Subjekt war nun ins Zentrum gerückt: Direkt, hier und jetzt. Einklagend und fordernd.

Und in der Tat, subjektiv und objektiv begann eine jugendliche Bewegung den Rahmen des Politischen oder das, was man üblicherweise darunter zu verstehen gewohnt war, zu sprengen: Befreiung galt von nun an als das umfassende Ziel – gesellschaftspolitische Systemveränderung und individuelle Emanzipation als Spannungszusammenhang.

Die Ausdehnung der Politik reichte bis in die Intersubjektivität, bis in die Intimsphäre hinein: Das Schlagwort von der sexuellen Revolution machte überall die Runde. Der Prozess der Befreiung war plötzlich nur noch unter libidinösen Vorzeichen denkbar. Das Private war politisch, wie ein neues Schlagwort lautete, und das Politische privat. Indem sich beide Sphären wechselseitig durchdrangen, wurde der Politikbegriff totalisiert. Abseits zu stehen war danach ein Ding der Unmöglichkeit. Jede und jeder befand sich, so betrachtet, bereits im Zentrum des Geschehens, und das hatte sich offenbar weltweit auszubreiten begonnen.

Dieses Erleben einer Art persönlicher Zentralität war gleichbedeutend mit einer Aufforderung zur Einmischung, zum politischen Eingreifen. Die Achtundsechzigerbewegung war deshalb vor allem eines: Kritik, eine praktisch gewendete Kritik an den bestehenden Verhältnissen in jeder nur denkbaren Hinsicht. Ihre destruktive Kraft war vermutlich weitaus größer als ihre konstruktive. Nichts schien vor ihr Bestand zu haben: weder religiöser Glauben, noch weltanschauliche Überzeugungen, wissenschaftliche Gewissheiten oder staatsbürgerliche Pflichten und Tugenden. Der gesamte Katalog an Sekundärtugenden wurde in Frage gestellt. Die Kritik am Überkommenen, dem Traditionsbestand der Gesellschaft, war ätzend wie ein Säurebad.

Eindeutig im Vordergrund stand die Rezeption bereits vorhandener Theorietraditionen, vornehmlich marxistischer Couleur. Die Produktion eigener, am vorhandenen Fundus gemessen, neuer Ideen war sekundär. Vorrangige Absicht war es gerade nicht, eine möglichst umfassende System- oder Gesellschaftstheorie zu entwickeln. Es ging eher darum, aus unterdrückten, verbotenen, versprengten und marginalisierten Traditionen jene Theoreme zu rekonstruieren, die für die Analyse der Gegenwart von einer nur höchst unzureichend gewürdigten Bedeutung waren. Es war die große Zeit der Wiederentdeckungen.

Den Marxismus, die Psychoanalyse, die analytische Sozialpsychologie, die Kapitalismus-, die Klassen- und die Imperialismustheorie galt es wiederaufzugreifen, zu überprüfen und nach einer Unterbrechung von Jahrzehnten erneut einzubringen. Deshalb stand auch der Kontakt zu exilierten Theoretikern unter einem besonderen Stern. Sie schienen der Beweis dafür zu sein, dass es möglich war, unterbundene und abgeschnittene Traditionszusammenhänge erneut aufzunehmen und fortzusetzen. So wurde etwa Herbert Marcuse im Juli 1967 zur Vortragsreihe »Das Ende der Utopie« von Studenten der Freien Universität Berlin wie der Messias eines neuen Zeitalters begrüßt.

Und es war die Zeit der Außenseiter, der Häretiker, der Dissidenten. Bei aller Orientierung an den großen, Traditionen begründenden Namen: Die Sympathien gehörten jenen, fast ausnahmslos jüdischen Intellektuellen, die wie Theodor W. Adorno, Ernst Bloch, Norbert Elias, Max Horkheimer, Siegfried Kracauer, Leo Löwenthal, Herbert Marcuse und Alfred Sohn-Rethel in gewisser Weise als Treibgut der Geschichte wirkten. Ihre gesellschaftliche Außenseiterrolle schien sie in den Augen der Studenten gegen Konformismus immunisiert zu haben. Deshalb galten sie, zuweilen auch ungerechtfertigt, als Vorbilder für eine theoretische ebenso wie eine politische Radikalisierung.

Es waren drei grundlegende Kritiken, die den Kanon an neugewonnenen Überzeugungen bestimmten: Der Antifaschismus, der Antikapitalismus und der Antiimperialismus. Die erste Kritik richtete sich gegen die Nichtauseinandersetzung mit der NS-Vergangenheit, die zweite gegen eine auf Ausbeutung und sozialer Ungerechtigkeit basierende Wirtschaftsordnung und die dritte gegen die Ausbeutung der Länder der Dritten Welt durch die der Ersten und Zweiten.

Die Verzahnung dieser drei Metakritiken verband Ende der sechziger Jahre die unterschiedlichsten Tendenzen und Fraktionen in SDS und APO miteinander: Den antiautoritären mit dem traditionalistischen Flügel, die undogmatischen mit den dogmatischen Strömungen und bis zu einem gewissen Grad sogar die reformistischen mit den revolutionären Kräften. Sie bildeten eine zwar widersprüchliche, im Zuge bestimmter Mobilisierungen jedoch auch handlungsfähige Einheit.

Worum es damals ging, ist auch deshalb so schwierig auf einen Nenner zu bringen, weil es sich im Spektrum von Protestbewegungen um etwas grundlegend Neues handelte. Es ging nicht einfach mehr ausschließlich um die Verfolgung politischer Interessen oder sozialer Ziele. Das Neue bestand in der Verbindung von makrologischen mit mikrologischen Zielsetzungen, die Gesellschaftsveränderung zu einem komplexen Gewebe machte. »1968« steht für eine engmaschige Verknüpfung von Makro- mit Mikropolitik. Das macht seine Tiefendimension ebenso aus wie seine nachhaltig wirksame Irritationskraft. Das politische System sollte ebenso verändert werden wie die tradierte Sozial- und Persönlichkeitsstruktur. An die Stelle des Kapitalismus sollte ein Sozialismus treten, der im Unterschied zu den poststalinistischen Regimen in der Sowjetunion und der DDR seinen Namen auch verdient hätte, und an die Stelle der (klein)bürgerlichen Familie, die als ein einziger Repressionszusammenhang betrachtet wurde, eine dem Individuum alle Freiheiten verheißende Sozialformation namens Kommune.

Vergangenheit und Gegenwart

Im Unterschied zu den meisten anderen vergleichbaren Ländern, in denen sich vor dem Hintergrund des Vietnamkrieges ähnliche Protestbewegungen abspielten, existierte in der Bundesrepublik ein besonders tief sitzendes Vertrauensdefizit. Mit der nationalsozialistischen Vergangenheit und der Judenvernichtung als ihrem Tiefstpunkt gab es einen historischen Resonanzboden, der Staat und Politik einem grundsätzlichen Zweifel aussetzte – Institutionen ebenso wie Einzelpersonen: Politiker und Minister, Banker und Fabrikanten, Richter und Professoren, Mediziner und Kulturschaffende – sie alle standen unter Verdacht. Das Misstrauen der Jüngeren gegenüber den Älteren war so groß, dass kaum noch ein unbefangenes Verhältnis gegenüber Staat und Gesellschaft möglich zu sein schien.

Die Radikalität, mit der gegen die bürgerliche Gesellschaft, ihre Institutionen und ihre Repräsentanten vorgegangen werden sollte, speiste sich vor allem aus den Verdachtsmomenten gegenüber der Nachkriegsdemokratie. Man sah in ihr jene Kräfte dominieren, die für eine personelle Kontinuität des Nationalsozialismus hätten stehen können. Deshalb wurden unablässig Nachweise für die NS-Vergangenheit von hochrangigen Vertretern in Politik, Wirtschaft und Wissenschaft gesucht – und immer wieder auch gefunden.

Es mussten nicht weniger als anderthalb Jahrzehnte vergehen, bis eine ernst zu nehmende Auseinandersetzung mit der nationalsozialistischen Vergangenheit begann. Erst in den Reaktionen auf den Ulmer Einsatzgruppen-Prozess 1958 und nicht zuletzt auf die antisemitische Welle um die Jahreswende 1959/60 machte sich eine gewisse Veränderung bemerkbar. Insbesondere als der SDS-Student Reinhard Strecker zur selben Zeit begann, in verschiedenen Städten mit der Ausstellung »Ungesühnte Nazijustiz« gegen die Verjährung von NS-Verbrechen zu protestieren, gewann die Forderung nach einer gezielten Strafverfolgung von NS-Tätern langsam Fürsprecher.

Der Versuch, nun auch die Vergangenheit der eigenen Professoren auf den Prüftisch zu legen, führte zu Beginn der sechziger Jahre an einer Reihe von Universitäten zu Konflikten. Eine strikt abwehrende Haltung wie die des Hamburger Psychologen Peter R. Hofstätter, der 1963 noch die Überzeugung geäußert hatte, dass die geforderte »Vergangenheitsbewältigung« prinzipiell unlösbar sei,[89] führte zu Monate andauernden Konflikten.[90] Häufig waren Artikel in Studentenzeitungen wie den Tübinger *Notizen*, in denen »braune Flecken« in der akademischen Karriere von Hochschullehrern nachgewiesen werden konnten, der Anlass für restriktive Maßnahmen gegenüber den Redakteuren.

Eine der Antworten bestand schließlich darin, dass liberale und konservative Ordinarien damit begannen, in Vorlesungen das Verhältnis einzelner Fakultäten zum Nationalsozialismus herauszuarbeiten. So wurde an der Universität Tübingen im Wintersemester 1964/65 auf Druck von Studenten eine Ringvorlesung durchgeführt.[91] Für den Herausgeber der Zeitschrift *Das Argument*, Wolfgang Fritz Haug, boten diese und andere Vorlesungen einen willkommenen Anlass, bereits an den Sprachgewohnheiten mancher Professoren die Unfähigkeit zu einer angemessenen Auseinandersetzung nachzuweisen.[92] Das Schlagwort vom »hilflosen Antifaschismus« war bald in aller Munde. Und die Schwierigkeiten der Justiz, NS-Verbrechen aufzudecken, von Ahndung ganz zu schweigen, schienen diese Unfähigkeit während des Frankfurter Auschwitz-Prozesses vor aller Augen unter Beweis zu stellen.

Es folgten Kampagnen gegen führende Politiker wie den damaligen Bundespräsidenten Heinrich Lübke und den Bundeskanzler Kurt Georg Kiesinger, und die Generalverdächtigung, dass sich der Staat mit der Verabschiedung der Notstandsgesetze die Rechtsmittel schüfe, ein autoritäres Regime ohne Verfassungsbruch, eine »Notstandsdiktatur«, installieren zu können, gewann Akzeptanz. Das Gespenst eines »neuen Faschismus« schien überall Nahrung zu finden. Erneuert wurde damit das in der deutschen Linken tief verankerte Bild von der konstitutiven Schwäche der bürgerlichen Demokratie in diesem Land, die nur durch eine proletarische Revolution zu überwinden sei.

Die verspätet und nur unzureichend in Gang gekommene Auseinandersetzung mit der NS-Vergangenheit ist gewiss nicht einfach als eine Leistung der Achtundsechzigerbewegung zu bezeichnen. Genauer betrachtet war sie eine Errungenschaft der Prä-Achtundsechziger, jener SDS-Mitglieder vor allem, die vor dem eigentlichen Ausbruch der studentischen Revolte bereit waren, sich der unaufgearbeiteten Vergangenheit zu stellen und die Konfrontation mit den Anhängern des Nationalsozialismus und ihren verdeckten Einfluss- und Wirkungsbereichen zu suchen.

So hieß es in einem im Sommer 1966 von Studierenden in West-Berlin verbreiteten Flugblatt: »Holen wir nach, was 1945 versäumt wurde, machen wir endlich eine richtige Entnazifizierung! ... Nazi-Richter, Nazi-Staatsanwälte, Nazi-Gesetzgeber aller Couleur, Nazi-Polizisten, Nazi-Beamte, Nazi-Verfassungsschützer, Nazi-Lehrer, Nazi-Professoren, Nazi-Pfaffen, Nazi-Journalisten, Nazi-Propagandisten, Nazi-Bundeskanzler, Nazi-Kriegsgewinnler, Nazi-Fabrikanten, Nazi-Finanziers.«[93] Aus der zwanghaften Vorstellung heraus, dass sich die Eliten in Staat und Politik, Industrie und Wirtschaft, Wissenschaft und Kultur ausschließlich aus Nazis rekrutiert hätten, wurde die in der Tat nur unzureichend erfolgte Entnazifizierung angeprangert und nun als ein nachzuholendes Generationenprojekt propagiert: »Bereiten wir den Aufstand gegen die Nazi-Generation vor!«[94] Unter dieser Parole standen die Zeichen auf Sturm.

Kein anderer Slogan aus der Zeit der Achtundsechzigerbewegung hat sich schließlich so sehr ins Gedächtnis eingegraben wie jener, der am 9. November 1967 im Auditorium maximum der Universität Hamburg den Teilnehmern einer Rektoratsfeier präsentiert wurde: »Unter den Talaren Muff von 1000 Jahren«. Die Zielscheibe der Protestaktion waren damit ganz unmissverständlich jene Ordinarien, die unter dem Verdacht standen, unter ihren akademischen Traditionsgewändern den Ungeist des Nationalsozialismus zu verbergen.

Auffällig an den Reaktionen verschiedener Zeitungen war jedoch, dass sie vom »Muff von 100 Jahren« schrieben und damit den Bezug zum »Tausendjährigen Reich« der Nationalsozialisten tilgten. Was manche Journalisten nicht zu melden bereit waren, das wurde allerdings durch einen Zwischenfall umso nachhaltiger in Erinnerung gerufen. Der Direktor des Orientalischen Seminars, ein ehemaliges SA- und NSDAP-Mitglied, hatte den Protestierenden während der verunglückten Feierstunde hinterhergerufen: »Ihr gehört alle ins KZ!« Und damit dem Slogan der Protestierenden die Bestätigung nachgeliefert.

Der Antifaschismus der Achtundsechzigerbewegung war allerdings durch eine grundlegende Indifferenz beschädigt. Indem sie das NS-Regime der marxistisch-kommunistischen Terminologie folgend als faschistisch charakterisierte, verharmloste sie es zugleich, da der Unterschied zwischen dem italienischen Faschismus und dem Nationalsozialismus eingeebnet wurde. In dieser Kennzeichnung dominierten der Bewegungscharakter und damit die Entstehungsphase des NS-Regimes. Die Durchsetzung der SS gegenüber der SA, die Etablierung des NS-Staates und die Entfesselung einer Kriegswirtschaft wurden darin hingegen nicht zum Ausdruck gebracht und damit die Voraussetzungen für das, was den Nationalsozialismus in seiner unvergleichlichen Schreckgestalt ausgemacht hat – den Holocaust. Ein spezifisches Bewusstsein von der staatlich angeordneten, bürokratisch betriebenen und industriell vorangetriebenen Vernichtung der europäischen Juden blieb damit weitgehend auf der Strecke.

Ein weiteres Problem kam hinzu – die logisch als zwingend unterstellte Verknüpfung des Antifaschismus mit dem Antikapitalismus. Das Diktum »Wer aber vom Kapitalismus nicht reden will, sollte auch vom Faschismus schweigen« stand wie ein unfreiwillig tragischer Portalspruch über der Achtundsechzigerbewegung. Das Zitat stammte von keinem Geringeren als Max Horkheimer – aus dessen unter dem Eindruck des gerade ausgebrochenen Zweiten Weltkriegs verfasstem Aufsatz »Die Juden und Europa«.[95] Der Direktor des in die USA emigrierten Frankfurter Instituts für Sozialforschung meinte darin, inständig davor warnen zu müssen, der Vergangenheit des liberalen Bürgertums nachzutrauern. Gegen den Faschismus könne man sich nicht auf jene Kräfte berufen, durch die er – hielt der in seinen weltanschaulichen Grundfesten erschütterte Sohn des Großbürgertums dem Liberalismus entgegen – überhaupt erst habe siegen können. Dieses Misstrauen saß tief und es ist gewiss nicht ohne jegliche Berechtigung gewesen.

Die Behauptung jedoch, dass der Kapitalismus den Faschismus generiert habe, war in dieser Allgemeinheit mit Sicherheit verkehrt. Danach müsste schließlich in all jenen Ländern, in denen sich der Kapitalismus durchgesetzt hat, ein faschistisches System entstanden sein. Unter den Vorzeichen eines globalisierten Kapitalismus würden wir es heute mit nichts anderem als einer Art Weltfaschismus zu tun haben müssen. Dies jedoch ist ein Gespenst, das nur in den Alpträumen einiger zur Paranoia neigender Intellektueller existiert.

Ost und West

In der zweiten Hälfte der sechziger Jahre vollzog sich unter emphatischen Vorzeichen eine Öffnung zum Internationalismus: Mit einem Mal standen der Vietcong und die antikolonialen Befreiungsbewegungen der Dritten Welt im Zentrum aller Solidaritätsbemühungen. Entfernungen spielten nur noch eine untergeordnete Rolle. Der Protest, insbesondere der gegen den Vietnamkrieg der USA, schien die Demonstranten zum aktiven Teil einer globalen Oppositionsbewegung zu machen. Das »global movement« war mehr als nur eine Metapher, es war virtuell und real zugleich. Erste Vernetzungen zwischen den Aktivisten existierten durchaus; sie stellten Verbindungen zwischen Ankara und Athen, Berlin und Berkeley, Kairo und Kopenhagen, Washington und Wien her.

Die Transnationalität war sowohl vom Ziel als auch von der Form her ein wesentlicher Gesichtspunkt vorhergehender Protestbewegungen. Ganz abgesehen von der klassischen Arbeiterbewegung, die sich den Internationalismus auf ihre Fahnen geschrieben hatte, gab es bereits Ende der vierziger und Anfang der fünfziger Jahre zwei Bewegungen, die sich explizit die Abschaffung beziehungsweise die Überwindung des Nationalstaats zum Ziel gemacht hatten – die Weltbürger- und die Europabewegung. Während die eine rasch am Fundamentalismus ihrer supranationalen Utopie scheiterte, ging die andere mehr oder weniger in den pragmatischen Schritten der europäischen Integration auf. Eine dritte transnationale Unternehmung jener Zeit, die kommunistische Weltfriedensbewegung, war eine straff organisierte Massenkampagne und verfolgte ihre über den Nationalstaat hinausgehenden Ziele nur zum Schein. Sie artikulierte ihre Interessen letztlich zum Zweck der Stärkung des sowjetkommunistischen Blocks.

Anders sah es mit den beiden Friedens- und Abrüstungsbewegungen aus, die am Ende der fünfziger Jahre entstanden – die Antiatomtod- und die Ostermarschbewegung. Sie begriffen sich von Anfang an als Ausdruck antimilitaristischer Strömungen, die über die National- ebenso wie über die Blockgrenzen hinweggingen. Eine besondere Rolle spielten dabei die Kooperationen mit der Antinuklearbewegung in Japan, die wegen der Atombombenabwürfe auf Hiroshima und Nagasaki außerordentlich breit mobilisieren konnte. Der Brückenschlag, der zwischen Europa und Japan auf der einen und zwischen Japan und Nordamerika auf der anderen Seite hergestellt wurde, hat zugleich ein erstes wichtiges Netz zur Koordinierung von Protestaktivitäten gespannt.

Neben den Friedensbewegungen, die immer schon a priori transnational ausgerichtet waren, gab es in den fünfziger und sechziger Jahren eine weitere Grundströmung, aus der eine Vielzahl von Gruppen und Organisationen entstanden ist – den Antikolonialismus. Mit der Neuaufteilung der Welt nach dem Ende des Zweiten Weltkriegs, die zu einer Schwächung der beiden Kolonialmächte Frankreich und Großbritannien führte, erlebten die antikolonialistischen Bestrebungen einen großen Aufschwung. Die beiden europäischen Großmächte hatten das Kriegsende zwar auf der Seite der Sieger erlebt, gleichzeitig waren ihnen jedoch zahlreiche Niederlagen in Konflikten mit ihren Kolonien vorgezeichnet. In Afrika und Asien gelang es einem Land nach dem anderen, seine nationale Unabhängigkeit zu erringen. Im Zeitalter der Dekolonialisierung erfuhr der Internationalismus, auch wenn sich die Erringung staatlicher Souveränität unter jeweils nationalen Vorzeichen vollzog, einen Durchbruch.

Als sich dann 1965 herausstellte, dass die USA zur Sicherung ihrer strategischen Interessen bereit waren, in Vietnam nicht nur einen verdeckten, sondern auch einen offenen Krieg zu führen, wurde dies rund um den Erdball als ein schwerer Rückschlag erfahren. Die Weltmacht, die es bei kaum einem internationalen Konflikt versäumte, sich hinter die Vereinten Nationen zu stellen, schien nun in die kolonialistische beziehungsweise imperialistische Vergangenheit zurückzufallen. Dies führte in den Vereinigten Staaten innerhalb kürzester Zeit zur Entstehung einer Antikriegsbewegung, die ihre Aktivitäten rasch in Kontakt mit Gruppen anderer Länder zu organisieren begann. So kam es bereits 1965 zu ersten internationalen Protesttagen gegen den Vietnamkrieg, die sich um den gesamten Erdball spannten und in den Jahren darauf in einzelnen Wellen weiter verdichteten. Ohne den Einsatz größerer Organisationen und mit einem nur geringen technischen Aufwand gelang es, über Zehntausende von Kilometern hinweg gemeinsame Protestaktionen durchzuführen. Von San Francisco nach Sydney, von New York nach Tokio, von Montreal nach São Paulo und von Washington nach London, Paris, Rom und Kairo bedurfte es offenbar keiner großen Überredungskunst, um die Kriegsgegner auf die

Straße zu bringen. Im Handumdrehen war ein Fanal gesetzt worden. Ein Zusammenhang hatte sich konstituiert, der auf dem besten Wege war, aus der Phrase des »weltweit« Ernst zu machen.

Als der SDS dann in West-Berlin »Amis raus aus Vietnam!« und »Solidarität mit dem Vietcong« forderte, war das in der Frontstadt des Kalten Krieges zwar nichts als die Stimme einer winzigen Minderheit, was diese jedoch von der einer obskuren Sekte unterschied, war die Tatsache, dass vermutlich mehr als die Hälfte der Menschheit hinter den Parolen stand. Die nicht unpathetische Orientierung an den Befreiungsbewegungen der Dritten Welt verführte allerdings auch dazu, politische Modelle zu importieren, die für eine Auseinandersetzung in der Ersten Welt untauglich waren. Es war vermutlich mehr als nur ein Zufall, dass im Juni 1967 der Staatsbesuch eines ausländischen Potentaten den Anlass für Protest und dieser wiederum den Anlass für eine Polizeiaktion bot, die einen Toten forderte und zum Signal des Aufbruchs wurde.

Wie dieses Ereignis zeigt, war die internationale Dimension der Studentenbewegung von Anfang an alles andere als äußerlich; sie war vielmehr ein konstitutives Element. Was »1968« zu einem außergewöhnlichen, wenngleich schwer zu fassenden Phänomen gemacht hat, ist vor allem die Tatsache, dass es die erste globale Rebellion war. Besonders herausragend war dabei die Parallelität von reformerischen beziehungsweise revolutionären Bestrebungen in Ost und West, von Prager Frühling und Pariser Mai. Beide Prozesse endeten zwar in historischen Niederlagen, zugleich aber vermittelten sie auch zwei wichtige Erkenntnisse: Dass sich ein Satellitenstaat der Sowjetunion nicht reformieren ließ, ohne zuvor die Verhältnisse im Moskauer Machtzentrum selbst zu ändern, und dass sich ein hochentwickelter kapitalistischer Staat trotz eines zeitweiligen Bündnisses zwischen Studenten- und Arbeiterbewegung nicht revolutionieren ließ.

Die Verklammerung von Paris und Prag steht allerdings nicht nur negativ für das Scheitern von Freiheits- und Unabhängigkeitswünschen, sondern auch für einen Schritt in Richtung auf die Überwindung der Blockgrenzen. Der Brückenschlag zwischen West- und Osteuropa hat die historische Wende von 1989/90/91, die mit dem Mauerfall in Berlin begann und mit dem Zerfall der Sowjetunion endete, bis zu einem gewissen Grad antizipiert. Die Koinzidenz von Prager Frühling und Pariser Mai hatte einen Synchronisierungseffekt zur Folge, der zum einen die europäische Integration nach dem Ende des Warschauer Pakts erleichtert und zum anderen auch in eine andere Richtung gewiesen hat. Zusammen mit dem Schub, der aus dem über Jahrzehnte anhaltenden Prozess der Dekolonialisierung resultierte, ergab sich eine Koppelung zwischen Erster, Zweiter und Dritter Welt, die der heute sichtbar gewordenen Globalisierung in gewisser Weise vorgegriffen hat.

IV.

Die Ursprungsmythen

Die Achtundsechzigerbewegung schöpfte nur oberflächlich betrachtet aus einem Kanon politischer Interessen. In Wirklichkeit bezog sie ihren Schwung aus einem ganz anderen Stoff, sie fand ihr Energiepotenzial in drei Ursprungsmythen – der Gewalt als einer Sphäre, die für die Gesellschaft als konstitutiv angesehen wurde, der Sexualität, die als Kernbereich persönlicher Intimität betrachtet wurde, und der Dritten Welt als einer geopolitischen Sphäre, die als Alternative zum verhassten System, dem Kapitalismus, dem Kolonialismus und dem Imperialismus, galt.

Jeder Mythos lebt aus einem Grundwiderspruch heraus – die Phänomene, in denen er in Erscheinung tritt, sind weder einfach der Realität zuzuschlagen noch umgekehrt aus dieser auszuschließen. Seine Grundstruktur ist in jeder seiner Erscheinungsformen widersprüchlich. Ein Mythos leistet in einer Kultur das, was in der Wirklichkeit ausgeschlossen ist – die Versöhnung des Unversöhnlichen.[96] Er ist jedoch keine reine Einbildung. Er ist »weder eine positive Realität noch eine reine Fiktion«, ein Mythos ist – wie es Jeanne Hersch einmal in einer paradox anmutenden Formulierung festgehalten hat – eine »wirksame Fiktion«.[97] Die Wirksamkeit des Mythischen ist jedoch von der Form seiner Wiedergabe abhängig, ihm wohnt eine bestimmte Erzählstruktur inne.

Der Mythos erzählt eine Geschichte, allerdings ohne einen individuell identifizierbaren Geschichtenerzähler und ohne eine genauer zu bestimmende Zuhörerschaft. Der Mythos lässt sich durch seine Rollen und die Unabänderlichkeit seiner Erzählfiguren ebenso definieren wie durch seine Situationsungebundenheit und seine Tendenz zur Überzeitlichkeit, ja zur Ewigkeit. Je mehr das historische Bewusstsein anwächst, umso stärker büßt ein Mythos an Energie, an Lebenskraft ein. Dass er jedoch im Zuge der historischen Aufklärung völlig erlischt, scheint eher zweifelhaft. Die Langlebigkeit gehört nicht zuletzt deshalb zu seiner Natur, weil sich zu seiner Erneuerung immer wieder neue Quellen erschließen.

Politische Mythen haben vor allem die Aufgabe, ein Kommunikationsdefizit zu kompensieren. An die Stelle, an der eine politische Aussage zu erwarten ist, wird eine Form gesetzt, eine Form, die eine Botschaft enthält. Die Frage lautet also, welche Botschaften in den drei Ursprungsmythen der Achtundsechzigerbewegung versteckt sind.

Gewalt

Auf den ersten Blick fällt das Ende wie in einem Western aus. Zwei Männer richten ihre Waffen aufeinander, ein Schuss fällt und einer der Kontrahenten sinkt hernieder. Doch das ist kein Western. Nach einem Moment bangen Wartens erhebt sich der Getroffene wieder und ruft voller Sarkasmus: »Na, da haben Sie ja noch mal Schwein gehabt!« Anschließend wird der junge Mann von zwei Polizisten, die ihn zuvor mehrmals vergeblich festzunehmen versucht hatten, abgeführt.

Wer den Film »Zur Sache Schätzchen« noch in Erinnerung hat, der besitzt eine Ahnung, worum es bei dem ganzen, als jugendlichen Schabernack wahrgenommenen Aktionismus ging. Im Zentrum der Komödie, die im Sommer 1967 im Münchner Künstlerviertel Schwabing spielt, steht der von Werner Enke verkörperte Schlagertexter Martin, der sich in die von Uschi Glas dargestellte Bürgerstochter Barbara verliebt. Charakteristisch für den vermeintlichen Klamaukfilm, den die damals sechsundzwanzigjährige Regisseurin May Spils gedreht hatte und der mit seismografischer Genauigkeit die Stimmung in der jungen Generation auslotete, sind nicht nur Verfolgungs- und Verwechslungsszenen, sondern vor allem Situations- und Sprachwitz. Mit seinen pseudophilosophischen Sprüchen und Zynismen – »das wird böse enden ...«, »das ist aber schwer gefummelt« – trifft Enke das Lebensgefühl derjenigen, die einer von Muff und Spießigkeit geprägten Erwachsenenwelt entfliehen wollen. Der Polizei – die zumeist in Gestalt von hilflosen Trotteln auftritt – tanzt er dabei ein ums andere Mal auf der Nase herum.

Durch den gesamten Streifen zieht sich wie ein Running Gag das Rumhantieren mit einer Pistole. Die nicht ganz ungefährlich anmutenden Szenen spielen sich in aller Öffentlichkeit ab – in einer Geschäftsstraße, in einem Laden, im Schwimmbad, im Zoo oder in einem fahrenden Cabriolet, in dem Enke auf dem Rücksitz stehend einen Selbstmord simuliert. Zumeist erscheinen sie als bloße Spielerei, manchmal jedoch auch als bewusste Provokation. Und dass es sich nicht einfach um eine Spielzeugwaffe handelt, ist klar. Unklar bleibt aber bis zum Schluss, ob sie geladen ist oder nicht. Das dauernde Verwirrspiel um die Waffe – »so'n Ding hat 'ne fiese Ausstrahlung« – mutet fast an wie ein Tanz ums Goldene Kalb.

Die Gewalt war das insgeheime Magnetfeld der Achtundsechzigerbewegung. Von ihr ging die stärkste, zugleich abgründigste Anziehung aus. Nach dem 2. Juni 1967, der sich wegen eines tödlichen Schusses aus einer Polizeiwaffe im kollektiven Gedächtnis eingekerbt hat, war die Zeit der Petitionen und Appelle, der Regeleinhaltungen und Demonstrationsrituale endgültig vorüber. Es begann eine Übergangsphase der begrenzten Regelverletzungen. Dass es sich bei Sit-ins oder Go-ins um Verstöße gegen die Hausordnung oder andere eher harmlose Delikte handelte, schien klar zu sein. Schließlich entstanden sie nicht als unintendierte Nebenfolgen, sondern wurden bewusst in Kauf genommen; in manchen Fällen bezog die Aktion ihren spezifischen Reiz sogar gerade daraus, sich nicht an Ordnung und Gesetz zu halten.[98]

Das Problem bestand aus der Sicht der Akteure vor allem darin, einer Entgrenzung der Aktion vorzubeugen und die damit einhergehende Normverletzung auf ein Minimum zu reduzieren. Es galt, nicht den Eindruck eines Gesetzesbruchs zu erwecken, sondern den symbolischen Charakter einer Übertretung bestehender Regeln oder Gesetze hervortreten zu lassen. Der Öffentlichkeit sollte signalisiert werden, dass es ihnen Ernst war mit der Regelverletzung.

Der Weg, der von bloßen Regelverletzungen bis zur Rhetorik der Gewalt und schließlich auch zu ihrer Anwendung reichte, war zeitlich betrachtet ziemlich kurz, argumentativ gesehen jedoch unvorstellbar weit. Der Germanistikstudent Peter Schneider hielt im April 1967 während eines Sit-ins im Auditorium maximum der Freien Universität eine Rede, die wie kein anderes Zeugnis die Schwierigkeit bei der Übertretung von Normen, Regeln und Gesetzen und die dabei ausschlaggebenden Motive zum Ausdruck brachte.

»Wir haben in aller Sachlichkeit«, hieß es in seiner Ansprache, die später unter dem Titel »Wir haben Fehler gemacht« veröffentlicht wurde, »über den Krieg in Vietnam informiert, obwohl wir erlebt haben, daß wir die unvorstellbarsten Einzelheiten über die amerikanische Politik in Vietnam zitieren können, ohne daß die Phantasie unserer Nachbarn in Gang gekommen wäre, aber daß wir nur einen Rasen betreten zu brauchen, dessen Betreten verboten ist, um ehrliches, allgemeines und nachhaltiges Grauen zu erregen. Wir haben vollkommen demokratisch gegen die Notstandsgesetze demonstriert, obwohl wir gesehen haben, daß wir sämtliche Ränge des Zivildienstes aufzählen können, ohne irgendeine Erinnerung wachzurufen, aber daß wir nur die polizeilich vorgeschriebene Marschrichtung zu ändern brauchten, um den Oberbürgermeister und die Bevölkerung aus den Betten zu holen. Wir haben ruhig und ordentlich eine Universitätsreform gefordert, obwohl wir herausgefunden haben, daß wir gegen die Universitätsverfassung reden können, soviel und solange wir wollen, ohne daß sich ein Aktendeckel hebt, aber daß wir nur gegen die baupolizeilichen Bestimmungen zu verstoßen brauchen, um den ganzen Universitätsaufbau ins Wanken zu bringen. Da sind wir auf den Gedanken gekommen, daß wir erst den Rasen zerstören müssen, bevor wir die Lügen über Vietnam zerstören können, daß wir erst die Marschrichtung ändern müssen, bevor wir etwas an den Notstandsgesetzen ändern können, daß wir erst die Hausordnung brechen müssen, bevor wir die Universitätsordnung brechen können. Da haben wir den Einfall gehabt, daß das Betretungsverbot des Rasens, das Änderungsverbot der Marschrichtung, das Veranstaltungsverbot der Baupolizei genau die Verbote sind, mit denen die Herrschenden dafür sorgen, daß die Empörung über die Verbrechen in Vietnam, über die vergreiste Universitätsverfassung schön ruhig und wirkungslos bleibt. Da haben wir gemerkt, daß sich in solchen Verboten die kriminelle Gleichgültigkeit einer ganzen Nation austobt. Da haben wir es endlich gefressen, daß wir gegen den Magnifizenzwahn und akademische Sondergerichte, gegen Prüfungen, in denen man nur das Fürchten, gegen Seminare, in denen man nur das Nachschlagen lernt, gegen Ausbildungspläne, die uns systematisch verbilden, gegen Sachlichkeit, die nichts weiter als Müdigkeit bedeutet, gegen die Verketzerung jeder Emotion, aus der die Herrschenden das Recht ableiten, über die Folterungen in Vietnam mit der gleichen Ruhe wie über das Wetter reden zu dürfen, gegen demokratisches Verhalten, das dazu dient, die Demokratie nicht aufkommen zu lassen, gegen Ruhe und Ordnung, in der die Unterdrücker sich ausruhen, gegen verlogene Rationalität und wohlweisliche Gefühlsarmut – daß wir gegen den ganzen alten Plunder am sachlichsten argumentieren, wenn wir aufhören zu argumentieren und uns hier in den Hausflur auf den Fußboden setzen. Das wollen wir jetzt tun.«[99]

Welch argumentativer Aufwand damals betrieben wurde, um nichts anderes zu tun, als sich auf dem Boden niederzulassen, ist heute kaum noch nachvollziehbar. Aber was Schneider hier mit dem Pathos der Empörung aneinandergereiht und ineinanderverschachtelt hat, das fasst in geradezu idealtypischer Weise zusammen, warum ein in den von Verwaltung, Polizei und Justiz vorgegebenen Bahnen verlaufender Protest zum Scheitern verurteilt war. Er zog das Resümee eines die Geschichte der Bundesrepublik durchziehenden, folgenlos gebliebenen Legalismus. Appelle, Bittgesuche, Petitionen, offene Briefe – nichts hatte genutzt. Eine Initiative nach der anderen war gebildet, ein Anlauf nach dem nächsten unternommen worden – doch fast alles war wirkungslos verpufft. Was übrig blieb, waren die alten, sich weiter auftürmenden Missstände, waren ein zunehmend unüberschaubarer Reformstau und eine tiefsitzende Frustration bei jenen, die Änderungen nicht nur gewollt, sondern sich auch für sie eingesetzt hatten.

Im Rahmen eines Sit-ins legte Schneider eine Abrechnung für eine Serie von Misserfolgen vor, überführte zahlreiche Regeln, Ordnungen und Gesetze ihrer immanenten Absurdität und formulierte einen Ausweg – das Antasten der Norm, den Schritt über die Grenze der Legalität, die begrenzte Regelverletzung. Auch wenn die Verhältnisse in West-Berlin ganz andere waren als die in den Südstaaten der USA – Schneiders Rede atmete den Geist von Martin Luther King und der amerikanischen Bürgerrechtsbewegung. Die Idee des zivilen Ungehorsams war unter den Studenten der Freien Universität auf fruchtbaren Boden gefallen.

Eine Würdigung der neuartigen Protestformen wurde ein Jahr später ausgerechnet von einem der scharfsinnigsten Kritiker der Studentenbewegung vorgebracht, von dem Frankfurter Sozialphilosophen Jürgen Habermas. Der langjährige Mentor des SDS, der mit seiner Abhandlung »Über den Begriff der politischen Beteiligung«[100] und seiner Habilitationsschrift »Strukturwandel der Öffentlichkeit«[101] einst maßgeblichen Einfluss auf das Selbstverständnis der studentischen Aktivisten geübt hatte, war zuvor wegen seiner brüsken Kritik am aktionistischen Politikverständnis Rudi Dutschkes und anderer führender SDS-Mitglieder[102] unter Schülern wie zum Teil auch unter Kollegen auf heftige Ablehnung gestoßen.[103]

Das Lob, das Habermas nun für die zu verzeichnenden Erfolge der, wie er es nannte, »phantasiereichen Erfindung neuer Demonstrationstechniken« spendete, war eingepackt in eine grundlegende Abrechnung mit Selbstverständnis, Strategie und Taktik der vom SDS eingeschlagenen Politik. Was er am 2. Juni 1968 in der Mensa der Frankfurter Universität auf einem vom Verband Deutscher Studentenschaften (VDS) durchgeführten Schüler- und Studentenkongress an Thesen vortrug, wurde kurz darauf unter dem provozierenden Titel »Die Scheinrevolution und ihre Kinder« von der *Frankfurter Rundschau* als Sonderdruck verbreitet.[104]

»Die neuen Techniken der begrenzten Regelverletzung«, begann er seine Analyse der für Aufsehen sorgenden Aktionsformen, »stammen aus dem Repertoire des gewaltlosen Widerstandes ... Diese Techniken gewinnen gegenüber einem bürokratisierten Herrschaftsapparat und angesichts eines publizistischen Bereichs kommerzieller Massenbeeinflussung einen neuen Stellenwert; sie dringen in die Nischen eines frontal unangreifbaren Systems ein; sie erzielen mit relativ geringem Aufwand überproportionale Wirkungen, weil sie auf Störstellen komplexer und darum anfälliger Kommunikationsnetze gerichtet sind.«[105] Die ungewöhnlichen Protestformen hätten einerseits zwar zu heftigen Abwehrreaktionen geführt, andererseits aber auch »zu dem heilsamen Schock«, über Routinen und routinierte Verdrängungen nachdenken zu müssen. Psychologisch betrachtet handle es sich »um ritualisierte Formen der Erpressung und des Trotzes von Heranwachsenden gegenüber unaufmerksamen, aber relativ nachsichtigen Eltern«.

Eine Wirkung könnten sie nur dann entfalten, wenn sie in einer überlegten, gerade nicht infantilen Weise eingesetzt würden und sich »als im Prinzip gewaltlose, symbolisch gemeinte und altersspezifisch anwendbare Techniken des Widerstandes begreifen lassen«, fasste Habermas seine Überlegungen zusammen. »Sie sind vorzüglich geeignet (aber auch nur dazu), Publizitätsbarrieren zu beseitigen und Aufklärungsprozesse, massenhafte Aufklärungsprozesse, in Gang zu setzen. Die neuen Demonstrationstechniken treffen die einzige schwache Stelle des legitimationsbedürftigen Herrschaftssystems, nämlich die funktionsnotwendige Entpolitisierung breiter Bevölkerungsschichten.«[106] Im Rahmen seiner Kritik nahm diese Aufgabenstellung eine Doppelfunktion ein: Sie sollte zum einen die Grenze für den Spielraum außerparlamentarischer Aktionen markieren, die der Soziologe wenn auch nicht direkt zu tragen, so doch zumindest argumentativ zu unterstützen bereit war, und zum anderen eine Richtung dafür angeben, wie an die zwar kurze, aber nicht zu unterschätzende Wirkungsgeschichte der Studentenbewegung erfolgversprechend anzuknüpfen sei.

Die Devise lautete also, an den Schwachstellen der Legitimation anzusetzen und vermittelt über das mediale Echo gewaltfreier Widerstandsaktionen solche Aufklärungsprozesse auszulösen, die zu einer tiefgreifenden Politisierung der Bevölkerung beitragen könnten. Doch schon bald danach wurde immer häufiger nach einer »Gewalt gegen Sachen« gerufen und damit ein Übergang von einer Protest- zu einer Gewaltaktion propagiert. Zentrales Stichwort war von nun an »Widerstand«. Im Mai 1968 erschien in der Zeitschrift *konkret* eine Kolumne, in der eine Art politischer Wegscheide formuliert worden war. Die ersten Sätze lauteten: »›Protest ist, wenn ich sage, das und das paßt mir nicht. Widerstand ist, wenn ich dafür sorge, daß das, was mir nicht paßt, nicht länger geschieht. Protest ist, wenn ich sage, ich mache nicht mehr mit. Widerstand ist, wenn ich dafür sorge, daß alle andern auch nicht mehr mitmachen.‹ So ähnlich – nicht wörtlich – konnte man es von einem Schwarzen der Black-Power-Bewegung auf der Vietnamkonferenz im Februar in Berlin hören.«[107]

Wer war dieser schwarze Redner, auf den sich die Kolumnistin bezog, und was hatte er tatsächlich gesagt? Er war ein Vertreter der Black-Power-Bewegung, die seinerzeit drauf und dran war, die ins Hintertreffen geratene Bürgerrechtsbewegung abzulösen. Sein Name lautete Dale A. Smith. Er wollte den Unterschied zwischen einer Protest- und einer Widerstandsbewegung herausarbeiten: »Protestieren heißt, sich gegen etwas aussprechen, heißt bekanntmachen, daß man eine bestimmte Tat eines anderen nicht schätzt.

Protestieren ist ein intellektueller Akt ... Protestieren heißt spielen. Man nimmt an einer Demonstration teil, hört die Rede an, trägt Transparente und geht nach Hause, um sich im Fernsehen zu sehen. Es gibt viel Spielzeug in den Spielen des Protestes.«[108]

»Widerstand leisten«, heiße dagegen, »nein sagen ohne nähere Erklärung ... Widerstand leisten, das heißt das Leben so einsetzen, wie du es verstehst, gegen das Leben, wie sie es verstehen, und alles Notwendige tun, um ihre Definition in allen ihren Teilen zerstört zu sehen.« Und am Ende seiner Rede zog er das Resümee: »Protestieren bedeutet, die Unmenschlichkeit eines anderen zu verabscheuen. Widerstand leisten heißt, die Unmenschlichkeit zu unterdrücken und die Menschlichkeit triumphieren zu lassen. Man protestiert nicht gegen den Mord – man bemächtigt sich des Mörders und behandelt ihn so, wie er es verdient.«[109] Wen er damit meinte, war allen Zuhörern klar: den damaligen US-Präsidenten Lyndon B. Johnson und dessen für die Einsätze in Vietnam verantwortliche Militärs. Es klang ganz nach einem Aufruf, einen Mörder zu ermorden – ihn so zu behandeln, wie er es angeblich verdiene.

Die *konkret*-Kolumnistin, die sich durch diese Rede hatte beeindrucken lassen, war niemand anderes als die spätere RAF-Mitbegründerin Ulrike Meinhof. Sie wollte zeigen, wohin die Reise nach den gewaltsamen Reaktionen auf das Dutschke-Attentat Ostern 1968 nun führen sollte. Bemerkenswert an ihrer damaligen Kolumne ist jedoch, dass sie keiner einfachen Entgrenzung der Gewalt das Wort geredet hat. Im Gegenteil. »Gegengewalt«, so problematisierte sie die militanten Ausschreitungen, »läuft Gefahr, zu Gewalt zu werden, wo die Brutalität der Polizei das Gesetz des Handelns bestimmt, wo ohnmächtige Wut überlegene Rationalität ablöst, wo der paramilitärische Einsatz der Polizei mit paramilitärischen Mitteln beantwortet wird.«[110] Eine Einsicht, die für sie selbst offenbar keine lange Zeit Gültigkeit besaß. Denn die Praxis der RAF kann als die einfache Negation dieser Kritik verstanden werden.

Mit dem Latenzcharakter der Gewalt in den sogenannten Metropolen und ihrer bedingten Erfahrbarkeit hing es zusammen, dass Dutschke und seine Gefährten ständig auf der Suche nach Aktionsformen waren, die die Verpanzerung der Verhältnisse aufreißen und ihren gewaltsamen Kern freilegen sollten. Das Schlagwort lautete deshalb »direkte Aktion«. Ihnen kam es darauf an, durch möglichst zielgenau geplante Einzel- oder Gruppenaktionen das Gewaltpotenzial der Polizei und damit das des autoritären Staates »herauszukitzeln«. Dutschke schrieb deshalb häufig von einer »Offensivtheorie« und einer »Eskalationsstrategie«. Die Universität figurierte in seinen Augen als »das schwächste Glied« im herrschenden System.[111] Von dort aus versucht er operative Basen aufzubauen, die es ihm ermöglichen sollten, die Eskalation der Gewalt weiter voranzutreiben. Am Horizont stand der bewaffnete Aufstand.

Es dauerte nicht lange, bis die ersten Anschläge – zunächst mit Molotowcocktails, dann mit Bomben – verübt wurden. Bevorzugte Ziele waren US-amerikanische Politiker und Einrichtungen wie Amerika-Häuser. Während auf Vizepräsident Hubert Humphrey im April 1967 noch ein »Pudding-Attentat« verübt werden sollte, ging es beim Antrittsbesuch von Präsident Richard Nixon im Februar 1969 bereits um einen Bombenanschlag.[112] Dass die auf einem Baugerüst deponierte Bombe nicht zündete, als Nixons Wagenkolonne sie passierte, war offenbar nur darauf zurückzuführen, dass wegen des Frostes die Batterie zu schwach war, um den Zündmechanismus auszulösen.

Diese stufenweise Entgrenzung der Gewalt vollzog sich im Laufe der Achtundsechzigerbewegung, also zwischen dem Juni 1967 und dem Herbst 1969. Ihr folgte jedoch nur eine Minderheit. Diese bewegte sich zunächst zweifelsohne im Zentrum des Berliner SDS, wuchs dann aber auch rasch in anderen Hochschulgruppen, insbesondere in Frankfurt, München und Heidelberg. Es war, als habe jemand an einer unsichtbaren Schraube gedreht.

Bereits kurz vor dem Dutschke-Attentat und den darauf folgenden Straßenschlachten während der Springer-Blockaden Ostern 1968 hatte sich mit der Kaufhausbrandstiftung in Frankfurt eine neue Dimension angekündigt. Womit die Mitglieder der Kommune I nur gespielt hatten, als sie jenes Pudding-Attentat ankündigten, das setzten Baader, Ensslin, Söhnlein und Proll nun in die Tat um, Akteure, die sich bislang nur an der Peripherie der Bewegung gezeigt hatten. Auch wenn es allein um einen Sachschaden ging, so war damit eine weitere Grenze überschritten worden. Erst nach der Gründung der RAF im Mai 1970 folgten Einbrüche, Banküberfälle, Waffenraub, Bombenanschläge, später auch Entführungen und Attentate.

Die häufig zitierte und kaum weniger häufig wegen ihrer Unhaltbarkeit kritisierte Unterscheidung zwischen »Gewalt gegen Sachen« und »Gewalt gegen Personen« war eine Zeit lang für Dutschke und den SDS maßgeblich. Doch schon bald wurde sie hinfällig. Vor, hinter und neben den Objekten standen häufig Polizeikräfte, die zu der Entscheidung zwangen, ob eine offensive Aktion abzubrechen oder trotz zu erwartender »Gewalt gegen Personen« durchzuführen sei. Um deren Inkaufnahme zu legitimieren, bediente sich Mahler der Metapher vom »platzenden Autoreifen«. So wie ein Wagenlenker immer damit rechnen müsse, dass ein platzender Reifen einen Unfall und damit einen Personenschaden verursachen könne, so müsse sich auch ein Revolutionär darüber im Klaren sein, dass es im Zuge seiner Handlungen zu »Personenschäden«, also auch zu Verletzten und zu Todesopfern kommen könne – revolutionäres Berufsrisiko.

Was dann mit der RAF als terroristische Organisation zutage trat, war die Isolierung des Gewaltphänomens, das bereits zu APO-Zeiten, wie von einer unsichtbaren Hand gelenkt, immer mehr ins Zentrum gerückt war, seine Reduktion auf terroristische Gewalt. Im Kontext der Protestbewegung war die Tendenz zur Militarisierung zwar bereits deutlich erkennbar, doch hatte sie noch nicht die Oberhand gewonnen. Es ging – auch dies eines der Lieblingswörter der Radikalen – um Militanz.

Der Begriff Militanz kommt ursprünglich aus dem Lateinischen, stammt vom Verb »militare« und bedeutet soviel wie Kriegsdienst zu leisten, zu kämpfen, sich mit kriegerischen Mitteln für eine Sache einzusetzen. Eine militante Aktion ist zwischen einem Gewalt- und einem Terrorakt angesiedelt, ihr ist eine aggressive, körperlich gewalttätige Dimension zu eigen. Sie zielt auf die physische Integrität des Gegners ab und nimmt insofern Verletzungen am fremden wie am eigenen Körper wie selbstverständlich in Kauf. Im Unterschied zur Terroraktion begeht der Militante seine Gewaltaktion jedoch nicht aus dem Hinterhalt; sie richtet sich zudem nicht absichtlich gegen Unbeteiligte. Im Begriff der Militanz kommt einerseits eine Zuspitzung des Gewaltbegriffs und andererseits eine ins Habituelle übergehende Ablösung von der konkreten Form einer Gewalttätigkeit zum Ausdruck. Ein Militanter drückt bereits in seiner

Haltung Gewaltbereitschaft aus. In ihr vereinigen sich Stolz, Selbstbewusstsein und Entschlossenheit. Seine vorrangige Artikulationsform ist die Körpersprache. Deshalb tritt auch seine Art, sich zu kleiden, in den Vordergrund. Militanz – selbst ohne dass sie in actu tritt – beinhaltet somit nicht zuletzt eine ästhetische Dimension.

Gewalterfahrungen waren für die Entstehung der Studentenrevolte wie die der Achtundsechzigerbewegung insgesamt zentral. An erster Stelle ist in diesem Zusammenhang nach wie vor Benno Ohnesorg zu nennen. Die Tatsache, dass mit Kriminalobermeister Karl-Heinz Kurras der Todesschütze am 21. November 1967 vom Landgericht Moabit vom Verdacht der fahrlässigen Tötung freigesprochen und dagegen der Kommunarde Fritz Teufel wegen eines angeblichen, nie nachgewiesenen Steinwurfs monatelang in Untersuchungshaft gehalten worden war, hatte erheblich mit dazu beigetragen, unter den Studenten den letzten Rest an Vertrauen in Justiz und staatliche Institutionen zu verspielen. Die drei Vorfälle in ihrer Gesamtheit besaßen den Effekt einer zutiefst misstrauensbildenden Maßnahme.

Das zweite einschneidende Gewaltereignis war gewiss das Attentat auf Rudi Dutschke im April 1968. Der Mordanschlag vom Gründonnerstag löste die größten innenpolitischen Unruhen aus, die die Bundesrepublik bis dahin erlebt hatte. In der Folge gingen Zehntausende auf die Straßen, um die Auslieferung von Zeitungen des Axel Springer Verlags zu verhindern. Für die Demonstranten war klar, dass der Attentäter nur das ausgeführt hatte, was Redakteure und Zeichner der Springer-Zeitungen in zahllosen Pamphleten und Karikaturen zuvor propagiert hatten: die Hetze gegen linke Studenten im Allgemeinen und gegen Dutschke im Besonderen. Die Schüsse auf Rudi Dutschke, so glaubte man, sollten die gesamte außerparlamentarische Bewegung treffen und nicht nur ihren vermeintlichen Kopf.

In beiden Fällen ging es um Schüsse auf Wehrlose, bei denen der Tod des Opfers in Kauf genommen wurde, im ersten aus der Waffe eines Polizisten, im zweiten aus der eines mutmaßlichen Rechtsradikalen. Beide Bluttaten waren Fanale mit weitreichenden Folgen. Beide waren von existenzieller Dimension und insofern ein Vorgriff auf das Jahrzehnt danach.

Einige Kampfgefährten der Opfer wollten nun nicht länger mehr Objekt unberechenbarer Angriffe sein. Einer derjenigen, die sich am Sturm auf das Springer-Hochhaus beteiligt hatten, schilderte später, wie er danach zusammen mit Fritz Teufel und Peter Urbach, einem Mann, der später als Agent provocateur des Westberliner Landesamts für Verfassungsschutz enttarnt wurde, in einem VW mit Molotowcocktails durch die Stadt gefahren war, um noch andere geeignete Gebäude ausfindig zu machen: »Wir wollten noch rausfahren nach Schwanenwerder, wo der Springer so'ne Villa hat, die wollten wir auch noch anstecken, aber dann wußte wieder keiner genau, wo das ist. Jetzt waren Terrorprobleme sehr aktuell.«[113] In den Erinnerungen von Michael »Bommi« Baumann, der im Jahr darauf zu den Ersten gehörte, die in den Untergrund gingen, wird deutlich, wie nahe einige bereits in jener Nacht dem Terrorismus gekommen waren.

Beim Übergang zur Offensive der Gewalt spielte auch eine ausgeprägte ästhetische Selbstinszenierung eine Rolle. Nicht wenige Wortführer des SDS waren große Fans der seinerzeit populären Italowestern und ließen sich die Premieren der neuen Leone- und Corbucci-Streifen ungern entgehen. Das waren Kulterlebnisse, an denen die eigenen Batterien aufgeladen wurden. »Die Begeisterung für den Italowestern«, folgerte Wolf Lepenies, »verrät die Sehnsucht nach einer neuen Mythologie.«[114] Und im Zentrum dieser Mythologie stand die Militanz.

Unter dem Eindruck von Sergio Leones »Spiel mir das Lied vom Tod« tauchten einige bald sogar in den unverkennbaren Ledermänteln auf. Das entsprach einem gewissen Habitus; dazu gehörte der Zynismus, der in diesen Filmen im Umgang mit dem Tod gepflegt wurde. Es bedurfte der ästhetischen Selbstinszenierung, um deutlich zu machen, wie weit man sich vom Durchschnittsleben eines Bundesbürgers entfernt hatte. Es ging um Unterscheidung. Und um den ästhetischen Ausdruck der Suche nach einem anderen Leben, einem Leben wie in der überaus romantischen Vorstellung vom revolutionären Kampf.

Die Ende 1968 im Frankfurter SDS entstandene »Lederjackenfraktion« war in dieser Hinsicht habituell richtungweisend. Wiederholt hatte sie mit ihren Hit-and-run-Aktionen für Schlagzeilen gesorgt. Mit der Lederjacke sollte eine Nähe zur Gewaltbereitschaft zur Schau getragen werden. Diese Kostümierung war ein Attribut, das zu einer Haltung zynischer Koketterie passte. Rationale Begründungen sollten im politischen Kampf keine Rolle mehr spielen. Die Anleihen beim Italowestern waren in gewisser Weise auch Insignien eines antitheoretischen, eines antihabermasianischen Affekts, auf jeden Fall einer tiefsitzenden Intellektuellenfeindschaft.

Dieser Gestus hat auch die RAF stark geprägt. Andreas Baader verkörperte ihn mit Situationswitz, Charme und der ihm eigenen Virilität. Davon zeugen besonders die in einem Pariser Café aufgenommenen Fotos von Andreas Baader und Gudrun Ensslin. Sie könnten aus dem Film »Außer Atem« von Jean-Luc Godard stammen, mit Jean Paul Belmondo in der Rolle eines Kleinkriminellen. »Bei Baaders ist immer was los«, hieß es unter seinen Bewunderern. Er war eine Art Marlon Brando der Szene, strahlte etwas aus, was die theoriegeleiteten Studenten nicht besaßen. Insofern war es die Figur Andreas Baaders, die dazu beitrug, die Übergangszeit zwischen der Achtundsechzigerbewegung und der RAF mit einer bestimmten Aura der Virilität, des Abenteuers und auch der Gewaltbereitschaft zu umgeben. Er trat die Nachfolge der »Lederjackenfraktion« des SDS an.

Die Affinität zur Gewalt war eine Absage an das Vermittelnde. Parlamentarismus gründet auf der Lösung von Differenzen durch die Suche nach Kompromissmöglichkeiten und setzt Gewaltfreiheit voraus. Die radikale Tat hingegen ist auf Aktion, Konfrontation, Dynamik und Energieentladung angelegt. Direkte Aktion lautete das Zauberwort: das radikale Zusammenführen der Handlungsenergie in einem Moment im Gegensatz zu den monate- oder jahrelangen Erörterungen über Gesetzesvorhaben in Ausschüssen und den Kompromissen, die damit gefunden werden sollen. Ein Zerreißen dieser kommunikativen Dimensionen zugunsten der Herstellung von Eindeutigkeiten im Augenblick ist ein charakteristischer Grundzug der Militanz.

Das alles hängt mit der romantischen Aura zusammen, die die Gewalt umgibt. Bei den Straßenschlachten war es um eine Überwindung des Politischen durch die Militanz gegangen, die Gewalt im Straßenkampf. Und in der RAF sollte es um die Radikalisierung der Gewalterfahrung bis hin zur Frage von Leben oder Tod gehen. Das war die existenziell höchstmögliche Aufladung des Gewaltzusammenhangs.

Es vollzog sich eine rasch zunehmende Eskalation, die schließlich in eine Neuformierung von Gewalt mündete. Militante Demonstrationen entwickelten eine außerordentliche Suggestivkraft. Der Einsatz gewaltsamer Mittel wurde – wie das vor allem Dutschke propagierte – mit einem angeblich konstitutiven Zusammenhang von Aufklärung und Aktion begründet. Indem Gesellschaftsverhältnisse als latente Gewaltverhältnisse begriffen wurden, schien es politisch nur noch darauf anzukommen, dies durch militante Aktionen manifest und offenkundig zu machen.

Was aber war eigentlich so faszinierend an der Gewalt? Sie war mythologisch aufgeladen und schien im Klassenkampf den angestrebten Erfolg zu verbürgen. Ein Gewaltakt hatte die Funktion eines Zauberelixiers. Dadurch schien der Einzelne gegenüber den Vertretern staatlicher Gewalt nicht nur gestärkt, sondern auch über sie erhaben zu sein. Man wollte nicht länger mehr Objekt der Gewalt sein, sondern Subjekt der Gewalt und durch deren Anwendung hindurch ein anderes, ein revolutionäres Subjekt werden.

Eine direkte Aktion besaß Sex-Appeal. Von einem bestimmten Zeitpunkt an galt eine politische Handlung, die nicht zu einem gewalttätigen Zusammenstoß mit der Polizei führte, kaum noch etwas. Das hatte auch etwas mit medialer Aufmerksamkeit zu tun. Ein Gewaltakt oder eine der befürchteten, in Wirklichkeit häufig beabsichtigten und insofern gewünschten Konfrontationen mit der Staatsmacht schienen durch ein Höchstmaß an Resonanz honoriert zu werden. Über gewaltfreie Aktionen wurde in der Regel nicht berichtet. Zwischen Medien und Militanten existierte so etwas wie ein insgeheimes Bündnis. Jede Seite wusste von der anderen, was sie und was eine möglichst effektvolle Nachricht wert war.

Ein Gewalttäter stellte etwas dar, er machte etwas her; einer, der sich der Gewalt enthielt, womöglich ein überzeugter Pazifist, machte sich dagegen tendenziell lächerlich. Niemand hätte als Vorbild weniger zur Achtundsechzigerbewegung passen können als Mahatma Gandhi, der unangefochtene Apostel des gewaltfreien Widerstands. Und auch mit Martin Luther King, der Ikone der Bürgerrechtsbewegung, dessen Wirken 1965 sogar mit dem Friedensnobelpreis honoriert worden war, konnte man nichts mehr anfangen. Seine Ermordung im April 1968 wurde im Gegensatz zu der Che Guevaras wenige Monate zuvor keineswegs als Schock empfunden, eher als eine Bestätigung dafür, dass es nur noch eine Sprache gebe, die der Waffen.

Mann der Stunde war mit Stokely Carmichael stattdessen ein anderer Schwarzer. Der junge, von der Karibikinsel Trinidad stammende Charismatiker, der in der New Yorker Bronx aufgewachsen war, galt als die Personifikation der Black-Power-Bewegung. Auf einer Kundgebung der Organisación Latinoamericana de Solidaridad (OLAS) in Havanna sprach er im August 1967 vom beginnenden »Partisanenkrieg in Amerika«, forderte, die amerikanischen Metropolen in Schutt und Asche zu legen, und verglich den Aufstand der Schwarzen mit dem Kampf der Befreiungsbewegungen in der Dritten Welt. Er predigte einen »Rassenkrieg« unter umgekehrten Vorzeichen und verlangte sogar eine Aufteilung der USA in einen Staat der Schwarzen und einen der Weißen. Niemand anders in dieser Zeit stand mehr für Militanz und Selbstbewusstsein sowie eine Allianz zwischen den Black Panthers und den verschiedensten Guerillaorganisationen.

Es ist auch alles andere als Zufall, dass es Ostern 1968 unter dem Eindruck des Dutschke-Attentats und der nachfolgenden Eskalation der Gewalt, die in München zwei Todesopfer forderte, zu heftigen Konflikten mit den Sprechern der Ostermarschbewegung kam. Nachdem 1969 noch mal ein Versuch gestartet wurde, bundesweit Ostermärsche durchzuführen, wurden sie eingestellt und erst ein Jahrzehnt später wieder ins Leben gerufen. Mit Petitionen machte man sich zum Gespött, eine Politik begrenzter Regelverletzungen schien endgültig überholt.

Die Militanz nährte zudem den Narzissmus. Der Hunger nach Bedeutung war in den Reihen der Aktivisten enorm. Und wie hätte sich diese für den Einzelnen schneller gewinnen lassen als durch Randale. Das war die Stunde von Randfiguren. »Bommi« Baumann war eine und Andreas Baader, der bis dahin nur ein Satellit der Kommune I gewesen war, eine andere. Figuren, die in dem vom SDS bestimmten Treiben, in dem ein theoretisch höchst elaborierter Duktus gepflegt wurde, zunächst nichts anderes als Mitläufer waren, sahen nun auf einmal ihre Chance, durch die Beteiligung an militanten Aktionen schlagartig Aufmerksamkeit zu gewinnen und auf diesem Wege Anerkennung zu erlangen. Sie machten sich zu Experten der Gewalt, zu Protagonisten der Militanz, weil sie nach einigen erfolgreich verlaufenen Vorstößen darauf setzen konnten, sich profilieren und im Ansehen innerhalb der Szene sowie in der Hierarchie ihrer jeweiligen Gruppe aufsteigen zu können.

Mit der Militanz sollte unter Beweis gestellt werden, dass es nicht nur möglich war, gegen die Kräfte der verhassten Staatsmacht zu kämpfen, sondern auch sie zu besiegen. Dass dies neben Vorbereitung, Ausrüstung und der richtigen taktischen Einstellung vor allem eine Frage der Entschlossenheit war. Es ging darum, eine Rebellion in eine Revolution zu transformieren, ohne dass eine entsprechende Situation erkennbar und ein revolutionäres Subjekt in Sicht gewesen wäre. Das Ganze war kein politischer Akt mehr, nicht mehr Ausdruck einer außerparlamentarisch agierenden Opposition, es lief allein auf einen sich möglichst radikal gebärdenden Willen hinaus.

Sexualität

Mit keinem anderen Schlagwort werden die sechziger Jahre enger in Verbindung gebracht als mit der »Sex-Welle« oder der »sexuellen Revolution«. Die Anzeichen einer neuen Libertinage, die diesmal nicht auf eine Boheme oder irgendeine privilegierte soziale Schicht beschränkt blieb, sondern die moderne Massengesellschaft insgesamt erfasste, waren unübersehbar. Für die Illustrierten, Magazine und Gazetten schien es jedenfalls kaum ein dringlicheres Thema zu geben. Der Kinsey-Report, Oswalt Kolles Illustriertenserien über »Das Wunder der Liebe«, »Dein Kind – das unbekannte Wesen«, »Deine Frau – das unbekannte Wesen«, »Dein Mann – das unbekannte Wesen« und die sogenannten Aufklärungsfilme boten dafür den entsprechenden Stoff. Und mit einem neuentwickelten Antikonzeptivum wie der Antibabypille war historisch erstmals eine Voraussetzung geschaffen, Sexualleben und Fortpflanzung gesellschaftlich folgenreich voneinander entkoppeln zu können.

Der Soziologe Helmut Schelsky hatte in seiner erstmals 1955 erschienenen »Soziologie der Sexualität«, einem Taschenbuch, das trotz seines trockenen Stils rasch zu einem Bestseller avancierte, die sozial-anthropologischen Grundlagen des sexuellen Verhaltens zu definieren versucht. Darin diagnostizierte er als entscheidenden Unterschied zwischen menschlichem und tierischem Geschlechtsleben, dass es bei den Menschen keine Brunstzeit gebe. Durch den Wegfall eines jahreszeitlich bedingten Rhythmus der sexuellen Antriebe müsse man von einer »Daueraktualität des menschlichen Geschlechtstriebes« sprechen, der unter gegebenen Bedingungen zu einem »Antriebsüberschuß« führe.[115] In Anlehnung an den Anthropologen Arnold Gehlen schrieb er weiter, dass die allgemeine Instinktreduktion zu einer »fast universalen Plastizität des menschlichen Sexualverhaltens« geführt habe. Indem beim Menschen das Lustempfinden des Triebverhaltens vom Gattungszweck ablösbar sei, könne es »zum eigenständigen Motiv bewußter Handlungen« werden. Und genau das war mehr und mehr der Fall geworden. Es schien so, als habe der Soziologe den rapiden Wandel, dem der menschliche Geschlechtstrieb in den Industriegesellschaften unterlag, nicht nur erfasst, sondern mit seiner Beobachtung von der universellen Formbarkeit der Sexualität etwas von dem prognostiziert, was in Verbindung mit dem Gebrauch der Metapher Welle über die Öffentlichkeit hereinbrach.

Doch kein Soziologe wie Schelsky wurde zum Herold der »sexuellen Befreiung« – wie ein anderes Schlagwort lautete –, sondern ein Psychologe, der lange in Vergessenheit geraten war und erst von SDS-Studenten entdeckt werden musste. Es handelte sich um einen Schüler Sigmund Freuds, der sich mit seinem Lehrer überworfen hatte, weil er der Überzeugung gewesen war, das Primat der Sexualität gegen seinen Entdecker verteidigen zu müssen – es handelte sich um Wilhelm Reich. Kein anderer der vor den Nationalsozialisten in die USA geflohenen jüdischen Sozialwissenschaftler hat eine solch extreme posthume Karriere durchlaufen. Sein Stern ging im Kontext der Achtundsechzigerbewegung ebenso schnell auf wie er auch wieder unterging.

Es dürfte alles andere als Zufall gewesen sein, dass es sich bei dem ersten Raubdruck, der im Zuge der frühen Studentenbewegung 1965 verbreitet worden ist, um eine Schrift Reichs gehandelt hat – seine 1933 in Kopenhagen erschienene »Massenpsychologie des Faschismus«.[116] Maßgeblichen Anteil an der Wiederentdeckung des Häretikers, der als Vorreiter einer Verbindung zwischen Psychoanalyse und Marxismus galt, hatte der von dem Philosophen Wolfgang Fritz Haug geleitete Argument-Club in West-Berlin. In dessen 1963/64 tagendem Arbeitskreis »Sexualität und Herrschaft« spielten Reichs Schriften eine zentrale Rolle. Und als 1966 sein ebenfalls ursprünglich in der dänischen Hauptstadt publizierter Band »Die Sexualität im Kulturkampf« nun mit dem programmatischen Titel »Die sexuelle Revolution« wieder regulär aufgelegt wurde,[117] zeichnete sich sein Durchbruch bereits ab. In einer zur selben Zeit erscheinenden Titelgeschichte des *Spiegel* über die in Deutschland ausgebrochene »Sex-Welle« wurde mit der sensationsheischenden Bezeichnung »Sex-Revolutionär« das künftige Reich-Bild vorgeprägt.[118] Und schon bald bildeten sich unzählige Lektürezirkel, in denen Reichs Theorien rezipiert und diskutiert wurden.

Von keinem anderen Autor dürften in der Hochzeit der Achtundsechzigerbewegung mehr Raubdrucke produziert worden sein:[119] Zwischen 1965 und 1970 erschienen nicht weniger als fünfundsiebzig verschiedene Ausgaben. Auf dem Campus der Frankfurter Universität war 1968 die Parole zu sehen: »Lest Wilhelm Reich und handelt danach!« Handeln wonach? Was heute rätselhaft erscheint, muss damals mehr oder weniger selbstevident gewesen sein. Zumindest die Studierenden scheinen gewusst zu haben, wofür der Name Wilhelm Reich stand. Sein Zauberwort lautete – wie der Titel eines seiner bekanntesten Bücher – »Funktion des Orgasmus«.[120] Dies besagte vermutlich nichts anderes, als möglichst optimal seine orgastische Potenz auszuleben. Darin wurde jedenfalls der Schlüssel für das gesehen, was emphatisch als »Befreiung« propagiert wurde. Und als Studierende im Januar 1969 das Psychologische Institut an der Hamburger Universität besetzten, benannten sie es kurzerhand in Wilhelm-Reich-Institut um und hielten auch dort regelmäßig Arbeitskreise zum Thema »Sexualität und Herrschaft« ab.

Wie sind Reichs frühere Position innerhalb der psychoanalytischen Bewegung sowie seine Absonderung und seine zeitweilige Hinwendung zum Marxismus und der Arbeiterbewegung zu bewerten? Wie ist sein so kometenhaft gestiegener und gefallener Nachruhm zu erklären, der ihn zu einer Ikone der Achtundsechzigerbewegung machte? Das eine ist nicht ohne das andere zu erklären, in seiner Rolle des Häretikers der Psychoanalyse war bereits die eines Vorkämpfers der sexuellen Revolution angelegt.

Indem Reich versuchte, zu den Ursprüngen der Psychoanalyse zurückzukehren, den zentralen Stellenwert der Sexualität zu erneuern und damit an Freuds ursprüngliche Triebtheorie anzuknüpfen, revidierte er sie – nicht ohne diesen Schritt als eine Radikalisierung zu begreifen beziehungsweise misszuverstehen. Reich hing einer naturalistischen Gesellschaftsauffassung an und war davon überzeugt, dass es in Form der Sexualität eine biologische Grundlage menschlichen Verhaltens gebe. Bereits im Frühjahr 1919 hatte er in seinem Tagebuch notiert: »Ich bin aus eigener Erfahrung, durch Beobachtung an mir und anderen, zur Überzeugung gekommen, daß die Sexualität der Mittelpunkt ist, um den herum das gesamte soziale Leben wie die innere Geisteswelt des Einzelnen ... sich abspielen.«[121] Die Sexualität war für ihn ein Schlüssel in einem doppelten Sinne – zum einen, um das Funktionieren der Gesellschaft zu begreifen, und zum anderen, um sie systematisch zu verändern.

Im Zentrum dieser Auffassung stand das Primat von der Genitalität mit dem Orgasmus als dem Erleben einer vermeintlich ursprünglichen Natur. Reich essentialisierte seine Vorstellung vom menschlichen Glück in der vollständigen Reduktion sexuellen Erlebens auf die »Funktion des Orgasmus«. In seinem wohl bedeutendsten Werk, der »Charakteranalyse«, die durch die Lehre von den Charakterpanzerungen einen bleibenden Beitrag zur Psychoanalyse geliefert hat, fasst er seine Auffassung in der Formulierung zusammen: »Im Orgasmus ist das Lebendige nichts als ein Stück zuckender Natur.«[122] Im Zentrum der Liebesbeziehung stand für ihn eine erste, ursprüngliche Natur. Den restriktiven, von ihm als repressiv wahrgenommenen Einfluss der Gesellschaft galt es so weit zurückzudrängen, bis ein der individuellen wie der kollektiven Kontrolle enthobener Prozess wieder möglich werden konnte.

So wie Reich zunächst sein Ziel als Psychoanalytiker darin verstand, das Liebesleben seiner Patienten zu reaktivieren oder überhaupt erst zu ermöglichen, so richtete er später sein Bestreben als Vorkämpfer der Sexpol-Bewegung danach aus, möglichst alle Beschränkungen für ein Ausleben der Sexualität aufzuheben. Jeder Altersstufe sollte ein »natürliches Liebesleben« möglich gemacht werden. Um Jugendlichen die nötigen Voraussetzungen zu bieten, trat er dafür ein, ihnen eigene Wohnungen und empfängnisverhütende Mittel zur Verfügung zu stellen. Durch die sexualpolitische Bewegung, die Reich in dem Jahrzehnt zwischen 1927 und 1937 propagierte, sollte der Arbeiterbewegung, die angesichts des Faschismus offenbar in eine Sackgasse geraten und unfähig geworden war, ihre Errungenschaften zu verteidigen, ein Ausweg gezeigt werden.

In einer erfüllten Sexualität sah Reich dreierlei: die zentrale Zielsetzung des Sozialismus, die Voraussetzung für eine erfolgreiche

Bekämpfung des Faschismus und den Garanten für eine erfolgreiche Revolution – alles drehte sich bei ihm um Genitalität und orgastische Potenz. In seiner »Charakteranalyse« heißt es: »Der Orgasmus ist nichts Psychisches, sondern im Gegenteil ein Phänomen, das einzig durch Reduktion aller psychischen Tätigkeit auf die vegetative Urfunktion, also gerade durch Ausschaltung der psychischen Phantasietätigkeit und Vorstellungsarbeit zustandekommt ...«[123] Im Geschlechtsakt sollte also das Bewusstsein der an ihm Beteiligten möglichst vollständig ausgeschaltet und die beiden Partner auf einen Status bloßer Naturwesen reduziert werden. Das Ziel bestand weniger darin, sich dem jeweils anderen hinzugeben als den physiologischen Reflexen einer als ursprünglich erlebten Natur. »›Zurück zur Natur‹ ist Reichs Devise, zur Fähigkeit, angstfrei und bewußtlos sich den unwillkürlichen Muskelzuckungen des Orgasmusreflexes zu überlassen.«[124]

Aus einem Psychologen war ein Sexualphysiologe und aus einem Sexualphysiologen ein vermeintlicher Vorkämpfer der Revolution geworden. Nur zu konsequent war, dass der Entdecker der »Orgasmustheorie« in seinem Spätwerk der Idee anheimgefallen war, psychische Prozesse als Ausdrucksformen einer »Orgonenergie« biologisch fundieren zu können. Dieses »Orgon«, davon war Reich überzeugt, sei eine allumfassende Energieform, eine sich auf alle Lebensbereiche auswirkende Bioenergie. Er glaubte, damit die biophysikalische Grundlage für die Wirksamkeit der Psychotherapie entdeckt zu haben.

Die Attraktivität, die Reichs Schriften für die revoltierenden Studenten darstellten, war nicht einfach nur das Ergebnis der mit seinem Namen verbundenen Schlagworte. Sie resultierte zunächst aus dem Angebot, eine ausgelebte Sexualität als entscheidenden Schritt zur individuellen Selbstverwirklichung zu betrachten, der Betonung der Genitalität und der Konzentration des Sexuellen auf die Funktion des Orgasmus. Das Zusammenwirken dieser drei Faktoren erzeugte in der zweiten Hälfte der sechziger Jahre eine außerordentliche Sprengkraft und zugleich einen enormen Provokationseffekt. In einer Zeit, in der voreheliche Beziehungen nicht toleriert wurden, erschien das Reich'sche Programm als ein gezielter Anschlag auf die von Elternhaus, Schulen und Kirchen ultimativ geforderten Tugenden, auf die Spießermoral insgesamt. Wer die Institutionen der bürgerlichen Gesellschaft nachhaltig in Frage stellen wollte, konnte das kaum effektiver als auf diesem Wege. Das Programm der sexuellen Revolution war – wie die zahlreichen, in diesen Jahren aufbrechenden Konflikte um die Darstellung sexueller Praktiken und Verhütungsmethoden in Schülerzeitungen bestätigten – eine einzige Provokation.

Hinzu kamen noch zwei weitere Effekte, die die Attraktivität der Reich'schen Postulate weiter steigerten und insbesondere die Promiskuität als ein Medium des Klassenkampfes zu legitimieren schienen. Reichs Auffassung nach hatte sich das Proletariat eine »natürliche« Sexualität bewahrt, während das Kleinbürgertum diesbezüglich verklemmt und unfrei war. Das Ausleben der orgastischen Potenz konnte demnach zugleich als eine Annäherung der Bürgerkinder an das Proletariat und als eine Art antifaschistischer Aktion verstanden werden. Eine größere Kumulation positiver Effekte im politischen Kampf war kaum vorstellbar. Der Geschlechtstrieb konnte mit dem Klassenkampf zu einer Einheit verschmelzen. Nach Wilhelm Reich zu handeln bedeutete, mit jedem Geschlechtsakt zugleich einen revolutionären Akt zu begehen. Nie zuvor war es so attraktiv gewesen, das bestehende System zu bekämpfen.

Doch wie sich nur allzu rasch herausstellte, hatten die selbsternannten Revolutionäre ihre Rechnung ohne den Wirt gemacht und der Wirt waren diesmal die Frauen. Die neugewonnene genitale Freiheit war männlich definiert und vor allem auf ihre Kosten gegangen. Insofern konnte es kaum verwundern, dass dies zu Gegenreaktionen führte. Resultat war, worauf noch zurückzukommen sein wird, eine Revolte in der Revolte. Die Frauen im SDS griffen ihre Gefährten an und verlangten nach sexueller wie politischer Autonomie.

Dritte Welt

Der Begriff Dritte Welt ist jüngeren Datums. Er stammt von dem französischen Demografen Alfred Sauvy. Dieser hatte ihn erstmals 1952 im *L'Observateur* in einem Zeitungsartikel verwendet: »Trois mondes, une planète«.[125] Seine Absicht war es, den Entwicklungsstand in den zumeist von europäischen Nationen kolonisierten Ländern der Dritten Welt (tiers-monde) mit dem Dritten Stand (tiers-état) zu parallelisieren. In der Ständeordnung des

Ancien Régime umfasste der Dritte Stand all diejenigen, die nicht zu den beiden privilegierten Ständen Klerus und Adel gehörten: freie Bauern, Bürger, Handwerker und die städtischen Unterschichten. Der Abbé Emmanuel Joseph Sieyès vertrat die Ansicht, dass nur dieser Stand den Willen der Nation vertreten könne. In der Einleitung zu seiner berühmten gleichnamigen Schrift hatte er die Frage »Was ist der Dritte Stand?« ebenso schlicht wie provokant mit dem Wort beantwortet: »Alles. Was ist er bis jetzt in der politischen Ordnung gewesen? Nichts. Was verlangt er? Etwas zu sein.«[126]

So wie die Unterprivilegierung des Dritten Standes auf nationaler Ebene zur Französischen Revolution geführt hatte, so schien nun ein ähnlicher Weg für die Länder der Dritten Welt auf internationaler Ebene vorgezeichnet zu sein. Während die Erste Welt die USA und die westlichen Industrienationen, die Zweite Welt die UdSSR und die kommunistischen Staaten meinte und diese Aufteilung insofern für den Kalten Krieg und die Blockkonfrontation stand, bezeichnete die Dritte Welt nicht nur die sogenannten blockfreien Staaten, die sich machtpolitisch weder dem Westen noch dem Osten angeschlossen hatten, sondern vor allem jene Länder, die sich noch in kolonialer Abhängigkeit befanden. Am Horizont derjenigen, die diesen neuartigen Begriff verwendeten, stand also die Erwartung eines Aufstands, einer globalen Revolution.

Unter dem Eindruck des eskalierenden Algerienkrieges, dessen Terroraktionen zu Beginn der sechziger Jahre auch Paris erreichten, einer gefährdeten Entkolonialisierung, bei deren Unterminierung man im Kongo selbst vor der Entführung und Ermordung von Ministerpräsident Patrice Lumumba nicht zurückgeschreckt war, hatte Jean-Paul Sartre 1961 ein Vorwort zu einem Buch verfasst, dessen Titel der Anfangszeile der »Internationale« entliehen war und das bald als »antikolonialistisches Manifest« bezeichnet wurde: Frantz Fanons »Die Verdammten dieser Erde«.[127] Wie ein düsteres Omen wirkte der tragische Sachverhalt, dass der Band genau an jenem Tag erschien, als sein Autor in New York an Leukämie starb. Der aus Martinique stammende Psychiater, der jahrelang eine Klinik in Algerien geleitet hatte, beschrieb darin den Kolonialismus als brutalste Form der Ausbeutung. Um dieses Joch abzuschütteln, so argumentierte er, bedürfe es der offensiven Gewalt. Diese sei jedoch nicht nur ein Mittel zum Zweck, sondern zugleich ein Medium der Emanzipation. Fanon glaubte, dass Gewaltanwendung die Kolonisierten gar von ihrem Minderwertigkeitskomplex befreien könne.

Sartre griff diese Apotheose der Gewalt auf, sprach, Engels zitierend, von einer »Geburtshelferin der Geschichte« und verspottete die liberalen Verfechter der Gewaltlosigkeit, die angeblich weder Opfer noch Henker sein wollten, als Anhänger einer verlogenen Ideologie. Die antikoloniale Gewalt, die nicht unterdrückt werden könne, sei »nichts weiter als der sich neu schaffende Mensch«. Seine Identifikation mit dem Befreiungskampf der Kolonisierten nahm dabei durchaus masochistische Züge an.[128] In der Entwertung bürgerlich-republikanischer Ansprüche sprach er vom »Striptease unseres Humanismus«.

Als 1966 die von dem Berliner SDS-Mitglied Traugott König erstellte deutsche Übersetzung des Bandes erschien, konzentrierten sich die Hoffnungen der radikalen Studenten noch auf Lateinamerika. Hier gab es mit Kuba das Beispiel einer scheinbar erfolgreichen Revolution und mit den Operationen von Guerillakämpfern in Bolivien und Venezuela zeitweilig die Aussicht auf ein Übergreifen des revolutionären Prozesses auf den südamerikanischen Kontinent.[129] Mit Elementen der Imperialismustheorien von Luxemburg, Lenin und Bucharin versuchte man im SDS zur selben Zeit den Nachweis zu erbringen, dass die Kapitalakkumulation auch in den Entwicklungsländern zur Proletarisierung führen müsse.[130] Absicht war es, einen ökonomischen Rahmen zu skizzieren, der die Unabhängigkeitsbewegungen in der Dritten und die Oppositionsbewegungen in der Ersten Welt in einem global gedachten Revolutionskonzept miteinander verband.

Seitdem es Fidel Castro mit seinem Movimiento 26 de Julio, der Bewegung 26. Juli, um die Jahreswende 1958/59 gelungen war, das diktatorische Batista-Regime zu stürzen und die Revolution zum Sieg zu führen, stand die Karibikinsel im Zentrum linker Wunschträume und Projektionen. Diese Phantasien hatten im Januar 1966 mit der Gründung einer Tricontinentale, einer Art Internationale von Befreiungskämpfern der Dritten Welt, Gestalt angenommen. Der Begriff Tricontinentale meinte allerdings nicht die Länder der Dritten Welt insgesamt, sondern bezog sich lediglich auf drei, genauer gesagt sogar nur zweieinhalb Kontinente: Afrika, Asien und Lateinamerika. Nordamerika war aus dieser antikolonialen Perspektive ebenso uninteressant wie Australien oder gar Ozeanien. Radikale Linke aus den unterschiedlichsten Ländern hatten nun damit begonnen, nach Kuba zu pilgern – entweder um dort ein erfolgversprechendes Revolutionsmodell zu studieren oder aber um materielle Unterstützung für die Auseinandersetzungen in den eigenen Ländern zu erhalten.

Zur selben Zeit wurde in Köln von SDS-Mitgliedern ein Verlag gegründet, in dem die wichtigsten Schriften der Befreiungsbewegungen und ihrer Theoretiker veröffentlicht werden sollten: der Trikont-Verlag. Hier wurde 1968 auch die deutsche Ausgabe von Che Guevaras berühmtem »Bolivianischen Tagebuch« publiziert, eine Art Vermächtnis der ein Jahr zuvor ermordeten Ikone aller Guerillakämpfer. Gleichzeitig setzte in den größeren SDS-Gruppen eine Gründungswelle ein: Es entstanden eigene Trikont-Gruppen, die die Aufgabe hatten, Solidaritätsaktionen für die Befreiungsbewegungen der Dritten Welt zu organisieren. In der Folge veranstalteten diese Suborganisationen des SDS nicht nur Arbeitskreise und Seminare, sondern trafen sich auch an geheimgehaltenen Orten, wie etwa die Hamburger Trikont-Gruppe in der Lüneburger Heide, um von dort aus ihre Aktivitäten vorzubereiten.

Die Eskalation des Vietnamkrieges hat schließlich den Vietcong als Befreiungsbewegung in den Fokus gerückt. Es waren führende SDS-Mitglieder, wie Jürgen Horlemann, Peter Gäng und der Frankfurter Bundesvorsitzende Reimut Reiche, die einige der wichtigsten Analysen des Vietnamkrieges vorlegten.[131] Der Krieg, den die Großmacht USA angeblich im Namen der Freiheit ausfocht, war mehr als nur eine Tausende von Kilometern entfernte Hintergrundkulisse – er war in den Köpfen der Achtundsechziger allgegenwärtig. Und die Tatsache, dass sich ein in seiner persönlichen Integrität unbeschadeter Politiker wie der damalige Bundesaußenminister Willy Brandt während seiner gesamten, beinahe drei Jahre dauernden Amtszeit kein einziges Mal von den in Vietnam Tag für Tag begangenen Kriegsverbrechen distanzierte, verriet wie eingebunkert und unbeweglich die Bundespolitik jener Tage war.

Umso unerbittlicher und monströser klangen zur selben Zeit die Schlachtrufe bundesdeutscher Demonstranten: »USA – SA – SS«, »Amis raus aus Vietnam!«, »Waffen für den Vietcong«, »Schafft zwei, drei, viele Vietnam!« Wie ein fernes Donnergrollen hallen die Parolen nach, die zwischen 1965 und 1975 durch die Straßen vieler bundesdeutscher Universitätsstädte schollen. Insbesondere das unablässig wiederholte, stakkatohafte »Ho, Ho, Ho Chi Minh« hat sich in die Erinnerung eingeprägt. Mit der Skandierung dieses Namens – nach dem im September 1969 verstorbenen vietnamesischen Staatspräsidenten ist noch heute die frühere südvietnamesische Hauptstadt Saigon benannt – vollzog sich eine Dynamisierung der Demonstrationsform.

Inwieweit der Vietnamkrieg als Katalysator für die Radikalisierung der Protestbewegung wirkte, hat niemand so eindringlich und überschwenglich formuliert wie der ehemalige Westberliner SDS-Aktivist Eckhard Siepmann. »Die vietnamesische Revolution«, schrieb er in einem 1984 verfassten Rückblick, »zersetzte in den kapitalistischen Metropolen alle überkommenen Politik- und Moralverständnisse, streute Dynamit in überlieferte Generationenkonflikte, sprengte Reste von Staatsloyalität auf, zwang Zehntausende zur Suche nach einer neuen politischen und persönlichen Identität, lieferte das gesamte Arsenal der Legitimationsideologien des ›freien Westens‹ dem historischen Mülleimer aus …«[132] Katalysatoren sind bekanntlich Stoffe, die für eine Beschleunigung beziehungsweise den Ausbruch eines chemischen Prozesses sorgen, ohne sich dabei selbst zu verändern. Was Siepmann in einer Sprache formulierte, die sich nicht von den Mythen jener Jahre abgelöst hatte, beschreibt sinnfällig das explosive Gemisch, das in den sechziger Jahren zusammengebraut worden war.

Die Identifikation der anfangs radikaldemokratischen, später linksradikalen Studenten mit dem Abwehrkampf der Vietnamesen besaß einen Doppelcharakter. Zum einen ging es um die Unterstützung von Friedensbemühungen, die Initiierung öffentlicher Kampagnen zur Beendigung der US-Militärintervention, zum anderen ging es jedoch um die Propagierung eines vermeintlich revolutionären Kampfes im eigenen Land. »An der Seite« der vietnamesischen Befreiungsfront zu kämpfen, die Tag für Tag zeigte, dass selbst die Vereinigten Staaten als die stärkste Militärmacht der Welt nicht in der Lage waren, den Vietcong zu besiegen, mag den Wunsch nach globaler Überhöhung dessen ausgedrückt haben, was als Klassenkampf im eigenen Land firmierte. Der SDS hat sich zweifelsohne als Teil eines solch weltumspannenden Befreiungskampfes gesehen.

Nach einer Plakataktion, die unter der Losung »Amis raus aus

Vietnam!« stand, hatte der Berliner SDS bereits im Februar 1966 eine militante Demonstration gegen den Einsatz von Napalm-Bomben in Vietnam initiiert; in ihrem Verlauf war der Straßenverkehr durch einen Sitzstreik lahmgelegt und das Amerika-Haus mit Eiern beworfen worden. Auf dem Höhepunkt der Achtundsechzigerbewegung fand im Februar 1968 in West-Berlin der Internationale Vietnam-Kongreß statt. Vor mehreren tausend Teilnehmern im restlos überfüllten Auditorium maximum der Technischen Universität hielt Rudi Dutschke den Hauptredebeitrag. Sein Thema lautete: »Die geschichtlichen Bedingungen für den internationalen Befreiungskampf«. Darin ging er von der Prämisse aus, dass jede radikale Opposition, die sich durchsetzen wolle, global sein müsse. Die »Befreiungsbewegungen der Dritten Welt« hätten eine vorentscheidende Bedeutung für die »Destabilisierung der imperialistischen Machtzentren in den Metropolen«. Als wichtigsten Beitrag im eigenen Land forderte er die Organisierung einer »Anti-NATO-Kampagne«,[133] ergänzt durch eine Desertionskampagne in der Bundeswehr. Beide Ziele wurden in der Schlussresolution von den Kongressteilnehmern angenommen und auf der Abschlusskundgebung verlesen.

Die Offensive der Vietcong-Truppen in Südvietnam zu Beginn des buddhistischen Neujahrsfestes Tet, die sogenannte Tet-Offensive, war kurz zuvor blutig niedergeschlagen worden. Wie sich später herausstellte, war das der Wendepunkt des Krieges insgesamt. Der selbstmörderische Vorstoß des Vietcong auf die US-Botschaft in Saigon, der Rücktritt Robert McNamaras als Verteidigungsminister und die Ankündigung Lyndon B. Johnsons, kein weiteres Mal mehr für das Amt des US-Präsidenten kandidieren zu wollen, zeigten unmissverständlich, dass die Führungsspitze der US-Regierung zwar nicht kapituliert, so doch resigniert hatte.

Die Orientierung an den Befreiungsbewegungen war nicht nur projektiver Natur, sondern zeitweilig ganz real. So kam es im Sommer 1968 zu einer Kuba-Reise von SDS-Mitgliedern.[134] Der Flug war von der Brüsseler Konferenz organisiert worden, einem Zusammenschluss linksgerichteter europäischer Studentenvereinigungen. Das SDS-Vorstandsmitglied Hans-Jürgen Krahl betonte Journalisten gegenüber, dass es über den sozialistischen Inselstaat noch immer »sehr viele romantische Vorstellungen« gebe: »Was für uns bisher nur ein abstrakter Modellfall war, soll damit zur konkreten sinnlichen Erfahrung werden.«[135] Von Kuba könne man zwar lernen, jedoch für Kuba nur wenig tun. Die eigene Bewegung sei für die Fortentwicklung der kubanischen Revolution »relativ unbedeutend«. Dort zu arbeiten, sei kaum etwas anderes als »eine symbolische Handlung«.

Mit Chartermaschinen flogen in der letzten Juliwoche mehrere hundert europäische Teilnehmer von Amsterdam, Barcelona, Basel, Brüssel, London, Luxemburg und Paris aus auf die Karibikinsel, darunter neununddreißig deutsche SDS-Mitglieder.[136] Zusammen mit siebenhundertfünfzig anderen internationalen Gästen waren sie in der Nähe der Hauptstadt Havanna in einem Zeltlager untergebracht, dessen Name den Geburtstag von Karl Marx würdigte: »Campamento 5 de Mayo«. Die Hauptbeschäftigung der Besucher bestand darin, Zuckerrohr zu ernten und Kaffee anzupflanzen.

Auch sonst machte sich rasch Enttäuschung breit, denn der Aufenthalt unterlag starken Reglementierungen. So war etwa eine gemischtgeschlechtliche Unterbringung in dem Zeltlager vonseiten der Gastgeber nicht geduldet; nach massiven Protesten wurden lediglich Zelte für Verheiratete zugelassen. Eigene Kontakte zur kubanischen Bevölkerung waren kaum möglich. Spannungen entstanden außerdem auch dadurch, dass SDS-Vorstandsmitglieder wie die Berliner Wolfgang Lefèvre und Bernd Rabehl sowie der Frankfurter Reimut Reiche im Unterschied zu den einfachen Mitgliedern wie Staatsgäste behandelt wurden. Sie waren in Hotels untergebracht, wurden zu Empfängen geladen und vom staatlichen Verkehrsbetrieb kreuz und quer über die Insel gefahren.

Als die SDS-Delegation zurückkehrte, machten in der Presse unterschiedlichste Gerüchte die Runde. In Bonn hegte man vorübergehend den Verdacht, Teilnehmer der Reisegruppe hätten sich auf Kuba militärisch ausbilden lassen. Es kam deshalb im November 1968 im Bundestag zu einer kleinen Anfrage. Das Stichwort lautet: »Internationale Studentenbrigaden – subversive Tätigkeit in der Bundesrepublik Deutschland«.[137] Auf die Frage von mehreren Abgeordneten der Unionsfraktion, wie die Bundesregierung »die Teilnahme von SDS-Mitgliedern an revolutionären Schulungskursen in Kuba« beurteilen würde, antwortete Bundesinnenminister Ernst Benda (CDU): »Mitglieder des SDS haben an einem ›internationalen Arbeitslager mit politischen Seminaren‹ in der Provinz Pinar del Rio auf Kuba und an den Feierlichkeiten anläßlich des kubanischen Nationaltages (27. Juli) teilgenommen. Eine Ausbildung in revolutionären Kampfmethoden hat – entgegen den vorher geäußerten Erwartungen mancher Teilnehmer – nicht stattgefunden. Die deutschen Teilnehmer an dem Arbeitslager kehrten Ende August 1968 aus Kuba zurück.«[138] Damit war weitergehenden Spekulationen zumindest hinsichtlich der SDS-Delegation die Grundlage entzogen.

Anders gestalteten sich die internationalistischen Kontakte von SDS-Mitgliedern jedoch bereits ein Jahr später. Nun ging es nicht mehr in die Karibik, sondern in eine Region der Welt, die noch spannungsgeladener war – den Nahen Osten. Das Internationale Sommer-Camp fand im Sommer 1969 auf Einladung der Palästinenser in Jordanien statt.

Vom Frankfurter Rhein-Main-Flughafen aus flog die Gruppe am 17. Juli mit einer libanesischen Linienmaschine in Richtung Kairo und von dort aus weiter nach Amman. Die Einladung hatten zwei palästinensische Befreiungsorganisationen ausgesprochen, die von Jassir Arafat angeführte El Fatah und die Democratic Front for the Liberation of Palestine (DFLP), die auch die Tickets stellten. Mit an Bord war der in Hamburg lebende und mit einer Deutschen verheiratete Fatah-Funktionär Daud Barakad.

Die rund zwanzig SDS-Mitglieder stammten aus Aachen, Frankfurt, Hamburg und Heidelberg. Nach ihrer Ankunft trennten sie sich und fuhren mit Pkws in zwei verschiedene, im Norden Jordaniens gelegene Ausbildungslager palästinensischer Guerillakämpfer. Die Frankfurter und die Hamburger besuchten ein nahe der syrischen Grenze, bei Derra in den Bergen verstecktes Camp der El Fatah, die Heidelberger eines der DFLP.

Im El-Fatah-Lager wurden die Studenten gleich in olivgrüne Jacken und Mützen gesteckt. Zu den Gästen des Camps gehörten ebenfalls US-Amerikaner, Schweizer, Franzosen – darunter der durch seine führende Rolle im »Pariser Mai« bekannt gewordene Alain Geismar –, mehrere Mitglieder der Irish Republican Army (IRA) und eine Gruppe von Schwedinnen. Im Rahmen der Ausbildung, die nicht alle absolvierten, fanden auch Schießübungen mit Kalaschnikows statt.

Die Öffentlichkeit erfuhr von dem spektakulären Nahosttrip zuerst durch den UPI-Korrespondenten Gerry Loughran. Er meldete am 10. August, dass hundertfünfundvierzig linksradikale Studenten aus verschiedenen westlichen Staaten in Amman eingetroffen seien, um sich der Untergrundbewegung El Fatah anzuschließen. Sie wollten einen Monat lang in deren Trainingscamps verbringen, um die Organisationsstruktur kennenzulernen und im Sanitätsdienst mitzuhelfen. Auch wenn bundesdeutsche Presseorgane dem zu widersprechen versuchten, so setzte sich doch bald die Erkenntnis durch, dass es SDS-Aktivisten gab, die in ihrem Internationalismus bereit waren, sich an die Seite der Palästinenser zu stellen und damit in eine antiisraelische Politik einspannen zu lassen.

Die Länder der Dritten Welt und im arabischen Teil des Nahen Ostens schienen in gewisser Weise Völker im Urzustand zu repräsentieren. Für die Missstände, die dort existierten, die Verbrechen, die dort verübt wurden, waren sie nicht verantwortlich. Sie spielten durchweg die Rolle von Unschuldigen. Alles Negative war für die Mächte der Ersten Welt reserviert, in der Vergangenheit für den europäischen Kolonialismus, in der Gegenwart für den US-Imperialismus und die jeweiligen Vasallen-Regierungen, die von den revolutionären Kräften bekämpft wurden. Aus dieser manichäischen Weltsicht konnte es nicht ausbleiben, dass die Guerillatruppen, die sich den Sturz ihres jeweiligen Regimes zum Ziel gesetzt hatten, als Befreiungsbewegungen idealisiert wurden. Alles, was nicht in dieses Bild passte, wurde entweder ignoriert oder aber hartnäckig abgestritten.

Ein bezeichnendes Beispiel für diese Blindheit war der Umgang mit dem Tod von Bundesdeutschen im Frühling 1968 in Südvietnam. Als die Nachricht durch die Presse ging, dass in einem Massengrab nahe der alten Kaiserstadt Huê auch die Leichen von vier Bundesbürgern – drei Männern und einer Frau – aufgefunden worden seien, zog das keine kritischen Fragen nach sich und hatte auch keinerlei Einfluss auf Solidaritätsaktionen mit dem Vietcong. Die Mediziner Alois Alteköster, Raimund Discher und Horst-Günther Krainick waren von der Universität Freiburg gekommen und hatten im Rahmen eines Wiederaufbauprogramms der Bundesregierung humanitäre Hilfe geleistet. Sie waren beim Aufbau der Medizinischen Fakultät an der Universität von Huê behilflich gewesen. Bei der Besetzung der Stadt durch nordvietnamesische Truppen und den Vietcong hatten sie ausgeharrt, um Verletzten zu helfen.

Zeugen wollten beobachtet haben, wie sie am 5. Februar von Vietcongkämpfern verhaftet und abgeführt worden waren. Seitdem galten sie als vermisst. Auch als im Mai in Saigon bei einem Überfall von Einheiten des Vietcong der bundesdeutsche Diplomat Hasso Freiherr Ruedt von Collenberg zusammen mit vier Journalisten aus England und Australien erschossen wurde, gab es kein bohrendes Nachfragen.

Diese Blindheit rächte sich am stärksten im Falle der Roten Khmer. Als sich nach deren Sieg 1975 in Kambodscha herausstellte, dass die Machterringung des Pol-Pot-Regimes mit einem Massenmord einherging, der mindestens anderthalb Millionen Einwohner das Leben kostete, wurde das zunächst als Feindpropaganda von Medien abgetan, die mit den USA sympathisierten.

Die Dritte Welt war eine »Projektionsbühne«[139] für romantisch aufgeladene Bilder eines internationalen Befreiungskampfes. Die fernen Guerilleros dienten der Achtundsechzigerbewegung als Ersatz für ihre im eigenen Land mehr oder weniger gegenstandslosen revolutionären Hoffnungen. Die politische, moralische oder ethische Integrität der Befreiungsbewegungen in Zweifel zu ziehen, galt als frevelhaft. In der Identifikation mit dem Vietcong wollte man selbst in die Rolle einer Partisanengruppe schlüpfen und in der Heroisierung von Che Guevara, Fidel Castro und Ho Chi Minh sich in die Figuren revolutionärer Führer hineinphantasieren. Sich als Teil internationaler Solidarität zu verstehen, war zugleich der Versuch, an einem globalen Mythos teilzuhaben und sich auf diesem Umweg einen revolutionären Nimbus zu geben.

Das alles war reichlich überspannt und von einer Vermessenheit, für die bundesdeutsche Linksradikale offenbar besonders anfällig waren. Wie kaum eine Zweite kannte die in die USA emigrierte Totalitarismustheoretikerin Hannah Arendt die Verführungskraft bestimmter philosophischer Traditionen, die in Deutschland aus dem Hegel'schen Idealismus resultierten, im Marx'schen Klassenkampf-Denken weitergewirkt und eine politisch besonders wuchtige Gestalt angenommen hatten. Nicht ohne Grund warnte sie deshalb im November 1967 in einem an einen deutschen Achtundsechziger gerichteten Brief vor einer »Art umgekehrter Größenwahnsinn«. In Hinblick auf die Ambitionen, Diktaturen weltweit bekämpfen, Befreiungsbewegungen unterstützen und so Politik für die Dritte Welt insgesamt machen zu wollen, plädierte sie energisch für eine

Begrenzung des Denkens ebenso wie des Handelns. »Keine Frage, es geht uns an, wenn in Persien, Vietnam und Brasilien ›unwürdige Zustände‹ herrschen, aber es liegt wahrhaftig nicht an uns. Das scheint mir, ist eine Art umgekehrter Größenwahnsinn. Probieren Sie einmal, Politik in Persien zu machen, und Sie werden rasch davon geheilt sein. Ihre Verantwortung ist zu verhindern, daß in Deutschland unwürdige Zustände herrschen und daß Studenten, die demonstrieren, totgeschossen werden. Damit, fürchte ich, werden Sie bereits alle Hände voll zu tun haben. Politics like charity begins at home. Wenn sich morgen, z. B. – was durchaus möglich ist – nach dem Abzug amerikanischer Truppen aus Vietnam die Vietnamesen gegenseitig die Gurgeln durchschneiden, werde ich mich wenigstens nicht im mindesten verantwortlich fühlen. Politik ist unter anderem ja auch immer noch die Kunst des Möglichen, und die Möglichkeiten der Menschen und der Völker sind immer limitiert. Solche Grenzen nicht anzuerkennen, ist Größenwahnsinn, auch wenn er sich hinter erhabenen Gefühlen verbirgt. Und er ist in der Politik, und nicht zuletzt in Deutschland, sehr gefährlich ... Worauf es politisch ankommt, ist limitiert denken lernen. Das ist für Leute wie Sie und mich, die aus einer so gewichtigen und großartigen philosophischen Tradition wie der deutschen kommen, nicht ganz leicht, denn es liegt im Wesen des Denkens, Grenzen zu übersteigen.«[140]

Doch für derartige Einwände schien in einer Zeit, als Berichte über Kriege, Aufstände und Greueltaten sofort auf ein großes Echo stießen, niemand mehr empfänglich zu sein. Ein überbordendes Gerechtigkeitsgefühl schien es nicht mehr zuzulassen, einfach so weiterzumachen, als würde einen das, was Tausende von Kilometern entfernt an Gewalt und Ungerechtigkeit geschah, nicht tangieren.

V.
Kulturrevolution

Weil die Achtundsechzigerbewegung so sehr zwischen Politik und Kultur changierte, rückte ein Ausdruck ins Zentrum, der dieses Spannungsverhältnis auszuloten und für eine Verbindung beider Sphären zu stehen schien: der Begriff »Kulturrevolution«. Die Bezeichnung, die auf das China Mao Tse-tungs zurückgeht, ist bis auf den heutigen Tag eine Chimäre geblieben, auf eine merkwürdige Art und Weise abgründig schillernd und unwirklich zugleich. Kein anderes Schlagwort bringt den eigentümlichen Zwiespalt, ja die Doppelbödigkeit der Achtundsechzigerbewegung stärker zum Ausdruck als das von der Kulturrevolution. Denn die Adaption einer von einer totalitären Staatspartei durchgeführten Säuberungskampagne im Sinne eines vermeintlich sozialrevolutionären Projekts war mehr als nur ein Missverständnis. Hinter all den das Alltagsleben angeblich revolutionierenden Aktionen verbargen sich starke Ambitionen zur Machtergreifung durch eine umfassende Mobilisierung der Jugend. Die Faszination für die fernöstliche Massenbewegung verriet zudem ungewollt auch einen von den Kerngruppen der Achtundsechzigerbewegung verkörperten Machtanspruch. Allein ein Blick in die Tagespresse der Jahre 1966/67 hätte die Begeisterung für die maoistischen Rotgardisten bremsen müssen. Schließlich war ihre von Mao Tse-tung initiierte Mobilisierung mit zahllosen Gewaltexzessen gegen Universitätslehrer, Intellektuelle sowie missliebige Parteiangehörige verbunden und legte die chinesischen Universitäten ein Jahrzehnt lang weitgehend lahm.

Die Begeisterung für die Kulturrevolution war in West-Berlin bereits einige Zeit vor Beginn der eigentlichen Studentenbewegung in Erscheinung getreten. Im November 1966 hatte eine Gruppe von

Studierenden, die sich als Maoisten bezeichneten und dem SDS zugerechnet wurden, eine Diskussionsveranstaltung mit dem Rektor der Freien Universität, dem Soziologen Hans-Joachim Lieber, gesprengt. Über die Ziele der Aktion war anschließend in der Boulevardzeitung *Der Abend* zu lesen: »Alle ihre Mitglieder sollen die Universität verlassen, in die Fabrik gehen und Geld verdienen. Davon wollen sie sich dann ein Haus kaufen, um dort die ›Kommune‹ mit freier Liebe und Parteischulung zu verwirklichen. Ausbilden wollen sie dort ›Provos‹, die dann in die Gesellschaft geschickt werden, um Störaktionen zu inszenieren. So soll das Schwungrad der Revolution in Deutschland in Bewegung gesetzt werden.«[141]

Diejenigen, die sich Mao-Buttons ans Revers gesteckt und für Wirbel gesorgt hatten, waren jedoch keineswegs mit den üblichen Anhängern einer kommunistischen Partei zu verwechseln, sondern eher mit Anarchisten zu vergleichen. In Wirklichkeit war es der Vortrupp der Kommune I, der sich am Vorbild von Maos Roten Garden orientierte. Indem Rotgardisten und Anarchisten ein Amalgam bildeten, wurden bereits beim ersten spektakulären Auftreten von Mao-Anhängern die Grenzen zwischen Macht und Antimacht, zwischen Staat und Antistaatlichkeit, zwischen Dirigismus und Selbstbestimmung verwischt.

Die von Mao im Frühjahr 1966 initiierte Kulturrevolution sollte angeblich dazu dienen, die versteinerten Strukturen der Staats- und Parteibürokratie durch die Mobilisierung der chinesischen Jugend aufbrechen zu lassen, tatsächlich jedoch war diese Bewegung ein terroristisches Instrument des »Großen Vorsitzenden«, um sich seiner gefährlichsten politischen Gegenspieler, des Staatspräsidenten Liu Shaoqi und des Parteisekretärs Deng Xiaoping, zu entledigen, die beide wesentlich pragmatischer orientiert waren. Zugleich sollte damit das Debakel kompensiert werden, zu dem eine andere von Mao initiierte Massenkampagne geführt hatte: Dem »Großen Sprung nach vorn« waren Millionen von Chinesen zum Opfer gefallen.

Die Kulturrevolution war dem äußeren Anschein nach eine Jugendbewegung, die gleichermaßen von Schülern wie von Studenten getragen wurde. Sie nahm ihren Ausgang an einer Pekinger Mittelschule, sprang auf andere Schulen, Hochschulen und Universitäten über und breitete sich von dort aus rasch über das riesige Land aus. Die erste Wandzeitung war am 25. Mai 1966 an einer Pekinger Universität angebracht worden. Verfasserin war eine Parteisekretärin des Philosophischen Instituts. Sie warf dem Rektor ihrer Universität vor, sich den Zielen der Kulturrevolution zu widersetzen. Der Inhalt der Wandzeitung wurde wenige Tage später, nicht ohne zuvor von Mao persönlich autorisiert worden zu sein, vom Parteiorgan *Renmin Ribao* veröffentlicht. Voller Pathos hieß es, dass die große rote Fahne des Mao'schen Denkens hochzuhalten sei, sich alle der Revolution ergebenen Kräfte um die Kommunistische Partei und ihren Großen Vorsitzenden vereinen und die Absichten der Revisionisten bereits im Ansatz zerstören sollten. Nun tauchten in kurzer Abfolge Wandzeitungen mit dem gleichen Tenor an allen Pekinger Schulen auf. Als eine von ihnen mit »Rote Garde« unterzeichnet wurde, war ein Name geboren, der eine Lawine auslöste.

Auf dem Höhepunkt der Kulturrevolution versammelten sich am 18. August 1966 eine Million Rotgardisten auf dem Pekinger Tienanmen-Platz, dem zentralen Ort kommunistischer Massenkundgebungen, und schwenkten das kleine, in Plastik gebundene »Rote Buch«, die sogenannte Mao-Bibel. Als Mao Tse-tung die Versammelten begrüßte, wurde ihm von einer Mittelschülerin als Zeichen der Ergebenheit eine rote Armbinde angelegt und damit seine Rolle als Großer Vorsitzender ein weiteres Mal besiegelt. Der Führerkult war grenzenlos, das Konterfei des Angehimmelten allgegenwärtig – auf Plakaten, Ansteckern und Knöpfen. Anschließend rief mit Lin Biao sein designierter Nachfolger dazu auf, alle überholten Kulturgüter zu vernichten.

Das war das Startsignal für einen als kulturrevolutionär ausgegebenen Krieg gegen alle Insignien und Repräsentanten der Alten Welt. Bereits einen Tag später erschienen in Peking – und kurz darauf im ganzen Land – Wandzeitungen, auf denen gefordert wurde, alles, was kapitalistisch, feudalistisch, reaktionär oder revisionistisch sei, auszulöschen. Unter der Parole, die »Vier Alten Elemente« – alte Ideen, alte Kulturen, alte Sitten und Gebräuche – auszuradieren, begann ein beispielloser Krieg gegen die traditionelle Kultur. Bereits am 23. August drangen Rotgardisten in Theater, Opernhäuser und andere städtische Einrichtungen Pekings ein, verwüsteten die Innenräume, schafften kulturelle Objekte beiseite, um sie in den Konfuziustempel zu transportieren und dort im Hof zu verbrennen. Die Angriffe richteten sich gleichzeitig gegen prominente Vertreter des kulturellen Lebens. Dreißig Kulturschaffende wurden mit Requisiten misshandelt und mit Tinte übergossen, außerdem wurden ihnen zum Zeichen der Verachtung die Köpfe kahlgeschoren. Am übernächsten Tag wurde der Leichnam des Schriftstellers Lao She im Taiping-See gefunden. Er soll infolge der Demütigungen und Misshandlungen Selbstmord begangen haben und war vermutlich eines der ersten Todesopfer, die die Kulturrevolution unter den Gebildeten gekostet hat.

Zielscheiben der Attacken waren außerdem religiöse Stätten. Überall im Lande wurden sakrale Einrichtungen wie Tempel, Klöster, Kirchen und Moscheen, Kulturstätten wie Theater und Museen, aber auch Gräber, Statuen und Denkmäler beschädigt oder zerstört. Auf den Brachen, die die Verwüstungen hinterließen, wurden zumeist Mao-Porträts oder -Büsten aufgestellt. Mit der Ikone der Kulturrevolution sollte der leere Raum, den die gestürzten Götter hinterlassen hatten, ausgefüllt werden.

Die Diskriminierung und Schikanierung der vermeintlichen Gegner geschah häufig auf sogenannten Kampf- und Kritiksitzungen der Rotgardisten. Anschließend trieben sie die gedemütigten und misshandelten »Klassenfeinde« mit großen Plakaten, die von ihren revisionistischen Vergehen kündeten, durch die Straßen. Diese »Hexenjagden« wurden bis in die entlegensten Provinzen hinein zum Normalfall, mit all ihren verheerenden Folgen für die Schicht der Gebildeten.

Einzelheiten eines derartigen Rituals hat Jahrzehnte später der Fotograf Li Zhensheng, dem die internationale Öffentlichkeit die vermutlich genaueste Bilddokumentation aus der Zeit der Kulturrevolution verdankt, an Hand einer Szenerie beschrieben, die sich im Beisein von Zehntausenden von Rotgardisten im Volksstadion von Harbin abspielte und gegen den ersten Parteisekretär am Ort richtete: »Das Publikum begann zu skandieren: ›Nieder mit dem Schwarzen Element! Nieder mit Ren Zhongyi!‹« Auf der Bühne »standen ein Tintenfaß, ein Klappstuhl, ein Schild und ein hoher Papierhut mit der Aufschrift ›Ren Zhongyi, Schwarzes Element‹ bereit. Die übliche Vorgehensweise in einer Kritikversammlung sah so aus: Der Angeklagte mußte sich das Schild umhängen und den Papierhut aufsetzen, sein Gesicht mit Tinte beschmieren und auf einen Stuhl steigen, damit ihn das Publikum gut sehen konnte.« Doch diesmal war der vollstreckende Rotgardist unzufrieden, er befand, dass der Delinquent »nicht monströs genug aussähe, hielt das Faß hoch und schüttete die Tinte über Rens Gesicht. Die Tinte tropfte von seinen Augen, seinen Nasenlöchern, vom Mund und von der Nase zum Zementboden.«[142]

Häufig mussten Söhne oder Töchter, die den Roten Garden angehörten, ihre eigenen Väter in aller Öffentlichkeit denunzieren. Nicht selten begingen die doppelt Gedemütigten Selbstmord.

Eines der Opfer war der Sohn des Pragmatikers und späteren maßgeblichen Reformpolitikers Deng Xiaoping. Während der Vater aller seiner Ämter enthoben und zur Strafe für seinen missliebigen politischen Kurs nach Xinjian in eine Traktorenfabrik verbannt worden war, wurde der Sohn Deng Pufang, der in Peking Physik studierte, von den Rotgardisten so lange gequält, bis er sich aus dem Fenster stürzte. Er überlebte zwar die Treibjagd auf ihn, ist seitdem jedoch querschnittsgelähmt.

Der Eifer der Roten Garden war allgegenwärtig: Öffentliche Parks und Gärten wurden in Obst-, Getreide- und Gemüsefelder umgewandelt, Straßen und Plätze, die die Namen missliebiger Staaten oder Personen trugen, umbenannt, der Rechtsverkehr wurde durch Linksverkehr ersetzt und das rote Ampellicht in das Zeichen für freie Fahrt umdefiniert. Da insbesondere die letztgenannte Maßnahme zu einer Vielzahl von Unfällen führte, blieb Ministerpräsident Tschu En-lai schließlich nichts anderes übrig, als zu intervenieren und sie wieder rückgängig zu machen.

Ein anderer Aspekt der Kulturrevolution, der das riesige Land über Monate hinweg ins Chaos stürzte, waren die gewaltigen Verkehrsströme, die mit der Massenmobilisierung einhergingen. Zunächst hatten es sich Zehntausende junger Leute nicht nehmen lassen, nach Peking zu reisen, um an dem von oben verordneten Aufbruch teilhaben zu können. Dann schwärmten Rotgardisten in die unterschiedlichsten Landesteile aus, um Gleichgesinnte zu unterstützen oder zu instruieren. Die Bahnhöfe quollen über und konnten die Massen der zumeist übermütigen jungen Reisenden nicht mehr fassen. Auch die Kapazitäten von Bussen und Binnenschiffen waren bald erschöpft. Eine Krise des öffentlichen Verkehrssystems mit empfindlichen Versorgungsproblemen war die Folge. Auch hier musste die Parteiführung einschreiten, um noch Schlimmeres zu verhindern.

Der politisch entscheidende Schritt – schließlich war das, was mit dem Euphemismus »Große Proletarische Kulturrevolution« in Szene gesetzt worden war, nichts anderes als ein Schachzug in einem innerparteilichen Machtkampf – war der Sturz von Staatspräsident Liu Shaoqi. Der Pragmatiker, der es zudem gewagt hatte, Mao zu kritisieren, wurde verhaftet, als »Renegat«, »Verräter« und »Lakai des Imperialismus« beschimpft, »für ewige Zeiten« aus der KP ausgeschlossen, aller seiner Ämter enthoben und unter Hausarrest gestellt. Er starb zwei Jahre später in Kaifeng. Auf einer Plenartagung des Zentralkomitees der KP in Peking wurde am 31. Oktober 1968 die erste Phase der »Großen Proletarischen Kulturrevolution« offiziell für beendet erklärt. Damit sei, so hieß es, die Entscheidung im »Kampf zweier Wege«, womit ein linker und ein rechter Kurs gemeint waren, gefallen.

In Wirklichkeit jedoch hielt die Kulturrevolution ein ganzes Jahrzehnt lang an, ein Jahrzehnt, in dem eine Generation von Intellektuellen gedemütigt, denunziert, bekämpft, verfolgt und zur Umerziehung aufs Land geschickt wurde. Erst nach dem Tod Mao Tse-tungs im September 1976 konnte der Spuk endgültig beendet werden. Nachdem wenige Wochen später auch die Viererbande mit Maos Frau Jiang Qing verhaftet worden war, konnten ehemals bekämpfte Politiker wie Deng Xiaoping rehabilitiert werden, und der Weg für eine Politik der Reformen war frei, eine Politik, die allerdings weiter in den Händen der Staatspartei geblieben ist und selbst nicht vor Repressalien zurückschreckte – wie bei der von Deng angeordneten Niederschlagung der Demokratisierungsbewegung auf dem Tienanmen-Platz am 4. Juni 1989.

Die Folgen des Schreckens, der sich unter der glorifizierenden Bezeichnung »Kulturrevolution« abgespielt hat, sind nach wie vor unübersehbar. Wie viele Menschen die Massenmobilisierung der chinesischen Jugend das Leben gekostet hat – ob Hunderttausende oder gar einige Millionen –, ist immer noch unbekannt. Eine ganze Generation ist dadurch gezeichnet, Komplize und Opfer zugleich zu sein. Wer in dem heutigen Wirtschaftswunderland China danach fragt, rührt an ein Tabu und wartet zumeist vergeblich auf eine Antwort. Zurückgeblieben ist eine Schicht von Intellektuellen, die tief verstört, zum Teil traumatisiert, froh ist, dass sie das Jahrzehnt des Schreckens überstanden hat.

Warum aber hat diese totalitäre und blutrünstige Kampagne

eine derartig große Faszination auf die aktivistischsten Teile der Achtundsechzigerbewegung ausüben können? Und warum ist überhaupt die Wahl auf das China Mao Tse-tungs gefallen?

Entscheidende Voraussetzung für die Hinwendung zum kommunistischen China war die Hoffnung, sich damit unter den verschiedenen Spielarten des Kommunismus das Debakel des Stalinismus ersparen zu können. Doch auch weil die Sowjetunion Großmacht geworden war und ihr revolutionärer Anspruch unter einer Partei- und Staatsbürokratie erstarrt zu sein schien, kam die Oktoberrevolution als Modell nicht mehr in Frage. Da der sowjetische Weg versperrt war, suchte man einen Ausweg in der seinerzeit aufsehenerregenden Variante des Fernen Ostens. Im Unterschied zur UdSSR schien in der Volksrepublik China der revolutionäre Elan noch nicht ermattet und die Aussicht auf eine Weltrevolution noch nicht verflogen zu sein.

Unter all den Kampagnen mit so verlockenden Namen wie »Großer Sprung nach vorn« und »Laßt hundert Blumen blühen!« trat mit der »Großen Proletarischen Kulturrevolution« zum rechten Zeitpunkt ein Massenphänomen auf den Plan, das wegen drei verschiedener Aspekte die Phantasie beflügelte: Es handelte sich um eine überaus dynamische Jugendbewegung, sie richtete sich gegen überholte kulturelle Traditionen wie etwa den Konfuzianismus sowie die Bürokratie universitärer Institutionen und sie besaß alle Insignien eines revolutionären Prozesses – sie war begeisternd, sie war auf Permanenz eingestellt und sie war auch für jene mitreißend, die ursprünglich zauderten. Diese vielversprechenden Eigenschaften machten die Bewunderer in der Ferne blind gegenüber allen abstoßenden Elementen: der Brutalität, dem Führerkult und dem von Anfang an gehegten Verdacht, dass es bei der Mobilisierung der jugendlichen Massen um ganz andere Ziele als den Abbau von Bürokratie und die Verhinderung einer Konterrevolution gehen könnte.

Außerdem gab es bei allem Fanatismus der Rotgardisten einen Gesichtspunkt, der nicht explizit benannt wurde, aber von jedem unabhängigen Beobachter leicht erkannt werden konnte: die Intellektuellenfeindlichkeit. Intellektuelle galten als die Verkörperung kultureller Klassenherrschaft und waren daher so etwas wie der Erzfeind. Im Gegensatz zu ihnen wurden die Bauern idealisiert. So war es folgerichtig, dass die mit Hass und Misstrauen betrachteten Gebildeten aufs Land geschickt wurden, um dort umerzogen zu werden. Die Landarbeit galt für die wankelmütigen Geistesschaffenden als die vertrauensbildende Maßnahme schlechthin. Die Tatsache, dass bundesdeutsche Studenten und Intellektuelle die Exerzitien der chinesischen Intellektuellenfeindschaft nicht nur guthießen, sondern sie bewunderten und als vorbildlich propagierten, war ein einziger großer Widerspruch. Möglicherweise aber stellte gerade dieses Moment, zu dem ganz unweigerlich ein hohes Maß an Selbsthass, ja Masochismus gehörte, einen der wichtigsten Schlüssel dar, um die innere Dynamik der Achtundsechzigerbewegung zu begreifen.

Das naive Bild von einer mit jugendlichem Elan getragenen revolutionären Entschlossenheit wurde schließlich von allen realen Gegebenheiten des maoistischen Chinas abgelöst und auf Gesellschaften völlig anderen Typs, die westlichen Industrienationen übertragen. »Kulturrevolution« wurde zu einer Art Passepartout für die revolutionären Ambitionen einer studentischen Minderheit, die von einer Revolution im eigenen Land weit entfernt war. Die Tatsache, dass sich in einem Proletariat, das den Konsum- und Sicherheitsversprechungen der Wohlstandsdemokratie längst erlegen war, kein revolutionäres Subjekt finden ließ, sollte durch das übereifrige Herbeizitieren der »Großen Proletarischen Kulturrevolution« kompensiert werden. Nun konnten die für das Ingangkommen eines revolutionären Prozesses entscheidenden Aktivitäten als kulturelle begriffen werden, um damit das überholte Klassenkampfmodell folgenreich umzuinterpretieren. Die chinesische Kulturrevolution schien der Schlüssel dafür zu sein, das als »spätkapitalistisch« begriffene System endgültig zu Fall zu bringen.

Als im März 1969 das *Kursbuch 16* mit dem Thema Kulturrevolution erschien, war die erste Begeisterung für den Import chinesischer Revolutionsideen bereits verflogen. Gleichwohl hatte der euphemistische Ausdruck seinen Stellenwert im roten Katechismus noch keineswegs eingebüßt; wie ein Stern strahlte er auch weiterhin am Firmament des Revolutionshimmels. Die von Hans Magnus Enzensberger herausgegebene Zeitschrift versuchte sich an einer Art Reflexion über einen Zwischenstand kulturrevolutionärer Veränderungen.

Der wichtigste Beitrag stammte von Peter Schneider, der zwar kein Mitglied im SDS war, aber zu den Aktivisten um Dutschke zählte und bereits eine aussichtsreiche Karriere als Schriftsteller begonnen hatte. In seinem Aufsatz »Die Phantasie im Spätkapitalismus und die Kulturrevolution« zog er ein Resümee aus dem Scheitern des »Pariser Mai«. Trotz der Ernüchterung, die sich seit dem Ende des Barrikadenaufstands in der französischen Hauptstadt breitgemacht hatte, dürfte sich kein anderer deutscher Autor für das Projekt Kulturrevolution so sehr ins Zeug gelegt haben wie er: »Die Kulturrevolution im Spätkapitalismus ist ungeduldiger, großzügiger, weniger leicht zufrieden als die ökonomisch-politische Revolution. Sie schließt nicht nur eine Aufhebung des Kapitalverhältnisses, sondern die Revolution aller Verhältnisse ein, in denen der Mensch zur Ware und die Ware zum Subjekt geworden ist: des Verhältnisses zwischen den Geschlechtern, zwischen Eltern und Kindern, zwischen Nachbar und Nachbar, zwischen Auto und Autobesitzer, ja, sie fragt zum Beispiel, ob die Personenautos überhaupt noch länger zu ertragen sind. Die Kulturrevolution läßt tatsächlich keinen Stein auf dem anderen.«[143]

Seine Überlegungen sollten eine Art Zwischenergebnis darstellen. Zwar waren der Pariser Revolte, die die Forderung »Die Phantasie an die Macht« zu ihrer Parole gemacht hatte, die Grenzen aufgezeigt worden, dennoch galt es, den kulturrevolutionären Impuls weiter zu tragen und ihm durch eine selbstkritische Einschätzung politisch doch noch zum Erfolg zu verhelfen. Schneider drehte in gewisser Weise den Spieß um und bediente sich dabei der Freud'schen Phantasietheorie, um den naheliegenden Vorwurf zu entkräften, dass es bei alledem nur um Phantasterei gehe. Die Phantasie stelle im Gegensatz dazu die »Entschädigung für eine Versagung in der Realität« dar. Werktags würden die Wünsche acht Stunden lang zerstört, um dann am Abend »Auferstehung im Reich des Scheins« zu feiern. So lange die entfremdete Arbeit andauere, so lange werde die Erfüllung der Triebwünsche ein bloßer Wunschtraum bleiben müssen. Für die »Verwirklichung des Libidoprogramms«, argumentierte Schneider, sich dabei auf Mao berufend, gebe es nur einen Ausweg, die Weltrevolution.

Schneider verfolgte die Absicht, zu einer Neudefinition der Kunst zu gelangen. Um den ihr vorgezeichneten Weg in die Neurose zu vermeiden, müsse eine revolutionär verstandene Kunst eine agitatorische und eine propagandistische Aufgabe wahrnehmen, um damit »die Wünsche gegen den Kapitalismus« zu mobilisieren. Ihre Funktion solle also nicht länger mehr in einer unfreiwilligen Bestätigung des Bestehenden liegen, indem sie – die Trennung von Arbeit und Freizeit stillschweigend akzeptierend – die Triebenergien der Träume und Phantasien ungenutzt verpuffen lassen, sondern darin, die Wirklichkeit aufzubrechen. »Aufgabe der Kunst ist es nicht, die Wünsche künstlerisch zu organisieren, sondern sie aus der Verdrängung hervorzuholen, um sie in ihrer Rohform der Revolution zuzuführen.«[144] Ausdrücklich berief er sich dabei auf Mao, die Rote Armee und deren Praxis, sich beim Langen Marsch die Wehklagen der Bauern anzuhören. Das chinesische Modell, so Schneider, lasse sich auf die Bundesrepublik durchaus übertragen: »Führen wir in den Fabriken, den Schulen und Universitäten die ›große Wehklage‹ durch. Kultivieren wir die Fähigkeit der Arbeiter, Schüler und Studenten, Unterdrückungen nicht ertragen zu können und sie schon von weitem zu riechen.«[145] Die Künstler hätten die Aufgabe, den Unterdrückten »bei der Artikulation ihrer Wünsche zu helfen und ihnen den Weg zu ihrer politischen Organisation zu zeigen«.

Hier zeichnete sich bereits im Frühjahr 1969 ab, wie der Weg kulturrevolutionär inspirierter Studenten beim Versuch, aus ihren politischen Niederlagen zu lernen und die daraus nötigen Konsequenzen zu ziehen, schnurstracks in pseudoproletarische Kaderorganisationen führte. Worin Schneider die neue Funktion der Kunst erblickte, versuchte er an einem heroisch anmutenden Beispiel aus den Tagen der Oktoberrevolution zu verdeutlichen. Damals sei ein Arbeiter auf den höchsten Schornstein Moskaus gestiegen und habe von dort aus die Sirenen aller befreiten Fabriken dirigiert; mit einer vorher vereinbarten Partitur sei so der Beginn des Sozialismus gefeiert worden. In diesem Sirenenkonzert, hob er hervor, habe tausendmal mehr Musik gesteckt als in den gängigen Philharmoniekonzerten, »wo taube Musiker tauben Ohren« Beethovens Lied der Freiheit vorspielen würden.

Als sich im Sommer 1985 rund zweihundert frühere Aktivisten der Achtundsechzigerbewegung an der Freien Universität trafen, um auf einer Konferenz über den Stellenwert des SDS in der Geschichte der Bundesrepublik zu diskutieren, war es eben jener Troubadour der Kulturrevolution, der am stärksten die einstige

Selbsttäuschung beklagte, die mit der Begeisterung für die chinesische Massenbewegung einhergegangen war. Schneider warf den Versammelten vor, einer Auseinandersetzung mit den »Denkschocks und Katastrophen« aus dem Weg zu gehen. So vermisste er etwa eine Reaktion auf die Verbrechen des Pol-Pot-Regimes in Kambodscha, die ohne die chinesische Kulturrevolution nicht denkbar gewesen seien.

Bei der emphatischen Identifikation mit dem fernöstlichen Modell handelte es sich zweifelsohne um ein mit Mao-Folklore garniertes Projekt zu einer totalen Revolutionierung der Gesellschaft, das von Naivität wie Unkenntnis gezeichnet war und größenwahnsinnige Züge trug. Manches spricht dafür, dass es sich bei der Übernahme des Ausdrucks nicht nur um eine Selbststilisierung, sondern auch um ein schlichtes Missverständnis gehandelt haben könnte. Die Achtundsechzigerbewegung hatte – mit der Kommune I an ihrer Spitze – das Schlagwort von der Kulturrevolution übernommen und auf die hiesigen Verhältnisse zu übertragen versucht. Dass sie damit auf eine von oben manipulierte Kampagne hereinfiel, die in China Hunderttausende oder gar Millionen an Opfern kostete, hatte sie trotz aller Warnungen und Alarmzeichen nicht sehen wollen. Die von den Kommunarden propagierte Revolutionierung des Alltagslebens mit ihrem Frontalangriff auf die Institutionen der bürgerlichen Gesellschaft – Familien, Kindergärten, Schulen und Universitäten – und all ihren keineswegs nur eingebildeten Innovationen vollzog sich unter den Vorzeichen dieses chinesischen Revolutionsimports.

Doch worin bestanden die Instrumente für eine kulturrevolutionäre Veränderung der Gesellschaft? Innerhalb der Achtundsechzigerbewegung bildeten sich drei Vergesellschaftungsmodelle heraus, die jene als repressiv angesehenen Einrichtungen der bürgerlich-kapitalistischen Gesellschaft ersetzen sollten – die Kommunen, die Kinderläden und die Räte. Sie waren entweder untereinander verzahnt oder bezogen sich aufeinander. Das erste begann im Januar 1967, das zweite im Herbst 1967 und das dritte kam über seine Phase der Propagierung nicht so recht hinaus. In der Kommune-Idee lag zugleich die Wurzel für die Kinderläden und die Kinderläden organisierten sich zumindest in West-Berlin in einem Zentralrat. Diese drei Formen bildeten so etwas wie das Laboratorium einer neuen Gesellschaft. Mit ihrer Hilfe sollten auf dem Boden des

Bestehenden die Voraussetzungen für den »neuen Menschen« gestaltet und dessen Schaffung sukzessive vollzogen werden.

Kommunen

Einer der am häufigsten gegen die Achtundsechzigerbewegung und ihre Wortführer geäußerten Vorwürfe lautete, dass sie zwar unzweifelhaft Stärken in der Gesellschaftskritik besäßen, jedoch nicht, nicht einmal ansatzweise, dazu in der Lage seien, ein konkretes Programm für praktikable Alternativen zu formulieren. Der Verweis darauf, dass das kapitalistische System durch ein sozialistisches zu ersetzen sei, wäre völlig abstrakt und kaum überzeugend. Schließlich bliebe ungeklärt, wie darin die Wirtschaft funktionieren sollte, die Freiheit des Einzelnen garantiert sei und sich ein solches Gesellschaftsmodell von einem Unrechtsregime wie der sich ebenfalls auf den Sozialismus berufenden DDR unterscheiden würde. Die Reaktion der SDS-Sprecher lautete zumeist, dass man der Gestaltung einer künftigen Gesellschaft nicht einfach vorgreifen dürfe, und wirkte deshalb wenig glaubwürdig.

Vermutlich aus solchen Erwägungen heraus setzte die Redaktion des *Kursbuches* unter dem Titel »Ein Gedanke für die Zukunft« im Januar 1968 einen Preis für die beste »konkrete Utopie« aus.[146] Von den insgesamt zweiundsiebzig eingesandten Manuskripten erhielt ein von Géza Kirchknopf verfasster Entwurf die ausgeschriebene Prämie in Höhe von tausend DM. »Vom elastischen Familienverband zur Kommune« lautete die Überschrift seines in der Ausgabe vom August 1968 publizierten Textes. »Die Utopie ist nicht das Fernziel, sondern der Anfang des Programms. Die politischen Voraussetzungen sind heute schon in der Industriegesellschaft vorhanden, gleichgültig, ob es sich dabei um [eine] sozialistische oder kapitalistische Gesellschaftsform handelt. Die wichtigste Voraussetzung ist die Einsicht in die Notwendigkeit dieser Veränderung.«[147] Ihr Beginn hänge mit dem Grad der Bewusstwerdung einzelner Gruppen zusammen.

Es dürfte alles andere als Zufall gewesen sein, dass eine Projektidee prämiert wurde, bei der es darum ging, »die kleinste Zelle der Gesellschaft« zu verändern und den herkömmlichen Familienverband schrittweise durch ein Netz von Kommunen zu ersetzen.

Das erste und zugleich wichtigste Vergesellschaftungsmodell erschien so, als sei es kreiert worden, um Adornos Diktum zu widerlegen, dass es kein richtiges Leben im falschen geben könne,[148] nicht um es strikt zu bestreiten, sondern um es durch Veränderung praktisch zu widerlegen. Wenn es schon, im Ganzen betrachtet, »kein richtiges Leben im falschen« geben könne, wie dieser Schlüsselsatz aus der »Minima moralia« lautet, dann müsse zumindest im Kleinen damit begonnen werden, ein »richtiges« oder – wie es Peter Brückner einmal formuliert hatte – ein »richtigeres Leben« einzurichten und auf das Ganze so einzuwirken, dass es Stück für Stück vom falschen ins richtige Leben verwandelt würde.

Um die alte Gesellschaft zu überwinden, müsse sie zuerst in ihrer Grundzelle, der Familie, angegriffen werden. Denn in diesem »repressiv-neurotischen Zwangsverband« werde der autoritäre Charakter ausgebrütet, der den Faschismus soziopsychisch überhaupt erst ermöglicht habe. Der autoritäre Charakter war Adorno zufolge dadurch geprägt, dass er kein autonomes Ich auszubilden vermochte. Dieser Mangel, eine strukturell verankerte Ich-Schwäche, sei das Resultat einer rigiden, unterwürfigen und anal orientierten Erziehung. Der verdrängte Hass gegen die Eltern werde projektiv gegen Minderheiten und Fremdgruppen gelenkt. Die Peinigungsrituale durch die Elternautorität würden in Aggressionsformen gegen Schwache umgewandelt. Daraus resultiere auch die Anfälligkeit für gewaltverherrlichende Führerprogramme.

Um den »Repressionszusammenhang bürgerliche Kleinfamilie« aufzubrechen, entwickelten ehemalige Mitglieder der Subversiven Aktion im Juni 1966 im bayrischen Bad Wiessee das »Projekt revolutionärer Kommunen«. Bei dem Treffen am Kochelsee, an dem von Dutschke und Rabehl bis Langhans und Teufel fast alle Schlüsselfiguren der späteren antiautoritären Revolte teilnahmen, erwies sich Kunzelmann als der stärkste Betreiber des Kommuneprojekts. Er orientierte sich dabei am Modell der chinesischen Volkskommunen. Mao hatte Ende der fünfziger Jahre mit dem »Großen Sprung nach vorn« versucht, die traditionelle chinesische Familie aufzulösen und sie durch eine neue Kollektivform zu ersetzen: »Mit dem gigantischen Programm, 600 Millionen Einwohner des Landes in mehr als 20 000 autonomen Arbeitslagern zu organisieren, versuchte man Chinas traditionelle Familienstruktur durch eine militaristische Organisation zu ersetzen, in der die Mitglieder gemeinsam arbeiteten und in den Kantinen der Kommunen die Mahlzeiten einnahmen, der Einzelne seinen Egoismus dem Wohl des Kollektivs unterordnete. Mit der Zeit wurde die Macht in den Kommunen auf kleine, mehrere Dörfer umfassende Einheiten, die sogenannten Produktionsbrigaden, verteilt.«[149]

Im Grunde hatte Mao nichts anderes beabsichtigt, als in der Konkurrenz mit der Sowjetunion den Sieg davonzutragen. Durch die Kollektivität sollte die wirtschaftliche Produktivität nachhaltig gesteigert werden. Doch eine gewaltige Hungerkatastrophe war das Resultat. Der beispiellose Kraftakt, die Gesellschaft eines riesigen Landes mit einem Schlag umstrukturieren zu wollen, hatte sich 1966 schon längst als Fehlschlag erwiesen.

Auf das Kollektiv-Modell im fernab liegenden China zurückzugreifen, war das Ergebnis einer ideologischen Verblendung und zudem eine merkwürdige Ungleichzeitigkeit. Doch diese Kommunen stellten in den Augen der westlichen Adepten den Prototyp für einen gelebten Kommunismus dar, während der revolutionäre Impuls der Oktoberrevolution in einem Megastaat erstarrt war.

Bei dem Treffen am Kochelsee soll auf alle Beteiligten enormer Druck ausgeübt worden sein, sich an der Gründung von Kommunen zu beteiligen. Rabehl schilderte dem Dutschke-Biografen Ulrich Chaussy später, wie Kunzelmann an die Versammlung appelliert habe: »Ihr müßt Euch entwurzeln! Die erste Form der Entwurzelung ist: Weg mit Euren Stipendien! Weg mit Eurer Sicherheit! Gebt das Studium auf! Riskiert Eure Persönlichkeit! Und die zweite Entwurzelung heißt: Raus aus Euren Zweierbeziehungen! Sucht nicht Eure Sicherheit und Euren Besitzanspruch bei dem anderen! Seid eine offene Persönlichkeit! Der Mensch besteht aus einer Vielzahl von Menschen, und in einer Zweierbeziehung findet permanent eine bespiegelte Selbstliebe statt. Die muß zerstört werden!«[150]

Kunzelmann forderte demnach nichts anderes als die Destruktion aller Sozialbeziehungen. Sein Programm der Entwurzelung gefiel sich als Aufruf zur persönlichen Selbstbefreiung, in Wirklichkeit jedoch war es die Propagierung einer radikalen Entbürgerlichung, die radikale Abkehr von der Welt der bürgerlichen Kleinfamilie. Die Kehrseite bestand darin, dass – wie sich später noch auf drastische Weise zeigen sollte – die aus ihrem sozialen Netz isolierten und von all ihren Sicherheitsbedürfnissen abgelösten Einzelnen zugleich geeignete Objekte einer neuen Unfreiheit werden konnten, Objekte von Manipulation, Domestizierung und Gehirnwäsche durch einen selbsternannten Gruppenguru.

Wie weit der Bogen mit diesem zentralen Projekt gespannt wurde, lässt sich Kunzelmanns wenige Monate später verfassten »Notizen zur Gründung revolutionärer Kommunen in den Metropolen« entnehmen, in denen die »Mikrozelle Kommune« in den globalen Zusammenhang einer antiimperialistischen, die Länder der Dritten Welt einbeziehenden Strategie gestellt wurde. Das Ziel bestand in nichts Geringerem, als einen neuen Menschen zu schaffen, den »Menschen des 21. Jahrhunderts«, von dem Che Guevara in einer Mischung aus heilsgeschichtlicher Erwartung und apokalyptischer Vision bereits geschwärmt hatte. Und das Zauberwort hieß »Praxis«, Praxis, die in einer neuen Kollektivität entfaltet werde, die politische Aktion und Alltagsleben gleichermaßen durchdringe.

Schließlich, so hieß es, seien alle bisherigen Gruppenexperimente daran gescheitert, dass nach einer Aktion jeder der daran Beteiligten »in das Treibhaus seiner bürgerlichen Individualexistenz« zurückgekehrt sei. Um das zu vermeiden, sei nun eine Kollektivform nötig, die zwei Momente miteinander verzahne: »... das objektive Moment der gemeinsam zu leistenden Praxis und das subjektive Moment der Vermittlung der Individuen innerhalb der Kommune.«[151] Ohne die Einlösung des einen bleibe auch das andere uneingelöst: »Die Kommune ist nur dann fähig, systemsprengende Praxis nach außen zu initiieren, wenn innerhalb der Kommune effektiv die Individuen sich verändert haben, wenn sie jene machen; Praxis nach außen ohne experimentelle Vorwegnahme dessen, was Menschen in emanzipierter Gesellschaft beinhalten könnte, wird zum Aktivismus als Normerfüllung.«[152] Damit war eine Grenzlinie zu den Praxisvorstellungen innerhalb der bürgerlichen Gesellschaft ebenso gezogen wie zu jenen in den kommunistischen Staaten sowjetischen Typs.

Die Grundlage für einen derartigen subjektiv wie objektiv begründeten Aktivismus sollte mit der »Destruierung der Privatsphäre« geschaffen werden. Verdinglichung, Entfremdung, Rituale und die üblichen Alltagsgewohnheiten sollten beseitigt werden. Erst indem die letzte Zufluchtsstätte einer als spießerhaft betrachteten Privatheit ausgeräumt wäre, könnten die »bürgerlichen Abhängigkeitsverhältnisse«, wie sie in Ehe und Familie mit ihrem Besitzanspruch auf Mann, Frau und Kind sanktioniert seien, aufgehoben werden. »Revolutionäre Kommune und subversive Aktion«, wie die formelhafte Kombination nun lautete, könnten nur dann »geschichtsträchtig« werden, wenn eine »neue Qualität in der Vermittlung der Individuen zueinander« sichtbar würde.

Für dieses größenwahnsinnig anmutende Unterfangen, das Subjektivität und Objektivität, Alltag und Aktion, die Mikro- mit der Makropolitik eines weltumspannenden Revolutionsprojekts vereinen sollte, wurde ein positiv besetzter Gewaltbegriff in Anspruch genommen. Sich auf jenes Plädoyer berufend, mit dem Herbert Marcuse im Kontext der amerikanischen Bürgerrechtsbewegung »für unterdrückte und überwältigte Minderheiten ein ›Naturrecht‹ auf Widerstand« beansprucht hatte, dehnte Kunzelmann diesen Gedanken »bis zum Umsturz« aus. Nur durch derartige außergesetzliche Aktionsformen, betonte er am Ende seines Traktats, könne man Guevaras Forderung nach Schaffung eines neuen, dem nächsten Jahrhundert entsprechenden Menschen gerecht werden. Die Kommune als Keimzelle des neuen Menschen und die Gewalt als dessen Geburtshelferin – das sollte das Programm einer künftigen Revolution sein.

Und das Kommuneprojekt wurde die Keimzelle der antiautoritären Bewegung. Was dann mit Kinderläden, freien Schulen und anderen Einrichtungen der antiautoritären Erziehung ausprobiert wurde, das strahlte von dieser Idee einer psychosozialen Umwälzung des elementarsten Lebenszusammenhanges aus. Die antiautoritäre Haltung sollte sich gegen die Formierung des autoritären Charakters in den Institutionen richten. Der viel beschworene antifaschistische Kampf wurde libidinös umdefiniert – das Subpolitische sollte zum Politikum werden.

So bedeutsam der SDS als Motor der außerparlamentarischen Bewegung auch gewesen sein mochte, er hätte ganz sicher keine so starke Wirkung entfalten können ohne diese eher subkulturell anmutende Gruppierung der Kommune I. Gegründet um die Jahreswende 1966/67 in West-Berlin war sie das Produkt einer kleinen Strömung westeuropäischer Künstler und Intellektuellen, die in der Tradition von Dadaisten und Surrealisten standen und sich als Situationisten bezeichneten.[153] Ihr Zentrum lag im Pariser Quartier Latin, ihre Wortführer waren der Franzose Guy Debord und der

Däne Asger Jorn. Die deutsche Sektion der Situationistischen Internationale,[154] zu der sich die Aktivisten 1957 zusammengeschlossen hatten, setzte sich aus Künstlern der Münchner »Gruppe SPUR« zusammen.[155] Nach den Schwabinger Krawallen im Sommer 1962 wurde einigen von ihnen der ästhetische Rahmen zu eng.

Es entstand die Subversive Aktion, die bei unterschiedlichen Anlässen die Öffentlichkeit durch Provokationen herauszufordern versuchte.[156] Die hauptsächlich aus Studenten bestehende Gruppe, die in rascher Abfolge Dependancen in Stuttgart, Frankfurt und West-Berlin gegründet hatte, beschloss 1965, den SDS zu unterwandern. Während das Vorhaben in München missglückte, gelang es in West-Berlin, eine antiautoritäre Keimzelle zu etablieren. Dieser Erfolg war nicht zuletzt auf zwei sogenannte Abhauer, zwei DDR-Flüchtlinge, zurückzuführen, auf Rudi Dutschke und Bernd Rabehl. Die beiden Soziologiestudenten machten in dem eher konventionellen Studentenverband rasch Furore durch die Einführung unkonventioneller Aktionsformen wie die nächtliche Plakataktion »Amis raus aus Vietnam«.

An dem nun in der Wohnung des Schriftstellers Uwe Johnson gestarteten Kommune-Experiment beteiligten sich Dutschke und Rabehl jedoch nicht. Während sie nach Möglichkeiten zur Auslösung eines revolutionären Prozesses suchten, machten die Kommunarden mit merkwürdigen Aktionen wie dem angeblichen »Pudding-Attentat« auf den US-Vizepräsidenten Hubert Humphrey auf sich aufmerksam. Als es deshalb zum Konflikt kam, zeigte sich der Westberliner SDS nicht gerade tolerant, sondern schloss die Kommunarden bereits nach wenigen Monaten im Mai 1967 wegen »Realitätsflucht«, »falscher Unmittelbarkeit« und »Selbstüberschätzung« aus. Wolfgang Lefèvre hatte den Antrag damit begründet, dass solche Polit-Happenings für einen sozialistischen Studentenbund nicht tragbar seien. Er berief sich dabei explizit auf ein in der Presse kolportiertes Statement, das Kunzelmann zugeschrieben wurde: »Was geht mich Vietnam an – ich habe Orgasmusschwierigkeiten.«[157]

Der wichtigste Ideengeber in der Kommune war der Exschwabinger Dieter Kunzelmann, der »Obermufti des Chaos«, wie er sich später selbst einmal bezeichnete. In seinen Erinnerungen »Leisten Sie keinen Widerstand!« lässt sich der Weg des Mannes verfolgen, der nahezu den Prototyp der antiautoritären Bewegung geprägt und über Jahrzehnte hinweg wie kein Zweiter ihre einzelnen Stationen durchdekliniert hat:[158] Als Clochard unter den Seine-Brücken von Paris beginnend, stieß er in München zur »Gruppe SPUR«, wurde ebenfalls Mitglied der Situationistischen Internationale, war Mitbegründer der Subversiven Aktion, wechselte nach West-Berlin und rief die Kommune I mit ins Leben. An keiner anderen Figur ist der in den sechziger Jahren sich zuspitzende Radikalisierungsprozess auf so exemplarische Weise nachzuvollziehen wie an dem Sohn eines Bamberger Sparkassendirektors.

Offensichtlich bedurfte es einer solch größenwahnsinnig anmutenden Verknüpfung zwischen einer »Mikrozelle«, wie die Kommune auch genannt wurde, und dem globalen Gesamtzusammenhang, um ein praktisches Experiment überhaupt auf die Beine zu bringen – schließlich sollte die an den Theorien des französischen Soziologen Henri Lefebvre orientierte »Revolutionierung des Alltagslebens« mit dem Kampf der Befreiungsbewegungen außerhalb Europas Hand in Hand gehen.

Bereits 1961 hatte Kunzelmann von einem Bauernhof in Südschweden aus seiner Familie in Bamberg geschrieben: »Wir versuchen hier eine kollektive kommunistische und situationistische Keimzelle innerhalb der kapitalistischen Gesellschaft aufzurichten.«[159] Der Ursprung der antiautoritären Bewegung lag also weder in West-Berlin noch in Frankfurt, wo die Vordenker der Kritischen Theorie lehrten, sondern in München, genauer in Schwabing, dem Ort der Boheme.

Als die Kommune I zur Jahreswende 1966/67 gegründet wurde, gehörten zu ihr vier Männer und zwei Frauen. Neben dem »Patriarchen« Kunzelmann, der als einziger alle vorhergehenden Gruppenformationen durchlaufen hatte, waren dies Volker Gebbert, Hans-Joachim Hameister und Fritz Teufel sowie Dorothea Ridder und Dagmar Seehuber. Schon bald kamen mit Dagrun und Ulrich Enzensberger die Exfrau und der jüngste Bruder des Schriftstellers Hans Magnus hinzu. Bald darauf wurde mit Rainer Langhans derjenige aufgenommen, der das Image des Gruppenexperiments mit am stärksten prägen sollte. Er gehörte zum Vorstand des SDS-Landesverbandes und hatte noch eine Woche vor seiner Aufnahme für den Ausschluss der Kommunarden gestimmt.

Jedes neue Mitglied musste eine Art Initiationsritus über sich ergehen lassen. Es war eine Befragung zur persönlichen Biografie, mit der jeder Neuling einerseits auf Herz und Nieren überprüft wurde und andererseits die Möglichkeit hatte, sein altes Leben hinter sich zu lassen. Langhans, der zur Kommune gestoßen war, weil seine Freundin ihn kurz zuvor verlassen hatte, erinnerte später daran, dass sich Kunzelmann bei seiner Befragung als ein besonders »scharfer Hund« hervorgetan hatte. Die kollektiven Selbstinspektionen trugen Züge gruppentherapeutischer Sitzungen, in denen sich die Einzelnen psychisch entblößen mussten, um als Akteure an dem Experiment, wie in einem Mikrokosmos die gesellschaftliche Kernzelle neu zu kreieren, teilhaben zu können. Und wie bei Gruppenanalysen üblich wurde der Verlauf der einzelnen Sitzungen in allen Einzelheiten protokolliert und ein Bericht nach dem anderen fein säuberlich in einem Schnellhefter abgelegt.

Eine so winzige Gruppe wie die Kommune I hätte ihre Wirkung nicht ohne die Multiplikationseffekte der Massenmedien entfalten können. Sie bot sich in doppelter Hinsicht an – ihre Mitglieder waren Clowns und Schreckgespenster zugleich. Das machte sie insbesondere für die Boulevardpresse attraktiv. Ganz unzweifelhaft war sie die schlagzeilenträchtigste Gruppierung, die es in der APO-Zeit gegeben hat.[160] Mit dem Aufruhr um das »Pudding-Attentat« hatten die Kommunarden nicht nur bewiesen, wie leicht es war, die Springer-Presse und die Polizei zu narren, sondern auch wie medienwirksam sie das Mittel der Provokation einzusetzen wussten.

Das Duo Fritz Teufel und Rainer Langhans als Angeklagte vor dem Moabiter Schwurgericht wurde in seiner massenmedial hervorgehobenen Rolle ein Jahr darauf von dem Paar Rainer Langhans und Uschi Obermaier abgelöst, die sich im September 1968 auf den Essener Song-Tagen kennengelernt hatten. Die Münchnerin gehörte zum Umfeld der Rockband Amon Düül und war völlig unpolitisch. Dass sie bereits als Model gearbeitet hatte, machte sie allerdings für Boulevard- und Regenbogenpresse interessant, die sich so endlich wieder auf ihre Kernkompetenzen Sex und Erotik konzentrieren konnte statt auf die Dauerskandalisierung von Anarchie und Gesetzesbruch.

Gemessen an ihrem Talent zur Selbstinszenierung war es nahe liegend, dass die Kommunarden auf kein Medium verzichten wollten. Die von Dieter Kunzelmann selbst angelegten »Quellen der Kommuneforschung« offenbaren, wie akribisch die Berichterstattung über ihre Auftritte verfolgt, ausgewertet und archiviert wurde.[161] Doch Zeitungslektüre und Rundfunkhören reichten ihnen zur Selbstbespiegelung bei Weitem nicht aus: »Ein Fernsehgerät war ihr dringendster Wunsch.«[162] Der *Spiegel*-Redakteur, der das festgehalten hat, bemerkte in koketter Ironie weiter: »Die Gesellschaft, der sie nicht ähnlich werden möchten, haben sie doch gerne vor sich im Bild.«[163]

In einem Gespräch mit einem anderen Journalisten schilderte Rainer Langhans später, wie die Kommunarden in den Besitz eines für sie unbezahlbaren Fernsehers gekommen waren. Da sie zunächst kein Interesse daran hatten, dem genannten *Spiegel*-Redakteur ein Interview zu geben, kam dieser auf die Idee, ihnen ein solches Gerät als Gastgeschenk zu offerieren, um sie doch noch als Gesprächspartner zu gewinnen – und hatte Erfolg.[164] Der Bilderhunger war damit jedoch längst noch nicht gestillt: »Bald danach haben wir uns eine ganz einmalige Geschichte angeschafft. So einen Großprojektor, ich glaube von Grundig. Das war wie eine große Kommode, die hast du dann aufgeklappt und hattest das Bild auf einem riesengroßen Schirm, so leinwandmäßig. Das war einzigartig.«, schwärmte Rainer Langhans,[165] und in der darauf folgenden Kommune hätten sie sich nicht nur einen Farbfernseher, sondern sogar drei oder vier Geräte angeschafft, um alle seinerzeit zu empfangenden Programme gleichzeitig verfolgen zu können.

Eine skeptische, kritische oder gar technikfeindliche Haltung gegenüber dem neuen Medium habe es in der Kommune I nicht gegeben, versicherte Langhans. Im Gegensatz zum SDS sei man technischen Innovationen gegenüber der Auffassung gewesen, dass man »die Tiger alle reiten« könne. Man habe sehr schnell gelernt, »wie man mit dem Fernsehmedium umzugehen« gehabt hätte. So wie sie den Aufnahmeteams entgegengekommen seien, so hätten diese umgekehrt auch die eigenen Präferenzen berücksichtigt: »Wenn wir Aktionen gemacht haben. Da haben wir den Fernsehleuten schon Tips gegeben. Je mehr Aufmerksamkeit, desto besser: Das Spiel des Spaßes, der Körper, der Aktionen, der Regeldurchbrechungen, Happenings auf dem Kudamm, die Go-ins, Fritzens Freilassung.«[166] Das sei alles nicht weiter schwierig gewesen, weil man »eben attraktiv« gewesen sei und im Grunde jeder Spaß daran gehabt hätte, sie sich im Fernsehen anschauen zu können.

Im Laufe des Jahres 1969 fiel die Kommune I gleich in doppelter Hinsicht auseinander, in geografischer wie in konzeptioneller. Während die Kommunarden um Kunzelmann und Teufel davon überzeugt waren, dass angesichts der zunehmenden Konfrontation mit der Staatsmacht nur der mit dem Griff nach den Waffen verbundene Gang in den Untergrund Aussichten auf eine Lösung herbeiführen könne, lehnten die Genossen um Langhans diesen Weg strikt ab. Als am 9. November 1969 der *Stern* in einer weiteren Titelgeschichte die letzte Formation der Kommune I präsentierte, in der sich Langhans und Obermaier zusammen mit einem halben Dutzend Mitbewohnern weitgehend nackt im Schneidersitz zeigten, legte einer ihrer ehemaligen Mitkommunarden in der Charlottenburger Fasanenstraße eine Bombe ins Jüdische Gemeindehaus. Im Anschluss an einen Trainingsaufenthalt bei den Palästinensern hatte Kunzelmann mit einigen anderen zusammen nach einem Vorbild in Montevideo die Tupamaros West-Berlin gegründet, Teufel folgte ihm im Februar 1970 mit der Gründung der Tupamaros München, die sich ebenfalls aus Kommunarden rekrutierten. Programmatisch hatte er zuvor in einem Interview mit der Münchner *Abendzeitung* verkündet: »Der Clown ist tot.«[167] Jetzt müsse es krachen. Wenn man das Gewehr für immer abschaffen wolle, dann sei nun der Zeitpunkt gekommen, es in die Hand zu nehmen. Da waren Langhans und Obermaier, die ebenfalls in die bayerische Landeshauptstadt gezogen waren, gerade dabei, eine Popkommune aufzubauen. Spaß und Ernst, Pop und Politik, Subkultur und Militanz waren auseinandergefallen und hatten sich in ganz unterschiedliche Kollektivformen separiert.

Kinderläden

War die Gründung von Kommunen ein Schritt zur Ausgestaltung von Utopien, zur Schaffung des »neuen Menschen«, war die Einrichtung von sogenannten Kinderläden ein weiterer, möglicherweise noch wichtigerer Akt. Schließlich waren die Kommunarden noch von der »alten Welt« geprägt. Niemand konnte wissen, auf welch perfide Weise die Übel der bürgerlichen Gesellschaft – Neid, Konkurrenz, Eifersucht, Leistungs- und Hierarchiedenken – in den Einzelnen noch fortexistierten und die Maximen der neuen Kollektivität insgeheim sabotierten. Einen wirklichen Neuanfang konnte es deshalb nur mit Kindern geben. Sie waren das unbeschriebene Blatt, dessen es zur Ausgestaltung einer neuen, einer befreiten Gesellschaft bedurfte.

Das Projekt der antiautoritären Erziehung begann bereits innerhalb des Kommuneprojekts. Federführend trat jedoch in dieser Hinsicht nicht die Kommune I, sondern die Kommune 2 in Erscheinung, die nur wenig später, im Februar 1967, gegründet worden war. Ihre Mitglieder haben eine Art Rechenschaftsbericht darüber abgelegt, wie ihr Experiment, das kollektive Leben mit der politischen Arbeit zu verbinden, ausgegangen ist. Unter dem emphatischen Titel »Versuch der Revolutionierung des bürgerlichen Individuums« hatten sie aufgezeichnet, wo in der Ersetzung der patriarchalischen Kleinfamilie durch eine im Hinblick auf ihre Arbeits- und Liebesbeziehungen offen strukturierte Großfamilie die Grenzen lagen.[168] In aller Schonungslosigkeit wurde darin geschildert, zu welchen Frustrationen, Depressionen sowie verdeckten und offenen Konflikten die Versuche geführt haben, die bürgerliche Familie aufzuheben und soziales wie intimes Neuland zu betreten.

Als die Kommunarden, die fürs Erste im SDS-Zentrum untergekommen waren, sich im August eine neue Bleibe suchten, gehörten ihr vier Männer, drei Frauen und zwei Kleinkinder im Alter von drei und vier Jahren an, die zu den Objekten eingehender Beobachtung werden sollten. Nessim und Grischa hatten bis dahin in der Kommune I gelebt. Die Mutter des einen und der Vater der anderen waren nun an dem Erziehungsexperiment in der Kommune 2 beteiligt. Die Tatsache, dass damit der Bruch zwischen den jeweiligen Elternpaaren zur Voraussetzung der antiautoritären Erziehung gemacht wurde, war nicht nur unfreiwillige Folge von Zerwürfnissen, sondern, wie der Abschnitt aus einem programmatischen Text verrät, durchaus auch gewollt: »Nur der radikale Bruch mit der überkommenen Dreiecksstruktur der Familie kann zu kollektiven Lebensformen führen, in denen die Individuen fähig werden, neue Bedürfnisse und Phantasie zu entwickeln, deren Ziel die Schaffung des neuen Menschen in einer revolutionierten Gesellschaft ist.«[169] Mit diesem Bruch war die Erwartung verknüpft, die ödipale Grundstruktur in der bürgerlichen Kleinfamilie aushebeln zu können. Wenn das gelänge, dann müsse es auch möglich sein, den darin verstrickten Triebenergien neue Ziele und damit eine positive Wendung zu geben.

Als entscheidende Voraussetzung für die Praxis der Kinderläden wurde Freuds Entdeckung der frühkindlichen Sexualität angesehen.[170] Vorher habe man das Kind als einen noch unfertigen Erwachsenen betrachtet und der primären Sozialisationsphase keinerlei Beachtung geschenkt. Erst mit der Freud'schen Psychoanalyse habe sich das geändert. Seitdem seien zahlreiche Untersuchungen entstanden, die sich mit den verschiedenen Entwicklungsphasen von Kindern, deren gesellschaftlichem Kontext und der Bedeutung unterschiedlicher Erziehungsmethoden befassten. Es sei aber nicht damit getan, die kindliche Sexualität lediglich zu dulden, sie müsse explizit gefördert werden. Damit beriefen sich die Kinderläden auf den einstigen Freud-Schüler Wilhelm Reich, der geschrieben hatte: »Die ausdrückliche und unmißverständliche Bejahung des kindlichen Geschlechtslebens seitens der Erzieher vermag auch dann die Grundlage sexualbejahender Ichstruktur-Bestandteile zu werden, wenn sie die gesellschaftlichen Einflüsse nicht zu entkräften vermag.«[171] Das größte Hindernis für eine sexualbejahende Erziehung stellten allen im Zuge der Sex-Welle vollzogenen Enttabuisierungen zum Trotz noch immer die Sexualverdrängungen der Eltern dar.

Die ersten Kinderläden entstanden auf Initiative von Frauen, zunächst in Frankfurt, dann in West-Berlin. Sie waren jedoch zunächst einmal eher Einrichtungen zur Selbsthilfe als Ableger von Kommunen. Der erste wurde im Herbst 1967 von Monika Seifert, die im Frankfurter Institut für Sozialforschung arbeitete und jahrelang im SDS aktiv war, ins Leben gerufen.[172] Die Tochter des Psychoanalytikers Alexander Mitscherlich, die den ehemaligen SDS-Bundesvorsitzenden Jürgen Seifert geheiratet hatte, folgte einem Gedanken, den Adorno im April 1966 in seinem berühmten Vortrag »Erziehung nach Auschwitz« expliziert hatte: Eine Erziehung, die eine Wiederholung des Nationalsozialismus verhindern wolle, müsse sich »auf die frühe Kindheit« konzentrieren.[173] Seifert sah in »antiautoritären Kindergärten« Gegenorganisationen zu den bestehenden gesellschaftlichen Institutionen, die die »Basis der antiautoritären Bewegung« verbreitern helfen sollten. Während herkömmliche Kindergärten darauf ausgerichtet seien,

Kinder gesellschaftlich anzupassen, sei das antiautoritäre Modell »primär am Glück der Kinder« orientiert. Nur so wären die Voraussetzungen für eine revolutionäre Veränderung der Gesellschaft zu schaffen, denn erst eine »repressionsfreie Erziehung« ermögliche es den Kindern, jene Qualitäten zu entwickeln, die Revolutionäre brauchten.

Als in West-Berlin weitere »antiautoritäre Kindergärten« gegründet wurden, entstand die Bezeichnung »Kinderladen«, die sich bald darauf bundesweit durchsetzte. Damit wollte man sich von einer Bezeichnung abgrenzen, die zu implizieren schien, dass es eher vom Gärtner als von der Pflanze abhänge, was aus dem neuen Geschöpf werden würde, und das in der Vergangenheit so missbrauchte Bild der Pflanzstätte vermeiden. Und schließlich wurde damit ganz prosaisch dem Umstand Rechnung getragen, dass die ersten derartigen Einrichtungen in leer stehenden Ladenräumen untergebracht waren.

Bereits im Januar 1968 hatte Helke Sander in einem Rundschreiben des Westberliner SDS über erste Ansätze zum Aufbau von Selbsthilfeorganisationen berichtet. Im Zentrum stand dabei die »Kinderfrage«, genauer das bislang ungelöste Problem, wie Kinder von politisch aktiven Frauen betreut werden könnten. Insgesamt waren vier Vorschläge aufgeführt worden: Die Bildung von Straßenkindergärten, in denen sich Frauen, die im selben Bezirk wohnten, jeweils tageweise in der Betreuung ihrer Kinder ablösen würden; die Einführung sogenannter Parktanten, unter deren Aufsicht die Kinder morgens und nachmittags auf öffentlichen Spielplätzen ihre Zeit verbringen könnten; ein Haus oder große Räume mit einem Garten anzumieten, wo sich ausgebildete Betreuerinnen um die Kinder kümmern würden, und die Bildung von eigenen Frauenkommunen. Aus diesen Überlegungen und der Überzeugung heraus, dass sie ihre Dinge wohl selbst in die Hand nehmen müssten, gründeten sieben SDS-Frauen den »Aktionsrat zur Befreiung der Frau«.

Zunächst lasen sie gemeinsam klassische Texte von Sozialisten und Sozialistinnen zur Frauenfrage wie etwa von August Bebel und Clara Zetkin, bis sie am 10. August 1968 den »Zentralrat der sozialistischen Kinderläden West-Berlin« gründeten. In dem Bewusstsein, dass es sich um einen riskanten Schritt handeln würde, und da man eine verzerrende und diffamierende Darstellung in der

Öffentlichkeit befürchtete, wurde ein vollständiger Informationsstopp gegenüber den Medien beschlossen. Diese Entscheidung war, wie sich bald darauf zeigen sollte, durchaus angebracht, allerdings nicht nur aus externen, sondern auch aus internen Gründen.

Aufgrund der zielstrebig verfolgten Absicht, die soziale Funktion der Eltern wie deren intrapsychische Repräsentanzen möglichst zu beseitigen, hegte der Zentralrat ein besonders starkes Interesse an einem Forschungsfall, über den Anna Freud zusammen mit einer Mitarbeiterin berichtet hatte. Es ging um sechs jüdische Kleinkinder, die im Alter von drei beziehungsweise vier Jahren aus dem KZ Theresienstadt befreit und dann nach Großbritannien in ein Waisenhaus gebracht worden waren. In der Studie heißt es: »Die Kinder waren im vollsten Sinne des Wortes ohne Eltern. Das heißt, sie waren nicht nur verwaist, sondern die meisten von ihnen besaßen kein unbewußtes frühes Mutter- oder Vaterbild, an das ihre frühesten libidinösen Strebungen hätten gebunden werden können.«[174] Und der physische wie psychische Verlust der Eltern hatte, wie Anna Freud festhielt, gravierende Folgen: »Die ungewöhnliche emotionale Abhängigkeit der Kinder voneinander wurde durch das fast vollständige Fehlen von Eifersucht und Rivalität bestätigt ... Da die Erwachsenen zu der Zeit in ihrem Gefühlsleben keine Rolle spielten, rivalisierten sie nicht miteinander um deren Gunst oder Anerkennung.«[175] Es fehlten also jene Negativmerkmale, die in den üblichen Kindheitsmustern sonst so unverbrämt hervorträten: Neid, Eifersucht, Rivalität und Konkurrenzgebaren.

Den Betreibern der Kinderläden erschienen die jüdischen Waisen wie der Idealfall eines Kinderkollektivs: Anstatt sich wie in einer Kleinfamilie üblich im Spannungsfeld der Eltern zu entwickeln und dabei eine eigene Identität auszubilden, konzentrierten sie ihre libidinösen Energien auf Gleichaltrige. Das Autorenteam, das sich diesem Fall zugewandt hatte, schrieb dazu in einer Broschüre: »Die einzigen menschlichen Partner, zu denen die Kinder einen emotionalen Kontakt hatten, waren ihre Altersgenossen. Demzufolge waren ihre Altersgenossen ihre wirklichen Liebesobjekte, und ihre libidinösen Beziehungen zu ihnen waren direkter Natur, nicht nur das Ergebnis mühsamer Reaktionsbildungen gegen und Abwehr von Feindseligkeiten. Das erklärt, warum die Gefühle der sechs Kinder zueinander so warm und spontan waren ...«[176]

In dem Bestreben, die Rolle der Eltern möglichst auszulöschen, abstrahierten die Aktivisten der Westberliner Kinderläden von der Situation in einem Konzentrationslager und idealisierten die nunmehr befreiten Kinder zu Vorbildern einer alternativen Erziehungskonstellation: »Ihre sexuellen Triebe wurden innerhalb und von der Gruppe befriedigt. Das war die Basis für die Entwicklung sämtlicher individueller und kollektiver Fähigkeiten.«[177] Nun zeigten diese Kinder keine negativen Charaktermerkmale, sondern nur noch positive Eigenschaften wie Hilfsbereitschaft, Arbeitsfreude und Sinn für Kollektivität. Ohne auch nur einen Hauch an Misstrauen gegenüber den eigenen Projektionsvorgängen aufzubringen und so auf den nahe liegenden Gedanken zu kommen, dass diese Idealisierung auch als eine indirekte nachträgliche Rechtfertigung der Lager ausgelegt werden könnte, feierten die Aktivisten die Nachkriegsexistenz der Waisen als vorbildliche Kollektivform.

Im Laufe des Jahres 1969 eskalierte der Streit um die Kinderläden immer weiter und das umstrittene Thema geriet schließlich zum öffentlichen Spektakel. Dabei spielte die Adaption von Anna Freuds Fallgeschichte allerdings keine Rolle; die Existenz der Broschüre war den Journalisten offenbar entgangen. Auslöser waren stattdessen eine provokative Titelgeschichte des *Stern* und eine vielbeachtete Fernsehsendung der ARD. Erstmals wurde ein Massenpublikum mit der ungewöhnlichen, mitunter tiefsitzende Tabus verletztenden Praxis von Kinderläden konfrontiert.

Als der *Stern* am 2. März 1969 unter dem Titel »Deutschlands unartigste Kinder« einen Bericht über die Praxis der ersten zwölf antiautoritären Kinderläden in Berlin veröffentlichte, hätte das Echo kaum gewaltiger ausfallen können. Auf dem Titel war eine Aufnahme von Stefan Moses zu sehen, die mittels zweier Aspekte geschickt die Sensationsgier anzustacheln vermochte: der Sexualisierung des weiblichen Körpers sowie der Aggressivität und tendenziellen Verwahrlosung kleiner Kinder. Zu sehen war der Körper einer miniberockten jungen Frau umringt von vier Kleinkindern. An ihrem Gürtel zerrte eine der Blagen, ein Junge biss ihr von hinten in den Oberschenkel, ein Mädchen saß am Daumen nuckelnd zwischen den gespreizten Beinen und das kleinste Kind widmete sich hingebungsvoll den Töpfchen – das eine war umgekippt, in das zweite hatte es eine Hand gesteckt und das dritte thronte wie eine verwackelte Krone auf seinem Kopf. Mit aufgerissenem Mund und großen Kulleraugen blickte es als einziges direkt den Betrachter an.

Der Autor Heiko Gebhardt behauptete, dass es in den Kinderläden zum Partnertausch käme, weil verschiedene Väter die Mütter austauschten, um damit zu verhindern, dass sich die Kinder auf ein bestimmtes Elternpaar fixierten. »Frauentausch als Erziehungsmittel« lautete eine der Zwischenüberschriften. Die Titelgeschichte erweckte ganz den Eindruck, als sollte mit solchen Beispielen eine sich zwischen dem Senat und dem »Aktionsrat zur Befreiung der Frau« abzeichnende Vereinbarung torpediert werden, nach der Kinderläden als familienpolitische Modelle in den Genuss einer finanziellen Förderung gelangen sollten. »Der Senat«, hieß es, »will also ausgerechnet bei denen Kindererziehung studieren, die er sonst von der Straße knüppeln läßt. Und die Geknüppelten wollen sich ihre Kindererziehung von denen finanzieren lassen, gegen die sie sonst demonstrieren.«[178]

Als Reaktion führte eine Gruppe von Eltern zusammen mit ihren rund vierzig Kindern drei Tage später ein Go-in in der Westberliner *Stern*-Vertretung durch. Die Angehörigen des »Zentralrats der sozialistischen Kinderläden West-Berlin« drangen in die Redaktionsräume ein und besprühten Tische und Wände mit Farbe. Redaktionschef Sepp Ebelseder versuchte die kleinen Eindringlinge zunächst damit zu besänftigen, dass er Bonbons und Kekse an sie verteilen ließ. Doch die süße Befriedungsaktion zeigte nur geringen Erfolg. Papierkörbe wurden ausgeleert, eine Schreibmaschine unbrauchbar gemacht, ein Feuerlöscher aus seiner Halterung gerissen und zahlreiche Akten und Papiere auf dem Boden verstreut. Während kleine wie große Demonstranten bei ihrem Tun ausgiebig fotografiert wurden, erklärte einer der Erwachsenen, sie wollten dem *Stern* nun mal zeigen, wie es sei, wenn sich die Kinder wirklich so verhielten, wie es in dem Artikel dargestellt worden war.

Ein zusätzliches Forum wurde der Kinderladenbewegung geboten, als die ARD am 1. Dezember 1969 unter dem Titel »Erziehung zum Ungehorsam« einen Film von Gerhard Bott ausstrahlte.[179] Darin wurden anhand von Beispielen in West-Berlin, Stuttgart und Frankfurt Ansprüche und Realitäten der pädagogischen Modellversuche miteinander konfrontiert. Als Interviewpartner kamen auch ehemals führende SDS-Sprecher zu Wort wie Monika Seifert für die Frankfurter Kinderschule in der Eschersheimer Landstraße und Reinhard Wolff für den Kinderladen in der Westberliner Fichtestraße. Die Sendung heizte die öffentliche Debatte über die antiautoritäre Erziehung weiter an. Über zweihundert Anrufe und rund sechshundertfünfzig Zuschriften gingen bei der Redaktion des NDR in Hamburg ein. Da die Kontroversen wochenlang anhielten, wurde der Film im darauffolgenden Jahr noch ein weiteres Mal gezeigt, diesmal mit einer anschließenden Diskussion.

Zur selben Zeit war im Rowohlt Verlag ein Taschenbuch erschienen, das mit seinem Titel den Eindruck erweckte, als wolle es Antworten auf die offenen Fragen geben und als solle der öffentliche Streit damit rationalisiert und entkräftet werden: »Theorie und Praxis der antiautoritären Erziehung. Das Beispiel Summerhill«.[180] Mit dem Band wurde eine Auswahl von Texten des schottischen Reformpädagogen Alexander Sutherland Neill vorgelegt, die im englischen Original 1960 zum ersten Mal erschienen war. Die fünf Jahre später in einem Münchner Verlag herausgebrachte deutsche Übersetzung war sang- und klanglos untergegangen.[181] Nun aber entwickelte sich das Buch zu einem regelrechten Bestseller: Innerhalb eines einzigen Jahres wurden über 600 000 Exemplare verkauft.[182] Die Tatsache, dass ein pädagogisches Buch ein Kassenschlager werden konnte, war ein Indiz für das außerordentliche Interesse, das nun einem Metier entgegengebracht wurde, das sonst nur ein müdes Gähnen hervorgerufen hatte.

Summerhill ist eine Privatschule im englischen Suffolk und inzwischen Synonym für das vielleicht bekannteste reformpädagogische Experiment, das es weltweit gibt. Sie wurde 1921 von Neill gegründet und existiert heute noch. Das Internat befand sich von Anfang an im Besitz der Familie Neill, ein Status, der der Einrichtung ein hohes Maß an Unabhängigkeit verlieh. Die Anzahl der Schüler zwischen fünf und siebzehn Jahren, die aus vielen Ländern, neben Großbritannien insbesondere aus Japan und Deutschland stammen, ist mit rund hundert relativ klein. Das garantiert einen erhöhten Grad an Aufmerksamkeit und gehört zum Konzept.

Summerhill markiert einen Bruch mit dem insbesondere im Deutschland des 20. Jahrhunderts weit verbreiteten Schultypus obrigkeitsstaatlicher Prägung. Neill gehörte zu den zahlreichen pädagogischen Neuerern aus der Zeit nach dem Ersten Weltkrieg. Weil er als untauglich eingestuft worden war und deshalb zunächst keinen Militärdienst absolvieren musste, durfte er einen Kollegen, der dieses Glück nicht besaß, vertreten und war so zufällig Rektor einer Public School im schottischen Gretna Green geworden. Er begann damit, die als selbstverständlich unterstellten Lehr- und Lernformen zu revidieren. Die so gewonnenen Erfahrungen führten zu einem durch weitere Schulreformen untermauerten Wendepunkt. In den zwanziger Jahren ging er nach Dresden und gründete im dortigen Stadtteil Hellerau zusammen mit zwei Reformpädagoginnen eine Internationale Schule, die jedoch wegen politischer Instabilitäten und wirtschaftlicher Schwierigkeiten ihre Pforten bereits nach zwei Jahren wieder schließen musste. Neill zog nach Österreich, wo er eine Zeit lang in einem Klostergebäude eine winzige Schule mit nur neun Schülern unterhielt. Schließlich kehrte er zurück nach Großbritannien, mietete in der Grafschaft Dorset ein Gebäude, das auf einem Hügel mit dem romantisch klingenden Namen Summerhill lag, und gründete abermals eine Schule. Sie widmete sich ganz jenen Kindern, die an anderen Schulen gescheitert waren, sogenannten Problemkindern. Seine hoffnungsvollen Erfahrungen publizierte er bald darauf in einem Buch mit dem Titel »The Problem Child«.[183] Da das Gebäude anderweitig genutzt werden sollte, musste er sich eine neue Bleibe suchen. Er fand sie schließlich in einem ehemaligen Mädchenpensionat, das in Leiston an der englischen Ostküste lag. Nun wurde zwar der Ort gewechselt, der Name aber blieb.

Auf einer Vortragsreise, die er 1937 durch Skandinavien unternahm, lernte er zufällig den aus Nazi-Deutschland emigrierten Wilhelm Reich kennen. Er besuchte einige seiner therapeutischen Sitzungen, und es entwickelte sich eine Freundschaft zwischen den beiden, die den Zweiten Weltkrieg und auch Reichs Hinwendung zur Orgontheorie überdauerte. Als Neill 1947/48 auf einer Vortragsreise in den USA war, stattete er dem Freund und Kollegen im Bundesstaat Maine einen Besuch ab. Obwohl er dessen paranoide Züge durchaus wahrnahm, sprach er von dem Vorkämpfer der sexuellen Befreiung nur mit Wärme und voller Hochachtung.

Neill glaubte daran, dass in jedem Kind ein guter Kern stecke, und lehnte den Lernzwang ebenso wie das Benotungssystem und die damals übliche Praxis der Prügelstrafe kategorisch ab; er setzte stattdessen auf die durch Freude und spielerischen Umgang geförderten Selbstbestimmungsimpulse seiner Schüler. Die Formel dafür lautete »Self-government«. Die Teilnahme am Unterricht stand jeder und jedem grundsätzlich frei, die Schülerinnen und Schüler konnten kommen und gehen, wann sie wollten; die Aufhebung der Geschlechtertrennung galt als selbstverständlich und das Klassensystem war aufgehoben. Obwohl die individuelle Freiheit sehr hoch angesetzt wurde, war sie dennoch kein Dogma. Den Lernenden sollte so viel Freiheit wie möglich eingeräumt, jedoch gleichzeitig ein Bewusstsein davon vermittelt werden, dass es Regeln gäbe, die für das Zusammenleben aller von Bedeutung seien und deshalb nicht einfach ignoriert werden dürften. Für Summerhill sollte das Prinzip einer freien Erziehung gelten, dieses jedoch nicht als Freiheit von jeglicher Erziehung missverstanden werden.

In diesem zentralen Punkt wurde auch die Differenz zu der von den Kommunen und Kinderläden propagierten Idee der antiautoritären Erziehung deutlich. Neill wollte nicht, dass Summerhill als Laboratorium eines Freiheitsmodells missverstanden werden würde, in dem die Rolle der Erzieher aufgelöst und alles den Selbstgestaltungswünschen der Kinder anheimgestellt werden sollte. Die Reformschule war kein Vakuum, das durch ein möglichst buntes Treiben der Schülerschar auszufüllen und zu gestalten gewesen wäre. Seine Formel für eine alternative Schulerziehung lautete »Selbstregulatives Lernen«. Neill war alles andere als ein Dogmatiker; er setzte auf die Entwicklungs- und Lernfähigkeit der Kinder, die er jedoch nicht überzustrapazieren gedachte. Es war insofern nicht verwunderlich, dass der Pädagoge über den Titel der deutschen Übersetzung seines Buches, mit dem ganz offenkundig der Anschluss an einen Trend hergestellt werden sollte, nicht sonderlich erfreut war. Für ihn stellte Summerhill jedenfalls kein Exempel für eine Form antiautoritärer Erziehung dar. Weil er mit seinen reformpädagogischen Ideen nicht für die überspannt anmutenden Revolutionierungsexperimente deutscher Studenten herhalten wollte, distanzierte er sich schließlich von dem so erfolgreichen Taschenbuch.

Das tat der weiteren Verbreitung seiner Texte jedoch kaum einen Abbruch. Der zwei Jahre später im selben Verlag publizierte Diskussionsband »Summerhill – pro und contra«[184] und der noch 1986 folgende Interviewband »Das Prinzip Summerhill«[185] zeigen, wie stark das Interesse, sich ein erfahrungsgesättigtes Bild von einer vermeintlich antiautoritär ausgerichteten Reformschule machen zu können, auch weiterhin war. Summerhill und ihr Begründer Neill waren zum Fixpunkt einer Vielzahl jener Versuche geworden, die sich als antiautoritär verstanden und nicht nur die Erziehung, sondern mit ihr zugleich auch die Gesellschaft umkrempeln wollten. Niemand, der in den siebziger oder achtziger Jahren mit alternativer Erziehung experimentierte, kam mehr an den Erfahrungen des britischen Pädagogen vorbei, der vom Tonfall sanft, in seiner Sache aber auf ganz andere Weise radikal war wie die Verfechter der Kommunen und Kinderläden.

Räte

Bereits viele Jahre vor der Achtundsechzigerrebellion hatte Max Horkheimer seine Vorstellung von einer Demokratisierung und den in der Studentenschaft nicht ausgeschöpften politischen Potenzialen skizziert. Auf einer studentischen Vollversammlung, die im Dezember 1952 in der Aula der Frankfurter Universität zu einer Zeit stattfand, als er der Rektor war, hatte er den Studierenden einen basisdemokratisch-plebiszitär orientierten Gedankengang nahezulegen versucht: »Zur Zeit Rousseaus dachte man, Demokratie bestände darin, daß diejenigen, die ihre Regierung wählen, zusammenkommen und in Urversammlungen sich aussprechen, und ihre Vertreter dann zueinander schicken von den verschiedenen Orten aus, so daß die Regierung konstituiert wird. Davon ist man in der Massendemokratie abgekommen. Denn wie sollte man die Menschen zusammenbringen?«, haben doch die wenigsten ihre parlamentarischen Vertreter jemals persönlich getroffen. Aber »in der Universität während der Studentenzeit, die utopische Züge trägt, wäre so etwas möglich. Die studentische Vollversammlung könnte eine Urversammlung sein. Es könnte so sein, daß alle, die etwas zu sagen haben, sich zusammenfinden und die wählen, die sie vertreten sollen und die sie auch zur Rechenschaft ziehen können. Dies gilt zuerst für die Vertretung im AStA.«[186] Wiederholt betonte Horkheimer, dass es der spontanen und aktiven Mitwirkung der Studenten bedürfe, um ihren Einfluss geltend zu machen. Wenn von der studentischen Seite kein Druck erfolge, dann würden sich viele der als notwendig angesehenen Neuerungen nur langsam vollziehen.

Horkheimers Aufforderung wurde von keiner anderen Hochschulgruppe so ernst genommen wie dem SDS und ist schließlich Mitte der sechziger Jahre für die politisierten Studenten zu einer Selbstverständlichkeit, wenn nicht gar Verpflichtung geworden: politische Debatten in aller Öffentlichkeit auszutragen. Ihr Organisationsprinzip war das der gemeinsamen Diskussion mit anschließender plebiszitärer Abstimmung. Es ging letztlich um die Einheit von Demokratie und Öffentlichkeit. Ohne eine funktionierende Öffentlichkeit, so die Überzeugung, konnte auch keine funktionsfähige Demokratie zu erwarten sein.

Deshalb war die außerparlamentarische Bewegung von nichts anderem so sehr geprägt wie dem Versuch: »Öffentlichkeit schaffen!« – die Parole, die vor allen anderen zu hören war.[187] Bevor irgendein politisches Ziel geäußert werden konnte, galt es zunächst einmal, sich des öffentlichen Raums zu versichern. Aus den geschlossenen Räumen ging es hinaus auf die Straßen, die Plätze und in die Innenstädte. Zielstrebig wurden urbane Zentren anvisiert, wo die stärkste Publikumsfluktuation herrschte und der größte Resonanzboden für eine Protestaktion zu erwarten war.

Im Unterschied zu den Parteien und – mit Ausnahme der Gewerkschaften – den meisten anderen Großorganisationen wurde in der Studentenbewegung und der aus ihr hervorgegangenen APO die Demonstration zur maßgeblichen Form der politischen Willensartikulation.[188] Sie war das Lebenselixier der Achtundsechzigerbewegung. Von ihrem jeweiligen Verlauf war abhängig, welche Resonanz Forderungen in den Medien und der Öffentlichkeit hatten. Auch die damals aus den USA übernommenen Teach-ins waren integraler Bestandteil dieser Strategie.[189] Oft dienten sie dazu, vor Beginn einer Demonstration oder einer Kampagne die Interessierten über Hintergründe zu informieren, und boten zugleich die Möglichkeit, sich kontrovers auszutauschen.

Als eine degenerierte Form der Öffentlichkeit wurden dagegen die Parlamente, insbesondere der Bundestag, angesehen. Die Funktionsfähigkeit der Volksvertretung war ohnehin längst in Zweifel gezogen worden. Die politischen Entscheidungen fielen – wie es in meist unausgesprochener Anknüpfung an Carl Schmitts Diagnose vom Beginn der Weimarer Republik[190] hieß – außerhalb der Volksvertretung, im Kabinett, den Einzelministerien, speziellen Ausschüssen oder anderen staatlichen Organen. Das Parlament reduziere sich, hieß es weiter, auf ein bloßes Akklamationsinstrument der Regierung, es verwandle sich zum rhetorischen Beiwerk einer kaum zu kontrollierenden Machtpolitik. Die Rede war – wie es mit Wilhelm Hennis von einem namhaften Vertreter der Politikwissenschaft nach den Bundestagswahlen von 1965 beklagt worden war – von einem regelrechten »Prozeß der Entmachtung und Entleerung des Bundestags«,[191] von einer zunehmenden Entkoppelung von Legislative und Exekutive.

Mit dem 1967 erschienenen Traktat »Die Transformation der Demokratie« war eine Radikalkritik der Bonner Demokratie vorgelegt worden,[192] die weit über die APO hinaus als die Begründung außerparlamentarischer Opposition schlechthin rezipiert und in der Folge nahezu kanonisiert wurde. Ihr programmatischer Teil stammte von dem Politikwissenschaftler Johannes Agnoli, der seit 1964 am Otto-Suhr-Institut der Freien Universität Berlin lehrte, das eines der theoretischen Zentren der Studentenbewegung, der APO und letztlich der Achtundsechzigerbewegung insgesamt war. Sein gemeinsam mit einem sozialpsychologischen Text Peter Brückners publiziertes Buch passte in die Zeit der ersten Großen Koalition wie ein theoretischer Lückenfüller. Später wurde es gar als »Bibel der außerparlamentarischen Opposition« bezeichnet.[193]

Als Ausgangspunkt der »Transformation der Demokratie« skizzierte Agnoli ein Grundproblem des parlamentarischen Systems: Vom Anspruch her soll das Volk Träger der Staatsgewalt sein, in Wirklichkeit jedoch ist es in seiner Gesamtheit nicht regierungsfähig. Die durch den Wahlakt ausgewiesene Repräsentation muss deshalb das Handeln weniger für alle legitimieren. Unter diesem Ausgangsverhältnis, so Agnoli, vollziehe sich nun im modernen parlamentarischen System ein tiefgreifender Strukturwandel: Die demokratischen Parteien, Verfassung und Staat entwickelten sich in autoritär orientierte vor- oder antiparlamentarische Formen zurück. Agnoli bezeichnet diesen Prozess als »Involution«. Mit diesem Terminus charakterisiert er die »Transformation der Demokratie«, die auf nichts anderes als eine Camouflage autoritärer, ihrer Tendenz nach undemokratischer Herrschaftsformen aus sei, als eine Kette historischer Rückschritte. Besonderes Merkmal der allenthalben zu beobachtenden Involutionstendenzen sei, dass mit ihnen die Verfassungsnormen und -formen umfunktionalisiert worden seien. Dadurch stelle sich ein paradox erscheinender Zustand ein: Das Instrumentarium des Verfassungsstaates werde unter Beibehaltung seiner Normen verfeinert. Damit werde jedoch nicht das demokratische Verfahren gestärkt, sondern die Machtapparatur im Dienste der Kapitalinteressen weiter perfektioniert.

Das politische System nehme in der Folge immer mehr die Form eines korporatistischen Blocks an. Organisationen, die einstmals bestimmte Interessen vertreten hätten, die mit anderen nahezu zwangsläufig in Konflikt geraten mussten, verwandelten sich insgeheim in staatspolitische Vereinigungen. Nicht mehr die offene Austragung gegensätzlicher Interessen sei angesagt, sondern das möglichst reibungslose Einfinden in staatliche Regelungsprozeduren. Der Antagonismus der Klassengesellschaft, der sich sozioökonomisch unvermindert perpetuiere, reduziere sich auf die scheinhafte Pluralität von Parteien, die in Wirklichkeit jedoch wie nach dem Muster einer Einheitspartei funktionierten. Aus Klassenseien Volksparteien geworden, deren Konkurrenzgebaren immer mehr zum Schein werde. Und das Parlament, die eigentliche Krone der westlichen Demokratien, spiele »dem demos gegenüber« die Rolle eines »Transmissionsriemens der Entscheidungen politischer Oligarchien«.[194] Damit löse sich die ursprünglich am Marktmodell orientierte parlamentarische Demokratie nicht einfach auf, sondern transformiere sich ohne Bruch ihres formal rechtsstaatlichen Selbstverständnisses in Organe eines autoritären Staates. Die Gefahr der Inthronisierung eines faschistischen Herrschaftsmodells, das sich demnach auch ohne die Terrorisierung des politischen Gegners durch Sturmtruppen etablieren könne, weil es sich immanent mit den Mitteln des Verfassungsstaates klammheimlich durchzusetzen wisse, wird durch diese Darstellung nahegelegt.

Agnoli zog aus seiner Argumentation in eigens für ein Organ des SDS verfassten Thesen politische Schlussfolgerungen für die APO.[195] Da es keine immanente Möglichkeit gebe, die Involutionstendenzen zu stoppen oder gar umzukehren, sei jede Form innerparlamentarischer Opposition kontraproduktiv. Sie könne keine andere Rolle als die eines Integrationsinstrumentes spielen. Einer außerparlamentarischen Opposition stünden grundsätzlich zwei Richtungen offen: Einerseits könnte sie sich zu einem Wahlverein entwickeln, dann führe ihr Weg nach »rechts«; andererseits könnte sie die Antagonismen weiter verschärfen, dann führe ihr Weg nach »links«. Eine außerparlamentarische Opposition müsse nicht per se antidemokratisch sein. Wenn das Parlament jedoch selbst antidemokratisch würde, dann könne der Kampf für mehr Demokratie nur noch antiparlamentarisch ausgefochten werden. Da die Bundesrepublik in ihrer Kerntendenz »faschistisch« sei,[196] bleibe einer außerparlamentarischen Opposition schließlich nichts anderes übrig, als einen antiparlamentarischen Kampf zu führen.

Agnolis Analyse »passte« so gut in ihre Zeit, weil sie unter den Rahmenbedingungen der Großen Koalition und auf dem Höhepunkt des Konflikts um die Einführung der Notstandsgesetze zugleich auch eine suggestive Qualität besaß. Sie legte nahe, dass gegen die angeblich drohende Gefahr eines »neuen Faschismus« nur der Klassenkampf eine wirksame Gegenwehr darstelle. Den betrachtete er in den bereits erwähnten Thesen nicht nur als den ersten Schritt zur Verwirklichung von Demokratie, unter bestimmten Voraussetzungen hielt er auch den Umschlag von einer außerparlamentarischen Opposition »in einen offenen antiparlamentarischen Kampf« für denk- und wünschbar.[197] In seiner ganzen Argumentation ging es ihm darum, den angeblich fiktiven Charakter des Parlamentarismus aufzudecken und den sozialen Antagonismus wieder sichtbar zu machen.

Unter der Voraussetzung, dass es sich beim modernen Kapitalismus nicht um eine nivellierte Mittelstandsgesellschaft, sondern um eine zwar gewandelte, im Kern jedoch ungebrochen fortexistierende Klassengesellschaft handelte, wurden die Hoffnungen auf eine grundlegende Alternative zum parlamentarischen Demokratiemodell gesetzt. Wenn auf der Basis kapitalistischer Produktionsbedingungen keine wirkliche Demokratie möglich sei, so der Gedanke, dann könne nur ein politisches Modell in Frage kommen, das mit dem Problem der Machtausübung zugleich das der Entstehung von Macht zu lösen verspreche.

Die Parlamentarismuskritik war eng verknüpft mit einer Debatte über Möglichkeiten zur Bildung von Räten und zum Aufbau einer Räterepublik, die zeitweilig als Antwort auf die als delegitimiert geltende parlamentarische Demokratie propagiert wurden.[198] Insbesondere in anarchistischen, linkssozialistischen und originär kommunistischen Kreisen war immer wieder das Ideal einer Selbstverwaltung der eigentlichen Produzenten eingefordert worden. In Situationen, in denen die tradierten Machtsysteme – zumeist infolge zermürbender kriegerischer Auseinandersetzungen – funktionsunfähig geworden waren und ein Vakuum hinterließen, hatte es einige Versuche gegeben, Räte als Organe direkter Demokratie zu etablieren. Bekannt geworden ist vor allem die Bildung von Soldaten-, Betriebs-, Verwaltungs- und Bauernräten am Ende des Ersten Weltkriegs in Russland, Deutschland, Ungarn und Italien. Sie besaßen eine Doppelfunktion: Zum einen waren sie Kampfinstrumente zur Niederschlagung des Klassenstaates und zum anderen Formen der Selbstherrschaft. Sie waren Organe unterprivilegierter Gruppen und Klassen, die sich insbesondere gegen das kapitalistische Wirtschaftssystem, gegen den bürokratisch organisierten Zentralstaat, die Unkontrollierbarkeit der Technisierungs- und Industrialisierungsprozesse sowie die Mediatisierung der Gesellschaft im Allgemeinen wandten. Sie beruhten zumeist auf der Vorstellung einer Identität von Regierenden und Regierten.

Ihr Vorbild stellte sowohl 1918/19 als auch 1967/68 die Pariser Kommune dar. Der meistzitierte Kommentar stammte von Karl Marx, der sie trotz ihres Scheiterns explizit verteidigte. In seinem Text »Bürgerkrieg in Frankreich« schrieb er: »Die Kommune bildete sich aus den durch allgemeines Stimmrecht in den verschiedenen Bezirken von Paris gewählten Stadträten. Sie waren verantwortlich und jederzeit absetzbar. Ihre Mehrzahl bestand selbstredend aus Arbeitern oder anerkannten Vertretern der Arbeiterklasse. Die Kommune sollte nicht eine parlamentarische, sondern eine arbeitende Körperschaft sein, vollziehend und gesetzgebend zu gleicher Zeit.«[199] Sie konstituierte sich im Kampf der Produzenten gegen die Profiteure, ihre Funktion bestand nach Ansicht des Begründers des wissenschaftlichen Sozialismus im Wesentlichen darin, »eine Regierung der Arbeiterklasse« zu sein. Eine rätedemokratische Herrschaft war nur denkbar auf der Basis vergesellschafteter Produktionsmittel, als politische Form sozialistischer Produktionsverhältnisse. Wenn es nicht gelang, die errungene politische Macht auch in eine Änderung der Eigentumsverhältnisse umzusetzen, dann war die Niederlage unausweichlich.

Wie nur wenige andere hatte sich der Sozialdemokrat und spätere niedersächsische Kultusminister Peter von Oertzen mit den rätedemokratischen Ansätzen in der Novemberrevolution auseinandergesetzt. Von ihm stammt eine der genauesten Fassungen der Grundprinzipien des Rätesystems:

»1. Alle leitenden Positionen werden durch Wahl besetzt. 2. Die Urwähler treten als geschlossene Wahlkörper auf der untersten Ebene des gesellschaftlichen Lebens in Aktion und bilden ihren politischen Willen in den Versammlungen dieser Urwahlkörper. 3. Die Urwähler fällen eine möglichst große Zahl der erforderlichen Entscheidungen selbst ... 4. Die gewählten Vertreter sind in ihren Entscheidungen nicht frei, sondern an Mandate ihrer Wähler gebunden. 5. Sie unterliegen der dauernden Kontrolle durch die Urwähler, müssen ihnen laufend Rechenschaft geben und können jederzeit durch sie abberufen werden. ...«[200]

In dieser Aufzählung lassen sich unschwer einige Leitvorstellungen der Achtundsechzigerbewegung entdecken, auch wenn sie diese aktualisiert haben. Es waren dies der Anspruch, alle für das politische Handeln relevanten Entscheidungen in Basisgruppen zu fällen, über Entscheidungsalternativen gemeinsam und öffentlich zu beraten, die Gefahr einer Verselbständigung von Herrschaftsrollen durch dauernde Kontrolle und Ämterrotation auf ein Minimum zu beschränken und ein imperatives Mandat zu gewährleisten. Besonders hervorstechend war dabei die Anstrengung, die Grundorientierungen Egalität, Flexibilität und Handlungsfähigkeit miteinander zu verbinden.

Auch wenn es nur selten zur expliziten Inanspruchnahme des Rätemodells durch Studenten-, Schüler- oder Lehrlingsgruppen gekommen ist, so markierte dieser Kanon von Leitvorstellungen doch den Vorstoß einer radikaldemokratischen Bewegung auf die Erscheinungsformen eines legitimationsschwachen, öffentlichkeitsarmen und weitgehend mobilisierungsunfähigen parlamentarischen Systems.

Im Winter 1968/69 bildeten sich an fast allen bundesdeutschen Universitäten Basisgruppen, die vermittelt über Kontroversen, Demonstrationen, Aktionszusammenhänge im Frühjahr darauf begannen, in Betriebe, Erziehungsheime, Kindergärten, Schulen, Krankenhäuser, städtische Randbezirke und ländliche Regionen auszuschwärmen. Noch bevor sich einige dieser Keimzellen einer wörtlich verstandenen Demokratie in neoleninistische Kadertruppen mumifizierten, bildeten sie das zu dieser Zeit wohl wichtigste Ferment einer politischen Gegenkultur. Der Impuls einer radikalen Demokratisierung hatte sich in den Köpfen festgesetzt, nun kam es darauf an, ihn praktisch umzusetzen.

Das Aufgreifen des Rätesystems als Denkmodell und die praktische Inanspruchnahme einzelner Elemente durch eine breite Strömung der APO waren von Anfang an nicht unumstritten und provozierten eine Reihe heute noch plausibler Einwände:

Der Vorteil, dass es sich bei den Räten um eine Körperschaft handelt, der zugleich gesetzgebende und vollziehende Kompetenz zukommt, birgt eine nicht unerhebliche Gefahr in sich. Durch die Aufhebung der Gewaltenteilung zwischen Legislative und Exekutive entsteht eine Machtkonzentration, die nur von innen, aus der Körperschaft selbst, nicht aber mehr von außen zu kontrollieren ist.

Die Homogenitätsvorstellung einer Identität von Regierenden und Regierten, die bekanntlich auf Rousseau zurückgeht, mag in einem kleinen überschaubaren Gemeinwesen noch praktikabel, in großflächigen, komplexer strukturierten Gesellschaften jedoch kaum durchzuhalten sein. Zudem legt sie einen gewissen Konformitätszwang nahe und sagt nichts über den Schutz von Minderheiten und abweichenden Meinungen aus.

Die Idealvorstellung der Selbstherrschaft setzt einen äußerst hohen Grad an Mobilisierungsbereitschaft voraus. Nur wenn sehr viele sich kontinuierlich versammeln, die gemeinsam fixierten Regeln akzeptieren und sich auf die Austragung der Debatten konzentrieren, können Räte oder räteähnliche Selbstverwaltungsformen Bestand haben. Wenn dies aber nicht der Fall ist, dann treten sehr schnell erhebliche Risiken für die Funktions- ebenso wie die Legitimationsfähigkeit dieser Körperschaft auf. Das »Permanenzproblem«, das zum Standardrepertoire konservativer Kritiker gehört, ist überaus ernst zu nehmen.

Damit eng verflochten ist die Gefahr des diktatorischen Attentismus. Da es sich im Prinzip um eine reine Versammlungsdemokratie handelt, kann die Möglichkeit, dass sich per Akklamation eine zufällige oder organisierte Minderheit durchsetzt, nicht nur nicht ausgeschlossen werden, sondern sie ist sogar relativ wahrscheinlich.

Wie sieht das Verhältnis der Räte untereinander aus? Wie verträgt sich die Autonomie des einen mit der des anderen und wie ist eine Zusammenfassung von Entscheidungen herzustellen, ohne die Handlungsfähigkeit des Rätesystems insgesamt zu gefährden?

Die Tatsache, dass mit der Sowjetunion ein totalitärer Staat existierte, der sich als »Räte-Union« ausgab – das russische Wort »Sowjet« bedeutet »Rat« –, hatte zu keinerlei Bedenken geführt und niemanden davon abgehalten, dieses Modell zumindest partiell zu propagieren.

Die APO war vor allem eine vielgestaltige Bewegung des Protests, keinesfalls aber ging es ihr bereits um Fragen der Macht. Unterhalb dieser Schwelle jedoch wirkten zahlreiche Gruppierungen mit der einmal begonnenen, zumeist unter Gesichtspunkten der Emanzipation vorgetragenen Praxis der Selbstherrschaft fort und strahlten in die unterschiedlichsten gesellschaftlichen Zusammenhänge aus. Von den aus der Studentenbewegung hervorgegangenen Basis- und Projektgruppen sprang der Funke auf Bürgerinitiativen über und damit auf andere Gruppen und Schichten.

Von Rätedemokratie spricht inzwischen niemand mehr. Demokratisierungsimpulse aus dieser Traditon lassen sich vor allem noch in Gruppierungen der Friedens- und Ökologiebewegung sowie bei den Grünen wiederfinden. Basisdemokratie, Ämterrotation, Sitzungsöffentlichkeit, imperatives Mandat – das alles sind jedoch Elemente aus dem skizzierten Katalog rätedemokratischer Grundprinzipien.

VI.

Die Dynamiken

Protestbewegungen lassen sich beeinflussen, mitunter sogar steuern, kaum jedoch planen. Sie entstehen zumeist überraschend – für die Akteure kaum weniger als für ihre Zuschauer, Kritiker und Kontrahenten. Der »Pariser Mai« stellt dafür vielleicht das beste Beispiel dar. Er war von niemandem prognostiziert worden. Die Überraschung, dass ein politisches System innerhalb nur weniger Tage zur Disposition gestellt werden konnte, reichte so tief, dass große Teile der politischen Klasse wie in einer Art Schockzustand erstarrt waren. Der »Pariser Mai« besaß weder eine ausgeprägte Vor- noch eine Nachgeschichte. In einem Leitartikel wenige Tage vor Ausbruch der Unruhen hatte es in der Tageszeitung *Le Monde* noch geheißen: »Frankreich langweilt sich.«[201] Nicht sehr viel anders war die Ausgangslage im Nachbarland. Der Soziologe Ludwig von Friedeburg diagnostizierte noch 1965, dass die Studenten »kaum mehr ein Ferment produktiver Unruhe« bildeten.[202] In einer Zeit, in der Planung größer geschrieben wurde als je zuvor oder danach, waren die sich wie ein Lauffeuer ausbreitenden Rebellionen in keiner Hochrechnung aufgetaucht.

Der Tod Benno Ohnesorgs

Der eruptionsartige Aufbruch am 2. Juni 1967 kam ebenso überraschend wie die Ausbreitung und Radikalisierung im Frühjahr 1968. Das zeithistorische Datum schien so zufällig wie eine meteorologische Begebenheit zu sein, so banal wie ein Wetterphänomen. Als im Mai 1967 der Schah von Persien in der Bundesrepublik eintraf, hatte wohl niemand damit gerechnet, welche Dynamik dieser Besuch in Gang setzen würde. Eingeladen hatte Bundespräsident Heinrich Lübke, der wegen seiner unfreiwilligen Bonmots zum Gespött nicht nur der Studenten geworden war. Die Sicherheitsvorkehrungen waren exorbitant. Insgesamt über 30 000 Polizisten kamen bundesweit zum Einsatz. Ganze Autobahnabschnitte wurden wegen der Fahrtroute des hohen Gastes gesperrt. In Bayern mussten Dutzende von iranischen Studenten das Bundesland verlassen und sich während der Anwesenheit des Schahs und seiner Frau woanders aufhalten – nicht ohne durch tägliches Aufsuchen des zuständigen Polizeireviers ihre Unschuld nachzuweisen.

Nachdem schon in München gegen den Schah protestiert und am Abend zuvor dessen Regime von Bahman Nirumand auf einem Teach-in im Auditorium maximum der Freien Universität analysiert worden war, demonstrierten an jenem 2. Juni 1967 mehr als dreitausend Menschen, vor allem Studierende, vor dem Rathaus in Berlin-Schöneberg. Studenten hatten Handzettel verteilt, auf denen der Schah des Mordes bezichtigt wurde. Unter dem Porträt des Monarchen hieß es: »Gesucht wird Schah Mohamed Reza Pahlawi wegen Mord und Folterungen an dem Journalisten Karimpour Schirazi, an dem Außenminister Hossein Fatemi, an dem Justizminister Lotfi nach vorherigem Ausreißen der Augen, an einundsiebzig oppositionellen Offizieren, an Hunderten von Kommunisten, an ziviler Bevölkerung und Journalisten.«[203] Dann folgte die »Beschreibung des Täters: Ca. 1,70 m groß, ovale Gesichtsform, trägt Panzerweste unter dem Hemd, darüber Orden. Besondere Kennzeichen: Kaiserkrone, goldenes Telefon, 5000 Mann Leibwache, ißt ausschließlich aus silbernem Geschirr, reist in Begleitung eines Giftprüfers. Er wurde zuletzt gesehen in Begleitung des Bundespräsidenten Heinrich Lübke. Wir weisen darauf hin, daß Personen, die dem Täter Asyl gewähren, sich der Beihilfe zu den genannten Verbrechen schuldig machen. Wir bitten die Bevölkerung, alle Aktionen, die zur Unschädlichmachung des Täters führen, tatkräftig zu unterstützen.« Unterschrieben war das Ganze von einer angeblichen Internationalen Befreiungsfront mit Sitz in Wien. Das hörte sich beinahe nach einem Aufruf zu einem Attentat an.

Als beim Eintreffen des Schahs Unruhe entstand und auch Rauchkerzen sowie einige Eier flogen, prügelten sogenannte Jubelperser mit Holzlatten und Stahlrohren auf die Demonstranten ein.

Auf einem der Fotos, die von den Schlägern gemacht wurden, ist ein älterer, grauhaariger Herr zu sehen, der gerade zu Boden geht. Es handelte sich um das CDU-Mitglied Walter Siepmann, Mitglied des Stadtrates im nordrhein-westfälischen Schwelm. Er war am Tag zuvor zu einem einwöchigen Besuch in die Stadt gekommen. Am 2. Juni begab er sich zum Schöneberger Rathaus, um den Schah zu sehen. Die Ereignisse dort gab er später mit folgenden Worten zu Protokoll: »Plötzlich sah ich zu meinem Schrecken, daß einer der Schahanhänger mit einem Totschläger (Stahlspirale mit Bleikugel) auf einen jungen Mann eindrang, der neben mir stand und lediglich gerufen hat. Ich stellte mich vor den Bedrohten (vermutlich ein oppositioneller Perser) und rief dem Angreifer zu: Tun Sie das Ding weg, hier wird nicht geschlagen! Daraufhin kamen noch weitere Schläger, die mit Holzlatten auf uns losschlagen wollten. Ich wäre verletzt worden, wenn nicht andere Zuschauer mich zu meinem Schutze zu Boden gerissen hätten.«[204] Zu seiner Empörung sahen die Polizeibeamten dem Treiben tatenlos zu.

Bei einer zweiten Manifestation wenige Stunden später vor der Deutschen Oper kam es zu schweren Auseinandersetzungen mit der Polizei. Einer der Demonstranten schilderte später, was er dort erlebt hatte: »Am frühen Abend rollt ein klappriger 2CV mit heruntergelassenem Verdeck die Bismarckstraße entlang, vorbei an den Demonstranten gegenüber der Deutschen Oper, die dem Schah und seinen Gastgebern einen, wie man damals so sagte, gebührenden Empfang bereiten wollen. Zwei Studenten stehen im Wagen, winken huldvoll. Sie haben Papiertüten über den Kopf gezogen, auf denen der Schah und seine Gemahlin abgebildet sind – Karikaturen. Die Demonstranten jubeln dem Kaiserpaar zu.« Kurz darauf trafen die echten Gäste ein und Farbeier und Tomaten flogen über die Straße: »Ein paar von ihnen – eine sportliche Leistung angesichts der Entfernung – treffen ihr Ziel und verunreinigen die Abendgarderoben. Allgemein anerkennender Beifall. Dann gibt der Polizeipräsident Duensing den Einsatzbefehl.«[205] Anschließend verfolgten uniformierte Greiftrupps flüchtende Demonstranten. Dabei wurde der sechsundzwanzigjährige Germanistikstudent Benno Ohnesorg auf einem Parkplatz von dem Kriminalobermeister Kurras von hinten erschossen.

Obwohl die Polizei den Todesfall zunächst zu vertuschen versuchte und der Senat ein generelles Demonstrationsverbot erließ, trafen sich einen Tag später sechstausend Hochschulangehörige auf dem Gelände der Freien Universität und diskutierten über die Erschießung Ohnesorgs und den »nicht erklärten Notstand« in West-Berlin.[206] Der Tod des Studenten hatte inzwischen eine Welle der Empörung an allen bundesdeutschen Universitäten ausgelöst.

Berlins Regierender Bürgermeister Heinrich Albertz versuchte zunächst Härte zu zeigen und stellte sich uneingeschränkt hinter das Vorgehen der Polizei. Anstatt die Wogen der Empörung zu glätten, erklärte er entschlossen, dass die Geduld der Stadt nun am Ende sei und: »Wir lassen uns nicht länger von einer Minderheit regieren.«[207] Doch der evangelische Pastor und überzeugte Sozialdemokrat musste in der Folge ebenso wie der Innensenator und der Polizeipräsident seinen Rücktritt einreichen.

In seinen »Erinnerungen an den 2. Juni« schrieb Albertz später über den Schahbesuch: »So kam er an mit seiner Frau. Unsympathisch und steif, in einer stelzernen Würde, ohne eine erkennbare menschliche Regung. Die Straßen waren fast leer, als wir vom Flugplatz zum Rathaus fuhren. Erst dort waren junge Leute versammelt und – zu meinem Entsetzen nach Berlin eingeflogene – Schlägertruppen, die während der Schah und ich in meinem Amtszimmer ein ernstes Gespräch führten, mit Dreschflegeln und Stangen auf die Studenten einschlugen – die Polizei machtlos dazwischen.« Während der Regierende Bürgermeister sich Protokoll und Gästen widmete, drang der Lärm durch die Fenster. Er habe nie klären können, »wer die Mitverantwortung für diese Gewalttaten trug. Natürlich SAWAK. Aber sie mußte Sonderflugzeuge gebucht haben. Wußte das Auswärtige Amt davon? Der Bundesnachrichtendienst?«[208] Albertz warf eine Reihe von Fragen auf, die nie geklärt werden konnten. Und er war seinerzeit – zumindest dem Papier nach – der politisch mächtigste Mann im Westteil der Stadt.

Das Attentat auf Rudi Dutschke

Das zweite Ereignis, das wie ein Katalysator wirkte und eine unkontrollierbare Dynamik in Gang setzte, fand zehn Monate später statt. Am 11. April 1968, an Gründonnerstag, wartete Rudi Dutschke mitten in West-Berlin an der Ecke Kurfürstendamm/Johann-Georg-Straße darauf, dass eine Apotheke nach der Mittagspause wieder öffnete. Er saß auf seinem Fahrrad und wollte für seinen drei Monate alten Sohn Arznei besorgen. Die Stelle war nur fünfzig Meter vom SDS-Zentrum entfernt. Nach einigen Minuten parkte ein Auto auf dem Mittelstreifen des Kurfürstendamms, ein junger Mann stieg aus. Es war der vierundzwanzigjährige Hilfsarbeiter Josef Bachmann, der erst wenige Stunden zuvor mit dem Interzonenzug aus München angereist war. Er ging direkt auf den Wartenden zu und fragte ihn, nur noch zwei Meter entfernt: »Sind Sie Rudi Dutschke?« Als dieser ohne Zögern und Argwohn mit einem ebenso einfachen wie klaren »Ja« antwortete, brach es aus Bachmann heraus: »Du dreckiges Kommunistenschwein!« Aus einem unter seiner Lederjacke sitzenden Schulterhalfter zog er einen Revolver und drückte ab. Einmal, zweimal, dreimal. Der erste Schuss traf Dutschke in die Wange, er stürzte vom Rad auf den Asphalt. Den zweiten und den dritten Schuss feuerte der Attentäter aus nächster Nähe auf den bereits blutend am Boden Liegenden ab. Eine Kugel ging in den Kopf, eine weitere in die Schulter. Trotz seiner schweren Verletzungen versuchte Dutschke, sich noch einmal hochzuraffen und in Richtung SDS-Zentrum zu bewegen. Doch bereits nach wenigen Schritten brach er blutüberströmt zusammen. Noch immer hatte er sein Bewusstsein nicht verloren. Er rief nach Vater und Mutter. Seine letzten Worte lauteten zusammenhangslos »Soldaten, Soldaten«. Der Attentäter flüchtete vor der herbeigerufenen Polizei in einen nahe gelegenen Neubau. Von dort aus lieferte er sich ein Feuergefecht mit den nachrückenden Beamten, bei dem er schließlich getroffen und selbst schwer verletzt wurde. Dutschke war in der Zwischenzeit ins Westend-Krankenhaus eingeliefert worden. In einer fünfstündigen Operation wurden ihm dort die beiden Geschosse, die ihn in den Kopf getroffen hatten, entfernt. Es war zunächst unklar, ob er den Anschlag überleben würde.

Der Hintergrund für den versuchten Mord schien den Aktivisten in SDS und APO klar zu sein. Die Parole lautete: »Bild schoß mit.« Das Attentat wurde als Folge einer systematischen Hetzkampagne des Berliner Senats und der Springer-Presse angesehen.

Bereits wenige Stunden danach hatten sich zweitausend Studenten im Auditorium maximum der Technischen Universität versammelt und beschlossen, dass der Senat zurücktreten und der Springer-Konzern enteignet werden müsse. Danach zogen die Demonstranten durch die Innenstadt nach Kreuzberg zur Kochstraße. In der ersten Reihe war der Rechtsanwalt Horst Mahler zu sehen, der ein Megafon mit sich führte. Gegen dreiundzwanzig Uhr begannen einige damit, das an der Mauer gelegene Springer-Hochhaus zu stürmen. Nachdem dieser Versuch durch starke Polizeikräfte vereitelt werden konnte, wurden die Fahrzeughallen in Brand gesetzt und mehrere Transportwagen zerstört. Besonders tat sich dabei ein Vertrauter der Kommunarden hervor, Peter Urbach – der Agent provocateur des Verfassungsschutzes.[209] Er trug ein Weidenkörbchen, in dem sich Molotowcocktails befanden, die er freigiebig unter den Demonstranten verteilte.

Im Laufe von fünf Tagen beteiligten sich mehr als 50 000 Menschen an den Blockadeversuchen vor den Auslieferungstoren der Springer-Druckereien in Essen, Esslingen, Frankfurt, Hamburg und West-Berlin. Insgesamt kamen dabei 21 000 Polizisten zum Einsatz. Über tausend Personen wurden festgenommen, darunter auch unbeteiligte Passanten wie Hausfrauen und Rentner. Bei den schwersten Straßenschlachten in Deutschland seit der Weimarer Republik kamen zwei Personen, ein Fotograf und ein Student in München, ums Leben, vierhundert Menschen wurden zum Teil schwer verletzt.

Das Attentat auf Rudi Dutschke löste auch im Ausland heftige Proteste aus. Zumeist richteten sie sich gegen Büros des Springer-Verlags oder andere bundesdeutsche Einrichtungen und Niederlassungen. In Wien zogen am Karfreitag tausendfünfhundert Studenten und Schüler zum Büro der Springer-Programmzeitschrift *Hör zu*. Am selben Tag wurden in Rom Molotowcocktails gegen die Vertretungen von Mercedes-Benz und Porsche geworfen. In Amsterdam, Brüssel, Bern, Paris und London, in Oslo, Kopenhagen, Prag, Zürich, Mailand und Rom, von Belgrad über Tel Aviv, New York, Washington bis Toronto zogen die Menschen zu Demonstrationen, Kundgebungen und Protestaktionen.

Ähnlich wie während der *Spiegel*-Affäre meldeten sich auch diesmal Hochschullehrer und Intellektuelle zu Wort, die sich demonstrativ hinter die Kritik am Pressekonzern stellten: »So isoliert die Hintergründe des Mordanschlags auf Rudi Dutschke auch sein mögen, sie enthüllen den Zustand unserer Gesellschaft.«, hieß es in einer öffentlichen Erklärung in der *Zeit*. »Angst und mangelnde Bereitschaft, die Argumente der studentischen Opposition ernst zu nehmen, haben ein Klima geschaffen, in dem die gezielte Diffamierung einer Minderheit zur Gewalttätigkeit gegen sie aufreizen muß. Dieses Klima ist systematisch vorbereitet worden von einer Presse, die sich als Hüterin der Verfassung aufführt und vorgibt, im Namen der Ordnung der Mehrheit zu sprechen, mit dieser Ordnung aber nichts anderes meint als ihre Herrschaft über unmündige Massen und den Weg in einen neuen, autoritätsbestimmten Nationalismus ...« Die Unterzeichner forderten, »endlich in die öffentliche Diskussion über den Springer-Konzern, seine politischen und wirtschaftlichen Voraussetzungen und seine Praktiken der publizistischen Manipulation einzutreten. Sie erklären sich mit den Studenten solidarisch, rufen aber gleichzeitig dazu auf, sich bei allen Aktionen der Gewalt zu enthalten und der Angemessenheit der Mittel bewußt zu bleiben.«[210] Die Erklärung war unterzeichnet von dem Philosophen und Kulturkritiker Theodor W. Adorno, dem Schriftsteller Heinrich Böll, dem Germanisten Walter Jens, dem Politologen Eugen Kogon, dem Historiker Golo Mann, dem Psychologen Alexander Mitscherlich und anderen.

Sowohl der tödliche Zwischenfall beim Schahbesuch, der »nicht erklärte Notstand«, wie es im *Kursbuch* geheißen hatte, als auch die Welle militanter Protestaktionen nach dem Dutschke-Attentat, die in der Presse zumeist als »Unruhen« bezeichnet wurden, zeigten, dass alle Beteiligten – die politisch Verantwortlichen wie die Protestierenden – überfordert waren. Die unvorhergesehenen Dynamiken schufen Konstellationen, die tagespolitische Entscheidungen erforderlich machten, deren Folgen kaum abzusehen waren. Und die Organisation, die wie keine andere ins Zentrum des öffentlichen Schlagabtausches geriet, der SDS, wurde der von ihm in Gang gesetzten Mobilisierungs- und Potenzierungseffekte in keiner Weise mehr Herr. Wie hätten auch die kaum mehr als zweitausend Mitglieder all diese Prozesse führen oder gar steuern können? Die Dynamik war jenen, die sie sich herbeigewünscht hatten, ebenso entglitten wie jenen, die nur nach Mitteln und Wegen suchten, sie einzudämmen.

VII.
Die Kampagnen

Ein Versuch, in das Geschehen einzugreifen, waren Kampagnen. Mit ihnen sollte zumindest mittelfristig eine gewisse Rationalität in den Zielsetzungen zurückgewonnen werden. Doch bereits die Tatsache, dass in der Hochzeit der APO beinahe wöchentlich neue Kampagnen ausgerufen wurden, verriet die tendenzielle Hoffnungslosigkeit derartiger Bemühungen. Die Akteure blieben zumeist Getriebene der von ihnen selbst initiierten oder zumindest beförderten Bewegungsformen.

Bei diesen Kampagnen ging es zudem nur selten darum, gesellschaftspolitisch Neues hervorzubringen; eher im Gegenteil, Problematisches sollte verhindert, Althergebrachtes verändert oder ganz abgeschafft werden. Sie richteten sich gegen die Ordinarienuniversität, den Vietnamkrieg, die Militärdiktatur in Griechenland, das Franco-Regime in Spanien, die Bundeswehr, die NATO und die Wehrpflicht insgesamt. Die am stärksten emotionalisierende Kampagne richtete sich gegen einen Zeitungsverleger und dessen Presseimperium. Von Anfang an stand sie unter dem nicht ganz unbegründeten Verdacht, dass ihre Urheber in der SED zu suchen seien.

Anti-Springer-Kampagne

Die Überzeugung, dass die Öffentlichkeit von Presseorganen manipuliert würde, um die Entstehung eines kritischen Bewusstseins zu verhindern oder zumindest zu erschweren, spielte eine Schlüsselrolle in der Achtundsechzigerbewegung. Die These diente maßgeblich dazu, die Anti-Springer-Kampagne zu begründen, mit der vom SDS der Versuch unternommen wurde, ein vermeintliches Pressemonopol zu beseitigen. »Enteignet Springer!« war eine allgegenwärtige Parole. Die Möglichkeit, dass die Manipulationskritiker möglicherweise selbst Objekte einer Manipulation geworden sein könnten, wurde entweder ignoriert oder in Abrede gestellt.

Der betroffene Verleger versuchte dem Vorwurf unter der polemischen Überschrift »Viel Lärm um ein Zeitungshaus« am 26. Oktober 1967 mit einem Vortrag vor den Angehörigen des Übersee-Clubs im noblen Hamburger Hotel Atlantic entgegenzutreten. Vor dem Haupteingang demonstrierten rund vierzig SDS-Mitglieder gegen den Auftritt des Pressezaren, der sich nur äußerst selten in der Öffentlichkeit äußerte. Als Axel C. Springer in seiner Rede ostentativ erklärte, dass die Parole von der Enteignung »von drüben« stamme,[211] dürfte mancher der anwesenden Journalisten, der nicht für eines seiner Organe schrieb, dies lediglich als Ausdruck der antikommunistischen Gesinnung des Verlegers interpretiert haben.

Bereits im Juli hatte sein Verlag unter dem Titel »Die These von der ›Enteignung des Springer-Verlages‹ – Ihr Ursprung und ihre Verbreitung« eine vierzehn Seiten umfassende Dokumentation herausgebracht, die den Nachweis erbringen sollte, dass die Parole aus Ost-Berlin stammte und ein Produkt der SED-Propaganda war. In einem Resümee heißt es: »Im gleichen Atemzug mit der Forderung nach Enteignung des Springer-Verlages wird die Säuberung des Staatsapparates, der Justiz, der Bundeswehr und die Veränderung der Machtverhältnisse in der Industrie Westdeutschlands verlangt. Die Forderung nach Enteignung des Springer-Verlages wird von radikalisierten politischen Gruppierungen in der Bundesrepublik übernommen: von links-radikalen Studentengruppen, von bestimmten Presseorganen, von Kriegsdienstverweigerern und Ostermarschierern. Das Verlagshaus Axel Springer ist in den taktischen Überlegungen dieser Gruppen das Angriffsziel Nr. 1 geworden. Erfolg oder Mißerfolg dieser Kampagne wird davon abhängen, ob diese Gruppen in der Lage sind, die Angleichung der gesellschaftlichen Verhältnisse in der Bundesrepublik an die der SBZ voranzutreiben, um damit im Sinne der Politik Ulbrichts und der SED wirksam zu werden.«[212]

Die SED hatte Springer in der Tat bereits seit Längerem aufs Korn genommen. Mit welcher Gründlichkeit die Angriffe auf das

Verlagsimperium vorbereitet worden waren, verriet ein 1963 im Ostberliner Verlag Rütten & Loening erschienener Band, in dem unter dem Titel »Jeder vierte zahlt an Axel Cäsar – Das Abenteuer des Hauses Springer« eine populärwissenschaftliche Analyse samt einer Aufstellung von »Umfang und Struktur des Springer-Trusts« vorgelegt worden war.[213] Darin wurde nicht nur die Geschichte des Verlagshauses skizziert, sondern auch eine »wissenschaftliche Analyse des Inhalts und der Verdummungspraktiken der ›Bild‹-Zeitung« zitiert, die die Grundzüge der später in der APO-Zeit weitverbreiteten Dokumentationen bereits vorwegnahm.[214] Springers Groschenblatt habe, hieß es darin, nicht nur »das Wohlwollen und die Unterstützung der herrschenden Millionärsclique« gefunden, sondern auch die Zustimmung der »wahren Herrscher des Bonner Staates«.

Welche politischen Schlussfolgerungen sich mit dieser Analyse verknüpfen ließen, zeigte sich bei einer Ansprache Walter Ulbrichts. Am 21. April 1966 hielt der SED-Parteichef und Staatsratsvorsitzende in der Ostberliner Dynamo-Sporthalle eine Festrede zum zwanzigsten Gründungstag der Staatspartei. Darin propagierte er zum wiederholten Male für beide deutschen Staaten ein Konföderationsmodell als Übergang zur Wiedervereinigung Deutschlands. Dann wies er darauf hin, dass in einer solchen Phase »jede Hetze des kalten Krieges und jede Kriegspropaganda« unterbleiben sollte: »Die Freiheit der Meinung und der Weltanschauung ist nur dann gesichert, wenn das Volk sich selbst vom Druck kriegslüsterner Kräfte befreit. Deshalb ist es notwendig, die Macht der Herren solcher Meinungsmonopole, wie des Springer-Konzerns, zu beseitigen. Solange der Springer-Konzern und ähnliche Meinungsfabriken herrschen, kann von Freiheit der Meinungsbildung keine Rede sein.«[215]

Hier wurde erstmals öffentlich die Forderung erhoben, die Macht des Pressekonzerns zu beseitigen – vor Tausenden von Zuhörern vom mächtigsten Mann des anderen deutschen Staates. Beim Zentralkomitee der SED wurde schließlich am 25. Oktober 1967 eine »Arbeitsgruppe zur Unterstützung der Anti-Springer-Kampagne in Westdeutschland und West-Berlin« eingerichtet. Sie erhielt von einer als zuverlässig eingestuften Quelle die Information, dass von Vertretern des AStA der Freien Universität, des SDS und der Gruppe um Rudi Dutschke bei einer geheimen Unterredung eine Anti-Springer-Kundgebung, ein Anti-Springer-Tribunal und für den Dezember 1967 Aktionen gegen das Gebäude des Axel Springer Verlages geplant worden seien.[216]

Im September 1967 erläuterte mit Ulrike Meinhof eine Aktivistin, die immer noch Mitglied der illegalen KPD war, in der Zeitschrift *konkret,* warum es nun an der Zeit sei, Springer zu enteignen: »Weil jeder Versuch der Redemokratisierung dieses Landes, der Wiederherstellung von Volksherrschaft, der Bildung urteilsfähiger Bürger jetzt, wo Springer so groß und stark ist, wie er ist, an Springer scheitert, scheitern muß.«[217] Die Enteignungsforderung, führte sie weiter aus, bedeute die Auflagenhöhe aller im Springer-Verlag erscheinenden Zeitungen auf eine halbe Million zu beschränken und seine ausgegliederten Teile zur Gründung neuer Zeitungen zu verwenden. Wenige Tage später wurde auf einer SDS-Delegiertenkonferenz in Frankfurt zum »Kampf ... gegen die Manipulation und für die Demokratisierung der Öffentlichkeit« aufgerufen.[218]

Als dann im Oktober auf der Frankfurter Buchmesse mehrere hundert Studenten vor dem Stand des Ullstein Verlags demonstrierten, der damals zum Hause Springer gehörte, zogen sie mit Sprüchen wie »Haut dem Springer auf die Finger!« durch die Gänge. Dabei wurden Flugblätter verteilt und Exemplare der *Welt* samt der Beilage *Welt der Literatur* in die Luft geworfen, zum Teil auch zerrissen. Aufforderungen, den Stand direkt zu attackieren, gingen allerdings in Pfiffen und Pfuirufen unter. Zwar flogen Verlagsprospekte durch die Luft, die ausgestellten Bücher jedoch blieben verschont. Die Protestaktionen wurden zwei Tage später fortgesetzt. Vor dem Stand der *Welt* erhob der zweite SDS-Bundesvorsitzende Frank Wolff schwere Vorwürfe gegen die angeblichen Monopolisierungsbestrebungen Axel Springers. Aus einer Menge von fünfhundert Demonstranten warnte der Zweiundzwanzigjährige mit einem Megafon vor den antidemokratischen Folgen der Pressekonzentration und wiederholte die Forderung nach Enteignung des Unternehmens.

Im Anschluss an diese Turbulenzen befürchtete die Leitung des Axel Springer Verlags in der Berliner Kochstraße offenbar auch Angriffe auf das dortige Hochhaus. Der *Spiegel* meldete nicht ganz ohne süffisanten Unterton, dass der Verlag für den möglicherweise bei studentischen Demonstrationen auftretenden Notfall vorgesorgt habe: »Ein Alarmplan sieht die Abriegelung aller Gebäudezugänge beim Anmarsch der Protestanten und den Einsatz der Feuerlöscheinrichtungen gegen Eindringlinge vor. Das Haus wurde mit Not-Telephonen ausgerüstet, die rund hundert Fahrzeuge des Vertriebsfuhrparks erhielten Taxi-Alarmgeräte.«[219] Sicherheitshalber habe der Vertrieb in der Stadt mehrere Depots angelegt, um im Ernstfall zumindest eine Teilauslieferung der Zeitungen garantieren zu können.

In den Monaten darauf spitzte sich der Konflikt weiter zu. Am Abend des 1. Februar 1968 beteiligten sich im Auditorium maximum der Technischen Universität rund tausendfünfhundert Studenten an einer Vorbereitungsveranstaltung zu dem seit Längerem geplanten Tribunal gegen den Verlag. In einer Resolution forderten die Teilnehmer die Enteignung Axel Springers und die Besetzung der Redaktionen von *Bild* und *B. Z.* durch gewählte Vertreter der Studentenschaft. Falls dieser »Kontrolle der Redaktionsarbeit« nicht innerhalb von zwei Wochen nachgegeben werde, hieß es weiter, würden »direkte Aktionen« gegen den Pressekonzern durchgeführt.[220] Als Höhepunkt war dann ein Lehrfilm zur Herstellung von Molotowcocktails zu sehen, gedreht vom DFFB-Studenten und späteren RAF-Gründungsmitglied Holger Meins.[221] In der Schlusssequenz ist eine Aufnahme des an der Mauer gelegenen Springer-Hochhauses zu sehen. Im Laufe der darauffolgenden Nacht wurden in fünf verschiedenen Bezirken die Fenster- und Türscheiben von Filialen der zum Konzern gehörenden *Berliner Morgenpost* mit Pflastersteinen eingeworfen. Einige waren in Flugblätter mit der Aufschrift »Enteignet Springer« eingewickelt gewesen – die Botschaft ist offenbar verstanden worden.

Von einem Sprecher des Pressearbeitskreises im Republikanischen Club, der das Hearing vorbereitet hatte, war noch wenige Stunden früher vor derartigen Aktionen gewarnt worden. Das Einschlagen von Fensterscheiben, hatte etwa Bernhard Blanke in der Technischen Universität erklärt, könne der Anti-Springer-Kampagne nur schaden.

Das ursprünglich für drei Tage geplante Hearing dauerte, nachdem die meisten der eingeladenen Professoren und Journalisten im Vorfeld abgesagt hatten, nur einen Abend lang. Erst nachdem der veranstaltende Republikanische Club dem Rektor der TU, Professor Kurt Weichselberger, auf dessen Verlangen hin schriftlich zugesichert hatte, dass nicht zu ungesetzlichen Aktionen aufgerufen werde, konnten sich die Teilnehmer im Ernst-Reuter-Saal versammeln. Nach der Eröffnung durch Klaus Meschkat gaben der Darmstädter Politikwissenschaftler Eugen Kogon und der Münchner Publizist Erich Kuby sowie Peter Schneider und Jörg Huffschmid kurze Statements zur »Manipulation der öffentlichen Meinung in Berlin« ab. Ein Beitrag, in dem sich der Wiener Zivilisations- und Medienkritiker Günther Anders dem »aufdringlichen Pro-Semitismus« der Springer-Presse widmete, musste verlesen werden, da der Philosoph kurzfristig abgesagt hatte. Während die Diskussion lief, zündeten Studenten vor dem Saal zahlreiche Exemplare eines vom Axel Springer Verlag herausgegebenen und kurz zuvor verteilten Extrablattes an, in dem vor Gewaltaktionen der APO gewarnt wurde.

Als am Gründonnerstag 1968 schließlich mit Rudi Dutschke die Galionsfigur der Achtundsechzigerbewegung durch ein Attentat lebensgefährlich verletzt wurde, schien der Urheber des versuchten Mordes festzustehen: »Bild schoß mit.«

Die Wogen des dadurch ausgelösten Protestes hatten bald auch das Parlament erreicht. Nicht zuletzt die außerparlamentarische Bewegung gab mit ihrer Anti-Springer-Kampagne den Anstoß, im Bundestag eine Kommission zur Untersuchung der Pressekonzentration einzurichten. Auf ihrer abschließenden Sitzung am 22. Mai 1968 stellte die von der Bundesregierung eingesetzte und unter dem Vorsitz des Präsidenten des Bundeskartellamts, Eberhard Günther, tagende Pressekommission fest, dass die vom Grundgesetz garantierte Pressefreiheit durch den vom Verlagshaus Axel Springer erreichten Konzentrationsgrad gefährdet werde. Als Schlussfolgerung schlugen die Sachverständigen vor, die Entwicklung der Anteilseigner auf dem Pressemarkt genau zu beobachten und Schritte zur Entflechtung des Konzern einzuleiten.

Dieser Entwicklung versuchte der Axel Springer Verlag zuvorzukommen. Er trat die Flucht nach vorne an und verkaufte innerhalb kurzer Zeit die Zeitschriften *Eltern*, *Jasmin*, *Kicker*, *Bravo* und *Twen*. Es waren allesamt Organe, die mit Springers Rolle, die in der Öffentlichkeit so unnachgiebig kritisiert wurde, nichts zu tun hatten. Insofern war der Schritt ambivalent und verfehlte zu einem erheblichen Teil seine Wirkung. Dennoch stellten die Veräußerungen wohl eine der Zäsuren in der Verlagsgeschichte dar.

Anders sah es mit der APO aus. Die Anti-Springer-Kampagne, der sich viele der prominenten linksliberalen Kritiker ohnehin verschlossen hatten, war im Frühjahr 1968 gar nicht erst in Gang gekommen. Durch die Blockadeaktionen nach dem Dutschke-Attentat war sie regelrecht überrollt worden. Die Eskalation der Gewalt war an die Stelle der Kritik getreten. Gleichwohl spielten die Verurteilung der Pressepolitik des Axel Springer Verlags und Forderungen nach einer weiteren Entflechtung des Unternehmens auch noch Jahre danach eine Rolle.

Antinotstandsbewegung

Keine Kampagne hat einen größeren Stellenwert eingenommen als die gegen die Notstandsgesetzgebung. Seminare, Institute und ganze Hochschulen wurden im Frühjahr 1968 deshalb bestreikt oder gar besetzt. Der Versuch, die von der Großen Koalition betriebene Einführung der Notstandsgesetze zu verhindern, war so etwas wie das innenpolitische Entscheidungsgefecht. Mit keiner anderen Frage war das Schicksal der APO und der Achtundsechzigerbewegung so eng verknüpft.

Der Anstoß, Notstandsgesetze einzuführen, war bereits Ende der fünfziger Jahre vom damaligen Bundesinnenminister Gerhard Schröder und der Union ausgegangen. Für den Fall, dass ein »äußerer Notstand« – gemeint war der Kriegsfall – oder ein »innerer Notstand« – hier wurde nicht nur an Naturkatastrophen, sondern auch an einen Generalstreik gedacht – eintrete, sollten die Grundrechte der Bundesbürger beschnitten und die Bundesregierung mit besonderen Gesetzgebungskompetenzen ausgestattet werden. Auch hatte es Erwägungen gegeben, für den Verteidigungsfall eine Dienstpflicht zum zivilen Bevölkerungsschutz und eine Bereithaltungsverpflichtung für erforderliches Personal – wie etwa Ärzte und Pfleger – einzuführen.

Die SPD hatte darauf zunächst mit Zurückhaltung und Misstrauen reagiert. Nicht wenige Sozialdemokraten befürchteten, dass die für den »inneren Notstand« vorgesehenen Maßnahmen einem Machtmissbrauch Tür und Tor öffnen würden. Um die für eine Änderung des Grundgesetzes erforderliche Zweidrittelmehrheit zustande zu bekommen, ohne die eine Einführung von Notstandsgesetzen nicht möglich gewesen wäre, war die Zustimmung eines erheblichen Teils der SPD-Abgeordneten nötig. In diesem Umstand bestanden die Stärke und zugleich aber auch die Verantwortung und damit die potenzielle Angreifbarkeit der SPD. Da der Großteil ihrer Stimmen benötigt wurde, lag es in der Hand der SPD, ob das Gesetzesvorhaben gelingen oder aber scheitern würde.

Auf einer Pressekonferenz am 18. Januar 1960 hatte Schröder schließlich den Entwurf der Bundesregierung für ein Notstandsgesetz bekanntgegeben. Danach sollte der Bundestag beziehungsweise »bei Gefahr im Verzug« auch der Bundespräsident bei Gegenzeichnung durch den Bundeskanzler berechtigt werden, den Ausnahmezustand »zur Abwehr einer drohenden Gefahr für den Bestand oder die freiheitliche demokratische Ordnung des Bundes oder eines Landes« zu verhängen. In diesem Fall und für den so definierten Zeitraum solle die Bundesregierung ermächtigt werden, gesetzesvertretende Verordnungen zu erlassen und mit diesen die Grundrechte der Meinungs-, Versammlungs-, Vereinigungs- und Berufsfreiheit sowie der Freizügigkeit einzuschränken.

Der Entwurf stieß vor allem unter den Linken auf Bedenken. Kritik äußerten Gewerkschaftler, vor allem seitens der IG Metall, eine Reihe von Sozialdemokraten, die schon mit dem Godesberger Programm nicht einverstanden waren, Schriftsteller und Intellektuelle, linke Studenten, aber auch Professoren, insbesondere Juristen und Politikwissenschaftler, die in der öffentlichen Debatte besondere Kompetenzen in die Waagschale werfen konnten.

Welches Konfliktpotenzial in der Frage der Notstandsgesetzgebung lag, hatte frühzeitig auch die SED erkannt. Ihre Abteilung für Westarbeit gab 1965 die Prognose ab, dass die sich bald formierende Antinotstandsbewegung zur größten außerparlamentarischen Aktion werden würde. Diese Einschätzung sollte sich uneingeschränkt bewahrheiten.

Wie tief die Vorbehalte reichten, zeigte sich auch an Reaktionen im akademischen Bereich. Unter dem Titel »Demokratie vor dem Notstand« veranstaltete der SDS am 30. Mai 1965 zusammen mit einigen anderen Hochschulgruppen in der Bonner Friedrich-Wilhelms-Universität einen Kongress, an dem mit Karl Dietrich Bracher, Thomas Ellwein und Jürgen Habermas Wissenschaftler durchaus unterschiedlicher politischer Couleur teilnahmen. In seiner Eröffnungsrede hatte der SDS-Bundesvorsitzende Helmut

Schauer erklärt: »Hinter verschlossenen Türen haben die Fraktionsvorsitzenden und ihre Experten über eine Änderung des Grundgesetzes der Bundesrepublik beraten, mit der Absicht, das Parlament und selbst die Fraktionen zu bloßen Akklamationsmaschinen zu machen. Das war schon ein akuter Fall des inneren Notstands der Demokratie, mit dem Versuch zur Entmachtung des Parlaments durch einen exklusiven Notstandsausschuß. Wenn Entwürfe zu einer Verfassungsänderung fast wie eine Geheimsache behandelt werden, wird die demokratische Diskussion der Öffentlichkeit zur unmittelbaren Kritik.« Durch die Erörterungen auf diesem Kongress sollten die Parteien und Institute der öffentlichen Meinung daran erinnert werden, »daß die Demokratie ohne Öffentlichkeit und öffentliche Diskussionen nicht funktionieren kann«.[222]

In der Schlussbemerkung des von ihm geleiteten Arbeitskreises über »Die Pressefreiheit im Notstandsfall« erklärte sich Habermas ausdrücklich dankbar dafür, dass die Studentenverbände die Initiative ergriffen und die Professoren aufgefordert hätten, ihre Argumente rechtzeitig gegen die erkennbaren politischen Gefahren vorzutragen.

Wie stark die Bedenken weiter angewachsen waren, zeigte anderthalb Jahre später ein anderer, von der IG Metall finanzierter Kongress in Frankfurt. Er trug nun den Titel »Notstand der Demokratie«. An der Abschlusskundgebung am 30. Oktober 1966 auf dem Römerberg nahmen mehr als 25 000 Menschen teil. Wie breit die Allianz war, offenbart die Rednerliste mit dem IG-Metall-Vorsitzenden Otto Brenner, dem Tübinger Philosophen Ernst Bloch, dem Schriftsteller Hans Magnus Enzensberger und dem Rechtswissenschaftler Helmut Ridder. Bloch hatte mit den programmatischen Worten begonnen: »Wir kommen zusammen, um den Anfängen zu wehren.«,[223] und mit dem Satz geendet: »Die alten Herren mit ihrem Artikel 48 haben bereits die Vergangenheit verspielt, die neuen Herren mit ihrem Notstandsunrecht sollen nicht unsere Zukunft verspielen.«[224]

Durch Artikel 48 der Weimarer Verfassung war es dem Reichspräsidenten möglich gewesen, im Falle einer Gefährdung der öffentlichen Sicherheit und Ordnung vorübergehend die wichtigsten »Grundrechte ganz oder zum Teil außer Kraft« zu setzen. Am Ende der Weimarer Republik war dieses Notverordnungsrecht dann von den Nationalsozialisten zu diktatorischen Zwecken missbraucht worden. In dieser Parallele, die ein Mann gezogen hatte, der als Philosoph wie als Zeitkritiker eine beinahe unangreifbare Autorität besaß und im Jahr darauf den Friedenspreis des Deutschen Buchhandels erhalten sollte, zeichnete sich der Schatten ab, unter dem das Gesetzesvorhaben, das bald darauf von der Großen Koalition weiter vorangetrieben wurde, bis zu seiner Entscheidung stehen sollte. Der Verdacht, dass es dabei in Wirklichkeit um ein Instrumentarium zur Machtergreifung gehe, für einen kalten, mit den Mitteln des Verfassungsstaates möglich werdenden Putsch, breitete sich immer mehr aus.

Insbesondere unter namhaften Staatsrechtlern und Politologen stieß der Entwurf der Bundesregierung auf erhebliche Bedenken, und beim ersten Notstandshearing im November 1967, das von Fernsehen und Rundfunk direkt übertragen wurde, meldeten Professoren wie Wolfgang Abendroth, Eugen Kogon und Helmut Ridder vor Abgeordneten und Regierungsvertretern in Bonn erhebliche Einwände an.

Mit Rudi Dutschke trat der wichtigste Protagonist des SDS in dieser Frage entschlossener auf als jeder andere. Er versuchte alles auf eine Karte zu setzen und sämtliche der APO zur Verfügung stehenden Protest- und Aktionsformen in die Waagschale zu werfen. Auf der 22. SDS-Delegiertenkonferenz im September 1967 hatte er sogar vorgeschlagen, die zweite und dritte Lesung im Bundestag zu verhindern, dafür jedoch keine Mehrheit gewinnen können. Die Delegierten waren offenbar klug genug zu wissen, dass dies bereits an der Bannmeile auf eine ebenso riskante wie überflüssige Konfrontation mit der Staatsmacht hinausgelaufen wäre.

Trotzdem spitzte sich die Auseinandersetzung zur zweiten und dritten Lesung im Mai 1968 weiter zu und nahm mitunter turbulente, zuweilen auch dramatische Züge an. Der Konflikt geriet zu einem Tauziehen zwischen einer durch die Mehrheit der SPD erweiterten, freilich von der Union definierten politischen Mitte und einer um Teile der Gewerkschaften, der Studenten- und der Professorenschaft gruppierten linken Minderheit und damit zugleich zu einer Art Generaltest für die Politikfähigkeit der APO. Auch einzelne Berufsgruppen machten mobil und schalteten sich ein. So zogen am 8. Mai rund fünfhundert Pfarrer und kirchliche Mitarbeiter durch die Bundeshauptstadt, nachdem ihre Delegierten zuvor von Abgeordneten aller drei im Bundestag vertretenen Parteien zu getrennten Gesprächen empfangen worden waren. Auf ihren Transparenten waren Parolen zu lesen wie »1933 Ermächtigungsgesetz – 1968 NS-Verfassung«, »Für das Grundgesetz – Gegen NS-Gesetze« und »Nie wieder: Thron und Altar«. Einen Tag später übten fünfundfünfzig Professoren, denen die FDP ihren Fraktionssaal zur Verfügung gestellt hatte, scharfe Kritik an dem Gesetzesvorhaben. Der Berliner Soziologe Dietrich Claessens meinte, dass jede Notstandsregelung einen »Rückfall in ein archaisches Freund-Feind-Denken« darstelle, und der Kölner Rechtswissenschaftler Ulrich Klug bezeichnete die Regierungsvorlage kurzerhand als ein »ganz elegantes Putsch-Instrument«.

Nach wochenlangen Vorbereitungen fand dann am 11. Mai der mit großer Spannung als Höhepunkt der Antinotstandsbewegung erwartete »Sternmarsch auf Bonn« statt. An der vom Kuratorium »Notstand der Demokratie« organisierten Großdemonstration beteiligten sich mehr als 60 000 Menschen. Mit Bussen, Zügen und Pkws trafen die Notstandsgegner aus allen Teilen der Republik in der Bundeshauptstadt ein. Rund achthundert Teilnehmer waren bereits am frühen Morgen mit einem von der Reichsbahn zur Verfügung gestellten und am Ostberliner Bahnhof Friedrichstraße gestarteten Sonderzug angereist. Unter Parolen wie »Wir sind eine kleine radikale Minderheit«, »Wer hat uns verraten – Sozialdemokraten«, »Nazi – Kiesinger« und dem auf den Bundesinnenminister gemünzten Schlachtruf »Benda wir kommen!« zogen die Demonstranten, von denen nicht wenige mit Bauarbeiterhelmen ausgerüstet waren, durch die Stadt. Das Spektakel stand jedoch politisch unter einem ungünstigen Stern. Denn zur selben Zeit führte der DGB in der Dortmunder Westfalenhalle eine Veranstaltung gegen die Notstandsgesetze durch. So war die Protestbewegung an diesem Tag nicht nur gespalten, sondern der von SDS-Sprechern immer wieder erhobenen Forderung, die Gewerkschaften sollten zum Generalstreik aufrufen, der Wind aus den Segeln genommen worden.

Auf der Großkundgebung im Hofgarten sprachen bei regnerischem Wetter der Kuratoriumssekretär Helmut Schauer, der FDP-Bundestagsabgeordnete Wolfram Dorn, der VDS-Vorsitzende Christoph Ehmann, der SDS-Bundesvorsitzende Karl Dietrich

Wolff, der Gießener Staatsrechtler Helmut Ridder, die Schriftsteller Heinrich Böll und Erich Fried sowie die beiden Gewerkschaftler Georg Benz und Werner Vitt. Im Anschluss daran zog ein Teil der Zuhörer zu einer weiteren Kundgebung in die Beethovenhalle. An diesem Tag schien jedoch alles vergeblich zu sein. Die ganzen Anstrengungen, das Protestpotenzial zu bündeln und am Ort der parlamentarischen Entscheidung eindrucksvolle Präsenz zu zeigen, stießen offenbar ins Leere. Das lag nicht zuletzt daran, dass es im nahe gelegenen Dortmund die andere Großveranstaltung gab.

Dort hatten sich 15 000 Gewerkschaftler unter dem Motto »Keine Notstandsgesetze« versammelt. Nach der Eröffnung von Hermann Beermann vom DGB-Bundesvorstand sprachen der stellvertretende Vorsitzende Bernhard Tacke, zugleich CDU-Mitglied, der IG-Metall-Vorsitzende Otto Brenner und der ÖTV-Vorsitzende Heinz Kluncker. Nach Ansicht Brenners wären es die Arbeitnehmer, zu deren Lasten die geplanten Gesetze vor allem gehen würden. Die Notwendigkeit allgemeiner Dienstverpflichtungen sei von keinem Mitglied der Bundesregierung bislang überzeugend begründet worden. Kluncker machte deutlich, dass es sich bei dieser Kundgebung wahrscheinlich um die letzte gewerkschaftliche Großveranstaltung gegen das Gesetzesvorhaben handle. Während der Reden waren mehrmals Sprechchöre zu hören, mit denen zur Fahrt nach Bonn und zum Schulterschluss mit der APO aufgerufen wurde, doch stattdessen nahmen die Teilnehmer eine Entschließung an, wonach der DGB an die Bundestagsabgeordneten appellieren sollte, die Notstandsgesetze in der vorgelegten Form abzulehnen.

Trotz der faktischen Spaltung der Antinotstandsbewegung gelang der APO kurz darauf noch eine Steigerung der Aktivitäten. Während der Bundestag am 15. und 16. Mai in zweiter Lesung über die Vorlage beriet, wurde die Republik von Streiks, Blockaden, Arbeitsniederlegungen, Kundgebungen, Demonstrationen und anderen Protestaktionen überzogen, die von den Universitäten ausgingen. Als insgeheimes Zentrum der Aktivitäten stellte sich dabei Frankfurt heraus, wo mit dem Bundesvorstand des SDS und dem Vorstand der IG Metall die beiden wichtigsten Organisationen der Antinotstandsfront ihren Sitz hatten. In über dreißig Betrieben der Stadt legten 10 000 Beschäftigte für die Dauer von einer Viertelstunde bis zu zwei Stunden ihre Arbeit nieder. An der

1 Der »Yippie« Abbie Hoffman (1936–1989) zeigt sich demonstrativ in den Farben der amerikanischen Landesflagge. Er tritt für eine andere, friedliche Nation ein – für die »Woodstock Nation«.

2 Peter Fonda und Dennis Hopper auf ihren Harley-Davidson-Motorrädern als »Easy Rider«. Aufnahme aus dem gleichnamigen Film, der für die Gegenkultur der 68er stilbildend wurde.

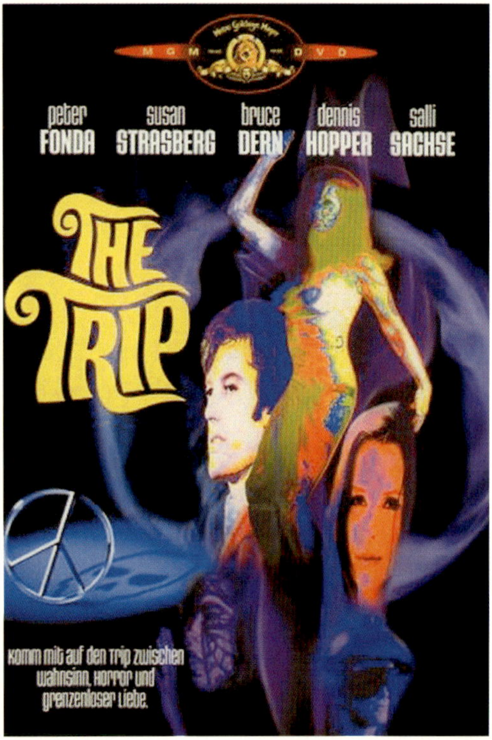

3 In dem 1967 von Roger Corman gedrehten Film »The Trip«, zu dem Jack Nicholson das Drehbuch verfaßte, werden Erfahrungen von LSD-Trips in Bilder umgesetzt.

4 Die kalifornische Band »Iron Butterfly« bringt 1968 mit ihrem 17-minütigen Stück »In-A-Gadda-da-Vida« die erfolgreichste Platte der psychedelischen Rockmusik heraus.

5 Zwei Pioniere im Gespräch: Der Sexualforscher Wilhelm Reich (links) und Alexander S. Neill, der Begründer der Summerhill-Schule.

6 Raubdruck eines Wilhelm-Reich-Buches. Mit Dagobert Duck und einem Vertreter der Panzerknackerbande wird die Profitgier persifliert.

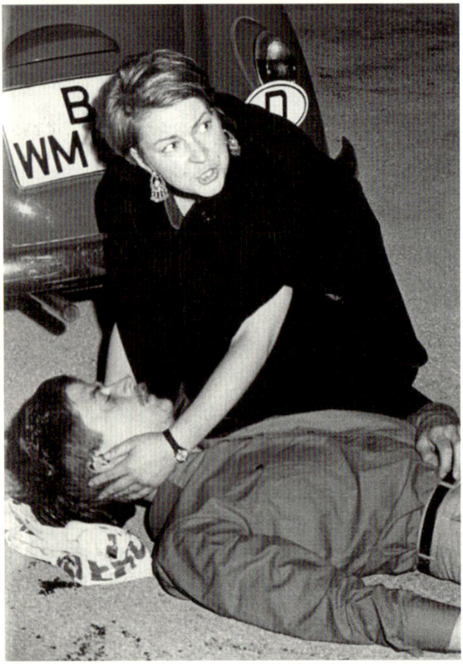

7 Am Abend der Proteste gegen den Schah-Besuch am 2. Juni 1967 in West-Berlin: Die Studentin Friederike Hausmann versucht dem von einer Polizeikugel getroffenen Benno Ohnesorg zu helfen. Der Germanistikstudent erliegt kurz darauf seinen schweren Kopfverletzungen.

8 Tausende von Studenten protestieren in München gegen die Erschießung Benno Ohnesorgs. In ihren Augen handelt es sich bei der Tat des Kriminalbeamten Karl-Heinz Kurras um einen »politischen Mord«.

9 Die Kommunarden Rainer Langhans und Fritz Teufel im März 1968 vor dem Berliner Landgericht. Die 8. Große Strafkammer spricht sie kurz darauf von dem Vorwurf frei, auf Flugblättern zur Brandstiftung in Kaufhäusern aufgerufen zu haben.

10 Die Filmkomödie »Zur Sache, Schätzchen« mit den Hauptdarstellern Werner Enke und Uschi Glas war einer der Kultfilme des Jahres 1968.

11 Der vormalige Mentor Jürgen Habermas ist zum Hauptkritiker des SDS geworden. Hier auf einer Podiumsdiskussion an der Frankfurter Universität im Juni 1968.

12 Der in Kalifornien lehrende Sozialphilosoph Herbert Marcuse wird zum wichtigsten Theoretiker der Studentenbewegung. Im Juli 1967 tritt er im Auditorium maximum der Freien Universität Berlin auf und spricht über »Das Ende der Utopie«.

13 Titelbild der aus der Berliner Linkeck-Kommune hervorgegangenen Szene-Zeitschrift.

14 Poster aus der Zeit der chinesischen Kulturrevolution. Über den jungen Rotgardisten, die allesamt die Mao-Bibel hochhalten, schwebt gottähnlich ihr Großer Vorsitzender Mao Tse-tung.

15 Während die chinesische Kulturrevolution von den 68er Studenten gefeiert wird, kommt es in China zu blutigen Ausschreitungen und öffentlichen Demütigungen. Hier ein in Ungnade gefallener Staatsbeamter in Peking.

16 Bei einer Demonstration gegen den Vietnamkrieg in West-Berlin werden am 18. Februar 1968 zusammen mit der Flagge des Vietcong die Porträts von Lenin und Che Guevara vorangetragen.

17 In der Leitfigur Che Guevara vermischten sich religiöse und politische Motive. Spiegel-Titel vom Juli 1968.

18 Hauptredner auf dem Internationalen Vietnam-Kongreß am 17. Februar 1968 im Auditorium maximum der Technischen Universität in West-Berlin ist mit Rudi Dutschke die charismatische Führungsfigur des SDS.

19 Der Philosoph und Soziologe Theodor W. Adorno ruft am 31. Januar 1969 die Polizei, um das Institut für Sozialforschung in Frankfurt von Studenten räumen zu lassen. Mehr als siebzig werden festgenommen, darunter mit Hans-Jürgen Krahl einer seiner engsten Schüler.

20 Die Kritik an der Pressepolitik des Axel Springer Verlags wächst. Spiegel-Titel der ersten Ausgabe des Jahres 1968.

21 Am Abend des Attentats auf Rudi Dutschke zünden Demonstranten Fahrzeuge des Springer Verlags an, um die Auslieferung der »Bild«-Zeitung zu verhindern.

22 In der Nähe des Frankfurter Hauptbahnhofs kommt es an den Ostertagen 1968 während des Versuchs, die Auslieferung von Springer-Zeitungen zu blockieren, zu heftigen Zusammenstößen mit der Polizei.

23 Der wegen seiner führenden Rolle im Pariser Mai aus Frankreich ausgewiesene Daniel Cohn-Bendit versucht am 22. September 1968 vor der Frankfurter Paulskirche die Absperrgitter der Polizei zu durchbrechen. Anlaß ist die Verleihung des Friedenspreises des Deutschen Buchhandels an den senegalesischen Dichter und Staatspräsidenten Léopold Sédar Senghor, dem die Unterdrückung Oppositioneller zum Vorwurf gemacht wird.

24 »Sternmarsch auf Bonn« gegen die bevorstehende Verabschiedung der Notstandsgesetze am 11. Mai 1968.

25 Der Schriftsteller Heinrich Böll spricht zu den Teilnehmern der Kundgebung im Bonner Hofgarten.

26 Bei der Demonstration am 11. Mai 1968 in Bonn sind auch Plakate zu sehen, mit denen an das Dutschke-Attentat erinnert wird, das einen Monat zuvor verübt worden war.

27 Mit einem Plakat persifliert der SDS eine Werbeaktion der Bundesbahn. Die Köpfe der Marxismus-Leninismus-Klassiker sind ein Vorgriff auf die Zeit der ML-Sekten und werden später durch Stalin- und Mao-Porträts ergänzt.

28 Mit einem von Günther Kieser entworfenen Plakat wirbt die Konzertagentur Lippmann+Rau im Januar 1969 für Auftritte von Jimi Hendrix.

29 Bundestagswahlkampf 1969: Die beiden Aktivisten der Schülerbewegung Bernd Lunkewitz und Michael Hoke, die bei Protesten gegen die NPD in Kassel von einem Personenschützer des NPD-Vorsitzenden Adolf von Thadden angeschossen worden sind, zeigen sich der Presse.

30 Nach den Schüssen auf Demonstranten wird am 17. September 1969 in der Kasseler Innenstadt gegen die NPD demonstriert.

31 Die Aktivisten Günter Amendt und Daniel Cohn-Bendit am 3. Dezember 1968 auf einer Protestversammlung in der Mensa der Frankfurter Universität.

32 Auf einer Demonstration gegen den Vietnamkrieg am 15. November 1969 durch die Frankfurter Innenstadt sind Fahnen der Black Panthers und Halstücher der Palästinenser zu sehen. In der Mitte der ehemalige SDS-Bundesvorsitzende Karl Dietrich Wolff.

33 Der März-Verlag publiziert 1969 eine von der Andy-Warhol-Attentäterin Valerie Solanas verfaßte Streitschrift.

34 Mit einer Titelgeschichte des »Stern« werden im März 1969 die Praktiken in antiautoritären Kinderläden skandalisiert.

35 Auf dem Titelbild der Göttinger Studentenzeitschrift erscheint im November 1974 ein »junger Wilder« – Rousseau läßt grüßen.

36 Im Laufe des Jahres 1969 nehmen die ersten K-Gruppen in West-Berlin Gestalt an – die 68er Bewegung dogmatisiert sich und zerfällt zugleich.

DIE ROTE ARMEE AUFBAUEN!

Dieser Text wurde der 883-Redaktion zugeschickt. Wir dokumentieren ihn in dieser Ausgabe ohne Kommentar, um der Diskussion über die praktischen Schritte zum Aufbau der RA nicht vorzugreifen. In der nächsten Nummer drucken Stellungnahmen zu dem Brief. Gleichzeitig fordern wir die Genossen und Gruppen auf an der Diskussion teilzunehmen.

DIE ROTE ARMEE AUFBAUEN

Genossen von 883 -

es hat keinen Zweck, den falschen Leuten das Richtige erklären zu wollen. Das haben wir lange genug gemacht. Die Baader-Befreiungs-Aktion haben wir nicht den intellektuellen Schwätzern, den Hosenscheißern, den Allesbesser-Wissern zu erklären, sondern den potentiell revolutionären Teilen des Volkes Das heißt denen, die die Tat sofort begreifen können, weil sie selbst Gefangene sind. Die auf das Geschwätz der "Linken" nichts geben können, weil es ohne Folgen und Taten geblieben ist. Die es satt haben!

mit der netten Lehrerin, die die Überweisung an die Hilfsschule dann doch nicht verhindert hat und der hilflosen Kindergärtnerin, wo auch kein Platz frei wurde. Die fragen euch nicht, warum gerade jetzt - verdammt.

Die glauben euch natürlich kein Wort, wenn ihr selbst nicht mal in der Lage seid, die Zeitung zu verteilen, bevor sie beschlagnahmt wird. Weil ihr nicht die linken Schleimscheisser zu agitieren habt, sondern die objektiv Linken, habt ihr ein Vertriebsnetz aufzubauen an das die Schweine nicht rankommen.
Quatscht nicht, das sei zu schwer. Die Baader-Befreiungs- Aktion war auch kein Deckchensticken.

schärft wird. Ihr habt klarzumachen, daß das sozialdemokratischer Dreck ist, zu behaupten, der Imperialismus samt allen Neubauers und Westmorelands, Bonn, Senat, Landesjugendamt und Bezirksämtern, der ganze Schweinkram ließe sich unterwandern, nasführen, überrumpeln, einschüchtern, kampflos abschaffen. Macht das klar, daß die Revolution kein Osterspaziergang sein wird. Daß die Schweine die Mittel natürlich so weit eskalieren werden, wie sie können, aber auch nicht weiter. Um die Konflikte auf die Spitze treiben zu können, bauen wir die Rote Armee auf. Ohne gleichzeitig die Rote Armee aufzubauen, verkommt jeder Konflikt, jede politische Arbeit im Betrieb und im Wedding und im Märkischen Viertel und in der Plötze und im Gerichtssaal zu Reformismus, dh: Ihr setzt nur bessere Diszi-

37 In der Westberliner Szene-Zeitung »Agit 883« erscheint am 5. Juni 1970 unter dem Symbol der Black Panther Party, einer militanten Organisation von Afro-Amerikanern in den USA, die Gründungserklärung der RAF.

38 Eine spirituelle Sekte wird zum Auffangbecken enttäuschter 68er: ihr Guru Bhagwan Shree Rajneesh im Kreise seiner Anhänger.

39 Eine Kommune treibt den Kult der Ursprünglichkeit auf die Spitze: Sitzung der Aktionsanalytischen Organisation (AAO) in Friedrichshof bei Neusiedl am See, 1977.

40 Andreas Baader in seiner Zelle: Aufnahme von dem am 1. Juni 1972 nach einer Schießerei mit der Polizei gefaßten Anführer der RAF.

Johann Wolfgang Goethe-Universität fiel der Lehrbetrieb vollständig aus. Tausende von Schülern boykottierten den Unterricht und zogen demonstrierend durch die Straßen. Zu weiteren Demonstrationen, Kundgebungen und Vorlesungsstreiks kam es in Bonn, Braunschweig, Bremen, Darmstadt, Freiburg, Göttingen, Hamburg, Heidelberg, Heilbronn, Karlsruhe, Kassel, Mannheim, München, Pforzheim, Reutlingen, Stuttgart, Tübingen und in West-Berlin. Trotz aller Dynamik blieb der machtpolitische Effekt eher ernüchternd, denn die Protestaktionen waren wieder einmal weitgehend auf Universitätsstädte beschränkt geblieben.

Am 25. Mai, wenige Tage vor der dritten Lesung des Gesetzesentwurfs, warb das Presse- und Informationsamt der Bundesregierung in der Tagespresse mit Großanzeigen für eine Akzeptanz der Notstandsgesetze: »Unser Staat«, hieß es darin, »von uns gemeinsam aufgebaut, verdient, daß wir ihn schützen. In zwei Jahrzehnten haben wir alle gemeinsam unseren Staat, die Bundesrepublik Deutschland, aufgebaut und zu Wohlstand und Ansehen gebracht. Jeder von uns hat daran seinen Anteil. Die Bundesregierung hat sich unter Eid verpflichtet, Schaden von unserem Volk abzuwehren. Dazu gehört auch die Vorsorge für den Fall, daß wir angegriffen werden. Das ist der Sinn der Notstandsgesetze. Diese Gesetze sind nach demokratischen Regeln und Vorbildern erarbeitet worden. Keiner hat es sich leicht gemacht. Die Anhänger nicht und nicht die Gegner. Die Deutschen müssen wissen, was in guten und bösen Zeiten ihr Recht ist. Jetzt sind die Rechte jedes Bürgers auch im Notstand gesichert. Das ist die Wahrheit. Nichts ist geheim. Jeder sollte den Text der Notstandsgesetze lesen. Jeder kann sich informieren. Die Bundesregierung wird alles dafür tun, daß diese Gesetze niemals angewendet werden müssen. Denn wir alle wollen keinen Notstand.«[225]

Eine Antwort gaben kurz darauf Demonstranten in München, dem zweiten großen Zentrum der Antinotstandsbewegung. Sie sammelten am nächsten Tag vor dem Deutschen Museum Unterschriften für und nicht gegen die Notstandsgesetze. Ihr Aufruf war auf einem riesigen Transparent zu lesen: »Bürger unterstützt die Notstandsgesetze! Endlich hat unser Vaterland die Handhabe, in schlechten Zeiten alles in den Griff zu bekommen! Endlich können sich auch Frauen nicht mehr vom Dienst am Vaterland drücken. Zivilschutz für jeden! Nicht länger wird an Wochenenden sinnlos die

Zeit vertan. Luftschutzübungen am Wochenende! Endlich werden unsere Telephone von unserer Polizei abgehört und unsere Briefe von ihr geöffnet! Endlich können streikende Arbeiter zur Raison gebracht werden! Endlich kann Bundeswehr gegen sie eingesetzt werden! Bürger, unterstützt diese Gesetze! Unterschreibt!«[226] Das war der ironisch bis sarkastische Ton, der für die antiautoritäre Strömung der Achtundsechzigerbewegung so charakteristisch geworden, aber innerhalb der bierernsten und in ihren Stilmitteln eher altfränkisch auftretenden Antinotstandsbewegung viel zu selten zu hören war. Insgesamt gelang es, fünf Passanten dafür zu gewinnen, ihre Unterschrift unter den Text zu setzen.

Einen Tag vor Beginn der abschließenden Debatte kam es schließlich im Sendesaal des Hessischen Rundfunks in Frankfurt zu einer Art Schlussakkord linker Intellektueller. Rund zwei Dutzend prominenter Wissenschaftler, Schriftsteller und Journalisten traten in einer vom Fernsehen live übertragenen Protestkundgebung gegen das Gesetzesvorhaben auf. In der vom Aktionskomitee »Demokratie im Notstand« organisierten Veranstaltung waren die Professoren Theodor W. Adorno, Ernst Bloch und Alexander Mitscherlich sowie die Autoren Heinrich Böll, Hans Magnus Enzensberger, Rolf Hochhuth und Walter Jens zu hören.

Zu Tumulten kam es, als der *Spiegel*-Herausgeber Rudolf Augstein zu einer Generalkritik an dem vom SDS eingeschlagenen Kurs der Notstandsopposition ansetzte. »Wir müssen uns doch vielleicht fragen«, hielt der liberale Publizist den in den Sendesaal eingedrungenen linksradikalen Studenten vor, »warum findet kein Generalstreik hier bei uns statt? Und die Antwort ist einfach: Diejenigen, die streiken sollen ... sind nicht auf die Straßen zu bringen, um gegen die Notstandsgesetze zu streiken. Diese einfache Antwort müssen Sie sich, bevor Sie über Ihre weiteren Aktionen nachdenken, doch erst einmal zu Gemüte führen ... Machen Sie sich klar, daß Sie nichts bewirken werden ohne die Arbeiter, und zwar gar nichts. Und Ihr Weg die Arbeiter zu gewinnen, ist der falsche. Machen Sie sich das klar. Wir sind so hilflos wie Sie, aber wir wissen es. Sie wissen es noch nicht einmal.«[227] Sein weiterer Beitrag ging in Pfiffen, Zwischenrufen, Beifalls- und Unmutsäußerungen unter. Nachdem Moderator Mitscherlich die Gemüter vergeblich zu besänftigen versucht hatte, entschied die Regie des Hessischen Rundfunks, die Liveübertragung zu beenden.

Die Protest- und Widerstandsaktionen erlebten nun ihren letzten Höhepunkt. Wie bereits während der zweiten so stand auch während der dritten Lesung Frankfurt im Zentrum der bundesweiten Aktivitäten. Nachdem der Akademische Senat sämtliche Lehr- und Prüfungsveranstaltungen abgesagt hatte, um Zusammenstöße zwischen Notstandsgegnern und Studierwilligen zu vermeiden, versammelten sich am 27. Mai vor dem Hauptgebäude der Universität zweitausend Studenten. Als Erstes besetzten sie das Rektorat und funktionierten es in eine Aktionszentrale um. Am Nachmittag zogen sie wie Tausende von Arbeitnehmern zum Römerberg. Dort forderte das SDS-Bundesvorstandsmitglied Hans-Jürgen Krahl ein letztes Mal zu einer Aktionseinheit zwischen Arbeitern, Schülern und Studenten auf. Er appellierte an die Versammelten, ihre Aktivitäten noch einmal zu steigern, um in letzter Minute die Verabschiedung der Notstandsgesetze zu verhindern, die er als ein terroristisches Instrument zur Aufrechterhaltung der kapitalistischen Wirtschaftsordnung in einer offenen ökonomischen und politischen Krise bezeichnete: »Regierung und Bundestag versuchen uns einzureden, die Notstandsgesetze treffen Vorsorge für die Demokratie in Notzeiten. In der Tat, die Notstandsgesetze treffen Vorsorge, aber Vorsorge für einen neuen Faschismus, Vorsorge für Zwangs- und Dienstverpflichtung, für Schutzhaft und Arbeitslager. Die Notstandsgesetze, sagt man uns, ergänzen das Grundgesetz. In Wirklichkeit sind sie das Grundgesetz einer zur Zwangskaserne abgeriegelten Gesellschaft; dieser Staat ist bereit, sich selbst zum faschistischen Führer zu machen.«[228]

In den besetzten Räumen der Universität fanden vom nächsten Tag an Aufklärungs- und Diskussionsveranstaltungen im Rahmen einer sogenannten Politischen Universität statt. In den frühen Morgenstunden des 30. Mai rückten zwei Hundertschaften an, nahmen sechs Personen fest und besetzten kurz darauf das Hauptgebäude der Goethe-Universität, die zuvor in Karl-Marx-Universität umbenannt worden war. Zu Vorlesungsstreiks, Hungerstreiks, Teach-ins, Sit-ins, Go-ins, Kundgebungen und Demonstrationen kam es an diesen Tagen in der ganzen Republik. In Kiel, wo am 30. Mai tausend Studierende der Christian-Albrechts-Universität durch die Stadt zogen, erklärte der Pädagoge Klaus Mollenhauer in seiner Rede auf dem Rathausplatz: »Kundgebungen wie diese sind Beispiele für unsere Ohnmacht.« Das war eine Reaktion darauf, dass die Bevölkerung von der Demonstration kaum Notiz genommen hatte.

Alle Protestanstrengungen erwiesen sich schließlich als vergeblich. In namentlicher Abstimmung verabschiedete der Bundestag an jenem Tag die Notstandsverfassung und die Notstandsgesetze. Das Ergebnis von 384 : 100 verkündete Bundestagspräsident Eugen Gerstenmaier (CDU) kurz vor achtzehn Uhr: Dreiundfünfzig SPD-, sechsundvierzig FDP- und ein CDU-Abgeordneter hatten dagegen votiert. Nach der Notstandsverfassung, die aufgrund der notwendigen Zweidrittelmehrheit nur mit den Stimmen eines Großteils der SPD-Abgeordneten eingeführt werden konnte, waren nun unter anderem die Einschränkung des Post- und Fernmeldegeheimnisses, der Einsatz der Bundeswehr zur Bekämpfung von Aufständen im Inneren, eine Dienstverpflichtung von männlichen Bundesbürgern, Eingriffe in die Länderhoheit im Spannungs- und Verteidigungsfall sowie verschiedene Möglichkeiten zur Einschränkung der Legislative möglich. Die sogenannten einfachen Notstandsgesetze sollten die Versorgung der Bevölkerung im Kriegsfall und den Zivilschutz regeln.

Mit dem Inkrafttreten der das Grundgesetz ergänzenden Notstandsverfassung erloschen auch die im Deutschlandvertrag geregelten alliierten Sicherheitsvorbehalte. Die Westmächte hatten erst drei Tage vor der Abstimmung verlauten lassen, dass sie im Falle einer Verabschiedung der Gesetze auf ihre Vorbehaltsrechte verzichten würden. Ihre Sonderrechte endeten allerdings erst mit dem Zwei-plus-Vier-Vertrag, der im Zuge der deutschen Wiedervereinigung geschlossen wurde.

Das Ergebnis der Grundgesetzänderung war schließlich doch anders ausgefallen, als stets befürchtet, und unterschied sich durchaus von den ersten Gesetzesentwürfen, die Schröder acht Jahre zuvor präsentiert hatte: »So geht die verabschiedete Notstandsverfassung von einer Differenzierung zwischen Spannungszeit, innerem Notstand und Verteidigungsfall aus, der jeweils abgestufte Vorgehensweisen von Regierung und Parlament entsprechen; der Eintritt des Spannungsfalls kann nur durch Zweidrittelmehrheit des Bundestages beschlossen werden; erst im Verteidigungsfall hat der Gemeinsame Ausschuß als Notparlament Gesetzgebungsbefugnis; schon in einem früheren Beratungsstadium waren das Notverordnungsrecht der Regierung sowie zahlreiche Eingriffe in den Grundrechtskatalog gefallen.«[229]

Auch wenn sich im Katalog der Notstandsgesetze eine Reihe nicht ganz unproblematischer Regelungen findet – wie die Möglichkeit, dass nun auch die Bundeswehr über den bloßen Objektschutz hinaus im Innern eingesetzt werden kann und seitdem Eingriffe in das Post- und Fernmeldegeheimnis gestattet sind –, so fiel die Bilanz doch weitaus günstiger aus. Ein Missbrauch, so stellte der Historiker Michael Schneider knapp zwanzig Jahre später fest, könne zwar nicht vollständig ausgeschlossen werden, einer »Machtergreifung«, wie die APO und zahlreiche Kritiker befürchtet hatten, wäre damit jedoch wohl kaum Vorschub geleistet worden. In Wirklichkeit habe die Gesetzesnovellierung zentralen Anforderungen »an eine dem demokratischen Rechtsstaat angemessene gesetzliche Vorsorge für unterschiedliche Krisenfälle« entsprochen.

Dieses Ergebnis lässt sich – obwohl dies von kaum einem ihrer Sprecher oder Akteure so gesehen wurde – auch als ein Teilerfolg der APO begreifen. Die Welle ihrer Proteste, verbunden mit der Expertenkritik ihrer Sachverständigen, führte zu erheblichen Veränderungen. Die größten Gefährdungen, die in den ersten Entwürfen durchaus nicht von der Hand zu weisen gewesen waren, konnten schrittweise entkräftet werden. Es hat insofern durchaus eine Interaktion zwischen den innerparlamentarischen Befürwortern des Gesetzesvorhabens und seinen außerparlamentarischen Gegnern gegeben.

Eine Kommentatorin, die diesen Teilerfolg bereits im Frühjahr 1967 erkannt hatte, war erstaunlicherweise die spätere RAF-Mitbegründerin Ulrike Meinhof. In einer ihrer monatlichen *konkret*-Kolumnen hatte sie zum modifizierten dritten Entwurf der Notstandsverfassung geschrieben: »Was jetzt vorliegt, ist ein Kompromiß, dem Schröder schon nicht mehr zugestimmt hat, ein Beispiel durchaus für die Einflußmöglichkeiten einer außerparlamentarischen Opposition. Was jahrelang unverzichtbar schien, ist unter den Tisch gefallen. ... All diese ›Abschwächungen‹ stellen durchaus eine Ermutigung dar, die Auseinandersetzung weiterzuführen, am Beispiel der Notstandsgesetze für den Bestand der bundesdeutschen Demokratie einzutreten, die Attacken der Regierung auf das Freiheitsprinzip des Grundgesetzes schließlich noch vollständig zu verhindern.«[230] Auch wenn es sich bei der Liberalisierung der Notstandsverfassung um einen »Pyrrhussieg der Linken« handle, so hätten die Notstandsgegner durchaus einen Grund, sich »ein bißchen darüber zu freuen«.

Die meisten der Angesprochenen besaßen jedoch keinen Sinn für derartige Teilerfolge. Ihnen ging es zumeist um ein alles oder nichts. Der Verfassungsstaat wurde samt seiner Institutionen nachgerade dämonisiert. In der Zuspitzung des Faschismusvorwurfs gegen die Repräsentanten der parlamentarischen Demokratie zeichnete sich eine Aufladung der außerparlamentarischen Bewegung von einer geradezu existenziellen Verve ab. Um einen »neuen Faschismus« zu verhindern, der nun angeblich möglich wurde, reichten die für eine Opposition üblichen politischen Handlungsformen immer weniger aus – es bedurfte einer gezielten, revolutionär anmutenden Anstrengung, für die das Format der APO als unpassend erschien.

Kompromisse waren demgegenüber verschmäht worden. Sie wurden als rein taktisches Instrument des politischen Gegners angesehen und galten deshalb in den eigenen Reihen als unfreiwilliges Eingeständnis einer Kapitulation. Dem harten Kern der Notstandsgegner ging es vermutlich auch gar nicht darum, die in den ersten beiden Entwürfen vorhandenen Risiken zu entschärfen und damit Gefährdungen der Demokratie zu vermeiden. Das Gesetzesvorhaben bot stattdessen eine probate Gelegenheit, den Verfassungsstaat als solchen anzugreifen und auf verfassungsrechtlichem Terrain die Systemfrage zu stellen. Aus dieser Perspektive dürfte der Kampf um die Notstandsgesetze eher ein Vehikel für ganz andere, revolutionäre Absichten gewesen sein.

Anderthalb Monate später wurde der Arbeitsausschuss des Kuratoriums »Notstand der Demokratie« aufgelöst. Die IG Metall hatte ihm geschrieben, dass seine Aufgaben nach der Verabschiedung der Notstandsgesetze erfüllt seien. Das wichtigste überfraktionelle Forum der Linken, das den Kongress »Notstand der Demokratie«, den »Sternmarsch auf Bonn« und andere Aktionen organisiert hatte, existierte nicht mehr. Sein einunddreißigjähriger Sekretär, der ehemalige SDS-Bundesvorsitzende Helmut Schauer, wurde entlassen. Die *Süddeutsche Zeitung* kommentierte das lakonisch: »Die Revolution, die nicht zustande kam, hat ihre Kinder entlassen.«[231]

Vier Jahrzehnte später drängt sich auch die Frage auf, ob das, was seinerzeit so viele Demonstranten auf die Straßen getrieben hat, nicht nur Zeichen einer begründeten Furcht, sondern auch von Hysterie war? Die Befürchtung, dass die neuen Gesetze missbraucht werden könnten, erwies sich bislang jedenfalls als gegenstandslos. Die Achtundsechzigerbewegung, die kaum etwas unversucht gelassen hatte, um die Furcht vor der Gesetzesinitiative der Großen Koalition zu steigern, stieß damit ins Leere. Sie rannte einem Phantom hinterher. Das Phantom besaß einen Namen, es lautete »neuer Faschismus«. Es war quicklebendig und geisterte in den Jahren darauf weiter umher. Diesmal waren seine Betreiber jedoch keine Aktivisten einer Bewegung, sondern Mitglieder und Anhänger einer terroristischen Sekte, der RAF.

Ein »neues 33« war weder 68, 69, 70 noch in irgendeinem Jahr danach zustande gekommen. Eine erneute »Machtergreifung« blieb nicht nur aus, der Gedanke daran erscheint – je größer der zeitliche Abstand geworden ist – als überspannt. Weder in der sozialliberalen, in der christdemokratischen noch in der rot-grünen Ära ist eine Regierung auf die Idee gekommen, von irgendeinem dieser Artikel Gebrauch zu machen. Der innere Notstand ist ebensowenig erklärt worden wie der äußere. Die Exekutive hat ihre Handlungskompetenzen mit Ausnahme der Zeit des sogenannten Deutschen Herbstes, in der die Bundesregierung die Politik eines nicht erklärten Notstandes praktizierte, nicht über Gebühr auszubauen versucht. Das Schreckgespenst, das damals an die Wand gemalt worden war, wirkt wie ein in die Flasche gebannter Geist.

Anti-NPD-Bewegung

Die dritte bedeutende Kampagne der APO richtete sich gegen den Einzug der rechtsextremen NPD in den Bundestag. Obwohl auch diese sich maßgeblich aus der Angst speiste, »ein zweites 33« stünde bevor, so unterschied sie sich dennoch in vielerlei Hinsicht von ihrer Vorläuferin, nicht zuletzt aber wegen ihres Ergebnisses.

Die Furcht, dass es der 1964 gegründeten NPD gelingen könnte, ihr Alt-Nazi-Image abzuschütteln und politisch salonfähig zu werden, existierte bereits, bevor es die APO gab. Je mehr Erfolge die neue Kraft ganz rechts bei Landtagswahlen verbuchen konnte, umso nervöser reagierten die Vertreter der anderen Parteien. Ihren

Zenit erreichte die NPD auf dem Höhepunkt der Achtundsechzigerbewegung. Mit 9,8 Prozent der Stimmen und zwölf Mandaten erzielte sie am 28. April 1968 bei den baden-württembergischen Landtagswahlen ihr bestes Ergebnis. Da sie damit in den siebten Landtag einziehen konnte, durfte sie sich berechtigte Hoffnungen machen, nun auch den Sprung in den Bundestag zu schaffen. Auf den Tag genau blieben noch siebzehn Monate bis zu den Wahlen; eine Zeitspanne, die die rechtsextreme Partei mit nahezu allen Mitteln nutzen wollte.

Seit Jahresbeginn 1968 waren zahllose Aktionsgruppen und Bündnisse gegen die NPD ins Leben gerufen worden. So etwa in München die Aktion »Januar 1968«, die sich als eine überparteiliche »demokratische Aktion gegen Restauration, Rechtsradikalismus und Notstandspläne« verstand, sich kurze Zeit später in »Bündnis gegen Restauration, Neofaschismus und Notstandspläne« umbenannte und ab Juni 1968, nach dem »Europatreffen gegen Neonazismus und Faschismus«, Demokratische Aktion hieß. In ihr waren nicht weniger als neunzehn Organisationen aktiv. Und nicht nur in den Universitätsstädten hatten sich APO-nahe Gruppierungen zusammengefunden, sondern von Freudenstadt im Schwarzwald über das hessische Gelnhausen bis ins ländliche Schleswig-Holstein bildete sich eine Front gegen rechts. Hinzu kamen der DGB samt seiner Einzelgewerkschaften und Organisationen sowie zahlreiche örtliche Betriebsratsvorsitzende. Neben allen nur erdenklichen linken sowie linksliberalen Gruppierungen und allerlei sozialen Verbänden schlossen sich sogar der Ring Christlich-Demokratischer Studenten (RCDS), der CVJM, das Rote Kreuz, die Christlich-demokratische Arbeitnehmerschaft und diverse Orts- und Kreisverbände der CDU sowie einzelne ihrer Funktionsträger dem Bündnis an, um die NPD auf ihrem Marsch in den Bundestag zu stoppen.

Wie aufgeheizt in jenen Tagen die Atmosphäre war, lässt sich an einer Polemik des Schriftstellers Günter Grass ermessen. Auf einer Veranstaltung in der Technischen Universität Berlin warf er Bundeskanzler Kiesinger am 9. Mai 1968 vor, dass er die NPD erst gesellschaftsfähig gemacht habe. Wenn es einem Mann mit seiner Vergangenheit, spielte er auf dessen Mitgliedschaft in der NSDAP und einstige Rolle für das Reichspropagandaministerium an, möglich sei, Kanzler zu werden, dann könne man es auch keinem Dreiundzwanzigjährigen verdenken, dass er NPD wähle. Und Adolf von Thadden, der Parteivorsitzende der NPD, setzte später noch eins drauf, indem er selbstbewusst posaunte: »Wir haben keinen in unserer Partei, der eine ähnliche Stellung hatte wie Herr Kiesinger.«[232]

Die NPD begann ihre Offensive eine Woche nach dem »Sternmarsch auf Bonn«. War sie eine Antwort auf die Herausforderung der außerparlamentarischen Linken? Doch schon der für den 18. Mai bundesweit angekündigte »Tag der NPD« endete mit einem Misserfolg. Landauf landab stießen die Rechtsextremen mit ihren Veranstaltungen auf entschiedenen Widerstand. Die unter dem Motto »Von den Alpen bis zur See – Tag der NPD« vorbereiteten Kundgebungen wurden entweder von den zuständigen kommunalen Behörden bereits im Vorfeld verboten, durch Besetzungsaktionen verhindert oder von den unterschiedlichsten Protestaktionen begleitet: In Essen etwa besetzten nach einer Gegenkundgebung des DGB zweitausend Gewerkschaftler, Schüler und Studenten den als Veranstaltungsort vorgesehenen städtischen Saalbau. Auch in Dortmund, in Hamburg und in Saarbrücken wurden auf diese Weise Veranstaltungen vereitelt oder frühzeitig beendet. In Düsseldorf und Bonn kam es bei Versuchen, Kundgebungen zu verhindern, zu tätlichen Auseinandersetzungen, bei denen viele NPD-Gegner verletzt wurden. In Regensburg demonstrierten sogar Mitglieder des RCDS gegen eine NPD-Kundgebung. Vergeblich versuchten sie, mit NPD-Mitgliedern in die Diskussion zu kommen.

Das Jahr 1968 endete damit, dass der *Spiegel* in einer Titelgeschichte ausgiebig das Für und Wider eines NPD-Verbots diskutierte. Doch Bundesinnenminister Ernst Benda (CDU) zauderte wie das gesamte Kabinett, sich zu einem Verbotsantrag beim Bundesverfassungsgericht durchzuringen. Trotz all des Belastungsmaterials, das über zwei Jahre lang von Juristen zusammengetragen worden war, sollte der NPD nicht Gleiches widerfahren wie der Sozialistischen Reichspartei (SRP) und der Kommunistischen Partei Deutschlands (KPD), die seit 1952 verboten waren.

Je näher der Termin der Bundestagswahlen rückte, desto gewalttätiger traten die Mannen um Adolf von Thadden auf. Zu einem schlagzeilenträchtigen Eklat kam es am 25. Juli 1969 bei einer Wahlveranstaltung der NPD im Frankfurter Cantate-Saal. Die »Bürgeraktion für Demokratie« hatte zu einer Protestveranstaltung aufgerufen. Durch ein Sit-in blockierten Demonstranten schon Stunden vor Veranstaltungsbeginn den Zugang zum Saal. Als der Einsatzleiter des NPD-Ordnerdienstes das Kommando ausgab, »unter allen Umständen den Zugang zum Hof freizukämpfen«, gingen schutzhelmbewehrte, martialisch auftretende NPD-Ordner rücksichtslos gegen die Protestierenden vor. Einige mussten mit schweren Verletzungen ins Krankenhaus eingeliefert werden. Als Folge wurden der NPD in Frankfurt und Umgebung keine städtischen Versammlungsräume mehr zur Verfügung gestellt und die Staatsanwaltschaft leitete zwölf Verfahren wegen des Verdachts auf Körperverletzung gegen die NPD-Schläger ein.

Die Öffentlichkeit war durch die Vorfälle so beunruhigt, dass sich Prominente wie der Theologe Helmut Gollwitzer, der Politikwissenschaftler Ossip K. Flechtheim und der Sozialphilosoph Jürgen Habermas in einem offenen Brief an die Führungsgremien des DGB und der Industriegewerkschaften wandten und zahlreiche Personen des öffentlichen Lebens vor dem wachsenden Neonazismus und einem mehr und mehr befürchteten Zusammenspiel von CDU/CSU und NPD in einer Neuauflage der »Harzburger Front« warnten, die einst gegen die Weimarer Republik Aufstellung genommen hatte.

Mit ihrer »Deutschland-Fahrt 1969« trat die NPD am 21. August zum Schlussspurt an. Bis zum 29. September blies sie zu dreiunddreißig bundesweiten Wahlkampfveranstaltungen. Schon bei der zweiten Kundgebung in Flensburg, am 22. August, kam es zu schweren Krawallen. Die fünfwöchige »Deutschland-Fahrt« erwies sich als eine Abfolge von Tumulten und Ausschreitungen, wie sie die Bundesrepublik in dieser zeitlichen Dichte noch nie zuvor erlebt hatte. Die Teilnehmerzahlen unter den NPD-Gegnern stiegen noch einmal deutlich an. Auf Protestkundgebungen in Dortmund, Bremen und Essen kamen jeweils mehr als 10 000 Demonstranten zusammen, zum Schluss in Nürnberg waren es 20 000.

Ein nicht unerheblicher Teil der Öffentlichkeit befürchtete offenbar stärker noch als zuvor, dass die Partei im Anschluss an ihre Erfolge bei Landtagswahlen nun auch den Sprung über die Fünf-Prozent-Hürde in den Bundestag schaffen könnte. Ihr Vorsitzender Adolf von Thadden hastete seit Wochen und Monaten mit einem Tross an Begleitern von Ort zu Ort, um mit seinen Kundgebungen auch noch den letzten Winkel zu erreichen. An einer dieser Stationen kam es am 16. September zu einem blutigen Zwischenfall, den einige Berichterstatter wenige Zeit später mit den Worten kommentierten, dass er möglicherweise die Bundestagswahlen entschieden haben könnte.

Die NPD hatte für diesen Abend in der Stadthalle von Kassel eine Großkundgebung angekündigt. Da der Polizeipräsident Herbert Ahlborn befürchtete, dass es dabei zu ähnlichen Übergriffen des NPD-Saalschutzes wie im Frankfurter Cantate-Saal kommen würde, verbot er die Veranstaltung wenige Stunden vor ihrem geplanten Beginn. Alle Versuche der Organisatoren, eine einstweilige Verfügung gegen das Verbot zu erwirken, scheiterten. Als sie resignierten und die Kundgebung kurz vor zwanzig Uhr absagten, hatten sich vor der Stadthalle jedoch schon über dreitausend Demonstranten versammelt. Die Bestätigung des Verbots wurde kurz darauf von der Polizei per Lautsprecher mitgeteilt.

Eine Minderheit der Versammelten wollte sich jedoch nicht damit zufriedengeben, dass der Protest an diesem Abend ausfallen sollte. Schließlich zogen etwa dreihundert junge Leute zum »Parkhotel Hessenland«, in dem sich Adolf von Thadden mit anderen Parteifunktionären immer noch aufhielt. Als die Demonstranten dort eintrafen, nahm von Thadden, dessen sechzigköpfige Ordnertruppe noch in der Nähe der Stadthalle wartete, umgehend Reißaus. Zusammen mit seinen Parteifreunden entwischte er durch einen Hinterausgang, doch zu spät. Kurz bevor er sich in der Wohnung eines hessischen NPD-Landtagsabgeordneten verstecken konnte, wurde er von Demonstranten eingeholt und mit Vorwürfen überschüttet. In diesem Moment rauschte ein hellblauer Mercedes-Benz 220 SE heran. Die Beifahrertür sprang auf, ein blonder Mann in dunklem Blazer und heller Hose sprang heraus und rief im Scheinwerferlicht stehend: »Machen Sie den Weg frei, ich bin von der Polizei!« In seiner rechten Hand hielt er eine Pistole und schoss damit in die Luft. Einer der Demonstranten, der einundzwanzigjährige Bernd Lunkewitz, Mitglied im Aktionszentrum Unabhängiger und Sozialistischer Schüler (AUSS), zeigte sich davon jedoch unbeeindruckt und forderte den Schützen auf, sich auszuweisen. Der wurde nervös und schrie hektisch: »Hau jetzt ab hier!« Als Lunkewitz einen Schritt auf ihn zu machte und seine Aufforderung, den Ausweis zu zeigen, wiederholte, verlor der Unbekannte endgültig die Fassung und feuerte zweimal aus der Hüfte heraus. Lunkewitz, der damals als nordhessischer Ausbrecherkönig galt, weil er es fertiggebracht hatte, während einer Autobahnfahrt aus einem Gefangenentransporter zu fliehen, und der neunzehnjährige Michael Hoke, ebenfalls vom AUSS, stürzten fast gleichzeitig getroffen zu Boden. Beide hatten Glück im Unglück: Die Kugeln waren jeweils durch ihren Oberarm geschlagen. Als die Polizei bereits nach zehn Minuten am Tatort eintraf, war der Täter längst über alle Berge.

Die Demonstranten, die wegen des Vorfalls nun außer sich waren, forderten den NPD-Vorsitzenden in Sprechchören auf, vor die Tür zu kommen und warfen Knallkörper auf das Wohngebäude. Es bedurfte schließlich einer größeren Anzahl von Polizeikräften, um von Thadden einen gesicherten Rückzug garantieren zu können. Der NPD-Politiker wurde mit einem Mannschaftswagen an einen sicheren Ort transportiert. Noch in der Nacht stellte der Polizeipräsident eine fünfzehnköpfige Sonderkommission zur Ergreifung des Täters zusammen und setzte eine Belohnung in Höhe von 13 000 DM aus.

Am folgenden Tag erklärte der Vorsitzende der Kasseler Jungsozialisten, der SPD-Stadtverordnete Hans Eichel, auf einer Kundgebung: »Die Schüsse von Kassel sind die Konsequenz der gesellschaftlichen Entwicklung der Bundesrepublik.« Von den beiden Verletzten wurde eine Grußbotschaft verlesen, in der sie davor warnten, dass die Bundesrepublik immer weiter nach rechts treibe und schließlich »faschistisch« werde.

Rasch verdichtete sich der Verdacht, dass die Schüsse von einem der Leibwächter des NPD-Vorsitzenden abgegeben worden sein könnten. Der Kameramann eines französischen Fernsehteams hatte bei einer Aufnahme auf einer NPD-Pressekonferenz ein Gesicht eingefangen, das für einen winzigen Moment hinter einem Vorhang hervorkam und auf das die Beschreibungen der fünfzehn Tatzeugen am ehesten zu passen schienen. Diese verschwommene Aufnahme von einem Mann mit Stirnglatze wurde schließlich als Fahndungsbild verbreitet. Obwohl daraufhin zweihundertfünfzig Hinweise bei den Behörden eingingen, war keine heiße Spur darunter.

In der Zwischenzeit versuchte die NPD aus den Schüssen Kapital zu schlagen. Der NPD-Pressedienst verbreitete die Meldung, dass es sich in Kassel um einen »feigen Anschlag der roten Wegelagerer« gehandelt habe. Bei einer Kundgebung in Augsburg erklärte von Thadden, dass vermutlich er Zielscheibe eines Anschlags gewesen sei. Und der NPD-Landtagsabgeordnete, der dem Täter zur Flucht verholfen hatte, behauptete sogar, die Pistolenschüsse seien »von der APO bestellt« gewesen.

Dieser dreiste Versuch, den Lauf der Ereignisse auf den Kopf zu stellen, konnte jedoch nicht verhindern, dass die NPD am 28. September mit 4,3 Prozent knapp ihr Ziel verfehlte, in den Bundestag einzuziehen. Damit war die Strategie der APO aufgegangen. Die meisten ihrer Aktionsbündnisse und Gruppierungen hatten versucht, die rechtsextreme Law-and-order-Partei als neofaschistisch zu brandmarken und sie in eine Kontinuität mit dem Nationalsozialismus zu stellen beziehungsweise als das Ergebnis einer von den Alliierten nur unzureichend durchgeführten Entnazifizierung zu erklären. Hinzu kam, dass die Gewerkschaften und die SPD, die in der Frage der Notstandsgesetzgebung gespalten gewesen waren, in dem Bestreben, dem politischen Durchmarsch der NPD Einhalt zu gebieten, einheitlich agierten. Das verlieh den Protestaktionen der APO, an denen sich neben Sozial- und Freidemokraten mitunter auch Christdemokraten beteiligten, einen nicht unerheblichen Rückhalt.

Die Enttäuschung der NPD-Funktionäre über das Wahlergebnis saß so tief, dass einer von ihnen noch in der Wahlnacht in der Parteizentrale in Hannover gegenüber einem *Stern*-Journalisten bekannte, der unbekannte Kasseler Schütze habe »seiner Partei einen miserablen Dienst« erwiesen. Das war ein nicht misszuverstehender Hinweis, der dem von Anfang an existierenden Verdacht, der Täter könne nur aus dem engeren Umfeld des NPD-Vorsitzenden stammen, neue Nahrung bot.

Eine Woche später schließlich traf ein Vertrauter von Thaddens den *Stern*-Redakteur Klaus Liedtke in der Autobahnraststätte Allertal, wo er ihm erklärte, dass derjenige, der in Kassel geschossen habe, nur der Bundeseinsatzleiter des NPD-Ordnungsdienstes gewesen sein könne. Sie hätten ihn immer den »Mann mit der Maske« genannt. Wer das gewesen war, ließ sich einfach herausbekommen. Es handelte sich um den neununddreißigjährigen Klaus Kolley aus Stuttgart; Familienvater, tätig als Leiter der Rechtsabteilung eines Verlages. Als Journalisten der Hamburger Illustrierten dem Opfer Michael Hoke hundertacht Fotos von NPD-Ordnern vorlegten, unter denen sich auch eine Aufnahme Kolleys befand, suchte der angehende Student zielsicher dessen Bild heraus. Dieser Mann, erklärte er, sehe dem Täter am ähnlichsten.

Nur wenige Stunden später erschienen mitten in der Nacht sechs Polizeibeamte in der Stuttgarter Weimarstraße und klingelten an der Tür der Familie Kolley. Nach einer Hausdurchsuchung ließ die Ehefrau sich schließlich darauf ein, ihren flüchtigen Mann anzurufen und ihn zur Rückkehr zu bewegen. Am Mittag des darauffolgenden Tages wurde er verhaftet.

Bei der Überprüfung von Kolleys Personalien stellte sich heraus, dass der NPD-Schütze vorbestraft war. Zwischen 1956 und 1960 hatte er wegen Banden- und Rückfalldiebstahls eine Zuchthausstrafe verbüßen müssen. Außerdem hatte die Generalbundesanwaltschaft gegen ihn ermittelt, weil er unter dem Decknamen »Sys« für die Staatssicherheit der DDR als Kurier tätig gewesen war. Seine Bezeichnung »Mann mit der Maske« rührte daher, dass er als Leiter des NPD-Ordnungsdienstes sein Aussehen ständig änderte. Er führte immer einen schwarzen Lederkoffer mit sich, in dem Schminkutensilien verstaut waren. In Telefongesprächen mit NPD-Funktionären benutzte er mitunter zwei Decknamen. Wenn er sich mit »Koldewey« meldete, dann hieß das »Gefahr im Verzug«, und wenn er sich »Löwe« nannte, gab er Alarm.

Selbst ein führendes konservatives Blatt wie die *FAZ* schien sich nach dem Wahlausgang keine unangebrachten Hoffnungen mehr über den weiteren Verlauf der Bundespolitik zu machen und ließ in einer Karikatur die »Ära Adenauer« – wie es in der Unterzeile sarkastisch hieß – »nun endgültig« im Sarg davontragen. Als Sargträger zu erkennen waren Exkanzler Kurt Georg Kiesinger, Exfinanzminister Franz Josef Strauß und Exverteidigungsminister Gerhard Schröder. Die Union insgesamt konnte sich kaum mehr Illusionen darüber machen, welche Folgen der Machtverlust für sie haben musste. Nur einer von ihnen ging so weit, seiner Frustration Ausdruck zu verleihen. Als Strauß im Plenarsaal mit dem neugewählten Bundeskanzler Willy Brandt – immerhin einer seiner ehemaligen Kabinettskollegen – konfrontiert war, weigerte er sich demonstrativ, diesem die üblichen Glückwünsche auszusprechen.

VIII.

Die Entmischung

Außerparlamentarische Bewegungen könnten kaum entstehen, wenn die Integrationsfähigkeiten eines parlamentarischen Systems und insbesondere die der in ihm vertretenen Parteien nicht defizitär wären. Die Konstitution derartiger Bewegungen ist insofern immer auch ein Indiz für das Unvermögen des politischen Systems, soziale Widersprüche und die daraus resultierenden Interessenkonflikte aufzunehmen und als Widerstreit von Abgeordneten innerhalb des Parlaments auszutragen. Genau diese Situation traf auf das politische System der Bundesrepublik nach Bildung der Großen Koalition zu. Mit ihrem Entschluss, sich an einer von der Union geführten Regierung zu beteiligen, musste sich die SPD auf staatliches Handeln konzentrieren. Sie konnte die Interessen eines erheblichen Teils ihrer Klientel nicht mehr wie zuvor repräsentieren. Dieses Potenzial bildete für die innerhalb der Studentenbewegung geschulten Meinungsführer – insbesondere in dem ein halbes Jahrzehnt zuvor aus der SPD geworfenen SDS – eine Protest- und Bewegungsressource.

Die APO war jedoch durch eine grundlegende Ambiguität bestimmt. Nicht wenige ihrer Akteure changierten zwischen Außer- und Antiparlamentarismus hin und her. Dabei traten immer stärker Gruppen in den Vordergrund, die der Bundesrepublik Deutschland, dem Rechtsstaat und seinen Institutionen nicht nur kritisch, sondern ablehnend gegenüberstanden. Antistaatlichkeit gehörte zu ihren Grundüberzeugungen. Das Misstrauen wurde zudem aus dem Verdacht geschöpft, dass der bundesdeutsche Staat bis in seine Spitze hinein – die politischen Vergangenheiten von Bundespräsident Heinrich Lübke und Bundeskanzler Kurt Georg Kiesinger wurden als exemplarisch betrachtet – von ehemaligen Funktionsträgern des NS-Regimes besetzt sei. Dieser Argwohn wurde auf die verschiedensten Institutionen übertragen und führte zu einem regelrechten Antiinstitutionalismus. Das Gespenst des »neuen Faschismus« war dort überall präsent. Die Nichtanerkennung des staatlichen Gewaltmonopols war eine logische Folge dieser Einstellung.

Im Winter 1968/69 hatte wegen der zunehmenden politischen Misserfolge außerparlamentarischer Aktionen ein Prozess der Umorientierung eingesetzt, der zu ersten Auflösungserscheinungen der APO und gleichzeitig zu einem Gründungsboom von Kleinorganisationen führte. Zunächst sollten sogenannte Basisgruppen zum Medium einer politischen Transformation werden. Sie wurden an den Universitäten gegründet, griffen jedoch schon bald auf Stadtteile und Betriebe über. Der Schwerpunkt der politischen Aktivitäten sollte damit in jene gesellschaftlichen Bereiche verlagert werden, von denen man glaubte, dass dort der Klassenantagonismus noch lebendig sei.

Als nach den Bundestagswahlen vom September 1969 die sozialliberale Koalition gebildet wurde, zeigte sich, dass die außerparlamentarische Bewegung in einem unmittelbaren politischen Sinne mit einer Ausnahme gescheitert war. Zwar hatte sie den Einzug der NPD in den Bundestag zu verhindern gewusst, ihre anderen großen Ziele jedoch waren allesamt verfehlt worden. Die vielbeschworene Einheit von Arbeiter- und Studentenbewegung, wie sie zum allgemeinen Erstaunen in Frankreich vorübergehend möglich geworden war, blieb in der Bundesrepublik eine Chimäre. Mit der Verabschiedung der Notstandsgesetze am 30. Mai 1968 hatte die APO ihren Zenit zudem bereits überschritten. Die Struktur des Axel Springer Verlags blieb unangetastet, die Hochschulreform erwies sich rasch als Enttäuschung, der Vietnamkrieg dauerte unvermindert an und die hochfliegenden revolutionären Erwartungen blieben auf der ganzen Linie unerfüllt.

Innerhalb von nur wenigen Monaten fiel mit dem SDS der eigentliche Motor der APO-Aktivitäten faktisch auseinander. Die dynamischen, sich als »antiautoritär« begreifenden Strömungen schienen durch die nachlassende Mobilisierung auf der Straße und die infolge der sozialliberalen Koalition veränderte politische Lage wie paralysiert. Mit der neuen Bundesregierung unter dem sozialdemokratischen Kanzler Willy Brandt, der eine Reformpolitik einzuleiten versprach, entfielen die meisten Voraussetzungen zur Fortführung einer außerparlamentarischen Bewegung. Einige der von der APO freigesetzten Impulse, insbesondere im Bereich der Bildungspolitik, wurden aufgenommen, andere hingegen gebremst oder einfach ignoriert. Die Bundesregierung legte einerseits mit dem Amnestiegesetz für Demonstrationsstraftäter ein Integrationsangebot vor, andererseits lieferte sie mit dem Radikalenerlass, durch den Systemgegner vom Staatsdienst ferngehalten werden sollten, bald darauf ein Zeichen der Abschreckung. Zwar wuchs das Potenzial links von der SPD quantitativ stark an, es stellte jedoch wegen seiner Diffusität keine einheitliche Kraft mehr dar und büßte dadurch viel vom Charakter einer politischen Herausforderung ein.

Den Ton gaben nun radikal-orthodoxe Kräfte an – Neoleninisten und Maoisten. Während der größte Teil der alten APO von der SPD, der FDP und der neu gegründeten Deutschen Kommunistischen Partei (DKP) aufgesogen wurde, entstanden in kurzer Zeit vielerorts kommunistische Kadergruppen, die sich in völliger Verkennung ihrer wirklichen Rolle als Vorhut der Arbeiterbewegung begriffen. Die studentischen Speerspitzen der APO, nunmehr selbst ernannte proletarische Avantgarde, glaubten sich so zur Führungselite einer nicht zu radikalen Systemveränderungen neigenden Arbeiterschaft machen zu können. Als im März 1970 der SDS auch formell aufgelöst wurde, waren die Weichenstellungen für die Entwicklung der radikalen Linken der siebziger Jahre bereits weitgehend vollzogen.

Aus der APO waren vier Grundströmungen entstanden – eine, die dem Parlament konstruktiv, eine, die ihm aus taktischen Gründen zustimmend, und zwei, die ihm ablehnend beziehungsweise äußerst kritisch gegenüberstanden: eine reformistische, die ihre stärksten Bastionen bei den Jungsozialisten und den Jungdemokraten besaß, den Jugendorganisationen von SPD und FDP; eine traditionell kommunistische, die nach der Legalisierung einer kommunistischen Partei in der DKP, der SDAJ und dem MSB Spartakus ihre Heimat und in der engen Anbindung an die DDR und den Sowjetblock Halt fand; eine marxistisch-leninistische, die ihr Heil im »Proletkult« der zwanziger Jahre und in der Gründung zumeist maoistischer Kaderorganisationen wie der KPD/ML, der

KPD/AO, dem KB und dem KBW suchte und schließlich eine undogmatisch-neomarxistische, die im Sozialistischen Büro (SB) eine Art Netzwerkzentrale fand, deren Bedeutung allerdings erst im Laufe der Jahre sichtbar wurde.

Einerseits waren diese Strömungen durch eine hektische Aufbruchstimmung geprägt, andererseits aber saß in jenen Teilen, die nicht von der SPD oder der FDP absorbiert worden waren, die deprimierende Erfahrung einer grundlegenden politischen Niederlage immer noch tief. Diese Zwiespältigkeit führte bereits im Ansatz zu einer Verbissenheit in den meisten ihrer politischen Aktivitäten. Mit organisatorischer Entschlossenheit sollte nun das erreicht werden, was von einer lockeren, zum Teil spontanen Protestbewegung nicht hatte vollbracht werden können. Deshalb galt es zuerst einmal, die »Organisationsfrage« zu lösen.

Die Universitäten, an denen sich nach den zwischenzeitlich dominierenden Basisgruppen nun Rote Zellen auszubreiten begannen, wurden nicht länger mehr als das Zentrum der politischen Arbeit angesehen. Die Auseinandersetzungen konzentrierten sich zunehmend auf außeruniversitäre Bereiche, auf Stadtteile und insbesondere auf Betriebe. Betriebsarbeit hatte für die entschiedensten der linksradikalen Gruppierungen Priorität. Denn Adressatin all ihrer Bemühungen war in erster Linie die Arbeiterschaft als das in ihren Augen einzige erfolgversprechende revolutionäre Subjekt. Es schien alles nur noch eine Frage der Bewusstseinsbildung zu sein, genauer, wie sich das verkehrte, als »ökonomistisch« bezeichnete Arbeiterbewusstsein auf dem schnellsten Wege in ein »revolutionäres Klassenbewusstsein« würde transformieren lassen. Die Tatsache, dass es im September 1969 unter Stahlarbeitern zu wilden Streiks gekommen war, mit denen ein Teil des klassischen Proletariats dem gewerkschaftlichen Führungsanspruch eine Absage erteilte, wurde als Zeichen für ein neues Selbstbewusstsein der Arbeiterklasse gewertet. Die entschlossensten Aktivisten der außerparlamentarischen Bewegung, jene, die sich als berufsrevolutionäre Kader begriffen, betrachteten diese Streikbewegung als eine überaus wichtige politische Weichenstellung.

Die Fixierung auf die Arbeiterschaft als das vermeintliche revolutionäre Subjekt führte nicht nur zur Entstehung zahlreicher K-Gruppen und zur Bildung verschiedener pseudoproletarischer Parteien, auch die im Mai 1970 erfolgte Gründung der terroristischen

Roten Armee Fraktion (RAF), deren Mitglieder sich als »Leninisten mit Knarre« verstanden, muss in diesem Zusammenhang gesehen werden. Die bewaffnete Kaderorganisation, die in den Jahren darauf wie keine andere das innenpolitische Klima in der Bundesrepublik vergiftete, gab vor, Teil eines größeren Ganzen, einer Art proletarischen Kampfzusammenhanges, zu sein.

Die meisten der genannten Gruppierungen und Bewegungen waren außerparlamentarisch entstanden und hatten zum Parlamentarismus – wenn überhaupt – ein taktisches Verhältnis. Sie basierten immer noch auf einer Ablehnung von Parlament und Parteienstaat, die zwar höchst unterschiedlich akzentuiert war, deren theoretische Begründung aber bereits zu Beginn der Großen Koalition geliefert worden war. Diese Abwehrhaltung war so stark verankert, dass sie in den Augen der Akteure keiner weiteren Überprüfung bedurfte. In gewisser Weise gehörte sie zu den als selbstverständlich angesehenen Grundüberzeugungen.

Der Zerfall der Achtundsechzigerbewegung stellte sich für jene Strömung als die größte Niederlage heraus, die sich erst unter ihren Vorzeichen zu bilden und als Mehrheitsfraktion zu etablieren vermocht hatte – die antiautoritäre. Im Unterschied zu den traditionalistischen Gruppierungen, die sich in der Minderheit befanden, verlor sie 1968/69 innerhalb nur weniger Monate nachhaltig an Einfluss. Dabei war sie es gewesen, die es entgegen allen Erwartungen vermocht hatte, das nach dem Tod Benno Ohnesorgs sichtbar gewordene Potenzial zur Gesellschaftsveränderung aus einer abgekapselten Studenten- in eine sich bis in die Provinz verbreitende Jugendrebellion zu verwandeln. Nun galt die Berufung auf eine außerparlamentarische Bewegung als politisch naiv. Aus dem Scheitern der meisten Kampagnen wurden strenge Konsequenzen gefordert, die aus dem Besteckkasten des orthodoxen Marxismus-Leninismus hätten stammen können: Eine Hinwendung zum Proletariat als der vermeintlich einzig Erfolg garantierenden Kraft zur Gesellschaftsveränderung, der Aufbau von Organisationsformen, in denen Zentralismus, Hierarchie und Autorität plötzlich als rehabilitiert galten, sowie die Entfaltung einer zielgerichteten Klassenkampfstrategie, mit der das kapitalistische System endgültig besiegt werden sollte. Damit vollzog sich zugleich eine folgenreiche Abkehr vom Neomarxismus, insbesondere von der nun als individualistisch verpönten Kritischen Theorie; die nicht zuletzt von

Herbert Marcuse entfalteten Kritikmuster galten als passé. Jetzt wurden autoritäre, mitunter zum Totalitarismus tendierende Herrschaftsvorstellungen favorisiert – im Denken wie im Handeln.

Nach der Auflösung des SDS, dieser wohl bedeutendsten Studentenorganisation in der Geschichte der Bundesrepublik, bestand das Ziel fast aller sich daraus entwickelnder Gruppierungen darin, eine rebellische Studenten- in eine revolutionäre Arbeiterbewegung zu transformieren. Insbesondere die frustrierende Niederlage der bundesweiten Kampagne gegen die Verabschiedung der Notstandsgesetze hatte der außerparlamentarischen Bewegung den Wind aus den Segeln genommen und erhebliche Zweifel an ihrem politischen Vorgehen aufkommen lassen. Eine Lösung schien nur der Rückgriff auf entschiedenere, in der Vergangenheit bereits erprobte Revolutionsmodelle zu bieten. Auch der Versuch des aus Frankreich ausgebürgerten Daniel Cohn-Bendit, die Selbstauflösung des SDS zu verhindern, war auf der letzten Delegiertenkonferenz im März 1970 kläglich gescheitert. Sein Appell, den Partikularisierungsbestrebungen Einhalt zu gebieten und keiner politischen Selbstüberschätzung anheimzufallen, war wirkungslos und verpuffte mehr oder weniger ungehört.

Erstes Resultat: Sekten

Das Konglomerat APO war im Herbst 1969 endgültig an seine Grenzen gestoßen. Auf zwei Jahre der Vermischung, in denen sich die unterschiedlichsten linken Gruppierungen zu lokalen, regionalen und überregionalen Bündnissen zusammengeschlossen hatten, folgte – wie Peter Brückner das frühzeitig erkannt hatte – ein rapider Prozess der Entmischung. Die linke Protestbewegung zerlegte sich innerhalb weniger Monate in ihre Einzelteile. Die Resultate dieses folgenschweren Prozesses hätten kaum unterschiedlicher sein können. Es bildeten sich ganz verschiedene soziale Aggregationen: Sekten, subkulturelle Milieus und – mit einer gewissen Verzögerung – die Fermente neuer Bewegungen, die erst einige Jahre später tonangebend werden sollten.

Unter diesen drei Entwicklungen stachen die Sekten am meisten hervor. Sie waren allesamt von einem grundlegenden Widerspruch gekennzeichnet: Es handelte sich um radikale Partialisierungen, die jeweils für sich genommen einen Allgemeinheitsanspruch und damit die Überzeugung vertraten, ein allein erfolgversprechendes, seligmachendes Modell gesellschaftlicher Veränderung bieten zu können. Sie erschienen wie abgespaltene Elementarteile der einstigen Bewegung. Deren politische und soziopsychische Dimensionen hatten sich separiert und traten nun getrennt voneinander auf und nicht selten auch gegeneinander an. Die gleichzeitig entstehenden Polit- und Psychosekten wirkte wie zwei Seiten einer Medaille. Was ursprünglich zusammengehörte, hatte sich auf eine bizarre Weise verselbständigt. Während die eine Seite das Primat des Objektiven propagierte – die Politik beziehungsweise den Klassenkampf –, forderte die andere unablässig den des Subjektiven – die emphatische Gemeinschaft mit einem besonderen Akzent auf den körperlichen Effekten »befreiter« Sexualität. Einem objektivistischen, mit einer asketischen Lebenseinstellung verbundenen Politikverständnis stand eine sinnes- und gefühlsbestimmte Vorstellung der eigenen Persönlichkeit gegenüber.

Die Politsekten ergaben durch ihre hierarchische Organisationsform, durch das Streben nach möglichst großer weltanschaulicher Geschlossenheit, durch Abgrenzungsmechanismen gegenüber Organisationen ähnlichen Typs und den Zwang zur Unterwerfung ihrer Mitglieder das kohärenteste und markanteste Erscheinungsbild. Sie brachen weltanschaulich wie habituell mit der als »kleinbürgerlich« diffamierten Studentenbewegung und stellten insofern gegenüber deren antiautoritären Strömungen eine Kehrtwendung um hundertachtzig Grad dar. Im Gegensatz zu hedonistischen, an russischen Anarchisten des 19. Jahrhunderts oder an den kalifornischen Hippies orientierten Erscheinungsbildern standen nun Askese, Ernsthaftigkeit und Pedanterie im Vordergrund, die dem Proletkult der zwanziger Jahre entlehnt waren. Die Politsekten beanspruchten auf je eigene, untereinander heftig konkurrierende Weise die Führerschaft im revolutionären Kampf. Die Frage, wer das revolutionäre Subjekt sei, schien durch die Schriften des Marxismus-Leninismus a priori geklärt zu sein – dafür kam nur das Industrieproletariat in Frage. Zu entscheiden war nur noch, wer sich an dessen Spitze setzte. Denn was den Führungsanspruch anbetraf, gab es mehrere Bewerber.

Max Weber hat – rein soziologisch betrachtet – Sekten von Kirchen scharf unterschieden. Eine Sekte sei »ein exklusiver Verein religiöser Virtuosen oder doch religiös spezifisch Qualifizierter«, eine Kirche dagegen »eine universalistische Massen-Heilsanstalt«, die in vieler Hinsicht an einen Staat erinnere.[233] Die Sozialformen beider Religionsgemeinschaften treten insbesondere aufgrund ihrer unterschiedlichen Rekrutierungsmechanismen hervor. Mitglied in einer Sekte werde man »durch individuelle Aufnahme nach Feststellung der Qualifikation«, also nach einer Prüfung durch ein bestimmtes Gremium und nach einem spezifischen Aufnahmeritual sowie wegen einer persönlichen Entscheidung. Laut Weber sind Sekten »voluntaristische Gemeinschaften«, die Mitgliedschaft in ihnen sei gleichbedeutend mit einem »Qualifikationsattest für die Persönlichkeit«.[234] Eine Kirche sei dagegen eine »Gnadenanstalt«. In sie werde man hineingeboren. Zwar gibt es bei ihr auch Aufnahmerituale wie etwa die Taufe, die eigentliche Mitgliedschaft erfolgt jedoch völlig unabhängig von einem individuellen Willensakt bereits durch die Geburt. Einer Sekte anzugehören ist daher exklusiv, einer Kirche dagegen zumeist obligatorisch.

Die Politsekten

Das Rätsel, wie aus antiautoritären Bewegungsaktivisten stockautoritäre Organisationsfetischisten werden konnten, verliert viel von seinem vermeintlichen Geheimnis, wenn man sich nur daran erinnert, dass mit der Kommune I die Herzkammer der antiautoritären Bewegung bereits eine maoistische Formation war. Die Doppeldeutigkeit, mit der der kulturrevolutionäre Aufbruch als Mixtum compositum zwischen maoistischer Aktionszelle und Hippieformation in West-Berlin einsetzte, war mehr als nur ein Hinweis darauf, dass sich die Kommunen unter veränderten Rahmenbedingungen wiederum in unterschiedliche Segmente zerlegen konnten. Dieter Kunzelmann, der in gewisser Weise der Urkommunarde war, hat das in seiner überaus wechselhaften, aber in ihrer inneren Konsequenz auch durchaus logischen politischen Vita vorgemacht: Der Situationist, der die Subversive Aktion gegründet hatte, rief im Zuge der sich 1969 auflösenden Kommune I mit den Tupamaros West-Berlin die erste Untergrundorganisation ins Leben und wurde nach seiner Haftentlassung Mitglied der maoistischen KPD. Der chamäleonartige Wechsel vom Avantgardisten einer undogmatischen zum Aktivisten einer dogmatischen

Linken erscheint nur auf den ersten Blick rätselhaft. In eine maoistische Kaderorganisation überzuwechseln, konnte für einen frühen Protagonisten der Kulturrevolution durchaus zwingend erscheinen.

Unter den Politsekten, die sich zumeist als Parteien oder Parteiaufbauorganisationen verstanden, ist zwischen marxistisch-leninistischen, maoistischen, trotzkistischen und terroristischen zu unterscheiden. Nachdem anfangs wegen der Vielzahl von bundesweit aus dem Boden schießenden Gruppierungen von einer ML-Bewegung gesprochen wurde, hat sich später die Bezeichnung K-Gruppe weitgehend durchgesetzt. Die meisten von ihnen sind aus dem SDS hervorgegangen, der in seiner Schlussphase von heftigen Fraktionskämpfen zerrissen war. Schon in ihrer Rede auf der Trauerfeier für den tödlich verunglückten Hans-Jürgen Krahl hatten mit Detlev Claussen, Bernd Leineweber und Oskar Negt drei seiner engsten Freunde im Februar 1970 das von der führenden Figur des Heidelberger SDS, Joscha Schmierer, vertretene »Programm der Liquidation der antiautoritären Phase« in aller Schärfe als eine folgenschwere »Verdrängung der Emanzipationsdebatte« kritisiert: »Es wäre ein gefährlicher Irrtum, wollte man die Schwierigkeiten einer Vermittlung zwischen Studentenbewegung und Arbeiterklasse statt auf die konkreten Lebensbedingungen des Proletariats auf den verengten Horizont von Disziplin, straffer, zentralistischer Kaderorganisation und Leistung zurückführen.« Auf ihrer Suche nach politischer Identität neige die deutsche Studentenbewegung zum »Prinzip der abstrakten Negation«, mit dem sie ihre eigene Unsicherheit zu kompensieren versuche: »... die große Verweigerung als radikale, unvermittelte Negation der kapitalistischen Gesellschaft wird in ihrer eigenen Geschichte zur abstrakten Negation: dem realpolitischen Pragmatismus, der die arbeitsteilig verdinglichte Aufspaltung in eine theorielose Praxis und eine praxislose Theorie beinhaltet.«[235] Doch die Neuen erwiesen sich auf ihrem Irrweg als völlig unbelehrbar. Mit Entschiedenheit gingen sie daran, hierarchisch aufgebaute Kaderorganisationen zu gründen, die ihren Phantasien vom Klassenkampf entsprachen. Kurz hintereinander schlüpften sie in die Kostüme historisch längst gescheiterter Parteien und begannen damit, sich als proletarische Avantgarde zu inszenieren.

Als Erstes war die Kommunistische Partei Deutschlands/Marxisten-Leninisten (KPD/ML) ins Leben gerufen worden. Ihr Gründungsparteitag erfolgte zum Jahreswechsel 1968/69 in Hamburg, genau fünfzig Jahre nach dem der Kommunistischen Partei Deutschlands (KPD), zu der sich der Spartakusbund mit anderen linksradikalen Gruppierungen unter der Führung von Rosa Luxemburg und Karl Liebknecht zusammengeschlossen hatte. Erster Vorsitzender war der Altkommunist Ernst Aust. Die KPD/ML grenzte sich scharf von der DKP ab, der sie Revisionismus vorwarf, verurteilte den Kommunismus sowjetischen Typs und orientierte sich am Maoismus. Ihre Zentrale war, offenbar in dem Bestreben, sich ins vermeintliche Herz der Arbeiterklasse zu begeben, in Dortmund angesiedelt.

Während die KPD/ML schon bald an Einfluss verlor, gründeten sich in der Folge drei andere maoistisch ausgerichtete Organisationen, die das Spektrum der K-Gruppen ein Jahrzehnt lang dominierten. In West-Berlin entstand im Juni 1970 die Kommunistische Partei Deutschlands/Aufbauorganisation (KPD/AO), die schon bald das AO in ihrem Namenszug tilgte, ihre Zentrale in die Bundesrepublik verlegte und deren Vorsitzende mit Jürgen Horlemann und Christian Semler zwei ehemals führende SDS-Aktivisten waren. In Hamburg ging aus dem Sozialistischen Arbeiter- und Lehrlingszentrum (SALZ) der Kommunistische Bund (KB) hervor und von Heidelberg und Mannheim ausgehend schlossen sich 1973 mehrere K-Gruppen zum Kommunistischen Bund Westdeutschlands (KBW) zusammen, als dessen maßgebliche Figur der Heidelberger SDS-Vorsitzende Joscha Schmierer galt.

Insbesondere die letztgenannte Gruppierung stellte die anderen in zweierlei Hinsicht in den Schatten. Sie trat zum einen als die wohl straffste Kaderorganisation in Erscheinung, die ihre Mitglieder mit einem Teil ihres Bruttoeinkommens zur Kasse bat, einen eigenen Fuhrpark, eine Druckerei, zwei Verlage und einige Musterhöfe besaß und über eine technologisch hochentwickelte Infrastruktur verfügte. Zum anderen ließ sie sich in ihrem Drang zur Identifikation mit kommunistischen Potentaten durch nichts und niemanden abschrecken. So unterstützte sie nicht nur die Volksrepublik China und das Regime Enver Hoxhas in Albanien, sondern auch das massenmörderische Pol-Pot-Regime in Kambodscha.

Noch 1980 ließ es sich Schmierer nicht nehmen, in einer an Pol Pot gerichteten Grußbotschaft den erfolgreichen Befreiungskampf gegen den US-Imperialismus sowie den Wiederaufbau des Landes und die gelungene Einführung des Sozialismus zu würdigen. Mit dieser habe »das kampucheanische Volk bereits große Beiträge zur Sache der internationalen Arbeiterklasse und der Völker der Welt geleistet. Durch seinen jetzigen Widerstandskrieg leistet das Volk von Kampuchea erneut einen entscheidenden Beitrag für die Sache der internationalen Arbeiterklasse und der Völker der Welt. Durch diesen Kampf verteidigt es seine nationale Existenz, sein Land und seine Unabhängigkeit. Dieser Kampf durchkreuzt das weitere Vordringen der Sowjetunion in Südostasien und verteidigt damit auch die Unabhängigkeit der Völker Südostasiens und der Welt.«[236]

Wie wenig sich die einstige Zentralfigur des KBW offenbar von ihren machtpolitischen Aspirationen und deren ideologischen Verbrämungen zu lösen vermag, belegt Joscha Schmierers jüngste Verurteilung einer kritischen Mao-Biografie. Den beiden Autoren Jung Chang und Jon Halliday warf er vor, sich zu sehr auf die unter Mao begangenen Verbrechen und Grausamkeiten zu konzentrieren. Seine Rolle als Philosoph und origineller Stalinismuskritiker käme demgegenüber zu kurz. Am Ende seiner Besprechung glaubte Schmierer, der zuletzt in Berlin als Mitarbeiter im Planungsstab des Auswärtigen Amtes tätig war, gar von einer »vergleichsweise reflektierten Zeitgenossenschaft Maos im brutalen 20. Jahrhundert« sprechen zu können.[237]

Auch andere abstoßende Erscheinungen wie der ugandische Diktator Idi Amin oder der Potentat Robert Mugabe, der in Simbabwe gerade dabei ist, mit einem rassistisch gewendeten Antikolonialismus das Land zu ruinieren, wurden vom KBW als »fortschrittlich« eingeschätzt und entsprechend unterstützt. Bis auf eine einzige Ausnahme endeten alle Versuche des KBW, in Parlamente einzuziehen, mit Fehlschlägen. Das Standardergebnis bei Bundes-, Landtags- und Kommunalwahlen lautete 0,1 Prozent. Lediglich bei den baden-württembergischen Kommunalwahlen im April 1975 gelang es ihm in seiner Hochburg Heidelberg, mit 3,6 Prozent der Stimmen einen Sitz im Stadtparlament zu erringen. Als sich der KBW im Februar 1985 auf einer Mitgliederversammlung in Frankfurt auflöste, hinterließ er ein nicht unbeträchtliches Parteivermögen.

Auch mehrere trotzkistische Organisationen zählten zum K-Gruppen-Spektrum, unter denen die Gruppe Internationaler Marxisten (GIM) hervorstach. Sie entstand 1969, rekrutierte sich hauptsächlich aus Studierenden, rief im Jahr darauf mit der Revolutionär-Kommunistischen Jugend (RKJ) eine eigene Jugendorganisation ins Leben und fungierte als deutsche Sektion der 1938 von ihrem Vorbild Leo Trotzki gegründeten IV. Internationale. Als Vorbilder galten der Altkommunist Willy Boepple, der ursprünglich zur Linken Opposition der KPD zählende Georg Jungclas und der lange Zeit als Chefredakteur in der IG Metall arbeitende Jakob Moneta, der sich nach 1990 zur allgemeinen Überraschung der PDS anschloss. Über den größten Einfluss verfügte jedoch der in Brüssel lebende marxistische Wirtschaftstheoretiker Ernest Mandel. Dessen Berufung an die Freie Universität Berlin scheiterte 1972 daran, dass der damalige Bundesinnenminister Hans-Dietrich Genscher für den ungebetenen Theoretiker ein Einreise- und Vorlesungsverbot aussprach.

Die GIM, die sich an Trotzkis Theorie der permanenten Revolution orientierte und sich als strikt internationalistisch verstand, war durch eine Doppelgestalt geprägt. Einerseits verstand sie sich ebenso wie die anderen K-Gruppen als Erbin der Oktoberrevolution und des Marxismus-Leninismus, andererseits aber kritisierte sie all jene Negativphänomene, die die Sowjetunion seit Lenins frühem Tod begleiteten – den Terror des Stalinismus, die wuchernde Partei- und Staatsbürokratie sowie die Lehre vom »Sozialismus in einem Land«. Indem sie es verstand, das bolschewistische Politikmodell und den Antistalinismus miteinander zu kombinieren, übte sie eine besondere Faszination auf all jene aus, die weder dem Sowjetkommunismus noch dem Maoismus etwas abgewinnen konnten.

Die Psychosekten

Je mehr die K-Gruppen und mit ihnen vergleichbare andere weltanschaulich definierte Kleinorganisationen an Bindungskraft einbüßten, umso stärker war der Zulauf bei den Psychogruppen, die ebenfalls nach dem Zerfall der Achtundsechzigerbewegung entstanden waren. So heißt es beispielsweise in einer Analyse der Psychoszene: »Es ist kein Zufall, daß der Psychoboom zu Beginn der 70er Jahre kräftig einsetzte, als die politisch-messianischen Blütenträume welkten. Der Sog in die Psychoszene, der Weg nach Innen bekam Schubkraft durch das Enttäuschungserlebnis der gescheiterten Revolte.«[238]

Eine der ersten Sekten, die am Rande der linken Subkultur erschien und ein gewisses Aufsehen erregte, war Hare Krishna. Die auf dem Hinduismus basierende Frömmigkeitsbewegung war 1966 von dem Inder A. C. Bhaktivedanta Swami Prabhupada in New York ins Leben gerufen worden. Schon bald siedelte er nach Kalifornien über und erlangte dort mit seinen kahlgeschorenen Jüngern zeitweilig einen gewissen Einfluss auf die Popkultur. Von den USA aus breitete sich die Bewegung über die west- und mitteleuropäischen Großstädte aus. Nicht zuletzt ihr Anhänger George Harrison, der mit seinem Sitarspiel indische Klänge in die Musik der Beatles einfließen ließ, sorgte dafür, dass sie an Popularität gewann. Schon bald sangen die frömmelnden Jünger ihr Mantra auch in den Fußgängerzonen bundesdeutscher Städte. Die unablässige Lobpreisung Krishnas wird ihnen vielleicht den Weg zur Erlösung geebnet haben, unfreiwillige Zuhörer brachte sie dagegen nicht selten an den Rand des Wahnsinns. Nur vier Jahre dauerte es, bis auch in Hamburg ein erster Tempel gegründet wurde. Hare Krishna blieb jedoch ein Import, von dem der Funke auf die großstädtische Subkultur nicht überspringen wollte.

Das gelang hingegen der ebenfalls aus Indien stammenden Bhagwan-Bewegung, die zeitweilig wie ein Auffangbecken für frustrierte oder gescheiterte K-Gruppen-Mitglieder anmutete. Die Sannyasin übten auf ehemalige bundesdeutsche Linksradikale eine große Faszination aus und waren mit ihrer orangefarbenen Kleidung in der zweiten Hälfte der siebziger Jahre unübersehbare Erscheinungen in Groß- und Universitätsstädten.

Das Wort Bhagwan stammt aus dem Sanskrit und bedeutet Erhabener, Verehrungswürdiger oder Gesegneter. Im Hinduismus gilt der Ausdruck als Ehrentitel für einen religiösen Lehrer. Die Sekte war durch Acharya Rajneesh, der sich in der Hauptphase seiner Aktivitäten Shree Rajneesh und zuletzt Osho nannte, gegründet worden. Er hatte zunächst als Professor der Philosophie an der Universität Jabalpur gelehrt und es danach wie kaum ein Zweiter verstanden, indische Religiosität und kalifornische Psychotechniken miteinander zu verbinden. 1970 begann der damals Neununddreißigjährige seine Jünger um sich zu scharen, bezeichnete sich bald darauf als der Erleuchtete und war von nun an ein Guru, der

Guru Bhagwan. 1974 zog er mit seinen Jüngern nach Poona, wo er einen Ashram gründete, eine Art Kloster unter etwas anderen Vorzeichen.

Die südöstlich von Bombay gelegene Großstadt sollte über Jahre hinweg zu dem wohl bekanntesten Pilgerort für alle möglichen Aussteiger aus den westlichen Industriestaaten werden, die ihr Heil im Fernen Osten suchten. Bhagwan entwickelte verschiedene Meditationstechniken, die angeblich der Selbstfindung dienten. In der Regel waren es Kombinationen mit bereits erprobten therapeutischen Techniken, die wie Encounter, das Psychodrama, die Gestalt- oder die Tanztherapie zumeist aus Kalifornien stammten. Seine Anziehungskraft basierte vor allem auf der Verbindung von sexueller Freizügigkeit und Spiritualität, die er in einem seiner Buchtitel »Vom Sex zum kosmischen Bewußtsein« bündig auf einen Nenner brachte.[239] Wer ihm folgte, musste sich deshalb häufig nachsagen lassen, dass es ihm nur darauf ankomme, auf einem spirituellen Umweg die Barrieren gegenüber dem anderen Geschlecht leichter zu überwinden.

Ein Erfahrungsbericht des einstigen NAPOLA-Schülers und späteren *Stern*-Reporters Jörg Andrees Elten, der 1977 wegen eines Politiker-Interviews nach Indien gereist und bei einem Abstecher nach Poona so sehr von dem Guru beeindruckt worden war, dass er sich spontan dessen Bewegung angeschlossen hatte, trug in der Bundesrepublik erheblich zur Popularität der Sannyasin bei.[240]

Die Lehre des Bhagwan bestand aus einer Art Erfahrungstheologie, in der die Wirklichkeit als Zustand der absoluten Leere verstanden wurde. Nur dem werde Glückseligkeit zuteil, der es schaffe, sich in ein völlig leeres Gefäß zu verwandeln. Da dies nicht einfach zu bewerkstelligen sei, bedürfe es der Vermittlerrolle des »Erleuchteten«. Der Preis dafür war die totale Unterordnung unter Bhagwans Willen, die Befolgung strenger Kleidungsvorschriften und die vollständige Aufgabe aller bisherigen Lebensformen.

Ein Sektenexperte kommentierte die Persönlichkeitsumwandlung mit den Worten: »Die Folgen der praktizierten Lehre des Bhagwan sind psychische Veränderungen ungeheuerlichen Ausmaßes bei den Anhängern. Es gibt ehemalige Sanyassins, die von einem ›Experimentierfeld für Menschenversuche‹ sprechen ... Hierbei wird ein Mensch durch völlige Loslösung von seinem bisherigen sozialen Umfeld total verunsichert und bekommt dann von der Sekte eine neue Identität. Dabei entstehen euphorische Gefühle – man gehört ja immerhin zu den vom Guru Erretteten.«[241] In der psychischen Tiefendimension, die bei den Sektenmitgliedern erreicht wurde, verriet sich, wie ausgeprägt das innere Vakuum bei den im Zuge ihrer linksradikalen Aktivitäten Ausgebrannten offenbar gewesen sein muss.

In der zweiten Hälfte der siebziger Jahre sollen nicht weniger als 250 000 Aussteiger aus westlichen Ländern, in der Mehrzahl junge Frauen, nach Poona geströmt sein. Zu ihren hervorstechendsten Attributen gehörten fortan orangefarbene Kleidung und das Tragen einer »Mala«, einer aus hundertacht Holzkugeln bestehenden Halskette mit einem Porträt ihres Gurus in der Mitte. Zu den Poona-Reisenden gehörten prominente Autoren, Musiker und Schauspieler, zeitweilig auch der 1978 aus der DDR geflüchtete Dissident und spätere Grünen-Politiker Rudolf Bahro. Die Begeisterung für die Sekte flaute jedoch deutlich ab, als einige Sannyasin wie etwa die Schauspielerin Eva Renzi nach ihren Poona-Aufenthalten von negativen Erfahrungen mit Bhagwan berichteten.

Als alle Versuche, den Ashram weiter auszubauen, am Widerstand der indischen Behörden scheiterten, zog Bhagwan 1981 in die USA, zunächst nach New Jersey und dann nach Oregon, wo seine Anhänger einen ganzen Landstrich aufkauften. Als er 1985 wegen nicht nachlassender Rechtsstreitigkeiten mit den amerikanischen Behörden und anhaltender Probleme in den eigenen Reihen schließlich die USA wieder verlassen musste, begann sein Imperium zu zerbröckeln. Nach einer Odyssee durch die halbe Welt kehrte er in seinen Ashram zurück und erklärte den »Rajneeshismus« für beendet. Der »joke« sei nun vorüber. 1990 starb Bhagwan schließlich im Alter von nur achtundfünfzig Jahren. Trotz der wenig aufbauenden Äußerungen ihres einstigen Gurus besteht die Sekte unter dem Namen Osho-Bewegung fort.

Einer, der sich auch im Nachhinein eher positiv über seinen zwei Jahre andauernden Poona-Aufenthalt geäußert hat, ist der Philosoph Peter Sloterdijk. »Unsere veränderten Erfahrungen mußten sich irgendwann in einen neuen Habitus übersetzen.«, erklärte er in einem Interview. »Deshalb trat die Nach-68er-Linke als hedonistische Linke auf. Man war sich sicher, daß man durch die eigene Libidoentfesselung das Glück der Menschheit herbeiführt. … Das Indienabenteuer war bei mir ein Ausfluß dieser Siebzigerjahrestimmung. Und hinzu kam die Überzeugung, daß ein rein materialistischer Revolutionsbegriff unzureichend ist. Man wollte damals Basis und Überbau umkehren und den mentalen Faktor ins Zentrum stellen.« Diese Erfahrung sei für ihn irreversibel: »Wer sie gemacht hat, wird unempfänglich für Theorien, in denen die Depression immer Recht hat. Auch will man den Wettbewerb, wer der Unglücklichste ist, nicht mehr um jeden Preis gewinnen. Man lebt unter einem helleren Himmel. Was mich betrifft: Indien ist völlig in den Hintergrund getreten, aber die damals erlebte Umstimmung wirkt immer noch nach.«[242]

Kein Wunder, dass der Rektor der Staatlichen Hochschule für Gestaltung in Karlsruhe von seinem Komoderator im »Philosophischen Quartett« des ZDF, dem Germanisten Rüdiger Safranski, einem einstigen Mitglied der KPD/AO, als ein »Meister der fröhlichen Wissenschaft« porträtiert worden ist.[243]

Ein ganz anderer Fall war die Aktionsanalytische Organisation (AAO), die zu Beginn der siebziger Jahre von Otto Muehl gegründet wurde. Der Wiener Aktionskünstler gehörte zusammen mit Günter Brus und Hermann Nitsch zur »Wiener Gruppe«, die in den sechziger Jahren durch sogenannte Materialaktionen die Öffentlichkeit schockiert und mitunter sogar die Justiz auf den Plan gerufen hatte. Eine erste derartige Aktion hatte Muehl bereits 1962 in seinem damaligen Kelleratelier durchgeführt. Ihr Titel lautete »Die Blutorgel«. Eine andere im Jahr darauf hieß »Versumpfung einer Venus«.

Ein Extrem dieser provokativen Happenings war die Aktion »Kunst und Revolution«, zu der der Sozialistische Österreichische Studentenbund (SÖS) am Abend des 7. Juni 1968 in den Hörsaal I der Universität eingeladen hatte. Erschienen waren vierhundert Besucher, darunter auch prominente Journalisten und Kulturkritiker wie Robert Jungk und Hilde Spiel. Zunächst begann Muehl mit einer als Vortrag angekündigten Tirade, in der er zum Entsetzen der Zuhörer den US-Senator Robert Kennedy lauthals beschimpfte, der gerade nach einem Anschlag seinen Verletzungen erlegen war. Bald darauf trat Günter Brus nach vorne, setzte sich nackt auf den Vortragstisch, sang die Bundeshymne, schnitt sich mit einer Rasierklinge in Brusthöhe in die Haut, beschmierte seinen Körper mit Kot, urinierte, trank seinen Urin, simulierte Onanierbewegungen, steckte die Finger einer Hand in den Hals und erbrach sich.

In der Zwischenzeit war der Schriftsteller Oswald Wiener nach vorn gekommen und hatte damit begonnen, einen Vortrag über Sprache und Bewusstsein zu halten, deren Struktur er an kybernetischen Modellen orientiert auf eine Tafel zeichnete. Nun trat Muehl wieder in Aktion. Unter Stöhnen und schrillen Schreien peitschte er einen jungen Masochisten, der anschließend einen erotischen Text verlas. Dann simulierten sie, in den Hüften wippend, mit überschäumenden Bierflaschen eine Ejakulation und wetteiferten darum, wer am weitesten urinieren könne. Am Ende erklärte Wiener süffisant: »Und nun das Ganze noch einmal im Stephansdom!« Das Publikum, das anfangs noch mit Unmutsbezeugungen und Pfiffen auf die Inszenierung reagiert hatte, klebte wie erstarrt in den Sitzreihen.

Als Folge trat genau das ein, was sich die Initiatoren und Akteure von ihrem Auftreten versprochen zu haben schienen – es löste einen Skandal aus, der alles, was die österreichische Nachkriegskultur in dieser Hinsicht erlebt hatte, in den Schatten stellte. Ihr Happening beherrschte tagelang die Schlagzeilen der Presse. Aber nicht nur Kolumnisten, sondern auch Politiker, Psychiater und Kulturschaffende fühlten sich berufen, in einen insgeheimen Wettstreit der Distanzierungen zu treten. Der Schauspieler Helmut Qualtinger meinte, das hätte es alles schon unter Caligula gegeben, der Kinderpsychiater Walter Spiel identifizierte die einzelnen Aktionselemente mit Phänomenen, die er aus den Krankengeschichten besonders schwer gestörter Patienten zu kennen glaubte, und der SPÖ-Vorsitzende Bruno Kreisky nahm den Auftritt zum Anlass, um sich von der »Neuen Linken« insgesamt zu distanzieren.

Auch die Reaktion der Justiz ließ nicht lange auf sich warten. Innerhalb von vier Tagen hagelte es Arreststrafen gegen die Hauptakteure. Brus bekam wegen Erregung öffentlichen Ärgernisses und »Herabwürdigung der österreichischen Staatssymbole« achtundzwanzig Tage aufgebrummt; als besonders erschwerend wurde dabei gewertet, dass er seine »Übertretungen« vor Personen beiderlei Geschlechts, auf akademischem Boden und »unter Vorgabe einer Kulturveranstaltung« begangen habe. Muehl und Wiener erhielten die gleichen Arreststrafen, der eine wegen leichter Körperverletzung, der andere wegen Aufforderung zu unsittlichen Handlungen.

Ohne diese Phase eines künstlerischen Exhibitionismus ist das Kollektivexperiment, das zur AAO geführt hat, kaum zu begreifen. Muehl waren die von seiner Gruppe praktizierten Aktionsformen immer noch zu begrenzt.[244] Obwohl mit ihnen zielgerichtet alle nur denkbaren Konventionen und Geschmacksnormen in Trümmer gelegt werden konnten, blieben derartige Provokationen in seinen Augen nichts anderes als bürgerliches Theater: Künstler agierten auf einer Bühne und führten Zuschauern etwas vor. Die Aktionskunst sollte jedoch überwunden und ins Leben transformiert werden. Gesucht wurde nach einer neuen Kollektivität, die es zwingend erforderlich machte, mit neuartigen Formen des Zusammenlebens zu experimentieren.

Die AAO ging schließlich aus einer Kommune hervor, in der Muehl sogenannte Aktionsanalysen durchgeführt hatte. Seine Grundorientierung bestand in der einst von Jean-Jacques Rousseau propagierten »Rückkehr zur Natur«, verstanden als die Praktizierung einer möglichst »freien Liebe«. Das musste unweigerlich zu einer Vulgarisierung der sexualpolitischen Theorien Wilhelm Reichs führen. Dessen Lehren wurden mit der Gestalttherapie von Fritz Perls, der Urschreitherapie Arthur Janovs und Alexander Lowens Bioenergetischer Analyse kombiniert. Da die Ursache gesellschaftlicher Unterdrückung allein in der bürgerlichen Kleinfamilie gesehen wurde, bestand das Ziel nach Reich'schem Vorbild in erster Linie darin, die »Charakterpanzerung« der einzelnen, durch ihre Sozialisation deformierten Mitglieder aufzubrechen. In Psychodramen wurden sie aufgefordert, mit ihren Scham-, Angst- und Ekelgefühlen zu brechen, um eine Art »Wiedergeburt« zu erleben und auf diese Weise eine höhere Bewusstseinsstufe, das »AA-Bewusstsein«, zu erlangen. Zweierbeziehungen galten als »krankhafte Auswüchse der Kleinfamiliengesellschaft« und wurden deshalb strikt abgelehnt. Eines der gruppendynamischen Hauptziele bestand darin, den »Beziehungssumpf und -schleim« auszutrocknen. Alle Mitglieder der AAO waren zu einem einheitlichen Outfit verpflichtet: einem Kurzhaarschnitt und dem Tragen gestreifter Latzhosen. Schon von ihrem Äußeren waren sie leicht als Angehörige einer Sekte zu identifizieren.

Die AAO verfolgte ein sozioökonomisches Autarkiemodell. Ihre Prinzipien, die sie in zwölf Geboten kanonisiert hatte, lauteten daher: Auflösung der Zweierbeziehungen, Praktizierung einer gemeinsamen Sexualität, Lösung neugeborener Kinder von jeglichen Elternbanden, Gemeinschaftserziehung, Arbeitspflicht in eigenen Wirtschaftsbetrieben, Abschaffung des Privateigentums und seine Ersetzung durch ein Gemeinschaftsvermögen.

Als die AAO 1974 den Friedrichshof, ein im Burgenland gelegenes, halb verfallenes Gut erwarb, es renovierte und mit der nötigen technischen Infrastruktur ausstattete, erlebte sie ihren wohl stärksten Zulauf. Auf dem ehemaligen Landgut des Erzherzogs Friedrich fanden insgesamt zweihundertvierzig Mitglieder nicht nur eine Unterkunft. Werkstätten, Cafés und Läden wurden eingerichtet, eine Schule aufgebaut und Landwirtschaft betrieben. Von außen betrachtet erschien der Friedrichshof vielen als ein Musterbetrieb. Trotzdem funktionierte er nach wirtschaftlichen Kriterien nicht. Die dort verrichteten Arbeiten waren nicht profitabel genug, um alle Mitglieder ernähren zu können. Das Landgut erwies sich auf Dauer als ein Zuschussunternehmen.

Dennoch wurden im Laufe der nächsten Jahre Ableger in zahlreichen anderen europäischen Großstädten gegründet. AAO-Kommunen mit bis zu vierzig Mitgliedern entstanden nun auch in Genf, Paris, Hamburg, München, Nürnberg, West-Berlin und sogar in Oslo. Die Idee, sich immer weiter auszubreiten und die Gesellschaft wie nach dem Schneeballprinzip zu verändern, schien eine Zeit lang zu funktionieren.

Ende der siebziger Jahre geriet die Zentralkommune in immer größere finanzielle Turbulenzen. Als dann einige deutsche Mitglieder mit Warentermingeschäften eine profitable Nebenerwerbsmöglichkeit entdeckt hatten und deshalb einen größeren Einfluss auf Entscheidungsprozeduren forderten, wurde mit dem Gemeinschaftseigentum ein Grundprinzip der AAO aufgegeben. Dieser Schritt, der von vielen als Bruch mit einer ihrer grundlegendsten Überzeugungen und als Rückfall in die Vorkommunezeit empfunden wurde, läutete den Niedergang des Kollektivexperiments ein.

Auch wenn 1986, unter dem Eindruck der Tschernobyl-Katastrophe, mit Muehl der Patriarch der AAO einen Neuanfang auf der Kanareninsel Gomera wagte, so erwies sich dieser Schritt bald als desaströs. Eine im Tal von El Cabrito gelegene Finca war das neue Domizil. Hier bestand zwar keine Bedrohung mehr durch Fall-out, nun traten aber Gefahren, die das Kommuneprojekt von Anfang an begleitet hatten, noch deutlicher hervor. Unterordnung,

Zwang und Gruppenhierarchie als Negativmerkmale ließen sich immer weniger verbergen. Und immer wieder drangen Informationen nach außen, dass Mädchen, zum Teil mit Kenntnis ihrer Eltern, sexuell missbraucht worden waren.

Als sich die Berichte häuften, leitete man in Österreich wegen des Verdachts des sexuellen Missbrauchs Minderjähriger ein Strafverfahren gegen Muehl ein. Schließlich wurde der nunmehr sechsundsechzigjährige Gründervater der AAO von einem Gericht in Eisenstadt 1991 wegen Unzucht mit Unmündigen, Missbrauchs eines Autoritätsverhältnisses und verschiedener Drogendelikte zu einer Haftstrafe von sieben Jahren verurteilt, die er vollständig absitzen musste. Der Staatsanwalt hatte ihm zum Vorwurf gemacht, dass er mit Menschen experimentiert und sie manipuliert habe. Das war das Ende, die AAO löste sich endgültig auf.[245]

Trotz ihrer sich bereits frühzeitig abzeichnenden Probleme konnte die AAO für ein anderes Kommuneprojekt zum Vorbild werden. Der aus dem SDS stammende Soziologe und Psychoanalytiker Dieter Duhm hatte zu Beginn der siebziger Jahre in Kreisen der undogmatischen Linken mit einer Reihe von Publikationen, in denen er den Versuch unternahm, Chancen und Grenzen von Emanzipationsprozessen genauer zu bestimmen, Aufsehen erregt. Einer seiner programmatischen Titel lautete »Revolution ohne Emanzipation ist Konterrevolution«.[246] Die Parole richtete sich gegen die Verstümmelung der eigenen Subjektivität, wie sie in den K-Gruppen im Namen einer vermeintlich revolutionären Organisation praktiziert wurde. Duhm hatte in Mannheim die Fraktionskämpfe der pseudoproletarischen Sekten erlebt, die sich nun mit aller Entschlossenheit an die Spitze eines weitgehend imaginären Klassenkampfes setzen wollten: »Ich erlebte die Inhumanität einer politischen Praxis, die die inneren Strukturen des Systems, das sie bekämpfte, in sich nicht überwunden hatte. Ich begriff die elementarste Grundtatsache des politischen Lebens: die ideologischen Bekenntnisse sind austauschbar, solange die inneren Strukturen dieselben sind.«[247]

Mit seiner ersten Publikation löste er innerhalb der undogmatischen Linken eine breit geführte »Emanzipationsdebatte« aus. Höhepunkte dieser Auseinandersetzung waren zwei sehr gut besuchte Konferenzen an der Universität Frankfurt, die im April 1973 und im April 1974 der Frage nach dem »Verhältnis von persönlicher

Emanzipation und politischer Praxis« gewidmet waren.[248] Einen Bestseller landete er wenig später mit seinem suggestiv anmutenden Buchtitel »Angst im Kapitalismus«.[249]

Mitte der siebziger Jahre begann er dann, sich von linken Modellen der Gesellschaftsveränderung immer mehr zu distanzieren. Der so oft beschworene antiimperialistische Kampf war für ihn nicht an einem übermächtigen Gegner, sondern an zwischenmenschlichen Konflikten innerhalb der eigenen Reihen gescheitert. Er vermisste eine tragfähige soziale Basis, von der aus ihm eine Fortsetzung der politischen Arbeit als sinnvoll hätte erscheinen können. Da auch er ein triebenergetisches Modell gesellschaftlicher Befreiung verfolgte und sich als ein Anhänger Wilhelm Reichs erwies, führte sein Weg ins Burgenland zum Friedrichshof der AAO.

Dort sah Duhm zunächst einen einzigartigen Beitrag zur Weichenstellung für eine »humane Zukunft«. Insbesondere Muehls Führungsrolle hatte es ihm angetan. Dieser besaß in seinen Augen eine Ausstrahlung, die ihrer »Lebendigkeit« wegen keine Gesetze benötigte und jede Herrschaftsfunktion überflüssig machte. Das Gemeinschaftsleben innerhalb der AAO sah er als eine offene Form sozialer Ordnung an, die einen Vorgriff auf eine wahrhaft befreite Gesellschaft darstelle. Otto Muehl war für ihn neben Rudolf Steiner und Wilhelm Reich einer der »wichtigsten Vorläufer der neuen Epoche«, einer der Menschen, von denen er am meisten gelernt habe.

Doch diese Idealisierung der AAO und die Verehrung ihres Gurus waren vorübergehender Natur. Nach mehreren Aufenthalten auf dem Friedrichshof überwarf er sich mit Muehl. Worin ihre Differenzen bestanden haben dürften, machte Duhm erst Jahre später klar. Es waren im Wesentlichen drei Punkte, die seine eigenen Auffassungen von denen der AAO unterschieden. Er kritisierte den Umgang der Kommunarden mit ihrer Sexualität. Innerhalb der AAO sei »freie Sexualität« einerseits als Antithese zur Zweierbeziehung verstanden worden, andererseits jedoch auf die Angehörigen der Kommune beschränkt geblieben. Beides verwarf Duhm. Er vertrat die Ansicht, dass »freie Sexualität« durchaus mit Liebesgefühlen und Partnerschaft verbunden sein könne; insbesondere aber die Einschränkung der Wahl von Sexualpartnern führe zu einer »psychologischen Struktur des geschlossenen Kollektivs«. Damit hinge schließlich auch die unhinterfragte Autoritätsstruktur der AAO zusammen. Muehl sei zwar ein »brillanter Fürst«, eine »positive Vaterfigur« mit einem »bärenhaften Charme«, jedoch zugleich blind zu erkennen, dass sein Führungsstil barbarisch sei und überwunden werden müsse. »Diese charismatischen Gemeinschaften – auch Poona oder Friedrichshof – waren in einem fatalen Wortsinn auch die ›demokratischen‹, denn demos, das Volk, wollte den Führer; es wollte geführt werden, denn nur so war es funktionsfähig und gemeinschaftsfähig. Diese Struktur gilt emotionell bis heute, auch wenn die Parolen anders lauten. Alle gutgemeinten Sätze von Basisdemokratie und individueller Autonomie scheitern an der psychischen Realität der Beteiligten.«[250]

Auch wenn Duhm in seiner Kritik nicht so weit ging, die psychosoziale Struktur der AAO als faschistoid zu bezeichnen, so war es jedoch genau das, was er meinte. Er glaubte nun einen fatalen Zusammenhang zwischen Charisma und Gemeinschaft, Führerfigur und Kollektivität zu erkennen.

Von 1978 bis 1983 realisierte Duhm in der Nähe von Heilbronn selbst ein Kommuneprojekt – die Bauhütte –, an dem fünfzig Personen beteiligt gewesen sein sollen. In einer Erklärung wird deutlich, in welchem Maße er dieses Sozialexperiment als ein Resultat seiner Erfahrungen innerhalb der AAO betrachtete: »Die Bauhütte ist bis jetzt eine komprimierte Idee, um die sich ein paar Leute geschart haben. ... Ich will gleich sagen, womit diese Idee hauptsächlich zu tun hat: mit der ehemaligen AAO, von deren Konzepten der Selbstdarstellung, der freien Sexualität und der kommunitären Lebensweise wir uns befruchten lassen ... Unser bescheidenes Ziel ist der Aufbau einer funktionierenden Alternativgemeinde von mehreren hundert Personen.«

Der Name der Nachfolgeunternehmung lautete Zentrum für experimentelle Gesellschaftsgestaltung (ZEGG). Es ging Duhm um eine angemessene »Gemeinschaftsgründung in unserer Zeit«. Nun setzte er offenbar alles auf eine Karte. Das ZEGG sollte nichts Geringeres als die Fragen nach Ursprung, Sinn und Ziel der menschlichen Existenz auf eine praktische Weise beantworten. Als eine Alternative zur AAO wurde vom ZEGG aus das Netzwerk Meiga ins Leben gerufen, das Gruppen koordinierte, in denen es keine Gruppenzwänge und Unterwerfungsrituale mehr, sondern ein Höchstmaß an individueller Freiheit geben sollte. Als Zielvorstellungen wurden Autonomie, geistiger Pluralismus und Erfahrung proklamiert.

Nach einer Krise, die durch Presseberichte über eine angebliche Massenorgie ausgelöst wurde, teilte sich die Organisation. Mitte der neunziger Jahre verließ Duhm mit seiner Partnerin, der Theologin Sabine Lichtenfels, das ZEGG und gründete in Portugal das Kulturzentrum Tamera, eine Gemeinschaft, in der an die hundert Personen zusammenlebten. In der Folge initiierte er mehrere Einrichtungen, die Friedensschule Mirja, das Institut für Globale Friedensarbeit und einen politischen Ashram. Duhm fungiert dort bis heute als Leiter einer Abteilung für Kunst und Heilung. Seine Entwicklung, die ihn vom Emanzipationstheoretiker und Kritiker der K-Gruppen zum Säulenheiligen einer eigenen Sekte führte, hat durchaus tragische Momente.

Sowohl die K-Gruppen wie auch die Psychogruppen waren Zerfallsprodukte einer in ihren Hauptzielen als gescheitert angesehenen Protestbewegung und repräsentierten insofern Teile eines ehemaligen Ganzen. In den Politsekten kam das objektive Moment in verselbständigter Form zum Vorschein, in den Psychosekten das subjektive. Erstere zogen aus, um die alleinige revolutionäre Kraft, das Proletariat, wiederzuerwecken und auch anzuführen, Letztere begaben sich auf die Suche nach dem befreiten Subjekt, das es unter den Panzerungen der kleinbürgerlichen Gesellschaft angeblich zu entdecken und durch »freie Liebe« freizulegen galt.

So unterschiedlich beide Strömungen ihrem Erscheinungsbild nach auch sein mochten, so ähnlich waren sie sich in einem strukturellen Moment: Die jeweilige Organisation, das Kollektiv, schuf sich mit geradezu innerer Notwendigkeit eine Führungsfigur. Im Gegenentwurf zum Bestehenden bedurfte es offenbar einer personalisierten Ordnungsmacht, um das Gruppengefüge zusammenzuhalten. Bei den genannten Psychosekten war dieser Effekt besonders stark ausgeprägt: Bhagwan war ein quasireligiöser Guru, Muehl ein mit brachialer Macht ausgestatteter Patriarch und selbst der so sanft erscheinende Duhm eine nur schwer in Frage zu stellende Autorität. Bei den Politsekten sah es nur wenig anders aus: Ernst Aust war die Führungsfigur der KPD/ML, Joscha Schmierer die des KBW und an der Spitze der KPD/AO teilten sich diese Rolle Jürgen Horlemann und Christian Semler. Lediglich mit der Rolle Ernest Mandels für die GIM verhielt es sich etwas anders; er war in erster Linie eine theoretische Instanz. Der Preis für die Rückkehr zu Autoritäten bestand in der Unterwerfung der Einzelnen, die bis hin zur persönlichen Selbstaufgabe reichen konnte, und war generell mit einem hohen Maß individueller Unfreiheit gepaart.

Die Binnendynamik in der Schaffung neuer Gemeinschafts- beziehungsweise Organisationsmodelle insgesamt jedoch verriet, wie sehr die neugewonnene Kollektivität und eine eigentlich für überkommen gehaltene Führungsstruktur zusammengehörten. Die Versuche, die objektive wie die subjektive Dimension der einstigen Rebellion nun durch neue Organisationsmodelle in die Tat umzusetzen, hatten auf ganz unterschiedliche Weise das Gegenteil bewirkt. Das Resultat war jedes Mal nichts anderes als ein nochmaliges, weitaus tiefer reichendes Scheitern, verbunden mit Konsequenzen, die manche Mitglieder bis an den Rand der Selbstzerstörung trieben. Was im Rahmen einer oppositionellen Bewegung nicht hatte gelingen wollen, das ließ sich noch weniger durch den Kraftakt eines strikt geregelten wie mit antibürgerlichen Normen verbundenen organisatorischen Gegenentwurfs erreichen.

Die terroristische Sekte

Unter den terroristischen Gruppierungen nahm die Rote Armee Fraktion fraglos einen Sonderstatus ein. Dies galt nicht nur im Vergleich zur Bewegung 2. Juni und den Revolutionären Zellen (RZ), sondern auch in internationaler Hinsicht. Mit Ausnahme der ETA und der IRA, die auf ethno-nationalistische Wurzeln zurückzuführen und deshalb auch einem anderen Typus von Terrorismus zuzuordnen sind, existierte die RAF mit annähernd drei Jahrzehnten länger als irgendeine andere aus einer Studentenbewegung der sechziger Jahre hervorgegangene terroristische Organisation. In ihr spitzte sich die Radikalisierung weiter zu und nahm in der Reduktion auf eine bloße Gewaltformation eine besonders kompromisslose Gestalt an. Ideologisch-weltanschaulich unterschied sie sich kaum von den anderen marxistisch-leninistisch orientierten Politsekten. Ihre Idole waren mit Ausnahme einer besonders naheliegenden Berufung auf Che Guevara ebenfalls Marx, Lenin und Mao Tse-tung.

Im Grunde genommen war die RAF nichts anderes als eine Mischung aus rigider Polit- und einer um ihre eigene Identität kreisenden Psychosekte. Von Anfang an war sie, wie sie bereits in ihrem Gründungsdokument »Die Rote Armee aufbauen« unmissverständlich zu erkennen gegeben hat,[251] mit einem geradezu hypertroph anmutenden Absolutheitsanspruch aufgetreten. Sie verstand sich in einem heroischen Sinne als Avantgarde, als Vorauskommando einer noch zu gründenden kommunistischen Partei, als Vorhut künftig zu entfaltender Klassenkämpfe. Sie schien davon überzeugt zu sein, allen anderen Organisationen der außerparlamentarischen Linken durch ihre Taten diktieren zu können, wo es langzugehen habe. Für die RAF galt in aller Eindeutigkeit das Primat der Praxis. Die Tat, die Aktion sollte Vorrang vor allem anderen haben.

Schon das Abtauchen in den Untergrund machte aus der RAF eine »totale Gruppe«, der sich die einzelnen Mitglieder auf Gedeih und Verderb zu unterwerfen hatten. Der nach den ersten bewaffneten Aktionen enorm angewachsene Verfolgungsdruck schweißte umso mehr zusammen und ließ jede Abweichung vom Gruppenkonsens zum Risiko werden. Nur zu rasch mussten Mitglieder, die nicht mehr hundertprozentig der vorgegebenen Linie folgten, sich vorwerfen lassen, bereits mit einem Bein auf der anderen Seite zu stehen.

Niemand wird als Terrorist geboren, eine solche Figur schält sich erst in verschiedenen Stufen heraus und verändert sich zudem unter den jeweiligen Bedingungen ihrer Gruppenexistenz, sie ist das Produkt individuellen Durchsetzungsvermögens ebenso wie des Zusammenspiels im konspirativen Miteinander. Was in der Kerngruppe der RAF geschah, lässt sich weder theoretisch ableiten noch konzeptionell begründen, es hatte vielmehr mit dem Auftreten der unterschiedlichen Personen zu tun. Und in dieser Binnendynamik war Andreas Baader ganz ohne Frage die Schlüsselfigur. Mit ihm wurde gerade jener Mann, der über die geringsten politischen Überzeugungen verfügte, von Gudrun Ensslin und Ulrike Meinhof zum schier unangreifbaren »Chef« der Truppe gemacht.

Die Tatsache, dass ein politischer Mitläufer zur zentralen, alles beherrschenden Figur der RAF werden konnte, war keineswegs ein von außen herangetragenes, vordergründiges Medienprodukt, sondern hing mit der Zwiespältigkeit seiner Person und der Interaktion innerhalb der Kerngruppe zusammen. Zu Beginn hatte es mit Ulrike Meinhof, Horst Mahler und Gudrun Ensslin drei weitere Zentralfiguren gegeben. Aber bereits nach kurzer Zeit stand Baader, umgeben von den beiden Frauen, ganz im Mittelpunkt. Bereits im Sommer 1970 hatte er seinem Rivalen Mahler zu erkennen gegeben, dass er dessen Autorität nicht respektieren werde. Als dieser dann im Oktober 1970 aufgrund der Denunziation eines Unbekannten verhaftet wurde, waren die Verhältnisse im Hinblick auf die Führerschaft innerhalb der RAF bereits geklärt. Der ehemalige APO-Anwalt, der Baader und Ensslin überhaupt erst aus Italien zurück nach West-Berlin gelotst hatte, war abserviert; später wurde er ganz aus der Gruppe hinausgedrängt.

»Der romantische Held«, schreibt Camus in seinem Klassiker »Der Mensch in der Revolte«, fühle sich gezwungen, »das Böse zu vollbringen, aus Sehnsucht nach einem unmöglich zu vollbringenden Guten.«[252] Der Abschnitt ist überschrieben mit »Die Revolte der Dandys«. Doch war Andreas Baader lediglich ein revoltierender Dandy, ein Typus, der sich Baudelaire zufolge durch einen besonderen Hang zum Verbrechen auszeichnet?

Durch seine Figur war die RAF in ihren Anfangszeiten zweifelsohne von einer Aura der Virilität, des Abenteuers, der Gewaltbereitschaft und einer gewissen Todesverachtung umgeben. Es bedurfte der ästhetischen Selbstinszenierung, um deutlich zu machen, wie weit man sich von dem als Trottel verachteten Bundesbürger entfernt hatte. Es ging um Unterscheidung und um den ästhetischen Ausdruck einer Sehnsucht, ja Gier nach Machtgewinn. Die Körperlichkeit stand dabei im Zentrum; sie war bereits die Expression des ganz anderen, des Kampfes ebenso wie der Sexualität. Er strahlte eine abgründige Faszination aus, die nicht wenigen zum Verhängnis werden sollte.

Der oft in seiner Androgynität beschriebene Baader, der sich in seiner erotischen Ausstrahlung auf Frauen wie auf Männer gleichermaßen sicher sein konnte, war zweifelsohne im mehrfachen Sinne Hahn im Korb. Die stärkste Idealisierung erfuhr Baader dabei von Gudrun Ensslin, seiner Liebes- und Kampfgefährtin. In einem Zirkular notierte sie: »das kollektive bewußtsein, die moral der erniedrigten + beleidigten, des metropolenproletariats – das ist andreas.«[253] Obwohl sie die Einzige war, die ihm auch mal über den Mund fahren konnte, verherrlichte sie Baader andererseits schier grenzenlos.

Am »Staatsfeind Nummer eins«, wie Baader in der Hochzeit der

RAF genannt wurde, schieden sich die Geister. Den Schriftsteller Hans Magnus Enzensberger, bei dem er im Mai 1970 vergeblich Unterschlupf gesucht hatte, erinnerte er an einen »Zuhälter«, den *FAZ*-Redakteur Lorenz Jäger, der ihn als Gymnasiasten kannte, beeindruckte er mit seiner »Raubkatzen-Eleganz«, für andere war er ein »Wichtigtuer« und »Kleinkrimineller«. Der damalige BKA-Chef Horst Herold, der ihn von Heerscharen an Polizisten jagen und hinter Schloss und Riegel bringen ließ, nannte ihn »einen Vulkan« und der Philosoph Jean-Paul Sartre, der ihm einen medienwirksamen Besuch in Stuttgart-Stammheim abstattete, schlicht »ein Arschloch«.

Wie konnte jemand wie Andreas Baader, der in der Achtundsechzigerbewegung bestenfalls ein Mitläufer war, zur zentralen, alles dominierenden Figur der RAF werden, zu einem Mythos, dessen projektive Aufladung sich bis auf den heutigen Tag nicht vollends erschöpft hat?

Es existieren zwei Deutungen seiner Rolle, die sich diametral zu widersprechen scheinen: Nach der einen Lesart war er der Dandy, der mit allen und allem nur ein narzisstisches Spiel trieb, nach der anderen war er der Stratege und Organisator, der selbst von seiner Zelle aus die Befehle gab und seine Gruppe immer wieder zusammenschmiedete. Was hier nicht zusammenzupassen scheint, dürften jedoch nur Momentaufnahmen in unterschiedlichen Durchgangsstadien seiner Karriere gewesen sein.

Eine terroristische Organisation wie die RAF ist nicht nur eine Selbstschöpfung, sondern auch das Ergebnis eines Prozesses, der Zerfall und Transformation in einem war. Eine illegale, konspirativ und klandestin vorgehende Gruppe wie die RAF ist insofern mehr und anderes als die bloße Addition ihrer Mitglieder. Sie ist nicht einfach aus ihren einzelnen Biografien heraus zu erklären, sondern in erster Linie ein Produkt ihrer Interaktionen, dem Zusammenspiel bestimmter, für Sekten typischer Faktoren.

Im Ganzen betrachtet war es eine Entwicklung in drei Stufen, die Baader zur Zentralfigur hat werden lassen. Zunächst gehörte er einer Subkultur an, die auf besondere Weise durch eine Affinität zur Gewalt geprägt war. In der Westberliner Achtundsechzigerszene war er, der sich ein paar Jahre zuvor bereits bei den Schwabinger Krawallen hervorgetan hatte, eine Art Satellit der Kommune I. Dieter Kunzelmann bezeichnete ihn geringschätzig als einen »Nobody« und Rainer Langhans erklärte später lapidar: »Andreas war unser baby.« Mit der Warenhausbrandstiftung setzten er und seine Mitstreiter auf spektakuläre Weise um, was zuvor nur in den Köpfen der Kommunarden herumgespukt war. Dann kam die Dominanz in einer bewaffneten Kleingruppe, die zwischen 1970 und 1972 rastlos im Untergrund operierte. Seine mit Waffengewalt herbeigeführte Befreiung, die einem Bibliotheksangestellten fast das Leben kostete, war identisch mit dem Geburtsakt der RAF.

Nun war jahrelang, ganz nach politischer Couleur, entweder von der »Baader-Meinhof-Gruppe« oder der »Baader-Meinhof-Bande« die Rede. Und schließlich folgte die uneingeschränkte Herrschaft in einer verschworenen Knastgruppe, die vom Sommer 1972 bis zum Herbst 1977 den Kampf mit allen ihr zur Verfügung stehenden Mitteln fortzuführen trachtete. Herold hat Baader für diese Zeit, in der er von seinen Mitgefangenen respektvoll als »Generaldirektor« bezeichnet wurde, eine »enorme kriminelle Kraftanstrengung« attestiert, mit der er nach innen seine Haftgenossen ideologisch zusammengehalten und nach außen die weiter im Untergrund operierenden RAF-Mitglieder dirigiert habe. Allein bei einer einzigen Zellendurchsuchung waren nicht weniger als neuntausend Kassiber zu Tage befördert worden.

In diesen drei Stufen änderte sich Baader ein ums andere Mal. Er stieg immer weiter auf – von der Randfigur einer Szene zur Zentralfigur einer terroristischen Organisation, er mutierte vom Dandy zum Desperado. Und als er den Gipfel seiner Macht errungen hatte, suchte er in einer beispiellosen Eskalation vom Frühjahr bis zum Herbst 1977 die Konfrontation mit dem Staat, verlor sie schließlich und inszenierte in einem Schlussakkord wagnerianischen Ausmaßes seinen Selbstmord als Mordaktion einer staatlichen Killertruppe – ganz so, als wolle er sich noch im Moment seines letzten Scheiterns die Deutungshoheit über seinen Tod bewahren.

»Immer im Bruch mit der Welt, immer am Rande«, heißt es bei Camus weiter, »zwingt er die Anderen, indem er ihre Werte verneint, ihn selbst zu erschaffen. Er spielt sein Leben, da er nicht leben kann. Er spielt bis zum Tode ...«[254] In der Nacht vom 17. zum 18. Oktober 1977 hatte der Dandy, der zum Desperado geworden war, endgültig ausgespielt.

Neben Baaders Rolle war ein anderes besonderes Merkmal der RAF gewiss die Dominanz von Frauen, sowohl was ihre Mehrheitsverhältnisse anbetraf als auch ihre Präsenz in Führungsstrukturen. Dabei hat sich in einer gründlichen Untersuchung weiblicher RAF-Mitglieder der ersten Generation herausgestellt, dass sie jene Frauen üblicherweise zugesprochenen Gemeinschaftswerte so gut wie gar nicht zeigten. In einer Extremsituation wie der Haft ließen sie es im Vergleich zu ihren männlichen Gefährten nahezu an allem mangeln, was für Frauen als charakteristisch gilt – an Emotionalität, Solidarität, Mitleid und Kommunikationsbereitschaft. Im Gegenteil, so konstatierte die Psychologin Lieselotte Süllwold: »Die Frauen beantworten insbesondere Schwächen ihrer Geschlechtsgenossinnen mit Aggression. Elemente der Mäßigung oder des Mitleids werden nicht von ihnen eingebracht, weder gegenüber Opfern noch gegenüber den eigenen Mitgliedern.«[255] Die Frauen waren es, die innerhalb der RAF in erster Linie für die Aufrechterhaltung der Gruppennorm zuständig waren. In dieser Hinsicht übertrafen sie ihre männlichen Genossen, wie die empirische Studie auf eindrucksvolle Weise belegt, an Rigidität.

Nachdem sich gezeigt hatte, dass ihre Bombenanschläge politisch folgenlos geblieben waren – ihre Adressatin, im weitesten Sinne die lohnabhängige Bevölkerung, hatte sich der selbsternannten Guerilla hartnäckig verweigert –, sahen sich ihre Akteure mehr und mehr auf sich selbst zurückgeworfen. Aus der vermeintlichen Guerilla wurde zunehmend eine Frage der Identität und aus dem Anspruch, den Staat zu stürzen und die Gesellschaft umzuwälzen, eine selbstbezügliche, wenn nicht gar autistische Form der Identitätspolitik. Nicht ohne Grund lautete eines der in den einschlägigen RAF-Texten am häufigsten verwendeten Worte »Identität«. Oder wie es Baader in der ihm eigenen burschikosen Diktion einmal formuliert hat: »die identität der guerilla, alles andere ist – so – erstmal sülze.«[256]

Angesichts dieser Prioritätenverschiebung drängt sich die Frage auf, ob es sich bei der RAF nicht eher um ein sozialpsychologisches als um ein politisches Phänomen gehandelt hat. Wenn als Kriterium zur Beantwortung etwa eine Charakterisierung der Anschlagsziele gewählt würde, dann fiele das Ergebnis jedenfalls eindeutig aus. Die Mehrzahl der zwischen 1970 und 1998 verübten

Taten war selbstreferenziell: Sie dienten entweder der Verbesserung der eigenen Logistik – Geldbeschaffung durch Banküberfälle sowie Fahrzeugdiebstahl – oder aber der Freipressung von RAF-Häftlingen. Nur selten sind Ziele verfolgt worden, die über sie hinauswiesen. Aktionen, die bei allem darin zum Ausdruck gebrachten Zerstörungswillen als politische deklariert werden konnten, wie etwa die Anschlagsserie im Mai 1972 auf Einrichtungen der US-Armee, des Axel Springer Verlags und der Justiz, fanden nachrangig statt. Die mit Emphase vertretenen revolutionären Absichten lösten sich in wolkigen Kommandoerklärungen auf. Was blieb, war kaum etwas anderes als der Nebel einer Chimäre. Das Modell einer aus Lateinamerika übernommenen Stadtguerilla blieb hierzulande ein Hirngespinst. Real war vor allem der Schrecken, der von ihr und den von ihr verübten Aktionen ausging.

Welches waren die Grundelemente, die die RAF als terroristische Sekte, als eine ganz eigentümliche Mischung aus Polit- und Psychosekte definiert haben? Es war eine Kombination von irrational-willkürlichen Faktoren, mit denen sie meinte revolutionäre Politik bestimmen zu können: Ein durch nichts gerechtfertigter Absolutheits- und Führungsanspruch, mit dem sie die radikale Linke ins Schlepptau nehmen wollte; ein Voluntarismus, mit dem sie glaubte, einen übermächtigen Gegner wie den Staat in die Knie zwingen zu können; eine Führungsfigur, deren Wirksamkeit sich in erster Linie über psychische Affinitäten und nicht über politische Kompetenzen definierte, und letztlich eine Identitätspolitik, die an die Stelle revolutionärer Ansprüche trat und alle anderen Spuren eines gesellschaftsverändernden Projektes endgültig verwischte.

In der Schreckensgeschichte der RAF implodierte auf diese Weise stellvertretend etwas von dem aktionistischen Größenwahnsinn, der Teile der Achtundsechzigerbewegung ausgemacht hatte. Die Siebziger waren nicht zufällig das Jahrzehnt des Terrorismus, der K-Gruppen und des Psycho-Booms geworden. Das Verhältnis zwischen Innen- und Außenwelt war im einen wie im anderen Fall verkehrt. In den Extremen schlug sich der Zerfall einer Bewegung nieder, die aus Niederlagen nicht lernte, sondern die Anstrengungen, das Unmögliche zu erreichen, nur erhöhte.

Zweites Resultat: Milieus

Bewegungen, Sekten und Milieus sind unterschiedliche Aggregationen sozialer Strömungen, die von der gesellschaftlichen Mehrheit abweichen. Sie können fluid oder stationär sein. Während es in Großbritannien das Swinging London gab, in Amsterdam die Provos und in Kopenhagen den Freistaat Christiania, erwuchs aus den Resten der Studentenbewegung in West-Berlin eine ganz eigene Subkultur: die Haschrebellen.

Die Berliner Haschrebellen

1969 war der Aufbruch zum Stillstand gekommen. Die Muster kollektiver Empörung hatten sich verbraucht. Die Protestbewegung hatte ihre Kohäsionskraft mehr und mehr eingebüßt. Doch das Potenzial an Akteuren, deren Zahl in West-Berlin in die Tausende ging, blieb nicht nur vorhanden, sondern war weiter angewachsen. Zentrum der Aktivitäten war allerdings nicht mehr die Freie Universität. Der Schwerpunkt hatte sich von Dahlem nach Charlottenburg und in andere Teile der Stadt verlagert.

Nun galt, was viele sich nicht einzugestehen bereit waren: Die Bewegung war im Grunde vorüber. Was zurückblieb, war – von den außer- und inneruniversitären Politsekten einmal abgesehen – ein hedonistisches Milieu, eine spezifische Form der Subkultur. Aus der Dynamik von Demonstrationen, Kundgebungen und Aktionen hatten sich stationäre Elemente herausgeschält: Kommunen und Wohngemeinschaften, deren Zahl mehrere hundert betrug, bildeten das Rückgrat der Szene. Aber auch Cafés, Teestuben und Kneipen kristallisierten sich als Anlaufpunkte heraus und traten zunehmend in den Vordergrund. Dabei spielte der Drogenkonsum eine immer größere Rolle. Zunächst wurden Haschisch, LSD und Marihuana konsumiert, später auch Opium, Meskalin und Heroin, Letzteres zumeist in Form der sogenannten Berliner Tinke, einem mit Heroin versetzten Essiggemisch. Die Hemmschwellen waren niedrig und die Übergänge von weichen zu harten Drogen fließend, sollten sie doch alle eine irgendwie »bewusstseinserweiternde Funktion« haben.[257]

Da sich der Drogenkonsum keineswegs im Geheimen vollzog, sondern mit Parolen wie »Am Morgen ein Joint und der Tag ist dein Freund!« in aller Öffentlichkeit dafür geworben wurde, ließen die Folgen nicht lange auf sich warten. Wochenlang kam es im Sommer 1969 in den einschlägigen Lokalen wie dem Zodiac am Halleschen Ufer, dem Pan in der Fasanenstraße, dem Park in Halensee und dem Mr. Go in der Yorckstraße allabendlich zu Razzien. Doch die Konsumenten wollten sich nicht so einfach kriminalisieren lassen. Nicht wenige reagierten mit unerwarteter Militanz auf die fortwährenden Durchsuchungen und empfingen die eintreffenden Polizeifahrzeuge ein ums andere Mal mit einem Steinhagel. Sie litten an keinerlei Mangel von Selbstbewusstsein und bezeichneten sich von nun an als »Haschrebellen«.

Mit dem Gestus, dass auch die Flucht aus dem Alltagsbewusstsein ein Protestakt sei, gingen sie in die Offensive und forderten die Legalisierung von »Pot«.[258] Auf einem Flugblatt wurde nach dem Vorbild der kalifornischen Hippies für ein erstes Westberliner Smoke-in geworben. Ihre anarchistisch angehauchte Parole lautete: »Haschisch, Opium, Heroin für ein schwarzes West-Berlin!« Am 5. Juli 1969, einem Samstag, trafen sich mehrere hundert Haschrebellen hinter dem Zoo im Tiergarten, machten Musik und veranstalteten wie angekündigt ihr Smoke-in. Die Polizei griff nicht ein. Der Einzige, der Schwierigkeiten bekam, war Georg von Rauch. Nach dem Genuss von Haschkeksen blieb er besinnungslos im Gebüsch liegen. Nachdem ihm der Magen ausgepumpt worden war, wurde er wegen des Besitzes von Haschisch in Untersuchungshaft genommen.

Der Sohn des gleichnamigen Kieler Universitätsprofessors, der als einer der renommiertesten Osteuropaexperten galt, war die Galionsfigur der Szene. Immer wenn es Randale gab, stand er in der ersten Reihe. Wie Michael »Bommi« Baumann gehörte er zur Wieland-Kommune und neben seinem Freund Thomas Weisbecker, auch er Sohn eines Kieler Universitätsprofessors, einem Mediziner, der zur selben Zeit als Rektor gegenüber den aufbegehrenden Studenten einen schweren Stand hatte, zählte er zu den wenigen Studenten unter den Haschrebellen.

Einen Sommer lang spielten sie zusammen mit einigen Versprengten aus der Kommune I in der Berliner Subkultur, dem »Blues«, die erste Geige. Sie galten als der harte Kern der Szene, als so etwas wie ihr militanter Flügel. Ihre Flugblätter waren von einem ominösen »Zentralrat der umherschweifenden Haschrebellen« unterzeichnet. Die Bezeichnung, die von Dieter Kunzelmann stammen soll, bezog sich auf eine Schrift Mao Tse-tungs[259] und war als Persiflage auf die zur selben Zeit in ihrer Gründungsphase begriffenen ersten maoistischen Sekten zu verstehen.

Für den Haschrebellen »Bommi« Baumann stand fest: »Der Blues war eigentlich der Zentralrat, da gehörten alle bunten Typen zu, halb Subkultur, halb Politunderground. Blues eben, weil wir über diese ganzen Geschichten gekommen sind, über die kulturrevolutionäre Welle eben politisiert worden sind, nicht so sehr durch Politik, sondern mehr durch diese Kultursachen, die die ganzen Jahre gelaufen sind.«[260] Das klang ziemlich vage und war offenbar nur schwer zu fassen. Doch die ein wenig artifiziell anmutende Selbstbezeichnung »Blues« war eine Metapher. Mit der aus den amerikanischen Südstaaten stammenden Musikrichtung wurde zugleich die Geschichte der Schwarzen zitiert. Im Grunde genommen sollte es heißen: Seht her, auch wir sind eine unterdrückte Minderheit, auch wir lassen uns den Schneid nicht abkaufen, wir wollen unser eigenes Leben führen und es obendrein auch noch genießen. Der »Blues« war nichts anderes als der ein wenig melancholisch gestimmte Sound der Subkultur. Diejenigen, die sich unter diesem Emblem versammelten, begriffen sich als Ausgegrenzte, Marginalisierte, Kriminalisierte, als an den Rand der Gesellschaft Verbannte.

»High sein, frei sein – Terror muß dabei sein«, »Macht kaputt, was euch kaputt macht«, »Pig is pig und pig muß putt« – die Parolen der Haschrebellen und der Tupamaros West-Berlin, skandiert auf militanten Demonstrationen, verrieten nicht nur einen cartoonartig-klischeehaften Bewusstseinsstand, sondern auch ein überschäumendes Aggressions- und Destruktionspotenzial. Sie pendelten zwischen einem in der Szene bereits ohnehin verbreiteten Sarkasmus und einem menschenverachtenden Zynismus hin und her. Die Hassgefühle und Eliminierungsphantasmen gegenüber der Polizei wurden kultiviert. Die Kombination von Gewaltobsession und Rauschzustand wurde als Krönung eines Freiheits- und Unabhängigkeitsgefühls gefeiert.

Eine Veranstaltung im Auditorium maximum der Technischen Universität kündigten die Haschrebellen mit einem Bekenntnis an, in dem sie ihre Aktivitäten jeglicher politischen Zielgerichtetheit entkleideten und auf unterschiedliche Formen von Triebabfuhr reduzierten. Unter der Überschrift »Superkultur« hieß es: »Wir sind Energiebündel, wir erlangen Befriedigung durch Entladung. Denn Spannung in unserem Körper können wir über Sex, Sprache, Musik, Bewegung, Terror Entladungsmöglichkeiten geben. Nun haben wir uns bewußtseinserweiternder Mittel bedient und sehen, daß uns unser Bewußtsein überholt hat. Die Möglichkeiten in unseren Köpfen sind ›super‹, die Möglichkeiten unsere ›Supergedanken‹ mitzuteilen sind dagegen noch äußerst begrenzt. Unsere Entladungsventile sind noch auf das ›Normal-Bewußtsein‹ eingestellt, auf ein mausgraues Bewußtsein mit meist ebenso farblosen Entladungen. Wir sehen den Riß zwischen unseren Köpfen und unserem wirklichen Verhalten. Laßt uns gemeinsam diesen uns so lähmenden Riß zusammenfügen.«[261] Hier ist die Rede von der Diskrepanz zwischen Rausch- und Normalzustand, die es gemeinsam zu überwinden gelte, zugunsten einer Art ozeanischen Wohlgefühls. Sex, Sprache, Musik, Bewegung und Terror sind demnach nichts anderes mehr als unterschiedlich kanalisierte Energieströme.

Gepredigt wurde ein kruder Vitalismus, der in mancher Hinsicht an die sexualpolitischen Theorien Wilhelm Reichs erinnerte. Bemerkenswert war, dass potenzielle Terrorakte bedenkenlos in dieses triebenergetische Modell integriert waren. Einen Anschlag zu verüben war demzufolge nichts anderes als eine weitere Entladungsmöglichkeit, die der Körper dem Subjekt zur Verfügung stellt, um sich ein Hochgefühl wie beim Geschlechtsakt zu verschaffen. Alles sollte unterschiedslos dem Spannungsabbau und dem Wohlgefühl dienen. Dies entsprach einem in Gruppen wie den Haschrebellen weit verbreiteten hedonistischen Lebensgefühl.

Im Laufe der darauffolgenden Monate breitete sich die subkulturelle Szene immer weiter aus. Wie keine andere deutsche Stadt bot sich West-Berlin für eine solch ungewöhnliche Entwicklung an. Wegen seiner geopolitisch bedingten Isolation lagen ganze Industrie- und Erwerbszweige brach, die Beschäftigungs- und Sozialstruktur hatte sich nach Kriegsende und seit Beginn der deutschen Teilung maßgeblich verschoben. Im Schatten der ökonomisch unterentwickelten Stadtteile entstanden soziale Nischen. Eine Vielzahl großräumiger Altbauwohnungen etwa, für die es auf dem Wohnungsmarkt kaum Nachfrage gab, boten jenen Gelegenheit, die in Wohngemeinschaften und Kommunen kollektive Formen des Zusammenlebens ausprobieren wollten. Besondere Schwerpunkte bildeten sich nun in Bezirken wie Kreuzberg, Schöneberg und Wilmersdorf heraus.

Kristallisationspunkte der Gegenkultur waren neben Kinos und Theatern, Buch- und Schallplattenläden, Druckereien und Werkstätten, Kneipen und Lokale, die häufig in eigener Regie bewirtschaftet wurden. Insbesondere Zeitungen wie *Agit 883*, *Bambule*, *Berliner Anzünder* und die nach einer Parole Mao Tse-tungs benannte *Hundert Blumen* hatten einen maßgeblichen Anteil daran, dass sich das gegenkulturelle Milieu formieren und etablieren, dass Kommunikation gebündelt und strukturiert werden konnte.

Besonders wichtige Stationen in der Entfaltung der Szene waren mit den Schicksalen von zwei ihrer wichtigsten Exponenten verbunden, Georg von Rauch und Thomas Weisbecker, die im Zuge polizeilicher Fahndungsmaßnahmen erschossen worden waren. Im Anschluss an eine Protestveranstaltung in der Technischen Universität wenige Tage nach dem Tod von Rauchs, auf der die Rockband Ton Steine Scherben ein Solidaritätskonzert gab, zogen am 8. Dezember 1971 mehrere hundert Teilnehmer zu dem am Kreuzberger Mariannenplatz gelegenen Bethanien-Krankenhaus, besetzten dort ein leer stehendes Schwesternwohnheim und nannten es demonstrativ »Georg-von-Rauch-Haus«.

Nach Verhandlungen mit dem Berliner Senat erhielten die in dem Trägerverein Jugendzentrum Kreuzberg e. V. organisierten Besetzer schon bald einen zeitlich befristeten Nutzungsvertrag, der in der Folge immer wieder verlängert wurde. Trotz seines legalisierten Status wurde das Rauch-Haus, wie es der Kürze halber bald hieß, in den Jahren darauf ein ums andere Mal Schauplatz von polizeilichen Razzien, bei denen seine Bewohner drangsaliert und die Einrichtung demoliert wurde.

Kaum anders erging es den Beteiligten eines weiteren selbstverwalteten Projekts. Am 2. März 1973, dem ersten Todestag des in Augsburg von der Polizei erschossenen RAF-Mitglieds Thomas Weisbecker, hatten Hausbesetzer ihr Jugendzentrum »Tommy-Weisbecker-Haus« genannt. Auch sie standen von Anfang an unter Verdacht, mit der RAF oder der Bewegung 2. Juni zu sympathisieren und sahen sich deshalb ebenfalls Verfolgungsmaßnahmen ausgesetzt. Beide Häuser, denen Ton Steine Scherben mit dem

Rauch-Haus- und dem Menschenjäger-Song eigene Hymnen gewidmet hatten, entwickelten sich zu zentralen Anlaufstellen der Berliner Szene, die 1978 mit dem von 15 000 jungen Leuten besuchten Tunix-Kongress ein eindrucksvolles Zeugnis von der Vitalität der Alternativkultur ablegte.

Dieser Erfolg war jedoch von einer folgenreichen Doppeldeutigkeit gezeichnet. Was West-Berlin einerseits durch seine Nischen an soziokulturellen Lebensformen ermöglichte, das machte es andererseits durch seine Insellage auch wieder zunichte. Der Raum zur Entfaltung einer linksalternativen Gegenkultur ging mit einer tendenziellen politischen Folgenlosigkeit ihrer Aktivitäten einher. Um das aus der Achtundsechzigerbewegung hervorgegangene Potenzial nachhaltiger transformieren zu können, bedurfte es einer geopolitisch weniger eingeschränkten Umgebung. Derartige Voraussetzungen existierten nur in Westdeutschland.

Die Frankfurter Spontiszene

Besonders günstige Bedingungen fanden sich in Frankfurt, wo zu Beginn der siebziger Jahre ebenfalls eine Subkultur entstand. Aus jener Stadt, die als Sitz des SDS-Bundesvorstands mit dem Institut für Sozialforschung im Rücken der Westberliner Szene immer wieder aufs Neue die intellektuelle und politische Vorherrschaft streitig zu machen versucht hatte, stammte ein Gegenentwurf zum Dogmatismus der K-Gruppen, der einen eher libertären Charakter hatte.

Wann oder bei welcher Gelegenheit die Bezeichnung »Sponti« aufgekommen ist, liegt im Dunkeln. Gleichwohl darf als gesichert gelten, warum diese Etikettierung gewählt worden ist. In einem politischen Mikrokosmos, in dem es Leninisten und Trotzkisten, Stalinisten und Maoisten, Anarchisten und Syndikalisten, Reformisten und Revisionisten der verschiedensten Schattierungen gab, war es für Neuankömmlinge schwierig, einen Platz zu finden, der ideologisch nicht bereits vergeben war und eine besondere weltanschauliche Attraktivität versprach.

In den zu Beginn der siebziger Jahre immer wieder ausbrechenden Streitigkeiten um das angemessene Verhältnis zwischen Organisation und Spontaneität, die nach dem Muster der in der II. Internationale zwischen Lenin und Rosa Luxemburg geführten

Debatte ausgefochten wurden, machte das Schimpfwort von »den Spontis« – der Kurzform für den negativ konnotierten Begriff Spontaneismus – bald die Runde. Denjenigen, die den »demokratischen Zentralismus« prinzipiell ablehnten, die ständig auf der Suche nach neuen sozialen Unruheherden waren und sich keiner Disziplin unterwerfen wollten, wurde kurz und bündig dieses Negativetikett angeheftet. Die so Diffamierten ließen sich diese Art Stigmatisierung jedoch nicht bieten und kehrten den Spieß kurzerhand um, indem sie den Ausdruck vereinnahmten und sich selbst als Spontis bezeichneten. Aus der ironischen Selbstadaption, deren Hintergründe rasch in Vergessenheit gerieten, wurde schon bald eine Bekenntnisformel, die etwas völlig anderes bedeutete, als was jene Ulksprüche vermuten ließen, die Ende der siebziger und Anfang der achtziger Jahre bundesweit Verbreitung fanden. Wenn Daniel Cohn-Bendit oder Joschka Fischer etwa als die anerkannten Wortführer zur eigenen Szene sprachen, dann stand die Redeweise für einen voluntaristisch zugespitzten Typus, in dem sich Kampf- und Lebensform zu einer ununterscheidbaren Einheit mischten und so den Anspruch anmeldeten, bereits im Hier und Jetzt mit der Utopie eines neuen Kollektivsubjekts begonnen zu haben.

Auf den Versammlungen der Spontiszene, die zumeist im Kommunikationszentrum des Frankfurter Studentenhauses stattfanden, wo sich in der Regel zwischen hundert und zweihundertfünfzig Personen trafen, traten die Rituale deutlich hervor. Es war eine kleine Gruppe von rhetorisch erprobten und mit allen Wassern gewaschenen Wortführern, jene bereits erwähnte Gruppe Revolutionärer Kampf (RK), die bei den Fließbandarbeitern der Opel-Werke in Rüsselsheim vergeblich nach dem revolutionären Subjekt Ausschau gehalten hatte, die die Entwicklung bestimmte und die Entscheidung über verschiedene Handlungsalternativen partout nicht aus der Hand geben wollte.

Während einer dieser Debatten glossierte ein Teilnehmer das sich immer wieder aufs Neue reproduzierende Rollenmuster: Es gehe zu wie in einer Kirchengemeinde – Daniel Cohn-Bendit spiele den »Guten«, Joschka Fischer den »Bösen«, Matthias Beltz den »Pfarrer« und Thomas Schmid den »Messdiener«. Schallendes Gelächter war die Reaktion. Trotz aller Überzeichnung steckte in dieser Persiflage ein Moment an Wahrheit. Der heutige Europaabgeordnete der Grünen war unbestreitbar die Integrationsfigur, von

Insidern als »Zentrist« bezeichnet, der Bundesaußenminister a. D. die polarisierende Kraft, von Spöttern als »Verteidigungsminister« apostrophiert, der inzwischen verstorbene Kabarettist war der ausgleichende und um Gerechtigkeit besorgte Patriarch und der gegenwärtige Chefredakteur des Springer-Flaggschiffs *Die Welt* der, den Boulevardblätter wohl als »Chefideologen« bezeichnet hätten. Trotz aller Angriffe, mit denen insbesondere die RK-Frauengruppe ihrer Führungscrew das Leben schwer machte,[262] trotz aller Konflikte, Kontingenzen und Entwicklungssprünge – dieses Führungsquartett konnte seine Hegemonie über lange Zeit durchsetzen und aufrechterhalten.

Das Ausgangsproblem, das den SDS auseinandergetrieben hatte, die politische Isolation, verschwand zwar nicht im Zuge der Transformation in eine eigene Subkultur, es wurde aber spürbar geringer. Es hatte sich nicht nur eine Hausbesetzerbewegung entwickelt, sondern auch eine dezentrale Infrastruktur von Stadtteilgruppen gebildet, in denen sich etwas von der zwar verhaltenen, aber durchaus positiven Resonanz von Teilen der Bevölkerung niederzuschlagen begann. An der unübersehbaren Legitimationsschwäche der von der SPD betriebenen Wohnraumpolitik profilierte sich die einstmalige Betriebsprojektgruppe Revolutionärer Kampf über ein Netz an Stadtteilgruppen als kommunalpolitische Kraft. Obwohl die nun auf ein anderes Terrain ausgewichene Kadergruppe in der Öffentlichkeit nicht sonderlich bekannt war, übten ihre Exponenten dennoch einen bestimmenden Einfluss auf die weitere Entwicklung der Hausbesetzerbewegung aus.

Dies änderte sich umgehend in dem Moment, da eine empfindliche Niederlage eingesteckt werden musste. Dies war im Februar 1974 der Fall, als es trotz monatelanger Vorbereitung von Verteidigungsmaßnahmen nicht gelang, einen besetzten Häuserblock zu halten, einige nahe der Universität gelegene stattliche Altbauten großbürgerlichen Zuschnitts, in denen der »Rat der besetzten und bestreikten Häuser«, kurz Häuserrat genannt,[263] seinen Sitz hatte. Durch die mit hinterhältiger Raffinesse ausgeführte Räumung bekam der Nimbus des RK, linksradikal und dennoch erfolgreich zu sein, einen empfindlichen Knacks. Er drohte in der Folge seine kohäsive Kraft für die Bewegung zu verlieren. Nach dieser verlorenen »Entscheidungsschlacht« um das mehr als nur symbolische

Zentrum der Hausbesetzerszene setzte eine ebenso breite wie langatmige Debatte um Möglichkeiten einer Institutionalisierung der Spontibewegung ein.

In der Folge wurden Läden, Kleinbetriebe und Stadtteilzentren aufgebaut. Auch der kulturelle Bereich erlebte durch die Gründung des Linksradikalen Blasorchesters,[264] das fortan aus der Demonstrationsszenerie nicht mehr wegzudenken war, des Karl-Napp-Chaos-Theaters, in dem Matthias Beltz die herausragende Rolle spielte, und des Programmkinos Harmonie einen starken Aufschwung. Durch das von Daniel Cohn-Bendit gegründete Szenemagazin *Pflasterstrand* kam 1976 ein Organ hinzu, das schon bald zum wichtigsten Diskussionsforum der Spontiszene wurde und über Frankfurt und das Rhein-Main-Gebiet hinaus ein Seismograf für die Fortentwicklung linksalternativer Strömungen war.

Eine besonders einflussreiche Rolle spielte auch der als Vordenker bereits erwähnte Thomas Schmid, der mittels der 1975 von ihm zusammen mit einigen anderen gegründeten Zeitschrift *Autonomie – Materialien gegen die Fabrikgesellschaft* einer zu versickern drohenden Bewegung neue Perspektiven zu geben versuchte. In dem theoretisch avancierten, an Vorbildern des italienischen Linksradikalismus orientierten Blatt formulierte er eine Konzeption, die die Dynamik der Bewegung stationär binden und zugleich konkretisieren sollte: die Alternativbewegung. »Politik in erster Person« lautete nun das Stichwort für die gegenkulturellen Entwürfe, die Erprobung alternativer Lebensformen in Stadt und Land.

Dieses zeitweilig mit großer Emphase verfochtene Konzept erlebte jedoch schon bald eine ideologiekritische Abfuhr: »Unter dem Stichwort einer neuen Subjektivität rückten damit der eigene Körper, die Psyche, das Befinden, das Gefühl, die Bedürfnisse in den Blickpunkt und gingen nahezu bruchlos über in den magischen Glauben, daß nur die Riten der Desintegration vor einer Anpassung an die Normen des Systems dauerhaft bewahren könnten. Die scene, ohnehin ein Schmelztiegel für die diversen Zerfallspartikel einer bloß hypostasierten Gegenidentität, bildete nun eine untergründige ideologische Querachse aus, die eine Verbindung herstellte von der *AA-Kommune* über das consciousness-raising, das meditative Yoga-Training, die Karate-Gruppe bis hin zur Urschrei-Therapie und dem Reichschen Orgonkasten: das Selbst. Überall wird gesucht, gegraben und geforscht nach etwas, was noch nie vorhanden war: das Natürliche, das Ursprüngliche, ein Erstes der eigenen Person in welcher Form auch immer. Hauptsache ist dabei, daß es der subkulturellen Existenz den Anschein einer biologischen Ursprünglichkeit verleiht, eine Art Identität im Naturzustand.«[265]

Schließlich erwies sich auch für die als Alternativbewegung apostrophierte Spontiszene das Scheitern einer Freipressung der RAF-Kerngruppe durch die Entführung des Präsidenten der Arbeitgeberverbände, Hanns Martin Schleyer, der sogenannte Deutsche Herbst 1977, als der entscheidende Wendepunkt. Was sich bereits nach der gewaltsamen Reaktion auf den Tod der RAF-Mitbegründerin Ulrike Meinhof im Mai 1976 abgezeichnet hatte,[266] wurde nun vollends zu einer nicht mehr abzuleugnenden Tatsache. Die auch unter den Voraussetzungen einer nunmehr stationär verankerten Spontisubkultur aufrechterhaltene, sich im Kern immer noch revolutionär begreifende Option von Gesellschaftsveränderung, die auf den Einsatz gewaltsamer Mittel nicht verzichten wollte, war unwiderruflich an ihre Grenzen gestoßen. Der aus dem antiautoritären Flügel des SDS hervorgegangene Linksradikalismus Frankfurter Prägung gehörte nun endgültig der Vergangenheit an.

Über ein Jahrzehnt lang sind von der Frankfurter Spontiszene die unterschiedlichsten Modelle politischer Veränderung und Beeinflussung durchdekliniert worden.[267] Sie führten zunächst von Formen einer linksradikalen Interventionspolitik zur Etablierung einer alternativen Organisierung des Alltagslebens, um sich dann in einer überraschenden Kehrtwendung auf das Terrain von Partei- und Parlamentspolitik zu begeben. Die Konstitution dieser Szene, eines eigenen Milieus, ist kein vorab geplantes Unternehmen gewesen, sondern ein naturwüchsiges Produkt, das aus den Schwierigkeiten bei der Annäherung an die Arbeiterschaft resultierte, mit der ein radikaler Teil der Studentenbewegung zunächst sein revolutionäres Potenzial erprobte.

Als Transformationsstufen der Frankfurter Szene können mehrere Stationen ausgemacht werden: Die antiautoritäre Bewegung, die aus dem SDS hervorgegangen ist und nicht zuletzt mit dem Aufbau von Kinderläden und anderen sozialen und pädagogischen Einrichtungen Formen der Sponti- und der Alternativbewegung vorweggenommen hat; die Basisgruppenbewegung, die aus dem politischen Scheitern der universitären Streiks und Selbstorganisierungsformen entstand und den Übergang in die Stadtteile vollzog; die Hausbesetzerbewegung, die zunächst als eine Art Selbsthilfeunternehmen begann und nach mehreren Anläufen zum Kristallisationskern einer kommunalen Massenbewegung wurde; die Spontibewegung, die einen Ausweg aus der politischen Krise der K-Gruppen suchte und sich als linksradikales Mobilisierungspotenzial ebenso wie als gegenkulturell orientiertes Milieu zu etablieren vermochte; die Alternativbewegung, die einen Ausweg aus dem Scheitern der Hausbesetzerbewegung und der Sackgasse suchte, in welche die militanten Strömungen geraten waren, und die bald zur Einrichtung von Läden, Werkstätten, Kinos, Cafés, Restaurants und sogenannten Gegeninstitutionen überging.

In all diesen Formationen wirkte die Betriebsprojektgruppe Revolutionärer Kampf wie einst der SDS als Motor. Von ihr gingen fast ausnahmslos die Ideen und Aktivitäten aus. Und ohne ihre Zustimmung hatten abweichende Vorstellungen innerhalb der Szene so gut wie keine Erfolgsaussichten. Konkurrierende Gruppen wie die Rote Hilfe oder der Häuserrat besaßen zwar einen gewissen Einfluss, jedoch keine ausreichende Macht beziehungsweise Überzeugungskraft, um ihren Vorstellungen zur Durchsetzung zu verhelfen.

In dem sich beinahe unablässig vollziehenden Wandlungsprozess waren Wohngemeinschaften über längere Zeit hinweg die zentrale Vergemeinschaftungsform. Ohne diese durch die medienwirksamen Auftritte der Berliner Kommune I angestoßene Form des Zusammenlebens wäre der Grad an interner Vernetzung, das außerordentlich hohe Maß an Mobilisierungsbereitschaft ebenso undenkbar gewesen wie die fortwährende Anpassungs- und Wandlungsfähigkeit.

Mehrere hundert Wohngemeinschaften bildeten auch in Frankfurt das Rückgrat der Szene. Von ihnen gingen vielfältige in die einzelnen Stadtteile und sogar ins gesamte Rhein-Main-Gebiet ausstrahlende Aktivitäten aus und berührten Bildungs-, Sozial-, Wohnungs- und Verkehrspolitik.

Die Gründungen von Stadtteilgruppen und Stadtteilzentren waren weitere Schritte bei dem Versuch, sich ein urbanes Experimentierfeld anzueignen und auf diesem Wege »befreite Gebiete« zu schaffen. Gerade Hausbesetzungen waren ein probates Mittel in dieser Strategie. Einerseits bot sich mit jedem besetzten Haus die Möglichkeit, das Areal für die Bildung weiterer Wohngemeinschaften zu erweitern, andererseits ließ sich damit die Parole »Das Private ist politsch« aufs Trefflichste umsetzen. Zur Infrastruktur zählten neben Kneipen, Läden und Handwerksbetrieben schon bald Steuerberater, Mediziner, Rechtsanwälte und Betriebswirte.

Ob die Spontiszene tatsächlich mehr war als ein politisches Experimentierfeld für eine linksradikale Minderheit, die mit immer neuen Volten und Finten den Sackgassen der verschiedenen Post-Achtundsechziger-Strömungen zu entkommen versuchte, ob sie vielleicht das war, was der Politikwissenschaftler Claus Leggewie als eine Art »Laboratorium für den Wandel der mobileren und flexibleren Teile der Mehrheitskultur« bezeichnet hat,[268] ist nicht ausgemacht. Auf jeden Fall aber bleibt festzuhalten, dass sie nicht nur im Spektrum der Subkulturen der siebziger Jahre Spuren hinterlassen hat, sondern mit ihrem späteren Einfluss auf die Grünen auch parteipolitisch prägend wurde. Paradoxerweise wäre diese Partei in ihrem machtpolitischen Pragmatismus ohne das Erbe der Frankfurter Spontiszene wohl kaum denkbar gewesen.

Drittes Resultat: Bewegungsfermente

In der sechsten Etage eines Fabrikgebäudes am Union Square in New York fielen am Nachmittag des 3. Juni 1968 vier Schüsse. Unmittelbar neben dem Fahrstuhlschacht brach ein Mann mit einem Steckschuss in der Lunge schwerverletzt zusammen. Getroffen war der prominenteste Pop-Art-Künstler seiner Zeit. Andy Warhol konnte gerade noch rechtzeitig ins Columbia Hospital transportiert und dort operiert werden. Bereits drei Stunden später wandte sich am Times Square eine junge Frau an einen Verkehrspolizisten und erklärte: »Verzeihen Sie, ich werde gesucht!« Es war die zweiunddreißigjährige Valerie Solanas. Sie gestand unumwunden ein, das Attentat auf Warhol verübt zu haben. Auf die Frage nach ihrem Motiv antwortete sie lakonisch: »Ich habe eine Menge schwerwiegender Gründe, lesen Sie mein Manifest und Sie wissen, wer ich bin.«

Gemeint war ein Aufruf, den die Gelegenheitsschriftstellerin schon ein Jahr zuvor in der *Village Voice* veröffentlicht hatte. Der

Text trug den Titel »S. C. U. M.-Manifest«. Die Abkürzung stand für »Society for Cutting Up Men«: »Gesellschaft zur Vernichtung der Männer«. Es begann mit dem Bekenntnis: »Das Leben in dieser Gesellschaft ist ein einziger Stumpfsinn, kein Aspekt der Gesellschaft vermag die Frau zu interessieren, daher bleibt den aufgeklärten, verantwortungsbewußten und sensationsgierigen Frauen nichts anderes übrig, als die Regierung zu stürzen, das Geldsystem abzuschaffen, die umfassende Automation einzuführen und das männliche Geschlecht zu vernichten.«[269] Weiter hieß es darin: »Heute ist es technisch möglich, sich ohne Hilfe der Männer zu reproduzieren und ausschließlich Frauen zu produzieren. Wir müssen sofort damit beginnen. Der Mann ist eine biologische Katastrophe ... der Mann ist eine unvollständige Frau, eine wandelnde Fehlgeburt, die schon im Genstadium verkümmert ist. Mann sein heißt kaputt sein. Männlichkeit ist eine Mangelkrankheit, und Männer sind seelische Krüppel.«[270] Solanas hatte nichts übrig für »halbverrückte, ungezielte Krawalle, die kein klares Konzept verfolgen und bei denen viele von den eigenen Leuten draufgehen. S. C. U. M. wird sich nie an irgendwelchen Aufständen oder anderen Formen ungezielter Zerstörung beteiligen, sie anregen oder dazu auffordern.« Doch S. C. U. M. werde »sich kalt und heimlich an die Opfer heranschleichen und geräuschlos morden«.[271]

Die amerikanische Presse, die weniger an dem Manifest als an persönlichen Motiven für die spektakuläre Tat interessiert war, fand bald heraus, dass Andy Warhol einer der wenigen war, die Solanas' Texten etwas abzugewinnen vermochten. Warhols Bewunderung war so weit gegangen, dass er sie sogar für einen seiner Filme engagiert hatte – einen Streifen mit dem Titel »I – a man«.

Ein Jahr später wurde Valerie Solanas wegen Mordversuchs zu drei Jahren Gefängnis verurteilt. »Das Töten«, führte sie zu ihrer Verteidigung an, »lag mir fern. Ich wollte nur, daß mir jemand zuhört.«

Nur wenige Monate darauf erschien im März Verlag in Darmstadt die deutsche Übersetzung des »S. C. U. M.-Manifests«. In einem Nachwort bezeichnete der Frankfurter »Arbeitskreis Frauenemanzipation« den Text als einen der »skurrilsten Lösungsversuche« im Geschlechterkampf. Indem Solanas den Mann anthropologisch als »mißglücktes Naturprodukt« betrachte, erscheine ihr dessen Ausrottung perspektivisch als die einzige erfolgversprechende Maßnahme für die Befreiung der Frau. Der Anschlag auf den prominenten Pop-Art-Künstler sei deshalb einerseits als Ausdruck einer Wahnidee zu begreifen, andererseits aber auch als die Konsequenz aus einer »Verzweiflungssituation«, indem eine radikale Feministin aus Mangel an Handlungsalternativen zum Opfer ihrer eigenen Agitation geworden sei.

Die neue Frauenbewegung

Die Verhältnisse im SDS waren einerseits durch den Universalismus von Emanzipationszielen bestimmt, andererseits aber durch deren praktische Nichteinlösung in den Beziehungen unter den Mitgliedern geprägt. Dieser Widerspruch brach erstmals am Rande des Internationalen Vietnam-Kongresses im Februar 1968 in West-Berlin auf, als sich nicht wenige der Genossinnen außerhalb des Auditorium maximum der Technischen Universität aufhalten mussten, weil es niemanden gab, der sich um ihre Kinder hatte kümmern wollen.

Zum eigentlichen Eklat kam es jedoch erst einige Monate später auf der alljährlichen Bundesdelegiertenkonferenz in Frankfurt. Helke Sander vom Berliner »Aktionsrat zur Befreiung der Frau« attackierte die Phalanx der männlichen Genossen mit den Worten, sie würden einerseits zwar bei jeder nur passenden Gelegenheit mit großer Emphase die Emanzipationsinteressen im Allgemeinen bemühen, andererseits jedoch die Interessen der Frauen in der eigenen Organisation überhaupt nicht zur Kenntnis nehmen. Darunter hätten insbesondere die Mütter mit ihren Kindern zu leiden. Zwar sei der SDS ein demokratischer Verband, in dem formell uneingeschränkte Redefreiheit herrsche, nur zu rasch aber seien die Genossen bereit, sich wegen irgendeiner ungeschickten Formulierung über die Genossinnen zu mokieren. Sie dächten nicht einmal ansatzweise darüber nach, warum Frauen im SDS schlichtweg Angst hätten, überhaupt das Wort zu ergreifen. Sie forderte, dass über dieses Problem unbedingt diskutiert werden müsse: »Genossen, wenn Ihr zu dieser Diskussion ... nicht bereit seid, dann müssen wir allerdings feststellen, daß der SDS nichts weiter ist als ein aufgeblasener konterrevolutionärer Hefeteig.«[272] Die Frauen im SDS würden sich nicht mehr damit begnügen, auch einmal ein Wort sagen zu dürfen, um dann mitansehen zu müssen, dass man wieder zur Tagesordnung übergehe.

Als aber genau das eintraf und sich keiner der Genossen bereitfand, den Anstoß aufzugreifen, erhob sich – als sollte das in den Raum gestellte Problem auf sinnfällige Weise konkretisiert werden – die hochschwangere Romanistikstudentin Sigrid Rüger von ihrem Platz und schleuderte sechs Tomaten in Richtung Podium. Hans-Jürgen Krahl, der führende Theoretiker der Frankfurter Gruppe, wurde von einem der Wurfgeschosse am Kopf getroffen, die anderen zerplatzten am Vorstandstisch. Anschließend sprang Ines Lehmann aufs Podium, drängte sich ans Mikrofon und rief zu gegenseitigem Verständnis und zu Toleranz auf. Die Berliner Aktivistin aus dem Umkreis Dutschkes fürchtete ein Auseinanderfallen des SDS und warnte nicht ganz zu Unrecht vor einer Sezession.

Das Ganze hatte etwas Doppelbödiges und Entlarvendes zugleich: Die Genossinnen bedienten sich der symbolischen Mittel, die von ihren Genossen in den Monaten zuvor bei jeder sich bietenden Gelegenheit gegen tatsächliche oder vermeintliche Autoritäten eingesetzt wurden – nun flogen die Tomaten gegen die Tomatenwerfer selbst. Diese Aktion besaß eine innere Logik, in ihr manifestierte sich eine Revolte in der Revolte. Dennoch verpuffte sie und wurde im Nachhinein eher als ein Zwischenfall betrachtet, mit dem man sich von den angeblich wichtigeren politischen Angelegenheiten nicht ablenken lassen wollte.

Eine Fortsetzung erfuhr der Konflikt beim zweiten Teil der Delegiertenkonferenz zwei Monate später in Hannover. Auch dort prangerte eine Gruppe von SDS-Frauen mit bissiger Ironie die Geschlechterfrage an. Während sich die Männer über die Lösung der Organisationsfrage stritten, verteilten die Angehörigen des Frankfurter »Weiberrates« ein als »Rechenschaftsbericht« betiteltes Flugblatt. Die Sprecherin des »Weiberrates«, die Soziologiestudentin Monika Steffen, trug eine vehemente Kritik an den von den männlichen Mitgliedern »produzierten repressiven Kommunikationsstrukturen« vor und verlangte von ihnen, die Frauen im SDS nicht länger als »kleine Minderheit unter vielen antiautoritär Motzenden« zu begreifen.

Das Flugblatt zeigte eine Karikatur des *Pardon*-Zeichners Kurt Halbritter: Eine nackte Frau mit einem Hackebeil in der Hand lagert lässig unter ihren Beutestücken – Penissen, die an der Wand aufgereiht sind. Und wer wissen wollte, welche Trophäen ihr noch fehlten, musste nur weiterlesen. Die Namen aller bekannten SDS-Genossen waren aufgeführt und auch Mao und Marx, Lenin und Freud nicht vergessen worden. Am Ende des »Rechenschaftsberichts« hieß es ebenso selbstbewusst wie provokativ: »Frauen sind anders! Befreit die sozialistischen Eminenzen von ihren bürgerlichen Schwänzen!«[273]

Nun war das Gezeter groß. Die Reaktionen der Genossen waren aber eher peinlich und bestätigten nur das, was angegriffen worden war – den uneingestandenen Patriarchalismus hinter der Fassade eines universalen Emanzipationsanspruchs. Die Karikatur mit den »Penis-Trophäen« war jedoch nicht nur ein Spiel mit der Kastrationsangst. Der Affront richtete sich gegen die vordergründige Parole der »sexuellen Revolution«. Die Betonung der Genitalität und die mit ihr verbundene Promiskuität waren nur allzu häufig auf Kosten der Frauen gegangen. Die Genossinnen, die mehr als ein Objekt der Begierde im Triebhaushalt ihrer Kampfgefährten sein wollten, hatten ihnen damit die Rechnung serviert. Folgen für die innere Struktur des SDS hatte ihre Revolte jedoch keine mehr, dafür war der Studentenbund durch seine Fraktionierungen bereits zu sehr paralysiert.

Die beiden Angriffe auf die uneingeschränkte und bislang nicht in Frage gestellte männliche Vorherrschaft erwiesen sich jedoch außerhalb des SDS als folgenreich. Der »Aktionsrat zur Befreiung der Frau« in West-Berlin und der Frankfurter »Weiberrat« bildeten zunächst eine Art Avantgarde, wenngleich ihr eher der Charakter eines Diskutierzirkels anhaftete, wurden doch erst mal die Klassiker des Sozialismus danach abgeklopft, wie sie es mit der »Frauenfrage« hielten. Doch zunächst war den Aktivistinnen daran gelegen, sich theoretisch zu positionieren, um für künftige Auseinandersetzungen besser gewappnet zu sein.

Den entscheidenden Impuls für eine neue Frauenbewegung gab im Februar 1971 Alice Schwarzer, die als Journalistin bereits eine Rolle im Kontext der Achtundsechzigerbewegung gespielt hatte und nun nach französischem Vorbild die Selbstbezichtigungskampagne »Ich habe abgetrieben!« initiierte. Nach nur wenigen Monaten überreichten Vertreterinnen der »Aktion § 218« dem Bundesjustizminister 86 000 Solidaritätserklärungen zur Abschaffung des Paragrafen. Erst damit war eine neue Bewegung geboren worden. Mit der Abtreibungsfrage wurde Intimität sowohl öffentlich als auch zum Politikum gemacht. Die Parole »Das Private ist politisch«, die von den Berliner Kommunarden stammte, war damit unter weiblichen Vorzeichen adaptiert und ebenso mobilisierungs- wie öffentlichkeitswirksam eingesetzt worden.

Es gehört übrigens zu den Merkwürdigkeiten der siebziger Jahre, dass die größte Demonstration gegen den § 218 nicht von einer Frauen-, sondern von einer K-Gruppe, dem KBW, organisiert worden ist. Der hatte im September 1975 unter der Parole »Das Volk soll selbst entscheiden – Volksentscheid« zu einer zentralen Demonstration gegen den § 218 in Bonn aufgerufen, der trotz heftiger Kritik, dass eine solche Forderung einer Entmündigung der Frauen gleichkomme, Zehntausende gefolgt waren. Es wäre naheliegend darüber nachzudenken, inwiefern auf diese Weise ein vorhandenes Politisierungspotenzial angezapft und in die eigenen maoistischen Dienste gestellt werden sollte.

Bei der Politisierung der Abtreibungsfrage wie der Hausarbeit und anderer Themen darf nicht übersehen werden, dass sich diese Anstöße Kampagnen verdankten, die bereits zuvor in Frankreich, Italien und vor allem in den USA in Gang gekommen waren. Insofern ist es alles andere als überraschend, dass die Entstehung einer neuen Frauenbewegung Teil einer Bewegungsformation war, die es mehr oder weniger in allen modernen Industriestaaten gab und die in ihrer Vernetzung auch auf Organisationsformen der internationalen Opposition gegen den Vietnamkrieg zurückgreifen konnte.

Ab Mitte der siebziger Jahre kristallisierte sich eine Vielzahl eigener Projekte heraus, die in Politik und Kultur, Bildung und Erziehung folgenreich waren: 1975 wurden in München der Verlag Frauenoffensive gegründet, eine gleichnamige Zeitschrift und andere Frauenverlage, 1976 in West-Berlin das erste, damals noch vom Senat unterstützte Frauenhaus, ebenfalls in West-Berlin die erste Sommeruniversität für Frauen und die Frauenzeitung *Courage*. 1977 entstanden die ersten Frauenzentren sowie die *Emma* und seit jenem Jahr finden unter dem Motto »Wir erobern uns die Nacht zurück!« am Abend vor dem 1. Mai Walpurgisnacht-Demonstrationen statt.

Auf vielfältige Weise ist es den Protagonistinnen damals gelungen, unter den Rahmenbedingungen der SPD/FDP-Koalition ein politisches Feld zu besetzen, zu erweitern und zu gestalten. Das war weniger das Resultat von Aktionen oder Kampagnen als der Erfolg von Akteurinnen, die den Impuls aufgegriffen, ihn sich zu eigen und institutionell wirksam gemacht haben. Genannt seien hier nur die Verabschiedung von Gleichstellungs- und Antidiskriminierungsgesetzen sowie die Einrichtung von Frauenministerien und die Ernennung von Frauenbeauftragten mit dem Ziel, die männliche Vorherrschaft abzubauen und Geschlechterparität zu verwirklichen.

Drei Jahrzehnte später stellten die ehemaligen Akteurinnen der Achtundsechzigerbewegung selbstironisch die Frage »Wie weit flog die Tomate?« – so der Titel einer Konferenz 1998 in Berlin.[274] Wie weit strahlte das, was als Revolte innerhalb des SDS begonnen und dann über die Abtreibungskampagne zu einer neuartigen Bewegungsform gefunden hatte, in die Gesellschaft aus und was vermochte es dort politisch und über die Politik hinaus zu verändern?

Die Tomatenwurfaktion hatte eine ungeahnte Wirksamkeit entfaltet. Ihr Schwung ging weit über das Symbolische hinaus und ebnete einer neuen Frauenbewegung den Weg, einen Weg, der nicht nur in Organisationen und Institutionen geführt hatte, sondern auch ins Zentrum des Privaten hinein. Der Vorstoß war deshalb so brisant, weil er an elementare Fragen des individuellen Selbstverständnisses rührte; er betraf mit Gefühlen, Wünschen und Sexualität die Intimsphäre, mit Gestus und Habitus aber auch darüber hinausreichende Formen des Geschlechterverständnisses. Die Politisierung der Geschlechterfrage entwickelte sich wegen dieser Tiefendimension zu einer subversiven Kraft, die über Jahre hinweg überkommene Beziehungsmuster erfolgreich in Frage stellte.

Die Ökologiebewegung

Es war ein ganzer Kranz an neuartigen Bewegungsformationen, in ihrer großen Mehrzahl Jugendbewegungen, die sich in der ersten Hälfte der siebziger Jahre herauszukristallisieren begannen. Es entstanden Bürgerinitiativen, Jugendzentren wurden gegründet, Hausbesetzer machten von sich reden.

Doch auch der Kontext begann sich nachhaltig zu verändern.

Die Voraussetzungen, die in den späten sechziger und frühen siebziger Jahren als selbstverständlich gegolten hatten, Fortschritt, Wachstum, immer neue Konsum- und Freizeitmöglichkeiten, eine allgemeine Prosperität, wurden von einem bestimmten Zeitpunkt an in Frage gestellt. Als an Jom Kippur, dem wichtigsten jüdischen Feiertag, im Oktober 1973 Ägypten und Syrien gemeinsam Israel überfielen und an den Rand einer militärischen Niederlage drängten, wurde ein Ölpreisschock und damit eine Weltwirtschaftskrise ausgelöst. Auch in der Bundesrepublik brach die Konjunktur zusammen, eine Rezession breitete sich aus und führte zu einem gravierenden Anstieg der Arbeitslosigkeit. Bundeskanzler Willy Brandt, mit dessen Person nach der Abwehr des Misstrauensvotums im April 1972 Hoffnungen auf eine Fortsetzung der Reformpolitik verknüpft waren, trat im Mai 1974 zurück und wurde von dem pragmatisch orientierten Helmut Schmidt abgelöst. Die Reformära war damit zu Ende. Begonnen hatte die Zeit der strukturellen Arbeitslosigkeit. Sie war in erster Linie auf die Entscheidung der OPEC-Staaten zurückzuführen, den Preis des Rohöls nach oben zu schrauben. Und die Bundesregierung plante nun, die Atomenergie weiter und rascher auszubauen, um befürchtete Engpässe in der Energieversorgung auf diesem Wege kompensieren zu können.

Vor diesem Hintergrund setzte bald ein grundlegender Wandel im Verständnis von Produktivität und gesellschaftlichem Fortschritt ein, den einer der führenden linken Intellektuellen bereits wegen des vernachlässigten Themas Umweltschutz prognostiziert hatte. Im Oktober 1973 war im *Kursbuch* ein Titelaufsatz erschienen, in dem Hans Magnus Enzensberger eine »Kritik der politischen Ökologie« formuliert hatte. »Wenn die ökologische Hypothese zutrifft«, hatte er zusammengefasst, »dann haben die kapitalistischen Gesellschaften diese Chance, das Marxsche Projekt der Versöhnung von Mensch und Natur, wahrscheinlich definitiv verwirkt. Die Produktivkräfte, welche die bürgerliche Gesellschaft freigesetzt hat, sind von den gleichzeitig entfesselten Destruktivkräften eingeholt und überholt worden ... Was einst Befreiung versprach, der Sozialismus, ist zu einer Frage des Überlebens geworden. Das Reich der Freiheit aber ist, wenn die Gleichungen der Ökologie aufgehen, ferner gerückt denn je.«[275]

Im Zuge dieser Perspektivverschiebung vollzog sich eine Art Paradigmenwechsel in den Bemühungen, die Gesellschaft verändern zu wollen. Die Vorstellung, mit dem Arbeitsprozess die Natur beherrschen zu können, steht seitdem ebenso zur Revision wie das Vertrauen, ein angemessenes politisches Handeln basiere auf einem der Geschichte inhärenten Fortschrittsprinzip. Die jahrelang betriebene Kritik der politischen Ökonomie wurde von einer sie an Radikalität überbietenden und zur insgeheimen Apokalyptik neigenden Ökologie- und Technikkritik abgelöst. Der Marxismus geriet nicht nur deshalb in eine Krise, weil er mit seiner Orientierung an Arbeiterbewegung, Klassenkampf und Revolutionstheorie politisch in die Irre geführt hatte, sondern auch weil er auf einem industriellen Produktivismus basierte, der sich als zunehmend problematisch, in der bedenkenlosen Ausbeutung natürlicher Ressourcen gar als gefährlich erwies.

Was die außerparlamentarischen Bewegungen anbetraf, waren die darauffolgenden Jahre vor allem durch den Kampf gegen die Errichtung neuer Atomkraftwerke geprägt. Die bei der Nutzung der Atomenergie entstehenden Risiken galten nicht nur den Aktivisten der ohnehin sensibilisierten Protestbewegungen als nicht mehr verantwortbar, Unbehagen regte sich bei immer mehr Bundesbürgern. Von Kritikern der Nuklearenergie wurden Gefahrenpotenziale nicht allein bei Unfällen und in der ungelösten Frage der Endlagerung von abgebrannten Brennelementen gesehen, sondern bereits im »Normalbetrieb«. Die zivile Nutzung der Atomenergie wurde zum zentralen Problemfall moderner Industriegesellschaften erklärt und die politischen Voraussetzungen für eine Ausstiegsstrategie anvisiert. »Friedlich in die Katastrophe« lautete der Titel des ersten auflagenstarken Werkes zum Konfliktthema Atomenergie, das apokalyptisch anmutende Szenarien an die Wand malte, die 1979 mit Harrisburg und 1986 mit Tschernobyl schreckliche Wirklichkeit werden sollten.[276]

Bei keinem anderen innenpolitischen Konfliktthema erwies sich die Mobilisierungsbereitschaft als so groß und die Möglichkeit, Bündnisse quer durch die Bevölkerung zu bilden, als so stark. Bald begann die Hochzeit der Anti-AKW-Bewegung: Auf Proteste und Platzbesetzungen in dem am Kaiserstuhl gelegenen Wyhl folgten ähnliche Aktionen in Brokdorf bei Hamburg und in Gorleben am Rande der Lüneburger Heide, wo das Zwischenlager für abgebrannte Brennelemente gebaut wurde.

Aus der Bewegung mit dem Slogan »Atomkraft? Nein Danke!« entstand ein Spektrum grün-bunt-alternativer Gruppierungen und daraus wiederum jene Strömung, die mit der im Januar 1980 in Karlsruhe vollzogenen Parteigründung der Grünen Schritt für Schritt eine Reintegration der Post-Achtundsechziger-Strömungen in das parlamentarische System vollzogen hat.

IX.

Langzeitwirkung: Die Partei der Grünen

Wie schwierig die politische Hinwendung zur Ökologie und die Kehrtwendung der außer- beziehungsweise antiparlamentarischen Bewegungen war, wie vieler Verrenkungen und Volten es bedurfte, um sich politisch neu zu positionieren, sich den maßgeblich veränderten Rahmenbedingungen von Staat und Gesellschaft anzupassen, ließ sich an keinem anderen linksradikalen Biotop genauer verfolgen als dem der Frankfurter Szene.

Die Spontis hatten keine Schwierigkeiten damit, sich an militanten Aktionen, wie denen in Brokdorf, Gorleben oder Grohnde, zu beteiligen, doch war ihnen die im Zuge der Anti-AKW-Bewegung sich immer mehr durchsetzende Tendenz, einen Ausweg aus der gewaltsamen Konfrontation mit den Polizeikräften in einer parlamentarischen Orientierung zu suchen, höchst suspekt. Exemplarisch für diese Abwehrhaltung war ein Text, in dem mit Joschka Fischer die Personifizierung des militanten Szeneflügels unter dem Titel »Warum eigentlich nicht?« seine Bedenken darlegte. Es ging dabei um die Frage einer Beteiligung an den hessischen Landtagswahlen des Jahres 1978. Während Daniel Cohn-Bendit bereits auf einem Listenplatz der neugegründeten Grünen Liste Hessen (GLH) kandidierte, konnte Fischer seine tiefsitzenden Sperren vor einem solchen Schritt partout nicht überwinden.[277] Die Aufforderung, sich an Wahlen zu beteiligen, womöglich selbst zu kandidieren, wurde von ihm schlichtweg als Zumutung aufgefasst. Dennoch begann Fischer allmählich damit, seine Widerstände zu bearbeiten: »Aber vielleicht ist ja unsere Ablehnung des Parlaments falsch, vielleicht ist es unser Linksradikalismus, der sich irrt ... Kurz: vielleicht bleibt uns nur der reformistische Weg ins

Grab, weil alles andere vorbei ist? Reformisten in der Wirklichkeit und radikale Träumer? Wenn dem so ist, dann soll man es wenigstens offen sagen.«[278] Der »reformistische Weg ins Grab« kann, wie im Nachhinein konstatiert werden darf, einen ehemaligen Militanten und Aktivisten der Spontibewegung mitunter auch an die Spitze des Staates führen.

Der Großteil der Szene tat sich mit zweierlei Veränderungen besonders schwer: mit der Ökologie als der neuen, den Sozialismus als Leitvorstellung ablösenden Weltanschauung und mit dem Parlamentarismus als Form politischer Partizipation. Auch diese Abwehraffekte formulierte Fischer stellvertretend für seine Genossen. Gegen den Parlamentarismus mobilisierte er die Einwände seiner linksradikalen Vergangenheit, jedoch nur noch mehr oder weniger halbherzig: »Mit dem Beginn der Parlamentarisierung kam es zu einer eigentümlichen Veränderung der Widerstandsbewegung: ... Einzelne Personen, nie gehört, nirgendwo gesehen oder an seltsamen Orten gesehen, bestimmten plötzlich das Geschehen. Vertreter, Verwalter, Administratoren des Widerstands waren plötzlich gefragt, und in dieser Gesellschaft saßen plötzlich auch die Frankfurter Spontis.«[279] Und als sei sie nur aus rein taktischen Gesichtspunkten, als Medium oder Terrain der Machtbeteiligung interessant, hieß es zur Ökologie: »Es ist der Pessimismus von gescheiterten Politkadern, die ihre Machtphantasien verloren haben ... Seien wir doch ehrlich: wer von uns interessiert sich denn für Wassernotstände im Vogelsberg, für Stadtautobahnen in Frankfurt, für Atomkraftwerke irgendwo, weil er sich persönlich betroffen fühlt?«[280] Immerhin ehrlich für jemanden, der nicht sehr viel später der erste Umweltminister der Grünen werden sollte.

Fischer und mit ihm der überwiegende Teil der Spontiszene konnte sich noch nicht für den Weg entscheiden, den Daniel Cohn-Bendit bereits eingeschlagen hatte. Fischer machte allerdings auch klar, dass es für ihn keinen Weg zum alten Linksradikalismus zurück würde geben können; bereits zu diesem Zeitpunkt hielt er ihn für eine Zwickmühle: »Diese Identität hat sich in einem magischen Kreis verfangen, aus dem es keinen Ausweg, allerhöchstens Flucht gibt: Flucht in den Beruf, Flucht in den Untergrund, Flucht ins ferne Land, Flucht in die Drogen, Flucht in den Selbstmord. Man kann nichts machen, und wenn man etwas macht, macht man sich kaputt. Die individuelle Entscheidung für das eine oder andere fällt dann je nach psychischer Verfassung aus, ebenso wie die Fluchtentscheidung. Dieses Absurde in unserer Identität ist ein Erbe der alten antiautoritären Revolte.«, die vor allem eine Revolte von Kopf und Gefühl gewesen sei, »wo sie zur Wirklichkeit hinwollte, war die für uns einfach nicht zu fassen. Aber anstatt nun die Gedanken in dieser Erfahrung zu verändern, veränderten wir die Wirklichkeit nach unseren Gedanken ..., d. h. man schuf sich zuerst seinen antiautoritären Marxismus, und nach diesem marxistischen Kopf schuf man sich dann seine fiktive Wirklichkeit.«[281] Hier sprach jemand – nicht nur für sich allein, sondern auch für die Spontibewegung insgesamt – eine existenziell anmutende Krisenerfahrung aus. Die politische Position, die er für sich lebensgeschichtlich gewählt hatte, schien in einen unauflösbaren Identitätszirkel geführt zu haben.

In einem Aufsatz, den er im November 1980 unter dem bezeichnenden Titel »Der Widerspenstigen Zähmung« veröffentlichte, konnte bereits das vorläufige Ergebnis seines sich nun weiter abzeichnenden Positionswechsels begutachtet werden: »Nach und nach kommen die Leute von ihren Reisen zurück: aus Indien, aus Frankreich, aus Nicaragua, vom Land oder aus irgendwelchen kosmischen Tiefen und Weiten. Eine merkwürdige Anpassung, vollzieht sich da: man behält zwar sein radikales Nein im Kopf, arrangiert sich aber praktisch mit vielem. Man weiß, Frankfurt wird für weitere zehn Jahre der Lebensraum vieler bleiben – Realismus macht sich breit.«[282]

Um seinen ersten Schritt besser legitimieren zu können, erklärte er die Spontibewegung, an der er länger als alle anderen festgehalten hatte, erst einmal für tot,[283] dann deklarierte er die Ökologie – für die er bis dahin nur Verachtung übrig gehabt hatte – zu einer Art Paradigmenwechsel linker Weltanschauung.[284] Und schließlich warnte er ausdrücklich davor, Einrichtungen wie Parlamente und Parteien zu unterschätzen und sie einfach Funktionären zu überlassen: »Besser einer, dem es schwerfällt, wird Vertreter, wenn es schon sein muß, als einer, der immer nur vertreten hat.«[285] Fischer war zwar noch nicht ganz von der anti- zur proparlamentarischen Position übergewechselt, meldete damit aber bereits vorsorglich seinen Anspruch auf eine möglicherweise zu vergebende Abgeordnetenrolle an.

Nach einer Landesversammlung der hessischen Grünen 1982 in

Hofheim im Taunus, auf der sich eine Mehrheit gegen eine Koalition mit der SPD ausgesprochen hatte, trat auf einmal ein »Arbeitskreis Realpolitik« in Erscheinung. Unter dem Titel »Zwischen puritanischer Skylla und opportunistischer Charybdis für eine listige Odyssee« veröffentlichte er im Szeneorgan *Pflasterstrand* einen Antrag zum bevorstehenden Landesparteitag der Grünen, der sich bereits wie ein Manifest des Machbaren las. Unter der Abbildung Homers war vom »Zwang zur Realpolitik« für die Grünen die Rede. Attackiert wurde darin vor allem die Verweigerung gegenüber der SPD. Parlamentarische Politik sei kein »öffentliches Ökoseminar« und dürfe nicht in einer völlig »aseptischen Position« erstarren.[286] Unterzeichnet war der Appell von Cohn-Bendit und Fischer sowie von Georg Dick, dem späteren Abteilungsleiter im Auswärtigen Amt und heutigen Botschafter in Venezuela, vom Publizisten Albert Sellner und der Kulturkritikerin und Krimiautorin Cora Stephan.

Mit diesem Positionspapier begann der Flügelstreit innerhalb der Grünen. Der Angriff derer, die sich von nun an als »Realos« bezeichneten, richtete sich in erster Linie gegen Grüne, denen es wie Jutta von Ditfurth bereits gelungen war, in den Frankfurter Römer einzuziehen. Sie wurden von nun als Fundamentalisten, sogenannte Fundis, abgestempelt. Der Konflikt um die richtige Linie breitete sich rasch von Frankfurt auf Hessen und von Hessen auf das gesamte Bundesgebiet aus. Er trat an die Stelle des anfangs innerhalb der Grünen dominierenden Streites zwischen Rechten und Linken sowie Konservativen und Libertären und wurde über Jahre hinweg zum maßgeblichen Austragungs- und Deutungsmuster innerparteilicher Konflikte.

Der weitere Weg des einfachen Parteimitglieds Joschka Fischer führte nun schnurstracks ins Parlament. Lediglich auf Platz drei der hessischen Landesliste schaffte er bei den Bundestagswahlen vom 6. März 1983 gerade noch den Sprung ins Parlament. Durch aufsehenerregende Reden, provokative Zwischenrufe und beinhartes Taktieren als Geschäftsführer seiner Fraktion errang er bald bundesweite Aufmerksamkeit. Er wurde, von den Medien dankbar aufgenommen, rasch zur Galionsfigur grüner Realpolitik. Und auch als er sich durch das Rotationsprinzip zur Aufgabe seines Abgeordnetenmandats gezwungen sah, änderte das nichts an seiner bahnbrechenden Rolle. Bereits kurze Zeit später kehrte er als hessischer Umweltminister ins Rampenlicht der Politik zurück. Ein Exachtundsechziger und Exsponti war der erste Grüne, der bis in die Exekutive vorzurücken und zu einem der wichtigsten Funktionsträger des Staates zu werden vermochte. Eine größere Ironie der Achtundsechziger-Geschichte war kaum denkbar. Angesichts des atemberaubenden Durchmarsches, den Fischer vorlegte, schrieb die linksalternative *tageszeitung* in Anknüpfung an den von Dutschke einst so emphatisch propagierten »Langen Marsch durch die Institutionen« ebenso sarkastisch wie süffisant: »Einer kam durch.«[287] Nun ging es nicht mehr, wie noch zu APO-Zeiten, um einen revolutionären, sondern um einen reformerischen Prozess. Das war zwar eine nicht zu leugnende qualitative Differenz, dafür aber war diesem Strategiewechsel ein nicht unerheblicher Erfolg beschieden.

Zielgerichtet wurde einer rot-grünen Koalition der Weg geebnet – im ersten Zug auf kommunaler Ebene in den Frankfurter Römer, im zweiten auf Landesebene in den hessischen Landtag und im dritten auf Bundesebene in den Bundestag. Für Fischer wie Cohn-Bendit, für die Sponti- wie die Alternativbewegung, ja für erhebliche Teile der radikalen bundesdeutschen Linken hatte sich die Ökologie als der Rettungsanker erwiesen. Wer nicht nach ihm griff und sich nicht zum Apostel der Natur machte, der stand nur zu rasch auf politisch verlorenem Posten und lief Gefahr, sich endgültig zur unfreiwilligen Karikatur einstiger Klassenkampfvisionen zu machen.

Wie viele sich auf diesem Wege aus ihrer zumeist biografisch ebenso wie politisch verfahrenen Situation »retten« konnten, lässt sich daran erkennen, dass eine erhebliche Anzahl von Protagonisten der Post-Achtundsechziger-Bewegung, die im Funktionärsapparat von KPD/AO, KB und KBW vertreten waren, in die Grünen eintraten und dort auf Landes- oder Bundesebene eine Vielzahl von wichtigen Posten besetzten. Etwa die Rollen von Ralf Fücks (Ex-KBW), einem Vorstandsmitglied der Heinrich-Böll-Stiftung, von Willfried Maier (Ex-KBW), dem einstigen Fraktionsvorsitzenden der Grün-Alternativen Liste (GAL) und ehemaligen Hamburger Senator, von Krista Sager (Ex-KBW), der ehemaligen Hamburger Senatorin und Fraktionsvorsitzenden der Grünen, von Jürgen Trittin (Ex-KB), dem früheren Bundesumweltminister und jetzigen stellvertretenden Fraktionsvorsitzenden, und von Antje Vollmer (Liga gegen den Imperialismus, eine Unterorganisation der KPD/AO), der einstigen Sprecherin der Bundestagsfraktion und ehemaligen Bundestagsvizepräsidentin, vermitteln eine Ahnung davon.

Doch auch in dieser personalpolitisch überraschend anmutenden Wendung verriet sich eine Logik, die nicht einfach mit Opportunismusunterstellungen zu erklären sein dürfte. Für die Gesellschaftsveränderer von einst wurde das Thema Umweltschutz und damit das Kapitel Natur zum politischen Vademecum. Ein politisches Überleben war für jene Radikalen, die sich jahrelang standhaft geweigert hatten, in eine der als »bürgerlich« beziehungsweise »reformistisch« apostrophierten Parteien wie die SPD oder die FDP einzutreten, nur auf diesem Kurs möglich.

Mit diesem Umweg aber kam etwas von der Parole »Zurück zur Natur«, die insgeheim im Zentrum der Achtundsechzigerbewegung, jedenfalls seiner radikalsten Kräfte, gestanden hatte, parteipolitisch verbrämt zum Vorschein. Zugegeben, das ist eine wahrlich abenteuerliche Dialektik. Doch wem dieser Zusammenhang nicht einleuchten mag, der sollte einmal darüber nachdenken, ob es etwa bloßer Zufall ist, dass mit Claudia Roth die ehemalige Managerin von Ton Steine Scherben schließlich Bundesvorsitzende der Grünen geworden ist.

Keine andere deutschsprachige Rockband hat in den siebziger Jahren den linken Utopien einen emotional stärker aufgeladenen Ausdruck zu geben vermocht als die um ihren Frontmann und Sänger Rio Reiser. Mit Songs wie »Macht kaputt, was euch kaputt macht« über »Ich will nicht werden, was mein Alter ist«, »Der Kampf geht weiter« und »Wenn die Nacht am tiefsten«, die wegen ihrer aufrührerischen Grundhaltung allesamt in keiner Rundfunkanstalt gespielt werden durften, hat sie einen überaus romantisch gefärbten Ton in die Jugendbewegungen gebracht, einen Ton, der aller Parteipolitik zum Trotz immer noch aus den Grünen herauszuhören ist.

X.

Dreißig Jahre danach: Die Entpuppung prominenter Achtundsechziger

Als es 1998 einer Koalition von Sozialdemokraten und Grünen gelang, eine Bundesregierung zu bilden, wurde plötzlich nicht ganz ohne Koketterie die Frage aufgeworfen, ob damit die Achtundsechzigerbewegung nicht doch noch mit einer Verspätung von drei Jahrzehnten die Macht im Staate übernommen habe. Auf den ersten Blick konnte das nicht einmal überraschen. Schließlich standen mit Gerhard Schröder als Kanzler, Joschka Fischer als Außen- und Otto Schily als Innenminister drei Politiker an der Spitze, die auf je eigene Weise mit der Achtundsechzigerbewegung und ihren Folgen in Verbindung gestanden hatten. Doch bei näherem Hinsehen wurde rasch klar, dass biografische Prägungen eine und das Handeln einer Regierung eine ganz andere Sache sind. Die politische Orientierung der rot-grünen Koalition, die sich programmatisch an Tony Blairs New Labour anzulehnen versuchte, konnte nur schwer als die Verlängerung einstiger Klassenkampfphantasien verstanden werden.

Im Schatten des Machtwechsels vollzog sich jedoch ein ebenso überraschendes wie abgründiges Coming-out. Prominente Exachtundsechziger bekannten sich zu einem weitreichenden historischen Revisionismus und einem aggressiven Nationalismus. Und derjenige, der diesen Schritt als einer der ersten und am radikalsten vollzog, war der ehemalige APO-Anwalt und RAF-Mitbegründer Horst Mahler. Drei Tage nach der Bundestagswahl 1998 hatte er unter der Überschrift »Der Geheimagent des Weltgeistes« in der *Süddeutschen Zeitung* einen merkwürdig anmutenden Artikel publiziert.[288] Mit der Titelfigur, die an eine Mischung aus John le Carrés »Spion, der aus der Kälte kam« und Hegels »Phänomeno-

kommunarde Rainer Langhans, der Hannoveraner Manfred Lauermann und Reinhold Oberlercher, den der *Spiegel* einst als »Hamburgs Dutschke« bezeichnet hatte. Die Danubia, für die das Jahr 1968 ebenso wie für andere Burschenschaften eine Art Menetekel darstellt, setzte offenbar ihren ganzen Ehrgeiz daran, namhafte Exachtundsechziger als bekennende Neonationalisten zu präsentieren. Die »Bogenhauser Gespräche« schienen jedenfalls ein fruchtbarer Boden für den Bekenntnisdrang derartig gewendeter ehemaliger APO-Aktivisten zu sein.

In Europa, so argumentierte Rabehl, bewirke »politische Überfremdung die grundlegende Zerstörung von Volk und Kultur«. Dies sei dann besonders dramatisch, wenn die »Auflösung der nationalen Identität« bereits so weit fortgeschritten sei wie in Deutschland. Ein Ausweg aus der als äußerst bedrohlich geschilderten Situation sei nur möglich, wenn die »Tabuisierung der deutschen Frage« durchbrochen und diese erneut zum Fixpunkt einer politischen Neubesinnung gemacht werde. Dafür wiederum habe der Aufbruch der Studentenbewegung in den sechziger Jahren einen beispielgebenden Charakter. Die »nationale Frage« hätte insbesondere für ihn und Rudi Dutschke, die zuvor ja beide aus der DDR geflohen waren, eine maßgebliche Rolle bei der Entstehung einer außerparlamentarischen Opposition gespielt.

Ziel der beiden »Nationalrevolutionäre« Dutschke und Rabehl sei es gewesen, »zu den nationalen Grundlagen von Sozialismus, Freiheit und Unabhängigkeit« zurückzukehren. Bei den Demonstrationen gegen die nordamerikanische Kriegspolitik in Vietnam sei es zugleich um die »nationale Befreiung« Deutschlands gegangen. Beim Internationalen Vietnam-Kongreß im Februar 1968 habe man sogar geglaubt, dass die Zeit reif sei, »die Großmächte aus Zentraleuropa zu vertreiben«. Der Internationalismus, fasste Rabehl seine Retrospektive zusammen, »trug die Farben nationaler Empörung«. Dennoch seien er und Dutschke mit ihrem Versuch gescheitert, die deutsche Einheit innerhalb der Linken zum Thema zu machen. Dafür seien die gegnerischen Kräfte, die die »nationale Frage« zum Tabu gemacht hätten, einfach zu stark gewesen. In Wirklichkeit seien die APO-Aktivisten nichts anderes als »nützliche Idioten« gewesen, die die Westintegration, die Amerikanisierung und somit die Politik der »re-education« fortgeführt hätten. Im Grunde hätten sie sich ganz im Gegensatz zu den von ihnen propagierten antiimperialistischen Zielsetzungen zu Handlangern der USA machen lassen.

Aus dieser Perspektive wurde die Achtundsechzigerbewegung mit einem Schlag weitreichend uminterpretiert. Was bisher als Offensive von links gegolten hatte, sollte nun auf einmal als national und an deutschlandpolitischen Zielen ausgerichtet begriffen werden. Eine Schlüsselrolle nahm dabei offenbar Rudi Dutschke ein. Der früh verstorbene Wortführer der APO war für Rabehl plötzlich mehr als nur Weggefährte und Galionsfigur – nämlich der Garant des nationalen Kurses.

Und tatsächlich schien einiges dafür zu sprechen, dass er die Autorität seines Freundes und Konkurrenten zu Recht für sich in Anspruch nehmen konnte. Es war lange Zeit übersehen worden, dass die Ikone der APO zeitlebens an einer nationalen Option festgehalten hatte. Von seinem ersten politischen Auftritt, seiner Weigerung, Soldat in der NVA zu werden, bis zu seinem Lebensende hatte Dutschke die Einheit Deutschlands wiederherstellen wollen.[292] Darin war er sich im Übrigen mit dem ehemaligen Bundespräsidenten Gustav Heinemann einig, der in den fünfziger Jahren ein entschiedener Verfechter einer neutralistischen Position gewesen war.[293] Doch Dutschke wollte eine Wiedervereinigung nur unter linken Vorzeichen. Aus seiner Sicht konnte allein die Arbeiterbewegung in West- und Ostdeutschland der Akteur in dieser historischen Mission sein. SPD und SED erschienen ihm dabei als entscheidende Hindernisse, eine solche Orientierung erfolgversprechend zu propagieren. Auf dem Höhepunkt der Studentenrevolte im Sommer 1967 diskutierte er mit einer In-group des SDS über Möglichkeiten, aus West-Berlin einen »Transmissionsriemen« für die Wiedervereinigung zu machen.[294] Die Gelegenheit schien ihm objektiv günstig zu sein. Subjektiv jedoch, aus der Befürchtung heraus, von den meisten seiner Genossen als Nationalist und Reaktionär denunziert zu werden, wagte er es nicht, seine Ansichten unter eigenem Namen zu publizieren. Sein einziger Artikel zu der Frage musste damals unter einem Pseudonym erscheinen. Erst nachdem er sich von den Folgen des Attentats erholt und die Bewegung in eine Vielzahl unbedeutender Sekten zersplittert war, traute er sich, seine deutschlandpolitischen Reflexionen in linken Zeitschriften unter eigenem Namen zu veröffentlichen. Dies hatte allerdings den Preis, dass er sich in dieser Frage hoffnungslos isolierte und unter Verweis auf seine Herkunft aus der DDR zunehmend als eigenbrötlerisch und schrullig angesehen wurde.

Rabehls Bezugnahme auf Dutschke war also alles andere als aus der Luft gegriffen. Jedoch lassen sich beider Positionen nicht unmittelbar miteinander identifizieren. Zwar können beide mit einem gewissen Recht als nationalorientiert klassifiziert werden, aber nur unter durchaus unterschiedlichen Vorzeichen. Während es sich bei Rabehl um einen einstmals linken, heute aber extrem rechten Nationalisten handelt, hatte man es bei Dutschke mit einem nationalen Linken zu tun. Fremdenfeindliche und ethnozentrische Gedankengänge, wie sie von Rabehl in Bogenhausen vorgetragen worden waren, würde man in Dutschkes Nachlass vergeblich suchen. Das macht deutlich, dass es sich bei Rabehls Berufung auf Dutschke zugleich um einen nachträglichen Vereinnahmungsversuch handelte.

Die illustre Reihe derjenigen, die in den sechziger Jahren zum Sturz der Republik von links aufriefen und sich heute dem Verdacht aussetzen, dass sie es nun unter umgekehrten Vorzeichen von rechts versuchen, ist nicht besonders groß, doch ihre Bedeutung nicht ganz zu unterschätzen. Dem Weg des Publizisten Günter Maschke, der als einstiges Mitglied der Subversiven Aktion und des SDS bereits Anfang der siebziger Jahre durch seine Kuba-Erfahrungen mit der Linken gebrochen hatte und zum bekennenden Rechtsextremen geworden war, schienen zunächst nur wenige gefolgt zu sein. 1998 waren es jedoch, wie ein in einem österreichischen Verlag unter dem Titel »Bye-Bye '68« erschienener Band belegte, in dem »Renegaten der Linken, APO-Abweichler und allerlei Querdenker« zu Wort kamen, einige, die sich mit diesem Abschiedsgruß zu schmücken versuchten.[295] Wie weit sie dabei zu gehen bereit waren, zeigte schließlich eine von Mahler, Maschke und Oberlercher herausgegebene »Kanonische Erklärung zur Bewegung von 1968«,[296] in der die Rebellion mit dem 17. Juni 1953 verglichen und zum »zweiten deutschen Aufstand gegen eine Besatzungsmacht« umgedeutet sowie die RAF in die Tradition der Urburschenschaft eingebettet und in »Waffen-SDS« umbenannt wurde.

Wohl kein anderer hat seine politische Kehrtwendung so konsequent vollzogen wie Reinhold Oberlercher. Der ehemalige SDS-Sprecher hatte unter dem Titel »Die 68er Wortergreifung« in den rechtskonservativen *Staatsbriefen* den Versuch unternommen, über seine »politische Jugendzeit Rechenschaft« abzugeben.[297] Darin stellte der 1960 aus der DDR in den Westen Geflohene die These auf, dass die Achtundsechzigerrebellion »in ihrer geistigen Substanz von Ost- und Mitteldeutschen gegen Westdeutsche geführt« und »von den verratenen Teilen Deutschlands gegen die Verräter, gegen die Träger und Erhalter des Kollaborationsregimes der Westzone« verrichtet worden sei. Während die »Mitteldeutschen« mit der »89er-Revolution« ihre historische Aufgabe, nämlich die DDR zu beseitigen, erledigt hätten, unterlägen die »Westdeutschen« noch einer »Bringschuld«, die erst dann getilgt wäre, wenn auch sie ihr Besatzungsregime, die Bundesrepublik, zu Fall gebracht und »die innere Einigung beider Volksteile vollzogen« hätten. Die Vernichtung beider deutscher Staaten, die er als Fremdherrschaft auf deutschem Boden stigmatisierte, ergäbe dann die Voraussetzung für die Neugründung des Deutschen Reiches – die Rückeroberung der Ostgebiete stand noch mehr oder weniger unausgesprochen im Raume. Auf der »Tagesordnung der Weltgeschichte« stehe so der »Sturz der Systemherrschaft überhaupt«. Nur durch eine »fundamentalistische Kulturrevolution« sei die Reichsidee zu erneuern und das Deutsche Reich wiederherzustellen. Jeder Achtundsechziger, der die westliche Wertegemeinschaft bejahe, schloss er seinen Gedankengang drohend, sei »ein Verräter«.

Mahler, Maschke, Oberlercher, Rabehl und andere: Was früher als revolutionär und linksextrem galt, das erschien dreißig Jahre danach, nur unwesentlich verändert, als rechtskonservativ, als rechtsextrem oder gar als neofaschistisch. Ganz so als seien politische Überzeugungen jahrzehntelang lediglich auf der Oberfläche von Programmen und Bekenntnissen hergetrieben worden, drangen nun auf einmal Positionen vom Grund des Bewusstseinsstromes nach oben und beanspruchten mit Nachdruck ihren Platz.

Es war klar, dass das Gros ehemaliger Aktivisten der Achtundsechzigerbewegung eine derartige Revision seines politischen Selbstverständnisses nicht unwidersprochen hinnehmen würde. Schon bald riefen unter der Überschrift »Nationalisten waren wir nie!« namhafte Ex-SDS-Mitglieder zu Protesterklärungen auf.[298] Dabei gaben sich die Unterzeichner jedoch auch noch zehn Jahre nach dem Mauerfall dem Trugschluss hin, dass es richtig gewesen sei, die Frage der deutschen Teilung der Rechten überlassen zu haben. Dieser weitaus repräsentativere Teil der einstigen Neuen Linken, der sich zu Recht dieser Inanspruchnahme durch ehemalige Kombattanten verwehrte, wusste sich offenbar nicht anders als durch die Tabuisierung der Spaltung und die Ausklammerung des wiedervereinigten Deutschlands zur Wehr zu setzen.

Das Unwort der Achtundsechzigerbewegung lautete ganz zweifellos Nation. Durch seine Okkupation seitens der Nationalsozialisten war der Begriff so sehr vergiftet, dass eine erneute Verwendung nicht mehr als vorstellbar erschien, er war tabuisiert. Wer es dennoch versuchte, der musste mit Stigmatisierung rechnen. Sich als links zu begreifen, war für viele gleichbedeutend damit, sich aus dem Kollektiv der Deutschen – der Nation – zu verabschieden. Angesichts dieser Dämonisierung konnte es nicht überraschen, dass ein weiteres Nachdenken, eine Reflexion über die Wurzeln des Nationenbegriffs in der Moderne nicht stattfand. Und wie immer, wenn etwas unbegriffen ist, bleibt es nicht aus, dass es später auf unkontrollierte Weise seine Wirkung entfaltet.

Dazu gehört auch, dass ein Punkt zumeist übersehen worden war. Der Internationalismus der Studentenbewegung, der den politischen Horizont ganz fraglos erweitert hatte und auf den die damaligen Akteure so stolz waren, bestand in aller Regel darin, den nationalen Kampf eines Landes – das gleichzeitige Ringen um soziale Befreiung und nationale Unabhängigkeit – zu unterstützen. Internationale Solidarität hieß also vor allem, nationale Kämpfe zu stärken und Fremdherrschaft zu beenden.

Diese Zielsetzungen ließen sich natürlich allesamt auch auf die Situation im geteilten Deutschland übersetzen. Die oft beschworene internationale Solidarität wies insofern ein hohes Maß an nationaler Suggestivität auf. Am spektakulärsten war in diesem Zusammenhang Dutschkes seinerzeit freilich unbekannt gebliebene Idee, West-Berlin aus dem kapitalistischen System herauszubrechen, es unter internationaler Garantie in einen antiautoritären Freistaat umzuwandeln und damit »einen strategischen Transmissionsriemen für eine zukünftige Wiedervereinigung Deutschlands« zu schaffen. Mit dieser Option wurde ein verstecktes Spiel getrieben, denn das nach außen abgegebene Bild der Achtundsechzigerbewegung widersprach einer Einbettung ihrer Aktionen in eine strategische Ausrichtung auf eine Wiedervereinigung Deutschlands vollständig.

Die nationale Dimension einiger führender Aktivisten war jedoch keineswegs die einzige, die damals verborgen geblieben war. Eine weitere, weitaus brisantere kam noch hinzu, eine sich als Solidarität mit der Dritten Welt gebärdende Israelfeindschaft, ein Antizionismus, der seine antisemitischen Wurzeln nicht verhehlen konnte. Das Kapitel Stadtguerilla und damit der linke Terrorismus begann in Deutschland mit einem antisemitischen Anschlagsversuch.

Die erste Gruppierung, die im Herbst 1969 nach dem Zerfall der APO in den Untergrund ging, waren die Tupamaros West-Berlin (TW). Innerhalb weniger Wochen überzogen sie die Stadt mit einer Serie von Bombenanschlägen. Im Vordergrund standen dabei nicht nur Angriffe auf Justizangehörige, Richter und Staatsanwälte, sondern auch auf israelische und jüdische Einrichtungen. Ihre Protagonisten hatten sich zum Ziel gesetzt, den Vietnamkrieg durch den Nahostkonflikt zu ersetzen und den Guerillakampf in das Land der NS-Täter zu holen. Indem jüdische Gemeinden zu »Agenturen des zionistischen Staates Israel« erklärt wurden, gehörten sie plötzlich zu einer imaginären »Kampfzone«, bei deren Eröffnung es angeblich um die Solidarität mit den Palästinensern gehen sollte.

Den Anfang machten die Tupamaros mit einem zynischen Sinn für Geschichte am 9. November 1969. Eine Bombe wurde im Jüdischen Gemeindehaus in Berlin-Charlottenburg deponiert. Ziel war die Gedenkveranstaltung für die Opfer des nationalsozialistischen Judenpogroms, an der zusammen mit dem Vorsitzenden der Jüdischen Gemeinde, dem Holocaust-Überlebenden Heinz Galinski, und dem Regierenden Bürgermeister Klaus Schütz insgesamt zweihundertfünfzig Personen teilnahmen. Am einunddreißigsten Jahrestag wollten die selbsternannten Guerilleros für ein Fanal sorgen. Die Bombe versagte zwar, der Schock jedoch saß tief. NS-Überlebende hätten erneut Opfer werden sollen, diesmal durch die erwachsen gewordenen Kinder der Tätergeneration.

Im Bekennerschreiben hieß es, das europäische Kapital habe zusammen mit dem US-Kapital im Nahen Osten eine starke Militärbasis errichtet und unterstütze »die Zionisten in ihren aggressiven Expansionsfeldzügen« im arabischen Gebiet. Dabei wurde der Bundesrepublik zum Vorwurf gemacht, dass ihre »als Wiedergutmachung und Entwicklungshilfe getarnten Milliarden« in den »zionistischen Verteidigungshaushalt« einfließen und damit Verbrechen an den Palästinensern finanziert würden: »Unter dem schuldbewußten Deckmantel der Bewältigung der faschistischen Greueltaten gegen Juden hilft sie entscheidend mit an den faschistischen Greueltaten Israels gegen die palästinensischen Araber.«[299]

Die Beschreibung der Verhältnisse in Israel und in den palästinensischen Flüchtlingslagern folgte einer Schwarz-Weiß-Schablone: Während von israelischer Seite systematisch Verbrechen begangen würden – wie die Anwendung von »Gestapo-Foltermethoden« in den Gefängnissen, die Bombardierung der Flüchtlinge mit Napalmbomben, die Sprengung von palästinensischen Wohnhäusern und die Durchführung von Vergeltungsmaßnahmen –, hätte das palästinensische Volk mit einem heldenhaften Kampf um seine Unabhängigkeit begonnen.

Wohl am unverblümtesten brachte in diesem Zusammenhang der insgeheime Anführer der TW, Dieter Kunzelmann, seine judenfeindliche Einstellung zum Ausdruck. In einem in West-Berlin verfassten »Brief aus Amman« reichte er das gesamte ideologische Rüstzeug für jenen am 9. November versuchten Anschlag nach. Er war sich dabei offenbar der Tatsache bewusst, welchen Tabubruches es bedurfte, um erneut Juden zur Zielscheibe zu machen.

Das entscheidende Stichwort seines Textes, in dem er seine Begründung für einen Wechsel der Angriffsziele – nunmehr keine US-amerikanischen, sondern israelische und jüdische Einrichtungen – öffentlich vorlegte, lautete deshalb »Judenknax«.[300] Er unterstellte all jenen Linken, die sich für eine Wiedergutmachung eingesetzt hatten, nichts anderes als einen psychischen Defekt. Sie litten an einem Komplex, der sie daran hindere, einer veränderten politischen Wirklichkeit angemessen Rechnung zu tragen.

Seine Argumentation baute er auf Gleichsetzungen der plumpesten Art: Palästina gleich Vietnam, Faschismus gleich Zionismus, Israel gleich »Drittes Reich« und »Al-Fatah« gleich Antifaschismus. Mit dieser Verkettung wurde eine Tilgung von Schuldgefühlen vollzogen und zugleich eine neue Haltung in Position gebracht – die rückhaltlose Identifikation mit den Palästinensern. Mit der Entschiedenheit, sich an deren Seite zu stellen, sollte gleichzeitig ein Schlussstrich unter eine als Philosemitismus denunzierte Einstellung gezogen werden.

Der entscheidende Perspektivenwechsel hatte sich bereits nach dem Sechstagekrieg im Juni 1967 abgezeichnet. Mit dem militärischen Sieg Israels über die Ägypter erschienen die dort lebenden Juden in den Augen mancher SDS-Mitglieder nicht länger mehr als Opfer, sondern auf einmal selbst als Täter. Nachdem die israelische Armee gesiegt hatte, schien es keine Notwendigkeit mehr zu geben, Juden weiterhin als Opfer des Faschismus zu betrachten. Diese Gelegenheit zum Einstellungswechsel wurde nicht ungenutzt gelassen. Das hatte unzweifelhaft auch eine psychologisch entlastende Funktion. Die Kinder aus dem Land der Täter schienen nunmehr befreit von der ihnen offenbar lästig gewordenen Verpflichtung, wegen der von ihren Eltern begangenen, mitgetragenen oder zumindest geduldeten Verbrechen eine demütige Haltung einzunehmen. Im Antizionismus lauerte – wie es der Auschwitz-Überlebende Jean Améry im Juni 1969 befürchtet hatte – der Antisemitismus »wie das Gewitter in der Wolke«.[301]

Es sollte nicht weniger als sechsunddreißig Jahre dauern, bis das Geheimnis um die Bombe im Jüdischen Gemeindehaus gelüftet und damit die antisemitische Dimension freigelegt werden konnte. In einer im Sommer 2005 erschienenen Buchpublikation bekannte sich der damals untergetauchte und seit 1970 im Ausland lebende Bombenleger zu seiner Tat.[302] Es war der Exkommunarde Albert Fichter, der jüngere Bruder des früheren Berliner SDS-Vorsitzenden. Zusammen mit vier anderen Tupamaros, darunter Dieter Kunzelmann und Georg von Rauch, war er im Spätsommer 1969 von München nach Italien und von dort aus weiter nach Jordanien gereist. Nach einem Empfang durch Jassir Arafat absolvierten die zukünftigen Stadtguerilleros bei der El Fatah eine militärische Grundausbildung, die Herstellung von Sprengsätzen inklusive. Nur wenige Tage nach ihrer Rückkehr verübten sie am 9. November ihre erste Tat. In den Wochen darauf folgte ein Anschlag nach dem anderen.

Die im Jüdischen Gemeindehaus deponierte Bombe war jedoch nicht von ihnen selbst angefertigt worden, sondern stammte wieder einmal von Peter Urbach, dem Agent provocateur des Westberliner Landesamts für Verfassungsschutz. In seinem Geständnis bat Fichter, dessen Aussagen durch ein anderes Gruppenmitglied bestätigt worden waren, die Jüdische Gemeinde für seine »üble Tat« um Vergebung.

Ehemalige Achtundsechziger haben sich besonders schwer damit getan, einzuräumen, dass der Antisemitismus keineswegs für extreme Rechte reserviert ist, sondern auch in den eigenen Reihen vertreten sein kann, in den Reihen einer Linken, die sich immer als antifaschistisch verstand und schon deshalb meinte, über jeden diesbezüglichen Verdacht erhaben zu sein, dachten doch die meisten, dass sich die Linke und der Antisemitismus a priori ausschließen würden. Dass es sich dabei nicht nur um einen Irrtum, sondern auch um einen Selbstbetrug gehandelt hat, ist inzwischen nicht mehr zu bestreiten.

In diesem Zusammenhang ist es unvermeidlich, noch ein weiteres Mal auf Horst Mahler zurückzukommen. Als er 1980 auf freien Fuß kam, war sein Bild durchaus positiv konnotiert. Er galt in Teilen der linksliberalen Öffentlichkeit als schuldeinsichtiger, geläuterter und durchaus rationaler Kopf. Der damalige Bundesinnenminister Gerhart Baum führte seinerzeit ein weit rezipiertes Gespräch mit dem Exterroristen, der für jene namhaften Sozialwissenschaftler, die das vierbändige Standardwerk »Analysen des Terrorismus« erstellt hatten, als der einzige theoretisch ernst zu nehmende ehemalige RAF-Kämpfer galt. Einer der Mitherausgeber und Autoren war im Übrigen jener Philosoph, den er vorübergehend als seinen theoretischen Lehrer betrachtete, der rechtskonservative Günter Rohrmoser.

Doch Mahler war kein Rechtskonservativer geworden, dem von nun an Begriffe wie Gott, Volk und Staat wieder etwas galten, sondern ein besonders extremer Neofaschist und Antisemit, dem sogar die NPD zu »parlamentarismusfixiert« ist. Er griff in Traktaten Ignatz Bubis, Jonathan Goldhagen und Michel Friedman persönlich an und wurde nicht müde, das Verbot jüdischer Gemeinden zu fordern. Inzwischen hat er nicht nur vergeblich Versuche unternommen, internationale Konferenzen von Holocaust-Leugnern, das eine Mal in Beirut, das andere Mal in Teheran, zu besuchen, sondern 2003 auch eine eigene Organisation mit dem monströs anmutenden Namen »Verein zur Rehabilitierung der wegen Bestreiten des Holocausts Verfolgten« gegründet. Seit dem November 2006 saß Mahler wegen Verbreitung judenfeindlicher Äußerungen mehrere Monate in verschiedenen Justizvollzugsanstalten ein. Er hatte im September 2002 auf einer Veranstaltung in den Räumlichkeiten der NPD in Berlin-Köpenick Pressevertretern gegenüber einen Schriftsatz vorgestellt, in dem er unverblümt den Hass auf Juden als »etwas ganz Normales« und als »das untrügliche Zeichen eines intakten spirituellen Immunsystems, also von geistiger Gesundheit« dargestellt hatte. Im Dezember 2006 ließ Mahler es sich nicht nehmen, dem iranischen Ministerpräsidenten Ahmadinedschad aus seiner Gefängniszelle heraus zur Durchführung der Konferenz der Holocaust-Leugner zu gratulieren. Die Frage, die sich angesichts seiner politischen Biografie stellt, lautet: Dreht es sich bei Mahlers Links-Rechts-Wechsel um eine spektakuläre Konversion oder doch eher um eine möglicherweise lange Zeit verdeckt gebliebene Kontinuität?

Aus verschiedenen Gründen dürfte die zweite Deutung plausibler sein. Denn im Falle Mahlers sind es im Wesentlichen drei Elemente, die seine linksradikale Vergangenheit mit seiner neofaschistischen Gegenwart verbinden: Der Antiamerikanismus, der Antizionismus sowie die Ablehnung des Rechtsstaates und seiner Institutionen.

Was in seinem Fall für eine Kontinuität zwischen den sechziger und neunziger Jahren sorgt, ist evident: Für Mahler waren und sind noch immer die USA der Feind Nummer eins. Sie verkörpern für ihn die imperialistische Großmacht schlechthin, sie stehen aber auch für Komsumterror und Kulturimperialismus und nicht zuletzt sieht er in ihnen jene Besatzungsmacht, die die Deutschen am meisten gedemütigt habe. In den letzten Jahren – insbesondere nach dem 11. September 2001 – ist noch eine andere Komponente hinzugetreten, die antisemitische. Nun ist bei ihm von der Wall Street und der »Herrschaft der Ostküste« die Rede, um damit das Gespenst einer jüdischen Weltverschwörung zu insinuieren.

Die judenfeindliche Einstellung ist früher von Antizionismus ummäntelt gewesen. Weiter reichende Implikationen wurden in der Öffentlichkeit nicht erkannt. Auch als das RAF-Mitglied Mahler 1972 von einer »Symbiose von Zionismus und Imperialismus« sprach und den Überfall der mutmaßlichen PLO-Suborganisation »Schwarzer September« auf die israelische Olympiamannschaft als modellhafte antiimperialistische Aktion feierte, fiel das offenbar kaum jemandem auf. Nicht nur die Linke, sondern auch große Teile der liberalen Öffentlichkeit müssen für diesen Zusammenhang einer nur notdürftig verbrämten judenfeindlichen Einstellung blind gewesen sein.

So wie ein Teil der außerparlamentarischen Opposition den Parlamentarismus abgelehnt und – als hätte sich dieses historisch mit der Räterepublik Sowjetunion nicht bereits hinreichend diskreditiert – auf ein Rätemodell spekuliert hat, so richteten sich die Attacken der RAF gegen die Institutionen des Verfassungsstaates. An diese Radikalität knüpft Mahler nun offenbar auf der äußersten Rechten wieder an.

Sein Antiamerikanismus, sein Antisemitismus und seine konstitutive Gegnerschaft gegenüber dem demokratischen Verfassungsstaat sind nicht vom Himmel gefallen und auch nicht einfach als das Resultat eines Einstellungswandels zu verstehen, der sich erst in den letzten Jahren vollzogen hat. Mahler ist ideologisch betrachtet ein bekennender Marxist gewesen und hat sich inzwischen als Rechtshegelianer entpuppt. Mit allen Mitteln will er zurück zu einer Ganzheitsphilosophie, als deren avancierteste Form er den deutschen Idealismus und darin wiederum die Hegel'sche Philosophie meint halten zu können. Zentral sind für ihn das Volk und die Idee der Volksgemeinschaft. Das Judentum identifiziert er mit Trennung und Aufspaltung, Hegelianismus hingegen mit der konkreten Einheit des absoluten Geistes (Gott) und dem endlichen Geist (Mensch). Da Marx dem »jüdischen Geist« verhaftet geblieben sei, komme es darauf an, die Trennung von Gott und Mensch in der Philosophie zu überwinden. Ein Jude, der Hegel begreife, so Mahler, höre auf, ein Jude zu sein. An dieser rechtshegelianischen Ideologie wird deutlich, dass Mahler offenbar Geist und Volk als Einheiten denkt, die es in ihrer vermeintlichen Ursprünglichkeit zu restituieren gelte.

Auch wenn Mahler politisch betrachtet weitgehend bedeutungslos ist, so stellt er doch ein Symptom für einen lange Zeit verdeckt gebliebenen Transmissionszusammenhang dar, der mit seiner Trias Antiamerikanismus, Antisemitismus und Antiparlamentarismus ein Schlaglicht auf mehr als nur eine Addition bestimmter Namen aus dem Kontext der Achtundsechzigerbewegung wirft. Er steht für eine Unterströmung, die erst nach 1998 an Kenntlichkeit gewonnen hat. Es wäre andererseits ein gravierender Fehler, diese abgründige Kombination von Feindbildern der damaligen Bewegung insgesamt als Kennzeichnung anheften zu wollen. Die Gespenster, die mit den Namen Mahler und Kunzelmann, Rabehl und Langhans, Maschke und Oberlercher verbunden werden, dürfen nicht ignoriert werden. Der Schatten, den sie werfen, ist allerdings bei Weitem nicht groß genug, um das Phänomen »Achtundsechzig« insgesamt zu überdecken.

XI.
»Ursprung ist das Ziel«

Was hat all diese sozialen Strömungen, die der Achtundsechzigerbewegung gefolgt sind und deren Protagonisten in nicht geringer Zahl auf verschiedenen Umwegen in der Partei der Grünen gelandet sind, miteinander verbunden? Und was stand an ihrem Anfang? Daraus lässt sich eine ebenso knappe wie tiefreichende Antwort geben: In seinem vulkanischen Kern war »1968« eine Ursprungsrevolte. Es hat ziemlich lange gebraucht, bis das aus dieser Revolte strömende Magma in Bahnen gelenkt und erkaltet war. Die entsprechende Losung hätte von Karl Kraus stammen und lauten können: »Ursprung ist das Ziel.«[303] Im Inneren wie im Äußeren wurde nach dem Ursprünglichen, dem gesellschaftlich noch nicht Verformten, dem Unmanipulierten, Nichtentfremdeten, dem vermeintlich Authentischen gesucht – im Individuum, im Kollektiv, in der Politik. Daher rührte die zentrale Bedeutung der Sexualität, der Erziehung, der direkten Demokratie und die alles überbordende Begeisterung für die Dritte Welt, die exotischen Länder, ihre Völker ebenso wie deren Befreiungsbewegungen. Die Freilegung des Ursprünglichen – der Phantasien, der Triebe, der Wünsche wie der Träume – sollte die Wunden heilen, die die Gesellschaft unter dem Nationalsozialismus geschlagen hatte. Als das Ursprüngliche erschien das Natürliche.

Rousseaus »Zurück zur Natur«

Auf den ersten Blick ist Karl Marx die zentrale theoretische Autorität der Achtundsechziger gewesen. Von ihm und seiner Kritik der politischen Ökonomie stammten die Fundamente der Gesellschaftskritik. Die Achtundsechzigerbewegung verstand sich zugleich als Renaissance und Rehabilitierung des Marxismus, nicht zuletzt der zahlreichen deutsch-jüdischen Theoretiker, die sich auf Marx berufen hatten und von den Nationalsozialisten vertrieben worden waren. Auf den zweiten Blick könnte es allerdings sein, dass es einen Philosophen gab, dessen Name in den Seminaren, auf den Teach-ins und in den Vollversammlungen kaum gefallen ist, der für sie möglicherweise jedoch kaum weniger wirkungsträchtig gewesen sein könnte. Denn das insgeheime Motto der Achtundsechzigerbewegung hätte eher von Jean-Jacques Rousseau als von Karl Marx stammen und »Zurück zur Natur« lauten können. Und dies in zweifacher Hinsicht: Zum einen im Hinblick auf die Suche nach einer ursprünglichen Subjektivität, wie sie in dem gegen die bürgerliche Familie gerichteten Kommunemodell zum Vorschein gekommen ist; zum anderen im Hinblick auf die Suche nach einem in seiner Legitimität nicht mehr weiter hinterfragbaren, also scheinbar selbstevidenten politischen Subjekt, das zunächst »Basis« und später »Volk« geheißen wurde. Nicht ohne Grund hatte sich die Begeisterung für die neuen Vergemeinschaftungsformen mit der Emphase für die Basisdemokratie verbunden und eine derartige Wirksamkeit entfaltet.

Die Verknüpfung dieser beiden Rekurse auf vermeintlich Ursprüngliches stiftete einen Subtext, der als die Suche nach der ersten Natur charakterisiert werden kann. Bereits Wilhelm Reich war in seiner Begeisterung für die ursprüngliche Triebnatur, ohne es zu ahnen, ein insgeheimer Jünger Rousseaus gewesen. Das Gesellschaftliche sollte von seinen als faschistisch, kapitalistisch und imperialistisch unterstellten Prägungen freigemacht werden, um es als etwas restituieren zu können, was in seiner vermeintlich puristischen Totalität nicht mehr weiter in Frage zu stellen war. Auf diesem Wege, der sich für Marx wie die meisten seiner neomarxistischen Schüler verboten hätte,[304] stellte sich jedoch häufig das Gegenteil dessen ein, was ursprünglich intendiert war.

Für den Calvinisten Rousseau existierte ein grundsätzlicher Dualismus: zwischen Kultur und Natur. Die Natur war für ihn gut und durchweg positiv besetzt, die Kultur dagegen negativ. Seine Philosophie war anthropologisch begründet; sie stellte eine Idolatrie des Natürlichen und zugleich eine radikale Kulturkritik dar, in vielerlei Hinsicht die Vorwegnahme des Kulturpessimismus, der erst im 20. Jahrhundert seine finstersten Blüten trieb. Die Seelen der Menschen, argumentierte er, seien umso mehr verdorben worden, je mehr die Wissenschaften und die Künste vervollkommnet worden seien. Besonders empörten ihn Anzeichen für Heuchelei und Missgunst unter den Mitmenschen. Die höfische Gesellschaft von Versailles erschien ihm als der Gipfel der Verlogenheit, die dort gepflegte Kultur als Perversion. Etikette und Höflichkeit hielt er für Schein, den es zu entzaubern gelte. Er lobte das einfache Leben und empfahl in jeder nur denkbaren Hinsicht eine Rückbesinnung zur Natur.

Der Mensch war in seinen Augen ein Naturwesen, das sich von seinen Ursprüngen entfernt habe und deshalb alles daran setzen müsse, wieder dorthin zurückzukehren. »Alles, was aus den Händen des Schöpfers kommt, ist gut; alles entartet unter den Händen des Menschen. Er zwingt einen Boden, die Erzeugnisse eines anderen zu züchten, einen Baum, die Früchte eines anderen zu tragen. Er vermischt und verwirrt Klima, Elemente und Jahreszeiten. Er verstümmelt seinen Hund, sein Pferd, seinen Sklaven. Er erschüttert alles, entstellt alles – er liebt die Mißbildung, die Monstren. Nichts will er so, wie es die Natur gemacht hat, nicht einmal den Menschen. Er muß ihn dressieren wie ein Zirkuspferd. Er muß ihn seiner Methode anpassen und umbiegen wie einen Baum in seinem Garten.«[305]

Mit diesen Zeilen beginnt Rousseau das Erste Buch seines Erziehungsromans »Émile«. Um allen äußeren, als künstlich und damit verfälschend betrachteten Einflüssen zu entgehen, wird Émile in seiner Kindheit konsequent von allen kulturellen Determinanten abgeschottet. Dem Erzieher kommt es lediglich darauf an, die natürlichen Anlagen des Kindes möglichst optimal zur Entfaltung zu bringen. Jegliche direkte Einflussnahme auf diesen Prozess gilt es zu vermeiden. Ziel aller Erziehung ist seinen Worten nach »die Natur selbst«, genauer die Herausbildung sozialer Instinkte. Rousseaus pädagogisches Ethos verweist im Kern bereits auf eine Antipädagogik und »Émile« ist eher ein Traktat denn ein Roman.

In einem Streitgespräch mit dem Pädagogen Bernhard Bueb, der zuletzt mit seinem Pamphlet »Lob der Disziplin« in der Öffentlichkeit großes Aufsehen erregt und sich als ein ehemaliger »romantischer Schüler Rousseaus« bezeichnet hat,[306] wurde dessen starker

Einfluss auf die Achtundsechzigerbewegung von keinem Geringeren als Daniel Cohn-Bendit im Nachhinein bestätigt: »Das Menschenbild der Linken war sehr von Rousseaus Theorie geprägt: Der Mensch ist an und für sich gut, und die Gesellschaft ist böse, und es geht nur darum, die Gesellschaft gut zu machen, die Entfremdung zu beseitigen. Dann wird der gute Mensch automatisch zum Vorschein kommen. Dies aber ist falsch.«[307] Und Cohn-Bendit war nicht nur der wichtigste Sprecher der französischen Studentenbewegung, sondern arbeitete auch jahrelang in einem Kinderladen der Frankfurter Universität. Was sich während des »Pariser Mai« kurzfristig politisch nicht hatte erreichen lassen, das sollte nun auf die nächste Generation übertragen und in der Form antiautoritärer Erziehung langfristig umgesetzt werden.

Doch Rousseau war nicht nur das insgeheime Vorbild für die Kinderladenbewegung, die Kritik der bürgerlichen Erziehung und die aus ihr resultierende Antipädagogik; an den Idealen des Ahnherrn der »klassischen« Demokratie- und Staatstheorie orientierte sich im Kern auch das politische Denken vieler Achtundsechziger. Parlamentarismus und Parteienstaat standen für die Entfremdung demokratischer Institutionen von den Interessen der Bevölkerung. Das dem Parlamentarismus zugrundeliegende Prinzip der Repräsentation wurde massiv in Frage gestellt. Gesucht wurde nach Alternativen für die Ausübung politischer Herrschaft. Das Zauberwort jener Tage lautete daher nicht ohne Grund schlicht und einfach »Basis«. An den Universitäten, die der marxistischen Terminologie nach ein Hort des Überbaus und damit ideologischer Herrschaftsausübung verdächtig waren, schoss 1968/69 eine »Basisgruppe« nach der anderen aus dem Boden – auf die Basisgruppe Soziologie folgte die Basisgruppe Germanistik, auf diese die Basisgruppe Medizin und so fort. Von den Universitäten aus sollten die Basisorganisationen auf die Stadtteile, die Betriebe und schließlich von den Städten auf das Land übergreifen und auf diese Weise eine praktische Alternative zum Parteienstaat formieren.

Für diese Veränderung in der politischen Grundorientierung stellte Agnolis bereits erwähntes Traktat »Transformation der Demokratie« das theoretische Modell dar. Er hatte darin ganz allgemein festgestellt, dass »das Identitätsverhältnis zwischen Regierten und Regierenden« dem demokratischen Gedanken zugrunde liege.[308] Hinter seiner Argumentation steckte also, ohne dass dies mit einem einzigen Wort erwähnt worden wäre, unverkennbar ein rousseauistischer Kern.

Wie eng Rousseau seine Vorstellung einer Identität von Regierenden und Regierten fasste, hatte er bereits in seinem 1755 verfassten »Diskurs über die Ungleichheit« zum Ausdruck gebracht. In einer Widmung, die dem Werk vorangestellt und an seine Genfer Mitbürger gerichtet war, hieß es: »Ich hätte mir gewünscht, in einem Land geboren zu sein, in dem der Souverän und das Volk einerlei Interesse haben, damit alle Bewegungen der Maschinerie [gemeint ist hier der Staatsapparat, W. K.] auf die allgemeine Gültigkeit abzielen. Dieses kann nirgends anders sein, als wo der Souverän und das Volk in einer einzigen Person vereinigt sind. Folglich würde ich nur wünschen, unter einer mit Weisheit gemäßigten demokratischen Regierung geboren zu sein.«[309]

Indem Agnoli von der von Rousseau propagierten Identität von Regierten und Regierenden ausging, musste er das auf dem Repräsentationsgedanken basierende parlamentarische System verwerfen. Daraus resultierte auf der einen Seite eine prinzipielle Gegnerschaft zum Pluralismus[310] und den Parteien,[311] auf der anderen Seite wohnte dieser Vorstellung die Gefahr inne, totalitarismusverdächtigen Alternativmodellen wie dem Rätesystem, das bekanntlich keine Gewaltenteilung kennt, das Wort zu reden.[312] Unter Agnolis Voarannahmen hing die Beurteilung der bundesdeutschen Demokratie nicht von irgendwelchen Problemstellungen ab; sie war keine Frage nach einem »besseren« oder »schlechteren« Funktionieren demokratischer Institutionen. Die Verurteilung des Parlamentarismus war vielmehr bereits vorab normativ gesetzt.

Seine Fundamentalkritik bereitete den Boden für eine Trivialisierung politischen Denkens. Was die Vermittlungsorgane demokratischer Herrschaft nicht zu schaffen schienen, das sollte nun die Gemeinschaft richten. Eine möglichst unmittelbare Form der Volksherrschaft erschien als Idealbild. Der Ruf nach Volksentscheiden und Volksabstimmungen wurde in den siebziger Jahren immer lauter.

Die romantische Revolte

Die erste Ausgabe der *Zeit* im Jahr 1968 erschien mit einem Leitartikel ihrer Herausgeberin Marion Gräfin Dönhoff. Er trug den Titel »Die Rebellion der Romantiker« und verfolgte gegenüber der Bewegung, die immer noch als eine auf die Universitäten beschränkte studentische Rebellion verstanden wurde, eine Art Doppelstrategie: Würdigung des bereits Erreichten und scharfe Kritik gegenüber einer weiteren Radikalisierung. Das Stichwort Romantik diente ihr dazu, den Aktivisten vage Visionen, idealistische Utopien und mangelnden Realitätssinn vorzuwerfen.

So sehr sie Ziele verfolgt hätten, argumentierte sie, die in ihrer Kritik an der Entfremdung in der modernen Welt durchaus nachvollziehbar gewesen seien, so sehr würde nun das bereits Gewonnene wieder aufs Spiel gesetzt. Sie verglich die Rebellion der Studenten mit dem von der Jenaer Burschenschaft initiierten Wartburgfest von 1817, auf dem sie für die Gründung eines Nationalstaates und eine freiheitliche Verfassung eingetreten waren, sowie mit der Jugendbewegung um die Wende vom 19. zum 20. Jahrhundert und schloss mit der Warnung: »Politische Romantik, die nach den Sternen greift, um die leider stets und immer unvollkommene Wirklichkeit zu verbessern, und die gar nicht merkt, wie diese Wirklichkeit dabei ganz ruiniert wird – von dieser Therapie haben wir nun wirklich genug gehabt.«[313] Das Schlagwort von der romantischen Rebellion gehörte fortan zum Kanon der Kritik, mit der sich eine in die Defensive gedrängte bürgerliche Öffentlichkeit der immer heftiger ausfallenden Attacken ihrer Söhne und Töchter zu erwehren versuchte.

Doch Romantik und Rebellion sind nicht einfach in eins zu setzen. Die Achtundsechzigerbewegung war keine romantische Revolte in einem unmittelbaren Sinne. Der von den Romantikern betriebene Ästhetizismus stand dem Wunsch nach direkter politischer Aktion diametral entgegen. Die blaue Blume, jenes wohl am häufigsten für die Romantik genannte Symbol, das später als Kennzeichen auf die Wandervogelbewegung übertragen wurde,[314] sollte nicht zitiert, sondern eingefärbt und damit – wie eines der damaligen Modewörter lautete – »umfunktioniert« werden. Nicht ohne Grund lautete daher eine der eher gruseligen Parolen: »Schlagt die Germanistik tot, färbt die blaue Blume rot!« Hatte

Carl Schmitt nicht bereits 1919 festgestellt, dass jegliche politische Aktivität »der wesentlich ästhetischen Art des Romantischen« widerspräche?[315] Und von Walter Benjamin, an dem sich die damalige Kritik an der Germanistik maßgeblich orientierte, stammte der Einwand: »Es träumt sich nicht mehr recht von der blauen Blume. Wer heut' als Heinrich von Ofterdingen erwacht, muß verschlafen haben.«[316] Für einen bloßen Träumer wollte niemand gehalten werden. Es sollte gerade nicht darum gehen, auf irgendeinem Traumpfad der Welt zu entfliehen, sondern eher umgekehrt dem Geträumten zur Wirklichkeit zu verhelfen.

Der Romantizismus auf der Suche nach einer vermeintlich ersten Natur hatte allerdings zunächst einmal verhindert, dass die Achtundsechzigerbewegung in der Lage war, ein politisches Realitätsprinzip zu entwickeln. Dagegen ließe sich einwenden, dass sie dies auch nicht beabsichtigt habe, schließlich sei es ihr um das Lustprinzip, die Verwirklichung von Utopien gegangen. Das jedoch ist ein vordergründiges Argument. Denn die Achtundsechzigerbewegung hatte durchaus den Willen, sich machtpolitisch durchzusetzen und entsprechende Erfolge zu erringen. Insofern bleibt der Einwand, dass es ihr an einem politischen Realitätsprinzip gemangelt habe, berechtigt.

Was die konservative Kulturkritik vom ersten Moment an konstatierte, das traf in einer bestimmten Hinsicht zu. Über »1968« schwebte eine überdimensionale romantische Wolke. Sie schwebte über all der Begeisterung für jedwedes Gegenbild zur bestehenden Gesellschaft: für die Anormalität, das Abenteuer, den Rausch und das Fest; für die Aktion, die Diskussion, die Introspektion und das ewig andauernde Gespräch; für den Traum, die Phantasie und die Utopie; für die Ferne, exotische Länder wie Völker, ob in Lateinamerika, Afrika oder in Asien. Und nicht ganz zufällig waren für eine kurze Zeit die sogenannten Randgruppen als die vermeintlich einzigen übrig gebliebenen revolutionären Subjekte auserkoren worden.

Als die Bewegung vorüber war, entlud sich diese Wolke wie bei einem starken Regenguss, und eine romantische Blüte nach der anderen kam ans Tageslicht. Auch diese Phänomene konnten kaum jemandem verborgen bleiben. Sie verrieten sich in der Faszination für die Arbeiter, den Proletkult, die Ausgegrenzten, für die Loser, die Kriminellen und die psychisch Gestörten, ja die im klinischen

Sinne Geisteskranken; für die Psyche, die neue Subjektivität und die neue Innerlichkeit; für ein ursprünglicheres, alternatives Leben, das Landleben und das Heimatgefühl; für eine vermeintlich erste Natur im Gegensatz zu einer hochgradig vermittelten, differenzierten, von Institutionen und deren Bürokratien durchzogenen Gesellschaft.

Was nicht nur Konservative, sondern auch Liberale wie die bereits erwähnte Gräfin Dönhoff jedoch übersahen, war die Tatsache, dass es eine entscheidende Differenz zu einer bloßen Neuauflage der Romantik gab.[317] Die neue Jugendbewegung, als die die Achtundsechzigerbewegung mit einem gewissen Recht durchaus bezeichnet werden kann, wollte keineswegs bloß ein Traumgebilde bleiben. Sie war unter politischen Vorzeichen angetreten und wollte die Welt nicht nur anders interpretieren, sondern sie – wie das Marx bereits in seiner 11. Feuerbach-These formuliert hatte – grundlegend verändern. Und sie wollte zunächst nicht von der Stadt aufs Land flüchten und sich der modernen Welt entziehen. Stattdessen sollte einer in ihren Augen unglaubwürdigen, von der bloßen Sucht nach Konsum deformierten Gesellschaft Paroli geboten werden. Sie verstand sich politisch, wollte praktisch eingreifen, sagte deshalb dem gesamten politischen System den Kampf an und sah sich damit als Teil eines weltumspannenden antikapitalistischen wie antiimperialistischen Kampfs an. Dass sich später, als der politische Aufbruch in die unterschiedlichsten Sackgassen geführt hatte, dann doch manche dafür entschieden, der Stadt den Rücken zu kehren, in die Provinz zu gehen und das Hohelied aufs Landleben anzustimmen, stellt keinen Widerspruch dazu dar. Im Gegenteil, es bestätigt die Existenz einer romantischen Grundströmung, die in der Achtundsechzigerbewegung bereits vorhanden war und erst zeitversetzt vollständig ans Tageslicht gelangt ist.

Ohne ein eigenes Bewusstsein davon zu haben, schloss die Achtundsechzigerbewegung gleichwohl an die romantische Bewegung an, die nach 1770 entstanden war, im Anschluss an die Französische Revolution ihre Hochzeit erfuhr und sich in den beiden Jahrhunderten darauf als antimodernistisches Reservoir immer wieder aufs Neue zu aktualisieren vermochte. Auch die deutsche Romantik resultierte aus dem Freiheitsimpuls, der sich 1789 in Paris mit dem Sturm auf die Bastille Bahn geschaffen hatte. Sie begann, so Gordon A. Craig, als »Protest der Jugend gegen die Normen der älteren Generation« und begehrte in Kunst und Literatur vor allem gegen die Vertreter der Klassik auf. Die Protagonisten der Frühromantik hatten zu Beginn des 19. Jahrhunderts an einer revolutionären Umwälzung partizipieren wollen, jedoch nicht eingreifend, sondern nur sublimiert im Sinne einer auf die geistige Sphäre beschränkten Idealisierung. Für das, was in Paris die Jakobiner in Angriff nahmen, existierten in Preußen und den anderen deutschen Ländern keine Voraussetzungen. Die Diskrepanz zu Frankreich hätte daher kaum größer ausfallen können: Während die einen 1789 das Ancien Régime stürzten und eine Revolution »sans phrase« durchführten, gaben sich die anderen einem revolutionären Gefühl hin. Das eine durchdrang die soziale und politische Wirklichkeit, das andere erfüllte die Innerlichkeit und damit einen bloßen Traum von Veränderung. Eine historische Zäsur, eine Epochenschwelle stand einem Traumgebilde gegenüber.

Die ursprüngliche deutsche Romantik der Novalis, Tieck, Arnim, Brentano und der Gebrüder Schlegel war insofern eine Revolte im Geiste.[318] Da der Auf- und Umbruch nicht in der gesellschaftlichen Wirklichkeit stattfand, konnte er sich nur kulturell artikulieren lassen, als poetische Figur in einer Welt der Phantasie, in der Form eines Als-Ob. Der Freiheitswunsch ließ sich allein in der geistigen Sphäre ausleben, in der Literatur, im Theater, in der Musik, in der Konversation und der Korrespondenz. Er blieb eine subjektive Figur, ein Wollen, dem es an der politischen Macht mangelte, gesellschaftliche Veränderungen herbeizuführen. Insofern war es zwingend, dass es sich bei der romantischen Revolte um ein Phänomen handelte, das sich nur im Medium der Ästhetik Ausdruck zu schaffen vermochte.

Weil die Romantisierung der Welt nicht über die Einbildungskraft des Subjekts hinausgelangte, schlug sie von einer rebellierenden in eine reaktionäre, staatsverherrlichende Kraft um. Mit Novalis, von dem das Symbol der blauen Blume stammte[319] und der eigentlich Friedrich von Hardenberg hieß, polemisierte bereits die schillerndste Figur der Frühromantik gegen Aufklärung und Fortschritt. Stattdessen setzte er, dessen Vater nach dem Tod seiner ersten Frau eine religiöse Erweckungserfahrung und sich deshalb der Herrenhuter Brüdergemeinde angeschlossen hatte, auf die Erfahrung einer religiösen Erneuerung.

Der politischen Romantik wohnte nicht von ungefähr eine

grundsätzliche Ambiguität inne; sie stellte die Gleichzeitigkeit eines Vor und Zurück dar. Sie versuchte die von ihr erlebte Krisenstimmung – die Diskrepanz zwischen subjektivem Vermögen und objektiver Einschränkung – durch eine Fluchtbewegung, einen Rückgriff auf die Vergangenheit, zu lösen. Sie war auf eine ganz eigentümliche Weise revolutionär und reaktionär zugleich.

Die romantische Bewegung ist keine deutsche Erfindung gewesen. Es gab sie in England, es gab sie in Frankreich, Italien, Ungarn, Polen, Russland und in anderen europäischen Ländern. In Deutschland jedoch ist sie im 19. Jahrhundert zu einer besonderen Blüte gelangt, zunächst in der Frühromantik, danach in der Hoch- und in der Spätromantik. Dass sie zunächst in Ländern mit einer protestantisch geprägten Kultur entstand, in England und in Norddeutschland, lag in der Sehnsucht nach den Bindungen an einen ursprünglichen Glauben begründet, die von der Reformation gekappt worden waren. Die Romantik lässt sich begreifen als die fortwährende Suche nach einer verlorengegangenen Ursprünglichkeit, als der Versuch zur Wiederherstellung eines Eigentlichen, ein Zurück in ursprüngliche Bande. Da auch die Re-Naissance, die Re-Formation und die Vorstellung einer Re-Volution in ihrem Wortstamm rückwärtsgewandt sind, ist in der jeweiligen Gedankenbewegung eine Parallelität zum Selbstverständnis der Romantik festzustellen.

Eines der bevorzugten romantischen Kommunikationsmittel war der Briefwechsel. Nicht ohne Grund hatte Walter Benjamin, der einerseits an die Romantik anknüpfen, sie andererseits aber überwinden und deren Motive einlösen wollte, unter dem Titel »Deutsche Menschen« eine Sammlung an Korrespondenzen zusammengestellt, die den Eindruck einer Arche Noah erweckte.[320] Hier sollte jenen Stimmen, die das bürgerliche Zeitalter auf exemplarische Weise repräsentierten, angesichts der sich abzeichnenden Katastrophen Zuflucht geboten werden.

In Benjamin wie in Adorno, Marcuse und all den anderen Frankfurter Theoretikern glaubte man die geistigen Heroen einer neuen Zeit zu erkennen. Die einst vor den Nazis geflüchteten Sozialforscher, Kulturkritiker und Geschichtsphilosophen, an deren Ideen sich die antiautoritäre Bewegung als ein ebenso politisches wie soziokulturelles Projekt herauskristallisiert hatte, verstanden sich allesamt als Repräsentanten einer gegenwartsbezogenen Form der Herrschaftskritik, zugleich waren sie jedoch auch – wie es Marcuse einmal formuliert hat – »unverbesserliche Romantiker«.

Ein Zitat aus einem Briefwechsel einige Jahre später belegt, wie romantisch die Achtundsechziger-Zeit auf ihrem Höhepunkt besetzt war: »Lieber Herr Professor Adorno, hier ist heute sehr schönes Wetter, und man lebt in einer Art Rauschzustand ... Die alte französische Universität kracht in allen Fugen. Unzählige Fakultäten und Universitäten haben ihre Autonomie proklamiert und sind von Studenten und Professoren besetzt. Man schläft dort, ißt, feiert, diskutiert Tag und Nacht, die Studentenrestaurants, Schwimmbäder, Auditorien sind Arbeitern geöffnet. Es ist ein wahrhaft fourieristischer Zustand.«[321]

Dies schrieb die Doktorandin Elisabeth Lenk ihrem akademischen Lehrer Theodor W. Adorno im Mai 1968 aus Paris. In ihrer Dissertation ging es um André Breton, die führende Figur des Surrealismus, der sich zusammen mit seinen Gefährten an einer Aufhebung der Romantik versucht hatte. Zwei Jahre zuvor hatte Lenk, die innerhalb des Frankfurter SDS als Theoretikerin galt, die Einleitung zu der von Adorno herausgegebenen und von dem Utopiker Charles Fourier geschriebenen »Theorie der vier Bewegungen« verfasst.

Zwei Tage später, am 17. Mai 1968, setzte sie ihren Bericht fort und schrieb an Adorno: »Das Quartier Latin ist eine immense Wandzeitung. In der Sorbonne ist ein grundsätzliches Manifest zu sehen, das unter anderem vorschlägt, die Bildungskrise dadurch zu beseitigen, daß ab sofort jeder lehren kann, der sich dazu berufen fühlt und der der Kritik der Lernenden standhält; Aufhebung aller Titel, aller Prüfungen oder sonstiger Bildungsnachweise ... man diskutiert in der Regel bis Morgens früh, die Nacht ist, im Moment jedenfalls, abgeschafft ... Das Komischste ... ist, daß es selbst Polizisten gibt, die vom Taumel der Anarchie erfaßt sind.«[322] Rauschzustand, Autonomie, Anarchie, das Alltagsleben ein endloses Fest – das alles sind Schlüsselvorstellungen der Romantik.

Ein Traum schien im Mai 1968 für einen Moment Wirklichkeit geworden zu sein. Aus dem von Novalis hinterlassenen Romanfragment »Heinrich von Ofterdingen« stammte die Zeile: »Die Welt wird Traum, der Traum wird Welt.«[323] Und seine wohl berühmteste Forderung lautete: »Die Welt muß romantisiert werden.«[324] Nirgendwo scheint sie 1968 ernster genommen worden zu sein als in Paris. In der Stadt an der Seine blühte eine Wandinschrift nach der anderen auf – »reine, nämlich Hardenberg'sche Romantik«,[325] wie der Achtundsechzigeraktivist Richard Faber feststellte: Parolen wie »Seid realistisch, verlangt das Unmögliche«, »Unter dem Pflaster liegt der Strand« und »Lauf, Genosse, die alte Welt ist hinter dir her« sind seitdem in den Kanon revolutionärer Ausrufe aufgenommen.

Mit Herbert Marcuse, der während des Pariser Mai, wie die Revolte schon bald romantisierend bezeichnet wurde, in der französischen Hauptstadt zufällig eine Konferenz besuchte, hatte sich der wohl einflussreichste Theoretiker der Achtundsechzigerbewegung schon viel früher auf Novalis bezogen. In seinem 1957 erschienenen Werk »Eros und Kultur«, das später unter dem typischen Suhrkamp-Titel »Triebstruktur und Gesellschaft« bekannt wurde, zitiert er ein weiteres, berühmt gewordenes Novalis-Postulat: »Aus der produktiven Einbildungskraft müssen alle inneren Vermögen und Kräfte deduziert werden.«[326] In seinem Kapitel über Orpheus und Narziss als den beiden »Urbildern« des dionysischen Lustprinzips verteidigt Marcuse den Romantiker und prägt bereits einen seiner wichtigsten Begriffe – den der »Großen Weigerung«.[327]

Im Werk des Emigranten, der sich als Neomarxist ebenso wie als Neofreudianer begriff, gab es einen Kälte- und einen Wärmestrom: »Einerseits benutzte er die nüchternen und kühlen Begriffe der marxistischen Kritik der politischen Ökonomie und die hellen und scharfen Kategorien der psychoanalytischen Triebtheorie; andererseits vertrat er einen politisch-ästhetischen Messianismus, eine Erlösungsmission, die die grundlegende Befreiung des Menschen durch den Menschen forderte. Mit dieser Leidenschaft der Erlösung konnte er die Sehnsüchte der religiös erzogenen Bürgerkinder beleben. Marcuses Theorie war durch jene analytische Kälte und dieses missionarische Pathos für die Studentenrevolte affektiv ungemein aufgeladen.«[328] Diese Mischung machte aus ihm zeitweilig die theoretische Zentralfigur für die Achtundsechzigerbewegung.

Auf dem Höhepunkt seiner Popularität erschien er jenen, die ihn im Juli 1967 im Auditorium maximum der Freien Universität in West-Berlin erwartet hatten, in der Tat wie ein Messias. Er sprach dort vom »Ende der Utopie«, nicht etwa, weil er seine politischen Hoffnungen aufgegeben hätte, sondern weil er – genau umgekehrt – mit dem entfalteten Kapitalismus eine gesellschaftliche Voraussetzung für die Konkretisierung der Utopien als gegeben sah.[329] Im Zentrum seiner Überlegungen stand dabei die Herausbildung einer neuen Subjektivität, die durch den materiellen Reichtum des Systems zwar objektiv möglich geworden sei, aber durch eine repressive Organisierung der Bedürfnisse hintangehalten werde. Das Signal lautete: Geschichte ist machbar, die Gegenwart bestimmbar, das Glück liegt – im Gegensatz zur privaten Idylle – als öffentlich-kollektives zum Greifen nahe.

Diese geschichtsphilosophische Argumentation stieß bei einer der vier Diskussionsveranstaltungen auf erheblichen Widerstand. Derjenige, der ihn am deutlichsten formulierte, war mit Richard Löwenthal ein ehemaliger Kommunist, bekennender Marxist und ebenfalls Mentor der kritischen Studenten. Dutschke und Rabehl etwa besuchten seine Veranstaltungen und wurden nicht müde die Bedeutung seines 1947 unter dem Pseudonym Paul Sering publizierten Werkes »Jenseits des Kapitalismus« zu würdigen.[330] Nun jedoch warf er Marcuse und den rebellischen Studenten vor, sie würden die Errungenschaften der parlamentarischen Demokratie für eine durch nichts objektivierbare Utopie aufs Spiel setzen.

Die Diagnose des sozialdemokratischen Politikwissenschaftlers lautete kurze Zeit später: »Romantischer Rückfall«. Die studentische Rebellion sei in Wahrheit nicht vorwärts, radikalisierte er seine Kritik, sondern rückwärts gewandt. Unter dem Deckmantel von Aufklärung und rationaler Kritik würden die »alten Affekte einer antiliberalen und antiwestlichen Romantik« wieder aufleben. Dabei sei die »Tendenz zum Rückfall in die Unmittelbarkeit der Gewalt und der Utopie« nicht zu übersehen. Die »Neue Linke« sei nichts anderes als eine »neo-romantische Reaktion auf das Ausbleiben der proletarischen Revolution in den entwickelten Industrieländern und die Herausbildung einer bürokratischen Industriegesellschaft in der Sowjetunion«.[331]

Die dieser Generalkritik zugrunde liegenden Gedankenfiguren arbeitete Löwenthal in zwei Vorträgen weiter aus, publizierte sie in zwei Aufsätzen, die erstmals 1968 und 1969 in der Zeitschrift *Der Monat* und ein Jahr darauf unter dem Titel »Der romantische Rückfall« als Taschenbuch erschienen. Für ihn, der Deutschland als »Heimatland der Romantik« ansah, drückte sich im romantisch aufgeladenen Protest auch eine Reaktion auf Industrialisierung, Urbanisierung und Modernisierung aus. Im Wandel von der Gemeinschaft zur Gesellschaft wurzelten seiner Überzeugung nach die utopischen und romantischen Ideen des frühen 19. Jahrhunderts. Die Vorstellungen von demokratischen Institutionen, von einer modernen Gesellschaft seien mit den napoleonischen Armeen von außen nach Deutschland gebracht worden – und auf erbitterten Widerstand gestoßen.

Resultat der romantischen Protesthaltung seien drei grundlegende Widersprüche: Der zwischen »innerlicher« deutscher Kultur und »äußerlicher« Zivilisation, zwischen »totaler Hingabe an die Gemeinschaft und totaler Entfaltung der Persönlichkeit«, zwischen einem »Kult der politischen Gemeinschaft und dem Kult des genialischen Individuums«. Daraus speisten sich tiefe Vorbehalte gegen den Liberalismus, den Parlamentarismus und die Demokratie insgesamt.

Für Löwenthal war es alles andere als Zufall, dass sich unter den radikalsten Teilen der Neuen Linken eine Wiederentdeckung Bakunins abspielte. Der Marx-Kontrahent und Urvater des russischen Anarchismus war für ihn nichts anderes als ein »anti-moderner Gewaltideologe«. Indem er Figuren wie den pauperisierten Bauern, den Gesetzlosen und den Räuber zu »wahren« Revolutionären mache und die »schaffende Lust der Zerstörung« preise, verrate er seine Missachtung der modernen Welt, die Gegnerschaft zu Arbeitsteilung, Rechtsförmigkeit und zur bürokratischen Rationalität insgesamt.

Und in der Tat, als der SDS im November 1968 in der Mensa der Technischen Universität Hannover seine vorletzte Delegiertenkonferenz veranstaltete, versammelten sich seine Mitglieder unter einem Porträt des russischen Anarchisten. Ein Jahr zuvor hatten Dutschke und Krahl in dem von ihnen gemeinsam verfassten »Organisationsreferat« verkündet, dass die Marx'sche Bakunin-Kritik unter den Voraussetzungen des Monopolkapitalismus obsolet geworden sei.[332] Der romantische Anarchist war auf dem Höhepunkt der Achtundsechzigerbewegung zu einer Ikone der Rebellen geworden.

Und war nicht bereits der Euphemismus, mit dem Gruppen und Organisationen als überholt erschienen und die entfesselte Dynamik als »Bewegung« gefeiert wurde, ein Indiz für die Stärke der romantischen Unterströmung, die von marxistischen Theorieelementen nur überdeckt war? Schließlich stellt gerade dieser Begriff einen Vitalismus, eine Anbetung des Lebendigen dar. Die Tatsache, dass allein die Permanenz als ein Garant für die Ziele der Bewegung angesehen wurde, verriet ein weiteres Moment der Dynamisierung. Nichts sollte mehr stillstehen, alles sollte sich in Fluss befinden. Genau das war ein weiteres Ideal der Romantik.

Wer hatte nun aber recht: Der Neoromantiker Marcuse oder der Antiromantiker Löwenthal? Beide waren überzeugte Marxisten, beide Emigranten, der eine in seinem Zufluchtsland USA geblieben, der andere aus Großbritannien zurückgekehrt, und beide waren, wenn auch auf höchst unterschiedliche Weise, Mentoren der kritischen Intelligenz, der eine als Philosoph, der andere als Politikwissenschaftler.

Auch wenn es keine gültige Definition der Romantik gibt, so lassen sich doch eine ganze Reihe von Eigenschaften benennen, die ihr zuzurechnen sind. Es sind dies die Ablehnung der Aufklärung, ihr Antirationalismus, ihr Verzicht auf Kausalität und ihre Antinormativität. Dem stellt sie die Feier eines neuen Gemeinschaftsgefühls, des Kollektivs, der Basis und des Volkes entgegen. Der Rausch, der Traum, das Abenteuer, das Märchen und das Spiel haben Vorrang gegenüber den arbeitsteilig durchrationalisierten Vorgängen in der modernen verwalteten Welt. Oder wie es Carl Schmitt in seiner »Politischen Romantik« formuliert hat: »Das Normale ist unromantisch.«[333] Romantisch ist dagegen alles, was das Alltägliche transzendiert, das Extraordinäre, das Abenteuerliche, die Begeisterung für räumlich entfernte Objekte, das Reisen, die Ferne insgesamt. Romantisch sind das Lob des Ursprünglichen, die Verherrlichung der Natur, die Sensitivität, die Emotionalität und die Innerlichkeit. Die Priorität, die etwa Marcuse dem Lustprinzip gegenüber dem Realitätsprinzip eingeräumt hat, ist in klassischer Weise romantisch.

Die Romantik spielte insbesondere in jenen subkulturellen Milieus eine dominante Rolle, die der undogmatischen Linken zugerechnet wurden und sich als »umherschweifende Haschrebellen« oder als Spontiszene zu etablieren vermochten. Stärker als irgendein Theoretiker hat eine Rockband dem dort gelebten Traum von einer anderen Gesellschaft Ausdruck verliehen. Die Songs der Ton Steine Scherben, die bereits mit ihrem eindeutig-doppeldeutigen Namen ein unmissverständliches Bekenntnis zur Gewalt ablegten, waren Romantik pur.[334] Den undogmatischen Strömungen innerhalb der Linken – denen die unvergleichliche Stimme Rio Reisers Ausdruck verlieh – galt Marcuses Sympathie zweifelsohne sehr viel eher als dem Mummenschanz der K-Gruppen.

Letztlich jedoch scheint der Prophet der »Neuen Sensibilität«, des »Qualitativen Sprungs« und der »Großen Weigerung« nicht nur bedrängten Minderheiten, den Bürgerrechtsbewegungen in den USA und den Randgruppen in der Bundesrepublik den Rücken gestärkt zu haben, sondern auch einer Schwärmerei anheimgefallen zu sein. Der Verfechter einer neuen Subjektivität lieferte die Stichworte für eine Revolte, der es in ihrem radikalen Kern jedenfalls nicht gelang, ein politisches Realitätsprinzip zu entwickeln.

Löwenthal hingegen konnte nicht wenige seiner Prognosen durch die Entwicklung der siebziger Jahre bestätigt sehen. Ein Jahrzehnt lang mühten sich all die aus der Achtundsechzigerbewegung entstandenen Gruppierungen ab, einen Weg aus der politischen Sackgasse und der gesellschaftlichen Isolation zu finden. Erst nachdem sich der linke Radikalismus erschöpft hatte, gelang es, über die Ökologie bei den Grünen einen neuen Zugang zum politischen Handeln zu finden. Paradoxerweise war es die Gefährdung der Umwelt, die Bedrohung der Natur durch eine immer maßloser gewordene Industrialisierung, die den Weg zurück ins parlamentarische System und ein politisches Realitätsprinzip gewiesen hat. Doch gerade weil es die Krisenerfahrung im gesellschaftlichen Umgang mit der Natur war, die aus der Sackgasse des Gemeinschaftsradikalismus geführt hat, sind nicht wenige romantische Motive lebendig geblieben. Diesmal jedoch nicht frei flottierend innerhalb irgendeiner Bewegungsströmung, sondern eingebunden in das parlamentarische System.

Die religiösen Wurzeln

Die Suche nach dem Ursprung ist eine Suche nach dem verlorenen Gott. Das von Karl Kraus stammende Diktum »Ursprung ist das Ziel« ist in dessen 1920 veröffentlichtem Gedicht »Der sterbende Mensch« zu finden. In der letzten Strophe geht es um Gott. Es heißt dort:

Gott

Im Dunkel gehend, wußtest du ums Licht.
Nun bist du da und siehst mir ins Gesicht.
Sahst hinter dich und suchtest meinen Garten.

Du bliebst am Ursprung. Ursprung ist das Ziel.
Du, unverloren an das Lebensspiel,
Nun mußt, mein Mensch, du länger nicht mehr warten.[335]

Mit Walter Benjamin hat jener Theoretiker, der wie kaum ein anderer die Transformation des Religiösen in das Revolutionäre verfolgt hat und vielleicht mehr als jeder andere als die geistige Ikone der Achtundsechzigerbewegung bezeichnet werden kann, das Kraus'sche Diktum an prominenter Stelle zitiert. Er hat es der XIV. seiner Thesen »Über den Begriff der Geschichte« vorangestellt, in der er Geschichte als »eine mit Jetztzeit geladene Vergangenheit« begreift, die aus dem Kontinuum einer homogenen und leeren Zeit herauszusprengen sei.[336] Es ging ihm in seinem letzten Text um eine messianische Vorstellung revolutionärer Aktion.

Die Romantik war religiös aufgeladen und auf das Engste mit dem Protestantismus verbunden.[337] Kaum ein anderer hat das so klarsichtig gesehen wie der nach der nationalsozialistischen Machtergreifung in die USA emigrierte evangelische Theologe und Religionsphilosoph Paul Tillich. In einem Aufsatz, in dem er 1932 seine Glaubensgenossen davor warnen wollte, sich von der nationalsozialistischen Bewegung vereinnahmen zu lassen, schrieb er: »Politische Romantik ist der Versuch, auf dem Boden eines gebrochenen Ursprungsmythos zum Ursprungsmythos zurückzukehren.«[338] Diese Rückkehr sei nur möglich durch »die Ausrottung des rationalen Systems«. Darin wird das antimodernistische Motiv in der romantischen Kehrtwendung deutlich. Für Tillich war es eine unumstößliche Tatsache, dass sich Protestantismus und politische Romantik »auf deutschem Boden« gefunden und eine Symbiose gebildet hätten. Politische Romantik könne sich nur um den Preis einer Zerstörung der Rationalität beziehungsweise des rationalen Systems durchsetzen. Der Protestantismus, prognostizierte er schließlich, der sich auf die politische Romantik einlasse, arbeite auf seinen eigenen Untergang hin. Das Mythische werde erst im Humanismus auf dem Boden der Autonomie beseitigt und die religiöse Autonomie sei die einzige tragfähige Voraussetzung für einen Protestantismus, der nicht in vormoderne Zeiten zurückfallen wolle.

Die Affinität zwischen evangelischen Theologen und der 68er-Bewegung galt damals unter Kirchenmitgliedern beinahe als Gemeinplatz. So betonte etwa mit Friedrich-Wilhelm Marquardt der langjährige Studentenpfarrer der Freien Universität und Assistent am Seminar für Evangelische Theologie auf der im April 1968 stattfindenden Rheinischen Landessynode, dass sich im SDS »auffallend viele Pastorensöhne und Theologiestudenten« befänden.[339] Damit rückte nicht nur die Rolle der Pastorenkinder, sondern auch eine Einrichtung wie das evangelische Pfarrhaus mit seiner gleichwohl längst bekannten starken kulturellen Ausstrahlung ins öffentliche Interesse.

Der Politikwissenschaftler Martin Greiffenhagen hat dessen über Konfession und Kirche weit hinausreichenden Stellenwert seine Aufmerksamkeit gewidmet. Ins Zentrum einer Studie über »Das evangelische Pfarrhaus« rückte er den Gedanken einer für den Protestantismus maßgeblichen Dialektik von Verweltlichung und Vergeistlichung: »Luther hat einerseits die Welt alles heiligen Zaubers entkleidet, der sich in katholischer Religiosität und Kirchenpraxis angesammelt hatte: Die Zustände und Dinge dieser Welt sind weder aus sich heraus heilig oder geheimnisvoll, noch müssen sie mit Weihwasser geheiligt werden. Das gilt für Saat und Ernte, für Beruf und Stand, für Ehe und Staat. Das ist die eine Seite: *Verweltlichung.*« Die Kehrseite heiße Vergeistlichung: »Möchte darum die ganze Welt voll Gottesdienstes sein. Nicht allein in der Kirche, sondern auch im Haus, in der Küche, im Keller, in der Werkstatt, auf dem Feld, bei Bürgern und Bauern.«, zitierte er Luther und fuhr fort: »Mit dieser Vergeistlichung der menschlichen Existenz, die in jeder Tätigkeit eine theologische Dimension eröffnet, erfährt das Leben eine Intensität, die seither das Kennzeichen protestantischer Kultur gegenüber der katholischen ist. Der evangelische Christ muß seinen Glauben leben, in jeder Stunde und mit jeder Hantierung.«[340] Das Resultat dieser Verschränkung beider Sphären war eine »Weltfrömmigkeit«(Helmuth Plessner), durch die das menschliche Tun eine ungeheure Intensivierung erfuhr. Die Transzendenz wurde seit Luther nicht mehr außerhalb der Welt gesucht, sondern in sie hineingetragen.

Der Protestantismus, der sich einerseits nicht zu Unrecht Obrigkeitsdenken nachsagen lassen muss, war andererseits wie kaum eine andere Religionsgemeinschaft für Gesellschaftsveränderung, Akte des Protestes und der Rebellion disponiert. Seine Rolle in der deutschen Kultur- und Sozialgeschichte ist kaum zu überschätzen. Aus evangelischen Pfarrhäusern stammten Philosophen wie Schelling, Schleiermacher, Nietzsche und Dilthey, Schriftsteller wie Lessing, Wieland, Hölderlin, die Gebrüder Schlegel, Jean Paul, Hermann Hesse, Friedrich Dürrenmatt und Gottfried Benn. Der Literaturwissenschaftler Robert Minder hat das Wort vom deutschen Pfarrhaus als einer »Urzelle des Geisteslebens« aufgegriffen und weiterverfolgt. Sein Urteil lautete: »Ohne Pfarrhaus, oder zumindest ohne lutherischen Hintergrund, sind auch die Größten: ein Leibniz, ein Bach, ein Goethe nicht zu verstehen.«[341] Während des Nationalsozialismus sei das Pfarrhaus sogar eine »Zelle des sittlichen Widerstandes und der geistigen Wiedergeburt« gewesen. Und – so ließe sich hinzufügen – auch die Philosophie Jean-Paul Sartres, die von einer besonderen Affinität zur gewaltsamen Aktion wie zur Idee des neuen Menschen bestimmt ist, wäre kaum denkbar gewesen ohne ihren protestantischen Hintergrund. Sartres Großonkel war reformierter Pfarrer und Arzt; er stammte aus dem Elsass und trug den Namen Albert Schweitzer.

Wie stark die religiöse Dimension bereits in der antiautoritären Kerngruppe der Achtundsechzigerbewegung war, hatte das schon 1962 veröffentlichte »Eschatologische Programm« der Subversiven Aktion verraten. Darin wurde wie in einem anarchischen Amoklauf mit der bestehenden Ordnung Tabula rasa gemacht und einer radikalen Subjektivierung des Gottesbegriffs das Wort geredet.

In einem »Dynamischen Liquidationsprogramm« wurde zunächst die Auflösung des Staats- und Gesellschaftsapparates gefordert, die Beseitigung der Arbeit, des Geldes, der Gesetze, der herkömmlichen Bildung, aller organisierten Kommunikationsformen sowie jeglicher politischen, militärischen, konfessionellen Organisationen und rechtlichen Zusammenschlüsse.[342] Dagegen wurde ein »Dynamisches Emanzipationsprogramm« gesetzt, nach dem all das, was zuvor den Institutionen aufgekündigt worden ist, dem Einzelnen anheimgestellt werden sollte. Was das hieß, wurde in einem »Dynamischen Ordinationsprogramm« genauer ausgeführt:

Alle Funktionen des Staats- und Gesellschaftsapparates sollten an ihn übertragen, alle Produkte ihm ohne irgendeine Gegenleistung zur Verfügung gestellt werden, über den Faktor Zeit solle er frei verfügen können, Gesetzgebung müsse »durch die Einsicht in das Lustprinzip« für absurd erklärt werden, Bildung unterliege keinerlei Norm, Kommunikationsformen würden dem Einzelnen überlassen, Kommunikationsmittel ihm zur Verfügung gestellt, Organisationen und Zusammenschlüsse jeglicher Art seien damit überflüssig geworden. Mit »Halbheiten« sei nun nichts mehr zu gewinnen: »Nur eine totale Umwälzung könnte noch in der Lage sein, die Katastrophe der Unfreiheit zu wenden.«[343] Dazu befähigt werde der Mensch allerdings nur durch ein »innerseelisches Gesetz«, das als »Realisierung der Urerwartung« beziehungsweise als »Das Eschatologische Prinzip« bezeichnet wurde.

In dem darauf folgenden »Eschatologischen Programm« hieß es dann, der Mensch müsse sich als »Schöpfer und Zerstörer der Projektion ›Gott‹« verstehen, als »Herr über Leben oder Tod«, als »Gestalter seines Trieb- und Gefühlslebens«, als »Lenker seines Denkens und Wollens«, als »Träger jeglicher Gemeinschaft«. Durch die Berücksichtigung dieser Punkte werde der Glaube an Gott und Götter liquidiert, die Unterordnung des Menschen unter Leben und Tod, die Tabuisierung des Trieb- und Gefühlslebens, die Klischierung des Denkens und Wollens sowie der Minderwertigkeitskomplex des Einzelnen gegenüber der Organisation.

Die Absolutheitsvorstellung, die mit dem Gottesbegriff einhergeht, wurde auf das Individuum übertragen. Ziel war eine folgenreiche Selbstermächtigung. An die Stelle von Ordnung, Vermittlung trete die absolut gesetzte Freiheit des Einzelnen. Nun hänge, hieß es weiter, alles von einer Elite ab, die als Kohorte bezeichnet wurde. Im Gegensatz zur Säkulargesellschaft verstehe sich die »Kohortengesellschaft« als »Gemeinschaft-im-Ablauf-der-natürlichen-Zeit«, als Kollektiv innerhalb der Lebensspanne.

Ein halbes Jahr später notierte mit Rudi Dutschke jenes Mitglied der Subversiven Aktion, das in seiner revolutionären Entschiedenheit und seiner medialen Wirksamkeit alle anderen übertreffen sollte: »Jesus ist auferstanden, Freude u[nd] Dankbarkeit sind die Begleiter dieses Tages; die Revolution, die entscheidende Revolution der Weltgeschichte ist geschehen, die Revolution durch die alles überwindende Liebe. Nähmen die Menschen voll die offenbarte

Liebe im Für-sich-Sein an, die Wirklichkeit des Jetzt, die Logik des Wahnsinns könnte nicht mehr weiterbestehen.« Kommunikation, so heißt es weiter in seinem Tagebuch, geschehe »durch den gemeinsamen Fixpunkt der Gottheit, die Einheit der Menschheit also im gemeinsamen gewußten geahnten Wissen vom Ursprung. Das Wissen bzw. d[er] Glaube vom Ursprung läßt das Ziel offenbar werden – der Weg der Geschichte könnte der Weg der Freiheit, der Weg zur Befreiung des Menschen durch das Innewerden der Gottheit; Befreiung durch die Autorität; Freiheit in der Gebundenheit an die durch Jesus offenbarte Liebe.«[344]

Auch dies war ein eschatologisches Programm, in der Berufung auf Jesus und das Christentum allerdings noch völlig ungebrochen. Die Religiosität wurde hier im Unterschied zum »Eschatologischen Programm« in den *Unverbindlichen Richtlinien* noch als Autorität und Gebundenheit, also durch ein normativ gesetztes Ordnungsprinzip gedacht. Gleichzeitig wurde das Religiöse jedoch radikal verweltlicht, das Jenseits zur Geschichte. Im »Wissen vom Ursprung« offenbarte sich ihm das Ziel. Der Akt historischer Befreiung erschien ihm als immanente Notwendigkeit seines Glaubens. In seinen Augen hatte Jesus ihm den Weg gewiesen. Das eschatologische Programm war für ihn von nun an die Revolution.

Was Marx in der Einleitung zu seiner Kritik der Hegel'schen Rechtsphilosophie festgestellt hatte, das galt auch für zahlreiche Aktivisten der Achtundsechzigerbewegung: »Die Kritik der Religion ist die Voraussetzung aller Kritik.«[345] Sie hatten sich mit der Religion, der Religionskritik und dem Gottesbegriff zumeist intensiv auseinandergesetzt. Die einschlägigen Texte von Marx und Feuerbach, Kierkegaard und Nietzsche, Sartre und Camus, Jaspers und Heidegger zählten zu den weltanschaulichen Voraussetzungen der späteren Hinwendung zum Marxismus. Als jedoch die Zeit der politischen Aktionen gekommen war, schien jede weitere Auseinandersetzung mit der Religion überholt zu sein. Diese Phase war ideologische Vergangenheit, die mit einem ganzen Kodex an autoritären Pseudogewissheiten verbunden war und insofern als überwunden galt. Das hat mit dazu beigetragen, kein Sensorium für die Möglichkeit einer Transformation von Glaubensgehalten, den Wandel säkularer Formen der Religion in politische Überzeugungen, zu besitzen und der Offenkundigkeit eines solchen Prozesses gegenüber blind zu sein.

Dabei gab es unter den Exponenten der Achtundsechzigerbewegung regelrechte Gottessucher. Die Biografie des Hamburger Germanisten Peter Schütt etwa, der 1967 mit einer Arbeit über den Barockdichter Andreas Gryphius promovierte, ist von einer Suche nach dem Absoluten durchzogen. Als kürzlich die Frage nach dem Warum religiöser Konversion ins Zentrum öffentlicher Aufmerksamkeit geriet, stellte der ehemalige Sprecher des Hamburger SDS fest: »Ich bin mehr als mein halbes Leben lang auf der Suche nach der wahren Religion gewesen, und ich werde diese Suche, so Gott will, bis zu meinem Lebensende und vermutlich auch darüber hinaus fortsetzen.«[346]

Aufgewachsen war er als gläubiger Protestant. Da er die Enge seines lutherischen Elternhauses jedoch nicht mehr ertrug, konvertierte er als Neunzehnjähriger zum Katholizismus. Doch schon bald bot sich ihm eine neue Ordnungsmacht an, die an die Stelle der Kirche treten sollte. Im Zuge der Hamburger Studentenbewegung war er zunächst zum Denkmalstürmer geworden. Im Sommer 1967 stürzte er das vor der Universität befindliche Denkmal des deutschen Kolonialisten Hermann von Wissmann vom Sockel. Von nun an galt Schütt als Rädelsführer. Ihm wurde der Prozess gemacht. Schließlich musste er die Universität verlassen. Durch seine Vorstrafe war ihm eine akademische Karriere verbaut. Das war jedoch nicht mehr entscheidend. Sein Glaube war von einer politischen Überzeugung abgelöst, aus einem Katholiken war ein Kommunist geworden, jedoch kein freischwebender, sondern einer, der sich in einer festgefügten Organisation wiederfand, einer neuen, einer säkularen Kirche. Im Herbst 1968 gehörte er zu den Mitbegründern der DKP. Drei Jahre später stieg er in den Parteivorstand auf und übernahm 1973 die Rolle des Bundessekretärs im Demokratischen Kulturbund, in der Presse von nun an als »Hofdichter der DKP« gescholten. Als er sich anderthalb Jahrzehnte später zu Gorbatschows Glasnost-Politik bekannte, geriet er jedoch in Schwierigkeiten. Nachdem er vom Parteivorstand wegen Abweichlertum ausgeschlossen worden war, zog er einen Schlussstrich und trat nun seinerseits aus der DKP aus.[347] Doch der vom Kommunismus Enttäuschte war in seiner Suche nach transzendentaler Gewissheit keineswegs geläutert, sondern glaubte erneut, sein Heil im Glauben finden zu können. Bereits 1990 – die Berliner Mauer war gefallen, die SED hatte sich in PDS umbenannt und die DDR befand sich kurz vor ihrem Ende – trat er zum Islam über. Seitdem ist er gläubiger Muslim, der, wie es sich gehört, nach Mekka pilgerte und nun glaubt, seine religiöse Heimat in einer Moschee an der Hamburger Außenalster gefunden zu haben.[348] Doch wer will schon wissen, ob der Gottessucher Schütt damit an seinem Ziel angekommen ist.

In mehreren Metamorphosen hat er die Wandlungsfähigkeit seines Glaubens demonstriert: Vom Protestanten zum Katholiken, vom Katholiken zum Kommunisten und vom Kommunisten zum Muslim. Die Achtundsechzigerbewegung, der Marxismus und der Sowjetkommunismus waren für ihn, der sich inzwischen als Wertkonservativer begreift, lediglich ein Zwischenstadium. Die revolutionären Ideen waren eingebettet in Heils- und Erlösungsbestrebungen. Und im Nachhinein glaubt er bei sich eine ursprüngliche Disposition zum Islam ausmachen zu können. Bereits auf dem Höhepunkt der Studentenbewegung, rechtfertigt er seine neuerliche Konversion, habe er im Islam »eine Befreiungstheologie für die Völker der Dritten Welt« gesehen.

Doch Schütt ist keineswegs der Einzige, für den der Islam zum Ausweg aus einer Achtundsechziger-Radikalität wurde. Ein Aktivist der Frankfurter Szene, der Kommunarde Paul-Gerhard Hübsch, hat den Anschluss an seine neue Glaubensgemeinschaft ohne einen weiteren Umweg gesucht. Nach einer persönlichen Krise, die ihn zu einem Aufenthalt in einer psychiatrischen Klinik zwang, trat er bereits 1969 in die Ahmadiyya Muslim Jamaat ein.[349] Hübsch, der seitdem den Vornamen Hadayatullah trägt, tritt inzwischen als Imam Dschuma in der Nuur-Moschee im Frankfurter Stadtteil Sachsenhausen auf. Seinen spektakulären Wechsel vom Protagonisten der Hippiebewegung zum Anhänger einer muslimischen Reformbewegung hat er inzwischen auf die Formel gebracht: »Alles war Geheimnis. Vom LSD zum Islam«.[350] Die Sehnsucht nach Spiritualität, nach mystischem Ineinssein mit der Welt, die aus diesen Worten spricht, war auch den Protagonisten der ersten Kommunen nicht ganz fremd.

Als mehrere Kommunarden wegen der Verbreitung eines Flugblattes, in dem die provokative Parole »Burn ware-house burn« zu lesen war, vor Gericht gestellt worden waren, hatte sie der Religionsphilosoph Jacob Taubes mit dem Argument zu verteidigen versucht, sie gehörten nicht vor ein Tribunal, sondern in die Tradition der europäischen Avantgarde. Die von ihnen ebenso wie Jahrzehnte zuvor von den Surrealisten vertretene Aufforderung zur »Vernichtung der bürgerlichen Welt« stehe »außerhalb von Geschichte und Politik« und stelle deshalb nichts anderes dar als »eine poetische Fiktion«. Am Ende seines Gutachtens zog der Hermeneutiker, der sich mit einer Studie über die »Abendländische Eschatologie« habilitiert hatte, die Schlussfolgerung: »Die Kommune I ist ein Objekt für die Religionsgeschichte und Literaturwissenschaft, aber nicht für Staatsanwalt und Gericht.«[351] Damit hatte er ein zentrales Stichwort geliefert, das von den meisten Kommentatoren jedoch links liegen gelassen wurde. Die Kommunarden als »ein Objekt der Religionsgeschichte« zu begreifen, hätte gewiss eine andere Perspektive auf deren heilsgeschichtlich zugespitzte Forderungen eröffnen können.

Die Entstehung der Achtundsechzigerbewegung wäre undenkbar ohne die vorwiegend protestantisch geprägte Moralität ihrer Akteure. Es waren vor allem zwei zentrale Komplexe, die sich am Ende der sechziger Jahre historisch und politisch miteinander verzahnten und an denen sich die Empörung, zunächst von Studenten, dann immer mehr Angehörigen der jungen Generation, entzündete – die damals noch weitgehend unaufgearbeitete NS-Vergangenheit und das Schweigen der politischen Klasse angesichts der im Vietnamkrieg begangenen Verbrechen. Diese sich ausbreitende Glaubwürdigkeitskrise, deren Artikulation vor allem durch säkularisierte Formen des Protestantismus bestimmt gewesen ist, war der Nährboden für weitreichende Infragestellungen von Erziehung, Bildung, Justiz, Wirtschafts- und Pressepolitik, der Legitimität verschiedener Institutionen, aber auch der parlamentarischen Demokratie insgesamt gewesen.

Wie grenzenlos dabei die Identifikation mit den Opfern ausfallen konnte, verriet sich in Dutschkes mit heroischem Pathos vorgetragener Ansprache auf dem Internationalen Vietnam-Kongreß im Februar 1968 in West-Berlin. Um die Notwendigkeit sofortigen Handelns zu unterstreichen, erklärte er: »Genossen! Wir haben nicht mehr viel Zeit. In Vietnam werden auch wir tagtäglich zerschlagen und das ist nicht ein Bild und keine Phrase. … Wir haben eine historisch offene Möglichkeit. Es hängt primär von unserem Willen ab, wie diese Periode der Geschichte enden wird.«[352] Der Imperialismus war ihm kein abstraktes System mehr. Dessen

Globalität führte ihn dazu, die Angriffe der US-Armee auf die vietnamesische Zivilbevölkerung zugleich auch als Angriffe auf sich selbst zu verstehen. Von dieser Unmittelbarkeit der Empathie, der Ineinssetzung mit den geschundenen Opfern und deren Leiden, glaubte er sich leiten lassen zu müssen.

Die Emphase, mit der sich Dutschke an seine Zuhörer wandte, trug alle Anzeichen einer heilsgeschichtlichen Erwartung, einer quasireligiösen Verkündigung. Er bezog sich auf zwei tote Helden, Che Guevara und Frantz Fanon, und sprach vom »neuen Menschen des 21. Jahrhunderts«, der die Voraussetzung für eine »neue Gesellschaft« darstelle. Er zitierte aus Fanons antikolonialistischem Traktat »Die Verdammten dieser Erde«, um damit die Versammelten aufzurütteln: »Los, meine Kampfgefährten, es ist besser, wenn wir uns sofort entschließen, den Kurs zu ändern. Die große Nacht, in der wir versunken waren, müssen wir abschütteln und hinter uns lassen. Der neue Tag, der sich schon am Horizont zeigt, muß uns standhaft, aufgeweckt und entschlossen antreffen.«[353] Die »große Nacht«, der »neue Tag«, die »neue Gesellschaft« und der »neue Mensch« – das alles waren in ihrer raunenden Unbestimmtheit Formeln, die wohl eher in einer Predigt als auf einer politischen Solidaritätsveranstaltung angemessen gewesen wären.

Die Vorstellung vom »neuen Menschen« gehört zur säkularen Religionsgeschichte, die auch in der Moderne nicht einfach verschwunden, sondern über das Christentum hinaus in den unterschiedlichsten sozialen Strömungen erkennbar geblieben ist.[354] So spielte sie auch hundert Jahre zuvor in der deutschen Jugendbewegung eine große Rolle. Der Schulreformer Gustav Wyneken etwa, der beim berühmten Treffen 1913 auf dem Hohen Meißner als Hauptredner aufgetreten war, hatte für die Wandervogelbewegung das »Ganze einer neuen Lebensführung« als entscheidende Zielsetzung hervorgehoben.[355] Die Jugend, argumentierte er, sei Trägerin eines neuen Körpergefühls, das gerade dabei sei, seinen weltgeschichtlichen Durchbruch zu erleben.

Die Idee, dass es zur Gesellschaftsveränderung, zur Revolutionierung des Bestehenden notwendig sei, einen »neuen Menschen« zu kreieren, galt in den Kerngruppen der Achtundsechzigerbewegung mehr oder weniger als Selbstverständlichkeit. Sich selbst, dem von der »alten Welt« geprägten Menschen, stand man mit Misstrauen gegenüber. Um das Projekt einer »befreiten Gesellschaft« voranbringen zu können, schien ein radikaler Schnitt, ein wirklicher Neuanfang erforderlich zu sein. Da dieser »neue Mensch« nun aber nicht aus der Retorte kommen konnte, bedurfte es einer Art Nachschöpfung. Der »neue Mensch« sollte im Kampf geboren werden, die Gewalt seine Geburtshelferin sein und Che Guevara in diesem Akt die Ikone.

Die heillose Überspanntheit, mit der Dutschke im Februar 1968 meinte, die Aktivisten der Berliner Studentenbewegung als Glied einer weltumspannenden antiimperialistischen Front begreifen zu können, vereinigte im Kern die Merkmale eines neuen, sozialistisch zugespitzten Protestantismus, dessen Kennzeichen der Theologe Paul Tillich bereits nach der Schockerfahrung des Ersten Weltkriegs herausgestrichen hatte: das Prinzip personaler Autonomie, ein dynamisches Geschichtsbewusstsein, das im Kairos, dem erfüllten Augenblick, gipfelte, und der Wille zur Entscheidung, die Stärke zur Entschlossenheit.

Aus dem Zusammenspiel dieser Faktoren resultierte ein dynamischer Subjektivismus: »Autonomie ... macht die Religion von der persönlichen Entscheidung des Menschen und sein Innenleben allein von ihm selbst abhängig.«[356] Die erfüllte Zeit des Kairos steht im christlichen Glauben für das Erscheinen »Jesus als des Christus«, für den »Wendepunkt in der Geschichte, in dem das Ewige das Zeitliche richtet und umwandelt«.[357] Tillich spricht von der »Forderung eines Gegenwartsbewußtseins und Gegenwartshandelns im Geiste des Kairos«. In jedem dieser Augenblicke sei »das Reich Gottes nahe herbeigekommen«, denn in ihm vollziehe sich »eine welthistorische, unwiederholbare, einmalige Entscheidung für oder gegen das Unbedingte«.[358] Angesichts dieses messianisch aufgeladenen Zeitgefühls lässt sich auch begreifen, warum es Dutschke so sehr darauf ankam, zu betonen, dass die erste Pflicht des Revolutionärs darin bestehe, sich selbst zu revolutionieren. Erst indem der zur Revolution Ausersehene die alte Welt von sich abschüttle, sich von deren Deformationen freimache, sei er als Subjekt auch dazu in der Lage, die Revolution zu vollbringen.

Der 1940 im brandenburgischen Luckenwalde geborene Dutschke war mehr als nur protestantisch sozialisiert.[359] Er entstammte einem gläubigen Elternhaus, war als Heranwachsender Mitglied in der Jungen Gemeinde, verstand sich zeitlebens als

Christ, besuchte auch später im Westen weiterhin regelmäßig den Gottesdienst, heiratete mit Gretchen Klotz eine amerikanische Theologiestudentin und begriff sein politisches Wirken als eine konsequente Folge aus dem Christentum. In einer Rückbetrachtung bezeichnete er sich als »junger Sozialist mit christlicher Grundstruktur«.[360] Kurzum, sein Glaube war aufgehoben in seiner Vision vom gerechten Revolutionär.

Mit Jürgen Miermeister hat es einer seiner kenntnisreichsten Biografen sogar gewagt, Parallelen zwischen Dutschke und Jesus zu ziehen. Er charakterisiert den Protagonisten der Achtundsechzigerbewegung als einen »verkehrten, nicht-himmlischen Jesus«: »Jesus wurde, so die Überlieferung, Weihnachten geboren – Dutschke starb am 24. Dezember. Jesus starb Karfreitag am Kreuz – Dutschke wurde um Ostern geboren und an einem Gründonnerstag (11. April) von drei Revolverkugeln getroffen, die ihn nach elf Jahren töteten. Beide Revolutionäre wurden etwa 40 Jahre alt. Hinzuzufügen wäre dem: beide kamen aus dem ›Volk‹, verstanden und sprachen dessen Sprache. Beide kamen vom Land, aus bäuerlichem Milieu. Beiden wurde die Stadt – Jerusalem/Berlin – zum Verhängnis.« Er setzte die Analogien fort: Beide hätten viel gelesen, über Kenntnisse der alten Schriften verfügt, »konnten jederzeit in ihren aufsehenerregenden Reden sich auf die Wahrheit ihrer Propheten berufen – und diese ihren Feinden oder zweifelnden Freunden/Jüngern entgegenschleudern. Beide scharten Gefährten um sich (Frauen waren nicht dabei), beide hatten in den schönsten und schwersten Stunden stets ihre Lieblingsjünger um sich (Johannes/Gaston Salvatore), beide waren sich ihrer Mission und Rolle als HERR, FÜHRER, MEISTER hoch bewußt (der deutsche Sozialist Dutschke hatte mit der Selbst-Bezeichnung Führer nie ein Problem).« Beide hätten an die Wiederkunft geglaubt und daran, in einer großen Zeit zu leben, in einer Zeit, »die reif war für eine neue Wirklichkeit, in einer geschichtlichen Umbruch- bzw. End-Zeit. Beide wollten befreiend wirken – Jesus allerdings nur mit dem Wort … Anders der christliche Marxist Dutschke.«[361]

Auch wenn die Analogiebildungen nicht in jeder Hinsicht überzeugen können und oftmals purem Zufall geschuldet sein dürften, so war Dutschke sich seiner quasireligiösen Rolle durchaus bewusst und suchte deshalb – wie etwa am 20. Juni 1967 in der Neu-Westend-Kirche oder am Heiligabend desselben Jahres in der Kaiser-Wilhelm-Gedächtniskirche – absichtlich Kirchenkanzeln auf, um seinen politischen Forderungen zugleich das Gewicht seines christlichen Glaubens und damit einen nahezu religiösen Charakter zu verleihen. Für die Skandalisierung des Vietnamkrieges und die damit verbundene Moralisierung des Politischen konnte es kaum einen geeigneteren Platz als ein Gotteshaus geben.

Das Bild vom Jesus-ähnlichen Revolutionär ist im Übrigen kein im Nachhinein erzeugtes, sondern war in den Printmedien des Jahres 1968 durchaus präsent. Allerdings wurde es auf einen anderen Rebellen bezogen. Im Fokus dieser Perspektive stand mit Ernesto Che Guevara eindeutig ein Mann, den bereits seit seiner herausragenden Rolle im Zuge der kubanischen Revolution eine quasireligiöse Aura umgab und der spätestens mit seiner Ermordung im bolivianischen Dschungel 1967 zu einer Art Märtyrer geworden war. Sein Konterfei schmückte im Juli des darauffolgenden Jahres ein Titelbild des *Spiegel*, mit dem dieser eine Serie über den Rebellen begann: »Che Guevara – Erlöser aus dem Dschungel«. Bereits wenige Monate nach seinem Tod war Guevara zur Christus-Ikone geworden. Die Stilisierung stammte von dem französischen Maler Gabriel Pascalini, hatte als Poster bereits große Verbreitung gefunden und wurde in der Hausmitteilung des Magazins als »Pop-Produkt« bezeichnet.

In einem in demselben Heft abgedruckten Interview, das der französische Journalist Jean Marcilly mit Guevara 1966 in Venezuela geführt hatte, propagierte dieser als seine Vorstellung einer revolutionären Umwälzung Lateinamerikas eine regelrechte Endzeitvision: »Solange man lebt, muß man vorwärtsgehen ... Die Revolution muß ein Akt der Maßlosigkeit sein, dessen Wellen alles unter sich begraben ... Damit die Menschen aus diesem Elend herauskommen – sofern sie es überhaupt wollen –, gibt es nur ein Mittel: Alles in Feuer und Blut ersticken, bis die Wanzen, die sich vom Schweiß der anderen mästen, verreckt sind. Einen anderen Weg, eine andere Hoffnung gibt es nicht.«[362] Guevaras Revolutionsbild bestand demnach in einer einzigen Apotheose der Gewalt. Der aus Argentinien stammende Guerillero, der offenbar vor keiner Brutalität zurückschrecken wollte, die Intellektuellen ebenso verachtete wie Kommunisten, deren Parteien die Durchführung revolutionärer Aktionen angeblich schon durch ihre Existenz lähmten, war ursprünglich ein sozial engagierter Arzt gewesen, der so lange Leprakranke behandelt hatte, bis er entdeckte, dass die einzige Lepra, deren Krusten man abreißen müsse, »die soziale Lepra« sei.

Von allen lateinamerikanischen Revolutionären bewunderte er am meisten einen Vorkämpfer der Theologie der Befreiung, den kolumbianischen Geistlichen Camilo Torres. Den religiös inspirierten Guerillakämpfer, der im Februar 1966 bereits im ersten Gefecht sein Leben verloren hatte, beschrieb er in dem Gespräch als einen Mann, der die richtige Wahl getroffen habe: »Der Pfarrer mußte sich entscheiden, ob er die Absolution erteilen oder seinen Nächsten durch eine Salve aus der Maschinenpistole ins Jenseits befördern sollte. Er hat sich für die Maschinenpistole entschieden, und deswegen wird ihm auf Erden wie im Himmel viel verziehen werden!«[363]

Und im Frühjahr 1969, zum Jahrestag des Attentats auf Rudi Dutschke, erschien im Magazin *konkret* – seinerzeit so etwas wie das insgeheime Zentralorgan der Achtundsechzigerbewegung – eine doppelseitige Abbildung, die da Vincis berühmtem »Letzten Abendmahl« nachgebildet war.[364] Die Montage ist mit dem Titel »Gastmahl im Republikanischen Club zu Westberlin« unterschrieben. An der langgestreckten Tafel ist zwischen seinen zwölf Jüngern ein Jesus-gleicher Che Guevara zu sehen, zu dem es heißt, dass er im Jahr zuvor bereits auf vielen Plakaten »auferstanden« sei, damit der Mailänder Verleger Giangiacomo Feltrinelli hätte »absahnen« können; ihm zur Rechten und zur Linken sitzen in bildgetreuer Körperhaltung Günter Amendt, Daniel Cohn-Bendit, Rudi Dutschke, Hans-Jürgen Krahl, Rainer Langhans, Wolfgang Lefèvre, Horst Mahler, Bernd Rabehl, Karl Heinz Roth, Gaston Salvatore, Christian Semler und Fritz Teufel, etwas unvermittelt am rechten Tischkopf ist Mao Tse-tung platziert. Da Vinci wollte jenen dramatischen Moment zeigen, als Jesus seinen Jüngern gerade eröffnet hatte, dass sich einer unter ihnen befände, der ihn verraten würde. Die Stelle des Verräters Judas Ischariots nimmt in der Nachbildung Horst Mahler ein, der hinter seinem Rücken ein Messer verbirgt. Die von dem späteren RAF-Mitglied Peter Homann verfasste Bildunterschrift, die die Einzelnen mit kalauernden Sprüchen charakterisiert, vermittelt jedoch weniger den Eindruck huldvoller Gläubigkeit, sondern eher den einer Groteske oder einer Satire.

Die meisten Galionsfiguren der Achtundsechzigerbewegung waren protestantisch sozialisiert. Auch Benno Ohnesorg, dessen Name zum tragischen Startsignal der Bewegung wurde, war Protestant und Mitglied in der Evangelischen Studentengemeinde (ESG). Der Protest ist im Protestantismus ja bereits im Wortstamm angelegt. Zu protestieren schien insofern zum Wesen einer gelebten protestantischen Überzeugung zu gehören.[365] Es konnte kaum Zufall sein, dass zentrale Akteure der Achtundsechzigerbewegung dem linksprotestantischen Milieu entstammten und aufs Engste mit Vertretern der Bekennenden Kirche, aus der sich in den fünfziger Jahren die Opposition gegen die Regierung Adenauer maßgeblich gespeist hatte, sowie den von ihnen beeinflussten Studentengemeinden verbunden waren. Unter ihren Mentoren waren herausragende Theologen wie etwa Helmut Gollwitzer, Martin Niemöller und Kurt Scharf, die anfangs die meisten Zielsetzungen der protestierenden Studenten unterstützten, jedoch schon bald eindringlich vor den sich im Gestus Luther'scher Unbedingtheit ausbreitenden Gewaltanwendungen warnten und dann später in Konfliktsituationen – wie Heinrich Albertz etwa während der Lorenz-Entführung – bereit waren, die Rolle von Vermittlern zu übernehmen.

Ein zentrales Stichwort lieferte Gollwitzer am 3. Januar 1980 in der Beerdigungspredigt für den an den Spätfolgen des Attentats gestorbenen Rudi Dutschke. Auf dem St. Annen-Friedhof in Berlin-Dahlem unmittelbar vor der Kirche stehend, in der er nach der Verhaftung Niemöllers 1937 zusammen mit anderen Gläubigen acht Jahre lang zweimal täglich eine Fürbitte für alle vom NS-Regime Verfolgten abgehalten hatte, sprach er von »Selbstlosigkeit«. Dutschke, betonte er ganz im Gegensatz zu Miermeister, habe nie Führer, Chefideologe oder Autorität sein wollen: »Für ihn galt, was Che Guevara in dem Abschiedsbrief an seine Eltern von sich sagt: er war ›einer von denen, die ihre Haut hinhalten, um ihre Wahrheiten zu beweisen‹. Sein Mut kam aus seiner Selbstlosigkeit und seine Selbstlosigkeit daraus, daß er es gut meinte mit den Menschen – in der Tat ein Nachfolger dessen, der es gut meint mit uns Menschen.«[366] Indem Gollwitzer mit Letzterem unzweifelhaft den von Nazareth meinte, stellte er Dutschke gemeinsam mit Che Guevara keinem Geringeren als Jesus an die Seite. Aus Gollwitzers Sicht glaubten sie alle, für ihre Mitmenschen ihr Leben zu lassen.

Alle drei waren aus dieser christlich-existenzialistischen Perspektive Selbstlose. Und Albertz gab seinem Nachruf auf Dutschke in einer Mischung aus Distanzierung und Bewunderung den Titel: »Die Bergpredigt wörtlich verstanden.«

Noch stärker zugespitzt als im Rahmen der Achtundsechzigerbewegung ist das Phänomen des Protestantismus in einer der aus ihr hervorgegangenen Sekten in Erscheinung getreten – der RAF. Die Untergrundgruppe war von drei protestantisch und einem katholisch sozialisierten Apologeten des bewaffneten Kampfes gegründet worden – Gudrun Ensslin, Ulrike Meinhof und Horst Mahler sowie Andreas Baader. In diesem Quartett trat die protestantische Prägung bei den beiden Frauen, von denen eine aus einem evangelischen Pfarrhaus stammte, am deutlichsten hervor. Und die Rolle des bald dominierenden Baader unterschied sich auf markante Weise; sie war weder weltanschaulich noch moralisch, sondern eher habituell geprägt.

Pastor Helmut Ensslin äußerte einem Fernsehreporter gegenüber ein erstaunliches Verständnis für die spektakuläre Brandstiftung, die seine Tochter Gudrun im April 1968 zusammen mit Baader und zwei anderen in zwei Frankfurter Kaufhäusern begangen hatte: »Für mich ist erstaunlich gewesen, daß Gudrun, die immer sehr rational und klug überlegt hat, fast den Zustand einer euphorischen Selbstverwirklichung erlebte, einer ganz heiligen Selbstverwirklichung, so wie geredet wird vom heiligen Menschentum. Das ist für mich das größere Fanal als die Brandlegung selbst, daß ein Menschenkind, um zu einer Selbstverwirklichung zu kommen, über solche Taten hinweggeht.«[367]

In einer gründlichen sozialwissenschaftlichen Untersuchung, die das Bundesinnenministerium 1978 im Anschluss an die Schleyer-Entführung zum bundesdeutschen Terrorismus in Auftrag gegeben hatte, ging es auch um die Rolle religiöser Überzeugungen. Damals waren in einer Datenerhebung zweihundertfünfzig Personen erfasst worden, von denen mit 227 die weitaus meisten aus linksextremen terroristischen Gruppierungen stammten. Beinahe drei Viertel, genau achtundsechzig Prozent, linker Terroristen waren in einem evangelischen Milieu aufgewachsen und nur sechsundzwanzig Prozent in einem katholischen.[368] Dieses Verhältnis stimmt mit der erwähnten Verteilung innerhalb des RAF-Gründerquartetts ziemlich genau überein. Der Soziologe Gerhard Schmidtchen sprach in diesem Zusammenhang gar von einer »religiösen Desozialisation« und gelangte zu dem Schluss: »Ein religiös inhaltsleer gewordener Protestantismus ist das formale Erziehungsgefäß für Ideologien und politische Überzeugungstäter.«[369] Dabei spielte seiner Ansicht nach die Figur eines absoluten Bewusstseins eine verhängnisvolle Rolle. Man habe es bei der RAF mit der Transformation eines religiösen in einen politischen Absolutheitsanspruch zu tun. Als sich die »Mission mit dem Wort« als unwirksam erwiesen habe, sei für die Betreffenden nur noch eine Alternative in Frage gekommen: »Entweder die Resignation oder die Mission mit der Waffe«.[370] An die Stelle der »Wortmission« sei die Mission der Tat getreten. Diese Konsequenz wollte Schmidtchen allerdings nicht für den Protestantismus in Gänze gelten lassen, sondern nur für dessen mystische Komponente, den Pietismus.

Bereits für den Anthropologen und Soziologen Helmuth Plessner war der Protestantismus die »Religion der Konzessionslosigkeit«, weil jeder Mensch unmittelbar zu Gott stehe und insofern einen »Bruch mit der Wirklichkeit« darstelle. In seiner 1924 erschienenen Radikalismus-Kritik »Grenzen der Gemeinschaft« arbeitet er das Christentum der Evangelien als Wurzel für den Radikalismus heraus.

Als einen besonders wichtigen Exponenten bezeichnet er darin Rousseau: »Großes ist von ihm ausgegangen, aber etwas Furchtbares hat sich durch seine Lehren in den Köpfen verfestigt, der Glaube an die Erneuerungsmöglichkeiten des Menschen durch bewußten Rückgriff auf die Quellen der menschlichen Natur ... die Hoffnung auf Rückkehr zum entkomplizierten Urleben, auf Wiedergewinnung des Gemeinschaftsfriedens ist trügerisch, ein Symptom jener schlechten Zwiespältigkeit der neueren Welt.«[371] Das »Los von der Zivilisation«, das die Jugendbewegung zu Beginn des 20. Jahrhunderts mit ihrer Fluchtbewegung in die Natur vorweggenommen hat, ist ihm identisch mit einem »Empor zur Gemeinschaft«, der Sehnsucht nach einem Kollektiv, in dem die Gefühle den Ton angeben.

Rousseau, die Romantik und die Religion – hier schließt sich die ursprungsmythologisch aufgeladene Form der Radikalität. Nicht umsonst galt der »Wilde« als Inkarnation der Rebellion. Und in dem im Frühjahr 1968 in den USA gedrehten Roadmovie »Easy Rider« lieferte die nach dem Hesse-Roman benannte kanadische

Rockband Steppenwolf den passenden Soundtrack: Ihr Hit »Born To Be Wild« zitiert die Parole des Rousseauismus und bringt wie kaum ein anderer das so unbestimmte wie unbegrenzte Freiheitsgefühl einer ganzen Generation zum Ausdruck, während Peter Fonda und Dennis Hopper auf ihren Harleys der Zivilisation zu entfliehen und – wie sich am Ende herausstellt, vergeblich – ein ursprüngliches Amerika zu entdecken versuchen.

XII.

Fazit

Welche Schlussfolgerungen lassen sich nun aus der Zeitreise durch die verschiedenen Kapitel der Achtundsechzigerbewegung und ihrer Nachwirkungen ziehen? Seit Längerem hat sich in ihrer politischen Bewertung und zeithistorischen Einordnung eine Standardfigur durchgesetzt. Das am häufigsten zu hörende Ergebnis lautet, politisch sei die damalige Bewegung zwar auf der ganzen Linie gescheitert, soziokulturell jedoch habe sie, wenn auch unbeabsichtigt, im Nachhinein eine Reihe von Erfolgen gezeitigt. Diese Einschätzung erweckt aufs Erste einen plausiblen Eindruck, muss aber nach der vorliegenden Untersuchung gleichwohl als zu pauschal kritisiert und in einigen Punkten relativiert werden. Sie bedarf sowohl einer Korrektur als auch einer Präzisierung. Die Unterscheidung zwischen einer politischen und einer soziokulturellen Sphäre bleibt dabei allerdings auch weiterhin von grundlegender Bedeutung.

Die Bilanz in politischer Hinsicht ist weniger negativ als ursprünglich angenommen. Neben den Niederlagen in der Kampagne gegen die Pressepolitik des Axel Springer Verlags und beim Versuch, eine Drittelparität an den Hochschulen durchzusetzen,[372] sind zumindest drei Erfolge zu verzeichnen: ein bislang nur selten eingeräumter Teilerfolg in der Antinotstandsbewegung und ein fast vollständig ignorierter Erfolg in der Bekämpfung der NPD, deren Einzug in den Bundestag im Herbst 1969 scheiterte. Daraus resultiert der dritte Erfolg, zu einer parlamentarischen Mehrheit für die Bildung einer sozialliberalen Koalition maßgeblich beigetragen und auf diese Weise innen- wie außenpolitisch eine reformorientierte Politik ermöglicht zu haben.

Als Bundespräsident Gustav Heinemann am 21. Oktober 1969 in der Villa Hammerschmidt die Ernennungsurkunde an den neuen Bundeskanzler Willy Brandt überreichte, erklärte er feierlich: »Dies ist eine Zäsur in der Geschichte Deutschlands.«[373] Und der *Spiegel*, der diesen markanten Ausspruch notierte, ließ es sich in seiner nächsten Ausgabe nicht nehmen, die nötigen historischen Details nachzureichen, um die Tiefe dieses Einschnittes zu veranschaulichen. Seit Gründung der Bundesrepublik waren zwanzig Jahre vergangen, bis es ein Sozialdemokrat erstmals geschafft hatte, Regierungschef zu werden. Und mit neununddreißig Jahren lag beinahe die doppelte Zeitspanne zurück, seitdem mit Hermann Müller zum letzten Mal ein Sozialdemokrat Kanzler gewesen war. Als historische Krönung musste allerdings die Tatsache erscheinen, dass auf den Tag genau einundneunzig Jahre zuvor unter Bismarck das Sozialistengesetz – die genaue Bezeichnung lautete »Gesetz gegen die gemeingefährlichen Bestrebungen der Sozialdemokratie« – verabschiedet und damit die Sozialdemokratie zum Staatsfeind erklärt worden war. Nun also, nach so vielen historischen Rückschlägen und zähen Durststrecken, führte die SPD, die während der Großen Koalition noch eine Kröte wie den Bundesfinanzminister Franz Josef Strauß hatte schlucken müssen, wieder die Regierung an. Die Staatsfeinde von einst, die mit dem Godesberger Programm das Korsett einer Klassenkampforganisation abgeworfen, sich in Richtung auf die politische Mitte bewegt und als Volkspartei ein verändertes Profil gegeben hatten, waren an der Staatsspitze angelangt. Und der Mann, der sie anführte, war von der Opposition jahrelang als Vaterlandsverräter diskreditiert und geradezu verfemt worden. Wie kaum einem anderen war dem einstigen Sozialisten, der als Herbert Frahm die Nazis bekämpft hatte und nach Norwegen emigriert war, die Bedeutung des Machtwechsels klar. Am Wahlabend hatte er sich gar zu der persönlich gefärbten Formulierung hinreißen lassen: »Jetzt hat Hitler endgültig den Krieg verloren.«[374] In diesen Worten schwang eine historische und moralische Dimension mit, die aus der sonst in Bonn gepflegten Alltagspolitik nicht zu hören war.

Dieser Machtwechsel wäre ausgeschlossen gewesen, wenn die NPD den Sprung in den Bundestag geschafft hätte. Ohne die Aktivitäten der APO wäre die Absicht der Rechtsradikalen womöglich aufgegangen und es hätte vielleicht sogar eine andere Republik gegeben. Auf jeden Fall aber wäre mit den Rechtsradikalen im Parlament die Bildung einer sozialliberalen Koalition rein numerisch ausgeschlossen gewesen. »Adolf von Thadden, der Bonn im Sturm nehmen wollte«, schrieb die *Zeit* in einem Kommentar zum Ergebnis der Bundestagswahlen, »kam nur bis Kassel ... er erlebte sein Cannae ... als einer seiner Leibwächter nach einer verbotenen Wahlkundgebung eine Mauser-Pistole zog und schoß. Seit diesem 16. September geht die Nationaldemokratische Partei Deutschlands ihrem Ende entgegen.«[375] Auch wenn sich diese Prognose angesichts ihrer Fortexistenz und der Erfolge auf Landesebene als voreilig erwiesen hat, so verrät der Kommentar jedoch, worin der größte politische Erfolg der APO und damit der Achtundsechzigerbewegung vermutlich bestanden hat.

Die politische Entwicklung der Bundesrepublik – so lässt sich mit einem Abstand von vier Jahrzehnten konstatieren – stand 1968/69 tatsächlich auf der Kippe. Die als »Vernunftehe« zwischen Konservativen und Sozialdemokraten angesehene Große Koalition war nur eine Zwischenstation, die eine Entscheidung, in welche Richtung es weitergehen sollte, für einen Zeitraum von knapp drei Jahren aufgehoben hatte. Die Frage war, ob sich die Waage nach links oder rechts neigen würde. Die Alternative lautete natürlich nicht: NPD oder APO. Sie lautete SPD/FDP oder CDU/CSU, Reformer oder Konservative. Es war eine Richtungsentscheidung. Als sie bei den Bundestagswahlen im September 1969 gefällt wurde, fiel sie denkbar knapp aus; sie war jedoch ausreichend, um einer anderen, einer sozialliberalen Reformpolitik den Weg zu bereiten. Dies wäre kaum denkbar gewesen ohne die Aktivitäten der Protestbewegung 1968/69, ohne die Antworten der APO auf die drohende NPD.

Die Bilanz in soziokultureller Hinsicht fällt dagegen problematischer aus als das zumeist, auch von mir selbst, angenommen worden ist. Die Chiffre »68« steht ja nicht nur für einen starken Reformimpuls, sondern zugleich auch für einen fundamentalen Angriff auf die Gesellschaft als einen Traditionszusammenhang von Identitätsmustern, Werten und Mentalitäten. Ohne den Resonanzkörper der NS-Vergangenheit hätte dieser Vorstoß gewiss keine solche Wucht gewinnen können. 1945 war das »Dritte Reich« zwar militärisch besiegt worden, die deutsche Gesellschaft hatte jedoch als sozialer, kultureller und mentaler Zusammenhang fortexistiert. Auch wenn es nach Kriegsende eine scharfe politische Zäsur gab – es fehlte eine dementsprechende soziokulturelle Wende. Die ohnehin nur halbherzig durchgeführte Entnazifizierung betrachteten die meisten Deutschen zudem als eine bloße Zwangsmaßnahme der Besatzungsmächte. Das gesellschaftliche Nachwirken der NS-Zeit wurde in den Anfangsjahren der Bundesrepublik nicht weiter hinterfragt. Auch in den folgenden Jahren der Adenauer-Ära, die sich auf den Wiederaufbau fixiert hatte, ist dieser Wirkungszusammenhang kaum problematisiert worden. Erst unter den Intellektuellen der jüngeren Generation entstand ein Bewusstsein von den in dieser Hinsicht fragilen Grundlagen der Nachkriegsdemokratie.

Doch die Attacke auf die Traditionsbestände der Nachkriegsgesellschaft war auch mit der Infragestellung jener verkoppelt gewesen, die diesen Angriff vortrugen. Die Akteure misstrauten ihrer eigenen Innenausstattung, zweifelten an sich selbst und öffneten eine Dimension, die bis dahin in der Politik nichts zu suchen gehabt hatte und der Privatsphäre vorbehalten gewesen war. Sie machten ihre Subjektivität zum Gegenstand öffentlicher Auseinandersetzung. Dabei sollte nicht einmal die Intimsphäre ausgespart bleiben, jenes letzte Tabu der bürgerlichen Gesellschaft, an dem sich Freud seit der Jahrhundertwende mit der Psychoanalyse so nachhaltig abgearbeitet hatte. Der Ödipuskomplex, die frühkindliche Sexualität und die libidinöse Dimension in den persönlichen Beziehungen wurden offen thematisiert. Die Absicht, die als Repressionszusammenhang entlarvte Familie durch andere Kollektivformen zu ersetzen und auf diese Weise mit der Kernzelle der alten Gesellschaft Tabula rasa zu machen, war unverkennbar. Dabei wurden individuelle Freiheiten jedoch immer häufiger missverstanden als Freilassung einer vermeintlich ursprünglichen Natur: Einer »repressiven« Gesellschaft wurde eine »freie« Natur entgegengesetzt. Diese unfreiwillige Dialektik nicht erkannt zu haben, macht die insgeheime Tragik im aktivistischen Kernbereich der Achtundsechzigerbewegung aus.

Bereits in den Zielen, die sie in ihrer Attacke auf die bürgerliche Gesellschaft verfolgt hatte, wurde im Übergang von staatlichen und gesellschaftlichen Infrastrukturen zu persönlichen und intrapsychischen Charakterformen deutlich, dass darin neben aller Kritik und Destruktion auch ein nicht unerhebliches Erneuerungspotenzial enthalten war. Im Kern ging es immer auch um die Entfesselung des Individuums, dessen Persönlichkeitssphäre als höchst eingeschränkt empfunden wurde.

Die Achtundsechzigerbewegung war trotz aller illiberalen Züge zugleich auch eine »Freiheitsrevolte« (Joschka Fischer) und darin dem von ihr als heuchlerisch denunzierten Liberalismus, wenn auch in einer radikalen, oftmals libertär-anarchistischen Form, verbunden. Das Subjekt sollte in seinem Innersten von seinen Panzerungen befreit werden und seine Bedürfnishaftigkeit in einer neuen, ursprünglichen Weise geltend machen. Erklärtes Ziel war es, die Gesellschaft auf eine neue Grundlage zu stellen.

Die experimentelle Erprobung einer neuen Kollektivität hätte allerdings keine so nachhaltigen Folgen erzeugen können, wenn sie nicht durch die Massenmedien – sei es aus voyeuristischer Neugierde oder ernsthaftem Interesse – eine so außergewöhnliche Aufmerksamkeit erfahren hätte.

Dabei standen Kommune- und Kinderladenprojekte eine Zeit lang im Zentrum des öffentlichen Interesses. Sie waren nichts anderes als Modelle zur Vergemeinschaftung, die wiederum zu Grundelementen einer Vergesellschaftung hätten werden sollen. Doch anstatt das Alltagsleben auf eine neue Basis zu stellen, kamen diese neuartigen Sozialformen nur selten über ihre Experimentalphase hinaus. Dafür waren nicht nur die Ansprüche an ihre Mitglieder zu gewaltig und die Spannungen, die im Zuge ihrer Realisierung auftraten, zu groß, sondern auch ihre rückwärtsgewandten, auf die Revitalisierung einer vermeintlich ersten Natur ausgerichteten Kräfte zu übermächtig.

Ihre gesellschaftsverändernde Rolle wurde schließlich in einer reduzierteren Form von der Wohngemeinschaft übernommen. Bei ihr stand – wie der Name bereits verriet – das gemeinsame Wohnen im Vordergrund und nicht mehr irgendein revolutionärer, mit der Einheit von politischem Kampf und Revolutionierung des Alltagslebens verknüpfter Avantgardeanspruch. Die Kampf- und Lebensgemeinschaft wich dem unverbindlichen Zusammenleben junger Leute aus zumeist studentischem Milieu, das auch mit finanziellen Vorteilen begründet wurde. Doch selbst unter dieser aufs Pragmatische reduzierten Ausgangsbedingung begannen die Wohngemeinschaften eine neue soziale Funktion wahrzunehmen.

Die jungen Leute lebten einerseits nicht mehr bei ihren Eltern, andererseits aber auch nicht vereinzelt, sondern in Kleingruppen, in denen die Alltagsaufgaben gemeinsam verabredet und arbeitsteilig erledigt wurden. Die Wohngemeinschaft breitete sich in den siebziger Jahren als eine Alternative bundesweit aus. Während es von den Kommunen in den Zentren der Studentenbewegung zunächst nur Dutzende und später höchstens Hunderte gegeben hatte, entstanden Hunderttausende an Wohngemeinschaften. Was diese der Kommune gegenüber an Radikalität verloren hatte, kompensierte sie durch ihre quantitative Dimension und ermöglichte auf diese Weise einen gesellschaftlichen Wandlungsprozess, in dem sowohl der Ehe als auch der bürgerlichen Kleinfamilie vorübergehend oder dauerhaft eine Absage erteilt wurde. Im Hinblick auf ihre soziokulturelle Funktion war sie gesellschaftlich betrachtet weitaus erfolgreicher.

Zusammengefasst lässt sich festhalten: Die Achtundsechzigerbewegung war alles andere als eine homogene Strömung. Sie war eine mehrschichtige und in sich zum Teil widersprüchliche Bewegung. Neben den Gradualisten, die eine Veränderung im Rahmen der bestehenden Staats- und Gesellschaftsordnung anstrebten, existierten die Maximalisten, die jede Reform als ein Zugeständnis an Kapitalismus und Klassengesellschaft ansahen und auf einen Bruch mit dem politischen System und seinen Institutionen setzten.

Die zwischen 1967 und 1969 tonangebende Kraft war zweifelsohne diejenige, die sich selbst als »antiautoritäre Bewegung« bezeichnete. Von ihr gingen die meisten Initiativen aus, sie formulierte auch die am weitesten gehenden politischen Kampfziele, sie war mit dem SDS als ihrem Motor die eigentliche Kraft- und Ideenquelle der meisten außerparlamentarischen Unternehmungen. Da eine ihrer zentralen Zielsetzungen darin bestand, den Staat abzuschaffen und die bürgerliche Gesellschaft radikal umzuwandeln, kann die Wirkung der Achtundsechzigerbewegung auch nicht in einem unmittelbaren Sinne als eine »Fundamentalliberalisierung« verstanden werden. Weil ihre dominanten Kräfte auf einen Bruch mit der als Klassengesellschaft verstandenen Bundesrepublik samt ihrer Institutionen aus waren, konnte es keine Kontinuität und insofern auch keine Form einer Dialektik zwischen antibürgerlichen

Affekten und probürgerlichen Effekten geben. Nicht ohne Grund sind die linksradikalen Strömungen, die sich am Ausgang der Achtundsechzigerbewegung herausgeschält hatten, in den siebziger Jahren politisch ins Leere gelaufen und letztlich allesamt gescheitert.

Gleichwohl war der Aufbruch, der an einigen Hochschulen zeitweilig auch Züge eines Aufstands trug, folgenreich, vor allem in einem vermittelten sozialpsychologischen Sinne. Denn nicht nur vom Anspruch her war es um nichts Geringeres als die Revolutionierung der Gesellschaft gegangen. Auch von den Resultaten her zeigten sich Auswirkungen besonders im Bereich einer veränderten Subjektivität – nicht der Bevölkerung im Ganzen, sondern eines großen Teils der jungen Intelligenz und eines nicht unerheblichen Teils der jüngeren Generation.

Zentrale Kategorie war dabei die der Emanzipation. Jedoch war die Verwandlung der antiautoritären Strömungen der Achtundsechzigerbewegung in ein Bündel verschiedener Emanzipationsbewegungen von einer grundsätzlichen Ambivalenz gezeichnet, die ihre subjektverändernden Errungenschaften mitunter wieder verspielte.[376] Die Befreiung von Herrschaft entgrenzte sich zunehmend und büßte ihr Wozu ein. Da es den emanzipatorischen Zielsetzungen an einem gesellschaftspolitischen Adressaten mangelte, verwandelten sie sich mehr und mehr in reine Wunschvorstellungen und glitten so in intrapsychische Bedürfnisvalenzen ab, die sektenartigen Psychogruppen wie der Bhagwan-Bewegung oder der in Österreich gegründeten Aktionsanalytischen Organisation großen Zulauf bescherten. Der Glaube, »das bürgerliche Subjekt revolutionieren« zu können, ohne politisch Einfluss nehmen und zugleich die Gesellschaft verändern zu müssen, führte zu einer Degeneration des emanzipatorischen Aufbruchs. Diese Fehlentwicklung konnte jedoch die Wirksamkeit anderer subjektorientierter Strömungen, unter denen die neue Frauenbewegung eine besondere Rolle spielte, nicht vollständig konterkarieren.

Von der grundlegenden Infragestellung des bürgerlichen Individuums und der dadurch ausgelösten Veränderung der Subjektivität wurde auch der Kanon der als bürgerlich geltenden Werte nicht verschont: Pflicht, Treue, Ehre, Gehorsam, Vaterlandsliebe – all diesen als preußische Sekundärtugenden bezeichneten Wertemustern wurde die Legitimität abgesprochen, um sie durch andere soziokulturelle Werte und Tugenden wie Gleichheit, Kollektivität, Mitbestimmung oder soziale Gerechtigkeit abzulösen beziehungsweise zu ersetzen. In diesem Prozess vollzog sich auch eine Art nachholender Korrektur der aus dem Nationalsozialismus stammenden soziokulturellen Hinterlassenschaft. Daher rührte es, dass in diesem Zusammenhang so starke Widerstände aufbrachen. Es galt schließlich, die verinnerlichten Repräsentanzen jener Haltungen zu demontieren, die dem NS-Regime keine Schwierigkeiten bereiteten, sondern von ihm systemkonform hatten genutzt werden können.

Das Bild eines längerfristigen, im Kern postmaterialistisch dominierten Wertwandels, in dessen Zusammenhang die aus der Achtundsechzigerbewegung Hervorgegangenen einen besonderen Rang einnehmen, lässt sich in seinen Grundzügen auch durch die Ergebnisse einer umfassenden Elitestudie bestätigen, die in den neunziger Jahren in Deutschland durchgeführt wurde.[377] Zwar ging es in der Potsdamer Untersuchung nicht spezifisch um die Karriereverläufe ehemaliger Achtundsechziger, doch nimmt die sogenannte Protestgeneration einen so herausragenden Platz ein, dass daraus durchaus Rückschlüsse gezogen werden können. Die markantesten Abweichungen vom Elitendurchschnitt traten dabei in den Sektoren Massenmedien, Politik, Kultur und Gewerkschaften auf.

»Die Mehrheit der deutschen Führungsschicht kommt heute aus der Protest- und Wohlstandsgeneration.«, heißt es in der Zusammenfassung des Ergebnisses. »Diese neue Führungsgeneration unterscheidet sich in ihren demokratischen Einstellungen von der Kriegs- und Vorkriegsgeneration. Sie vertritt sowohl in der Wert- als auch in der Normdimension der Politik – also hinsichtlich der Ziele und der Formen der Beteiligung – abweichende Konzeptionen: Die in der Nachkriegszeit sozialisierten Eliten stehen für die Ziele der Neuen Politik, für einen stärker konfliktbetonten Interessenausgleich und das Konzept einer plebiszitären, auf alle gesellschaftlichen Sektoren ausgeweiteten Demokratie.« Nach dem langen Marsch habe die Protestgeneration die Ämter erreicht. »Für die Eliten aus der Wohlstands- und Protestgeneration, die in Führungspositionen der traditionellen Sektoren wechselten, war damit auch eine stärkere Veränderung ihrer Einstellung zur plebiszitären Demokratie in Deutschland verbunden. Der lebenszyklischen Anpassung an traditionelle Werte weniger ausgesetzt waren bisher jene Eliten, die sich über die Partei der Grünen und die Neuen Sozialen Bewegungen alternative Netzwerke und eine neue Sektorelite eingerichtet haben. Für diese Eliten ist die Doppelstrategie der Studentenbewegung letztlich aufgegangen.«[378]

Ihrer tendenziellen Ohnmacht in den klassischen Sphären der Macht wie der Wirtschaft, den Banken und dem Militär scheint umgekehrt ein überproportionaler Einfluss in denen der Deutungskultur und damit jenen Bereichen zu entsprechen, die für die Veränderung von Wertmustern von besonderer Bedeutung sind. So scheint noch im indirekten Erfolgsmoment durchzuscheinen, was für die Antibürgerlichkeit der entlaufenen Söhne und Töchter des Bürgertums von Anfang an charakteristisch gewesen ist: in der geistigen Sphäre gebannt geblieben und vor den Toren der Macht – was von der rot-grünen Bundesregierung unfreiwillig eher bestätigt worden ist – letztlich gescheitert zu sein.

Es kann wohl kaum ein Zweifel daran existieren, dass in diesem Zusammenhang die Beziehung zwischen der Achtundsechzigerbewegung und den Massenmedien für beide Seiten von elementarer Bedeutung war. Weder war die damalige außerparlamentarische Bewegung allein eines der üblichen gesellschaftspolitischen Themen, noch waren das Fernsehen, die Presse und der Rundfunk auf ihre klassischen Rollen von Berichterstattung und Kommentar beschränkt. Indem die Protestbewegung die Entflechtung des Springer-Konzerns zu einer ihrer zentralen Zielsetzungen machte, rief sie nicht nur zum Kampf gegen eine sich ausweitende Medienmacht auf, sondern brachte zugleich eine Dynamik in Gang, in deren Verlauf sich beide Seiten stark veränderten.

Innerhalb der Achtundsechzigerbewegung vollzog sich eine Entwicklung, die vom Protest gegen Bewusstseinsmanipulation und Pressekonzentration bis zur Organisierung eigener Gegenorgane reichte. Aus dem Appell an die Öffentlichkeit, sie möge die Entwicklung der Presseverlage einer stärkeren Kontrolle unterziehen, wurde bald ein heftiger Kampf um die Kommunikationsmittel und aus der Niederlage in dieser Auseinandersetzung resultierte schließlich eine Vielzahl praktischer Schritte, die zur Schaffung alternativer Öffentlichkeitsorgane führten.

Im Medienbereich wurde in ganz unterschiedlicher Weise auf die Herausforderungen reagiert. Die Antworten reichten von Abwehr und Diffamierung auf der einen bis zu Adaption und Integration auf der anderen Seite. Nur Gleichgültigkeit und Ignoranz tauchten als Reaktionsformen nicht auf. In den Presseorganen schälten sich rasch eigene Lager heraus, die bis zu einem gewissen Grad selbst Teil der politischen Polarisierung wurden. Schließlich sind einzelne Organe und Verlage, die die Ereignisse anfangs wohlwollend kommentierten, partiell mit den Forderungen der Rebellen sympathisierten und den intellektuellen Sprechern der APO mitunter sogar Foren boten, von der Revolte selbst ergriffen worden. Ihre Leitungsstrukturen wurden in Frage gestellt, mit dem Anspruch einer Demokratisierung konfrontiert und zum Teil auch dementsprechend verändert.

Wichtiger jedoch als die unmittelbar manifesten Folgen sind wahrscheinlich die langfristigen Veränderungen von Öffentlichkeit und Medien insgesamt gewesen. Indem einige der Medien die Rebellen und diese zum Teil wiederum die Medien funktionalisierten, durchdrangen sie sich graduell gegenseitig. Während es den Sprechern der Achtundsechzigerbewegung zunehmend gelang, ihre politischen Forderungen medial zu platzieren, waren sie als Protagonisten einem vom Fernsehen dominierten Formwechsel ausgesetzt, der sie insgeheim zu Popstars des Protests machte. Die fragwürdigen Fähigkeiten der Emotionalisierung, Personalisierung und Selbstinszenierung, die heute zur heimlichen Qualifikation jedes Bundespolitikers zählen, haben damals ihren wohl stärksten Anstoß erhalten.

Ein anderes kommt hinzu: Mit ihrer Parole, dass das Private politisch und das Politische privat sei, hat die Achtundsechzigerbewegung dafür gesorgt, dass die Trennung dieser Sphären wenn auch nicht aufgehoben, so doch durchlässiger geworden ist. Über die Politisierung des Sexuellen wurde die Intimsphäre mehr und mehr zum Terrain öffentlicher Selbstdeutungen. Dieser Vorstoß, der ohne eine Öffnung der Massenmedien undenkbar gewesen wäre, hat wie kaum ein anderer die Veränderung von Werten, Normen und Mentalitäten eingeleitet.

Eine der wesentlichsten Folgen der Achtundsechzigerbewegung für die Massenmedien besteht allerdings darin, dass Protestereignisse ein selbstverständlicher Gegenstand öffentlicher Berichterstattung geworden sind, während noch über die Adenauer-Ära hinaus eine Tendenz bestand, Demonstrationen grundsätzlich als

»Politik der Straße« zu diskreditieren. Auch über das Spektakuläre kann inzwischen unspektakulär berichtet werden. Der Protest als ein vitales Element des Politischen hat sich mit den 1968 ausgelösten Turbulenzen durchsetzen und seitdem dauerhaft etablieren können. Indem er vieles von seiner ursprünglichen Anstößigkeit verlor, ist er zugleich zu einem integrativen Faktor der parlamentarischen Demokratie geworden.

In der nachträglichen Auseinandersetzung um die Achtundsechzigerzeit nimmt der RAF-Terrorismus nicht ohne Grund einen besonderen Stellenwert ein. Das dunkelste Kapitel unter den Folgen jener Zeit, von dem Edgar Wolfrum behauptet hat, es stelle »die Achillesferse« jeder zeithistorischen Deutung dar, die der Achtundsechzigerbewegung eine maßgebliche Rolle in der Zivilisierung und Demokratisierung der Bundesrepublik einräume,[379] wird von interessierten Kräften nicht zuletzt auch deshalb so betont, weil es eine probate Möglichkeit zu bieten scheint, »68« insgesamt zu finalisieren, seine vorwärtsgerichteten Impulse in der Hauptsache mit Wahn, Gewalt und Terror zu identifizieren und so zu neutralisieren.

Wer sich heute noch auf »68« berufe, der müsse Masochist sein, heißt es nur zu oft herablassend. Den einen erscheint es als Produkt eines zeitspezifischen Wahnsinns, den anderen schlicht als überflüssig. Sei das nicht alles die Lava- und Geröllmasse historisch falsifizierter und längst abgestorbener Ideen? Modernität, Reform und Fortschritt meinen die Gutwilligen, hätte es auch so gegeben. Seit Jahren wird daran gearbeitet, »68« überflüssig zu machen – durch Verteufelung ebenso wie durch eine tradierten wissenschaftlichen Ansprüchen genügende Historisierung, die am liebsten alles über den Kamm der Modernisierung scheren würde.

Dabei müsste es eigentlich so einfach geworden sein, ein angemessenes Verhältnis zu »68« zu finden. Schließlich ist vom damaligen politischen Überbau fast alles durch die nachfolgende Geschichte einkassiert worden: Der Kommunismus, der Sozialismus und vieles andere mehr. Sollte die Linke mit dem Epochenbruch von 1989/90 ebenfalls verschluckt worden und damit als historisches Projekt erledigt sein? Manches spricht dagegen. Die zunehmende soziale Ungerechtigkeit, die Ziellosigkeit der Ökonomie, die Schrankenlosigkeit der Globalisierung, die steigende Zahl von

Umweltkatastrophen und das Unvermögen der parlamentarischen Demokratie, darauf Antworten zu geben, lassen Aufgabenstellungen erkennen, die immer noch am ehesten von einer Linken wahrgenommen werden können.

Vielleicht besteht die Tragik des 20. Jahrhunderts, das angetreten war, die Träume des 19. Jahrhunderts zu realisieren, gerade darin, dass sich nach dem Zusammenbruch des bürgerlichen Zeitalters am Ende des Ersten Weltkrieges die Linke, die in verschiedenen Ländern Mitteleuropas für eine Machtübernahme reif zu sein schien, nur in Russland und damit in einem besonders zurückgebliebenen Land etablieren konnte. Indem das linke Projekt in Form der Sowjetunion Gestalt und damit die Züge eines totalitären Monstrums annahm, stand alles, was danach unter gleichen Vorzeichen antrat, im Schatten dieser Despotie. Nichts hat den linken Traum von einer gerechteren Welt, auch den der Achtundsechzigerbewegung nicht, so sehr beschädigt wie dieser Sachverhalt. Wer heute noch meint vom »Sozialismus« sprechen zu können, wie es vor vier Jahrzehnten so selbstverständlich war, als kaum jemand sich genötigt sah, die Voraussetzungen dieser Option in Frage zu stellen, der macht sich lächerlich. In der Gegenwart gibt es nur ehemalige Poststalinisten oder populistische Sozialdemokraten, die meinen, sich unverändert auf ein Programm zur Gesellschaftsveränderung berufen zu können, das historisch längst als falsifiziert gilt. Das Verschwinden des Sozialismus wie jeder anderen Systemalternative zu einem globalisierten Kapitalismus wirft einen langen Schatten auf alles, was damals an Entwürfen für eine neue Gesellschaft erprobt worden ist. In seinem politischen Kern ist »68« längst hohl. Doch es wirkt fort als ein großes Fragezeichen gegenüber den ökonomischen, technologischen und kulturellen Imperativen einer eindimensionalen Welt.

Der historische Abstand ist inzwischen beträchtlich. Doch für »68« gilt noch immer, was Theodor W. Adorno in seinem letzten Brief an Herbert Marcuse, besiegelt mit dem Datum seines Todestages, festgestellt hat: »Die Meriten der Studentenbewegung bin ich der letzte zu unterschätzen: sie hat den glatten Übergang zur total verwalteten Welt unterbrochen. Aber es ist ihr ein Quentchen Wahn beigemischt, dem das Totalitäre teleologisch innewohnt ...«[380] Das waren – so lässt sich zumindest im Nachhinein feststellen – prophetisch anmutende Worte eines Mannes, der sich nach seiner Rückkehr aus dem Exil von seinen Studenten zunächst beglückt gefühlt, am Ende jedoch unter ihnen, nicht zuletzt unter einigen seiner nächsten Schüler, wie wohl kaum ein anderer gelitten hatte. Was Adorno faszinierte und beängstigte zugleich, ist das Signum der Achtundsechzigerbewegung geblieben: Neben einigen, bislang zumeist verkannten politischen Erfolgen kennzeichnet eine bis ins Extreme gesteigerte Doppeldeutigkeit ihres romantisch gestimmten soziokulturellen Aufbruchs bis heute ihre Bilanz. Wie in einem Zeitraffer hat sie einerseits die Türen zu einer subjektbestimmten Modernität weit geöffnet, andererseits jedoch auch Abgründe wie den Terrorismus sichtbar werden lassen, die seitdem wie ein Schatten auf ihrer Geschichte lasten.

Anmerkungen

1 Wie aufsehenerregend die Ereignisse vom August 1968 waren, lässt sich nicht zuletzt daran erkennen, dass zwei der damals international bekanntesten Popmusikformationen als Zeichen ihrer Solidarität darüber eigene Stücke komponierten. Die mit einer Bläsergruppe auftretende Rockband Chicago produzierte »Someday« und die Folkband Crosby, Stills, Nash & Young den Song »Chicago«, um sich auf diese Weise hinter die Angeklagten zu stellen.

2 Gene Marine, Chicago, in: *Rolling Stone,* 3. Jg., Nr. 55/1969, S. 32.

3 Charles Perry, The Haight-Ashbury. A History, New York 1985, S. IX. Der Autor, der jahrelang als Redakteur für die Musikzeitschrift *Rolling Stone* arbeitete, hatte seine Hippiekarriere, wie er in einem Interview bekannte, 1967 als »Dope-Dealer« begonnen. Vgl.: Helmut Röhrling, Wir sind die, vor denen uns unsere Eltern gewarnt haben. Szenen und Personen aus den amerikanischen Sechzigern, West-Berlin 1980, S. 36.

4 Zu den Kritikern zählen Diedrich Diedrichsen, Jan Feddersen, Thomas Groß, Reinhard Mohr, Bernd Ulrich und Willi Winkler. Auffällig an der sarkastisch-genüsslichen Persiflierung des Hippiegebarens ist der Umstand, dass diese durchweg von Autoren stammt, die einer bestimmten Alterskohorte, den um 1955 Geborenen, angehören.

5 Als Urheber gilt Jack Weinberg, der die Parole erstmals auf einer Kundgebung des Free Speech Movements 1964 in Berkeley formuliert haben soll.

6 Als Urheber gelten die Merry Pranksters, eine gegenkulturelle Gruppe, die sich ab 1964 um den Schriftsteller Ken Kesey scharte.

7 Der Umschlag von einer Form der Gegenkultur in eine restriktive »Hippie-Kultur« ist bereits frühzeitig gesehen worden. Charles Perry schildert diesen Eindruck in einem Interview: »Zu Beginn wurde die Szene durch eine enorme Freiheit bestimmt und dadurch, daß sie sich in jegliche Richtung entwickeln konnte. Als dann aber sozu-

sagen ein offizieller ›Hippie-Stil‹ entstand und eine organisierte Hippie-Gemeinschaft, da gab es meiner Meinung nach gar keine Hippies mehr, eher Leute auf einem Hippie-Trip.« Helmut Röhrling, ebenda, S. 37.

8 Anfangszeile des von Scott McKenzie gesungenen Titels »San Francisco (Be Sure To Wear Flowers In Your Hair)«, der als eine Hymne der Hippieära galt, im Sommer 1967 weltweit die Charts eroberte und mit über fünf Millionen verkauften Exemplaren zu einer der erfolgreichsten Singles in der Geschichte der Popmusik wurde.

9 Charles Perry geht sogar so weit, San Francisco den Status eines eigenen kulturellen Feldes einzuräumen: »Die San Francisco Bay Area ist eine in sich abgeschlossene kulturelle Einheit, die sich ziemlich vom Rest des Staates Kalifornien unterscheidet, wo sich die Leute eher an Los Angeles orientieren. 1965, als die Szene langsam bekannt wurde, gab es zwei Zentren hier. Die North Beach, früher die Heimstätte der Beatniks, aber die hatte im Laufe der Zeit an Bedeutung verloren. Und Berkeley, auf der anderen Seite der Bucht, das Zentrum der radikalen politischen Bewegung.« Helmut Röhrling, ebenda, S. 39.

10 Jonathon Green, Days in the Life. Voices from the English Underground 1961–1971, London 1988.

11 Aad de Jongh, Provo. Een Jaar Provo-Activiteiten, Rotterdam 1966.

12 Vgl. Thomas Crow, Die Kunst der sechziger Jahre. Von der Pop-Art zu Yves Klein und Joseph Beuys, Köln 1997, S. 34 f.

13 Vgl. Gene Anthony, Sommer der Liebe. Haight-Ashbury in seiner großen Zeit, Linden 1982; Charles Perry, The Haight-Ashbury. A History, New York 1985; Jonathon Green, All Dressed Up. The Sixties and the Counterculture, London 1998.

14 Vgl. James Henke (Hg.), I want to take you higher. The Psychedelic Era 1965–1969, San Francisco 1997.

15 Zur Geschichte dieser Strömung vgl. Steven Watson, Die Beat Generation. Visionäre, Rebellen und Hipsters, 1944–1960, St. Andrä-Wördern 1997.

16 Allen Ginsberg, HOWL and Other Poems, San Francisco 1956; dt. Fassung: Allen Ginsberg, Das Geheul und andere Gedichte, Einführung von William Carlos Williams, Nachwort von Walter Höllerer, Übersetzung von Carl Weissner, Wiesbaden 1979.

17 Jack Kerouac, On The Road. A Novel, London 1958; dt. Fassung: Jack Kerouac, Unterwegs. On the Road, Hamburg 1959.

18 Der deutsche Emigrant Karl O. Paetel, ein genauer Beobachter der amerikanischen Subkultur, grenzte die Beat-Generation von anderen avantgardistischen Strömungen ab und charakterisierte sie in einer Gegenüberstellung zu verschiedenen Jugendbewegungen:

»All die Außenseiterbewegungen von der Jahrhundertwende bis zum NS-Staat bzw. bis zur Hiroshima-Situation hatten eins gemeinsam: sie waren optimistisch und aufbruchsfreudig, glaubten an einen Neubeginn, und sahen sich im Kampf für eine ›neue Zeit‹, wobei hysterisch-abstruse Nebenerscheinungen in Auftreten und Sprache letzten Endes nur die chiliastische Grundstimmung unterstrichen.« Die Beat-Generation habe dagegen unter dem Zeichen der Skepsis gestanden: »Die Drohung der Bombe überschattet allen Zukunftsglauben. Das Versagen der alten Generation wird weitgehend als unkorrigierbar empfunden. Am Ende passiven Widerstands – nicht eines aktiven Veränderungswillens – steht letztlich die hoffnungslose Einsicht, daß man nichts ändern kann – nur abseits gehen, sich heraushalten.« Karl O. Paetel (Hg.), Beat – Eine Anthologie, Reinbek 1962, S. 16 f.

19 John Clellon Holmes, This is the Beat Generation, in: *Times Sunday Magazine* vom 16. November 1952.

20 Zu dieser Tendenz lassen sich auch prominente Gegenbeispiele anführen. So reagierte Jack Kerouac, als er in einem 1968 geführten TV-Interview auf die Beziehung zwischen der Beat- und der Hippiebewegung angesprochen wurde, mit den Worten: »Es ist eine Weiterentwicklung. Die eine ist einfach nur älter als die andere. Es ist dieselbe Bewegung, eine Art dionysische Bewegung der Spätzivilisation.«

21 Vgl. Lawrence Lipton, Die heiligen Barbaren, Düsseldorf 1960, S. 305.

22 Nicht wenige Hippies waren ehemalige Folkies. Sie hatten sich zu diesem Wandel durch eines ihrer größten Idole, durch Bob Dylan verleiten lassen. Als der Folksänger Dylan, der 1963 das erste Mal auf dem Newport Folk Festival aufgetreten war, dort zwei Jahre später mit einer elektrischen Gitarre erschien, hatte das nicht wenige seiner Anhänger in eine Identitätskrise gestürzt. Während ein Teil sich Dylans Entwicklung anschloss und sich alsbald in der Subkultur der Hippies wiederfand, blieb ein anderer Teil seiner ursprünglichen musikalischen Vorliebe treu und begriff sich weiter der Folkmusik zugehörig.

23 Charles Perry, The Haight-Ashbury. A History, New York 1985, S. 6.

24 Zit. nach: Barry Miles, Ginsberg: A Biography, New York 1989, S. 260.

25 Ebenda, S. 279.

26 Ken Kesey, Einer flog über das Kuckucksnest, Frankfurt am Main 1985.

27 Die gesamte Aufmachung erschien wie eine Vorwegnahme dessen, was die Beatles später in ihrem TV-Film »Magical Mystery Tour« zeigten.

28 Timothy Leary, She Comes in Colors, in: ders., Politik der Ekstase, Hamburg 1970, S. 15.

29 Ebenda, S. 21.

30 Ebenda, S. 22.

31 Bill Graham/Robert Greenfield, Bill Graham Presents ... Ein Leben zwischen Rock und Roll, Frankfurt am Main 1996, S. 176 f.

32 Einer der Schauspieler der San Francisco Mime Troupe, Peter Berg, glaubt im Rückblick in der »Appeal-Party« ein Ereignis zu sehen, aus dem Graham als verwandelte Person hervorgegangen sei: »Und das erste Benefiz war sein Schlüsselerlebnis. Dieser Mann hatte eine neue Religion angenommen. Ich meine, er hat wirklich seine Identität gewechselt. ... Wir haben damals von der großen Kulturrevolution geredet, die vor sich ging. Keine kleinen Veränderungen. Die ganz große Revolution. Die Benefiz-Partys der Mime-Troupe waren wirklich alles überragende Ereignisse auf dem Weg zur Haight-Ashbury.« Bill Graham/Robert Greenfield, Bill Graham Presents ..., ebenda, S. 178.

33 Ebenda, S. 222.

34 Später erklärte Graham in einem Interview: »Ich war immer der Meinung, daß die ganze Geschichte um das Highwerden mächtig übertrieben wurde. Daß ich die Finger davon ließ, hatte einen simplen Grund. *Irgendwer* mußte schließlich seine Sinne beisammen halten. Irgendwer mußte die ganze Zeit über auf dem Boden der Tatsachen bleiben. Und ich war zu der Überzeugung gelangt, daß ich derjenige sein sollte.« Ebenda, S. 348.

35 Pompili kündigte die acht Stunden dauernde Show mit den Worten an: »Guten Morgen und herzlich Willkommen im Fillmore Auditorium. Willkommen im Fillmore East und im Fillmore West. Willkommen im Winterland und im Berkeley Community Theater ... Willkommen im Golden Gate Park. Willkommen bei Bill. Der Park hier wird für diesen einen Tag auch einer von Bills Tanzsälen sein.« Bill Graham/Robert Greenfield, Bill Graham Presents ..., ebenda, S. 775.

36 Gene Anthony, Sommer der Liebe. Haight-Ashbury in seiner großen Zeit, Linden 1982, S. 111.

37 Charles Perry, The Haight-Ashbury. A History, New York 1985, S. 46.

38 Gene Anthony, Sommer der Liebe. Linden 1982, S. 155.

39 Auf einem anderen, von Rick Griffin zum Human Be-In entworfenen Plakat war im Zentrum ein auf einem Pferd sitzender Indianer zu sehen, der sich eine Gitarre umgehängt hatte.

40 Ebenda, S. 156.

41 Ebenda, S. 162.

42 Ausführlicher erläuterte Leary seine Parole in dem bereits erwähnten *Playboy*-Interview: »›Turn on‹ bedeutet, Verbindung mit den

alten Energien und Weisheiten aufzunehmen, die in das Nervensystem eingebaut sind. ›Tune in‹ heißt, sich diese neue Perspektive nutzbar zu machen und in einem harmonischen Tanz mit der äußeren Welt zu verbinden. ›Drop out‹ bedeutet, sich vom Stammesspiel zurückziehen. Aktuelle Modelle sozialer Anpassung – mechanisiert, computerisiert, sozialisiert, intellektualisiert, televisioniert, sanforisiert – erscheinen der neuen LSD-Generation sinnlos. Sie sieht klar, daß die amerikanische Gesellschaft zu einem Ameisenhaufen mit einer Klimaanlage wird.« Timothy Leary, She Comes in Colors, in: ders., Politik der Ekstase, a. a. O., S. 36.

43 Unter dem Dach des Begriffs Gegenkultur wird fast alles zum gesellschaftlichen Gegenentwurf: »Die Gegen-Gesellschaft im Untergrund definiert sich als herrschaftsfreier Raum, in dem die Protestgemeinschaft fern aller Zwänge leben und den Emanzipationsprozeß der Bewegung experimentierend weiterführen kann ... Die ›Alternative Gesellschaft‹ besitzt bereits eine Gegenöffentlichkeit mit eigenen Medien, Nachrichtendiensten, einer Depeschenagentur und einem internationalen Pressesyndikat ...« Sie hat Gegenuniversitäten errichtet, Gegenschulen und Gegenkindergärten, eine Gegenkultur mit Kinos, Theatern, Zentren und Künstlerorganisationen. Sie hat »die im Sinne des Systems das Bestehende stabilisierende Kulturindustrie in Frage stellt; sie baute Gegen-Kommunen und Gegen-Häuser, in denen der Untergrund unabhängig lebt und wirkt, Gegen-Geschäfte, die die Schranken der Konsumindustrie durchbrechen, eine Gegen-Landwirtschaft, die Autarkie für den Untergrund anstrebt, eine Gegen-Produktion, die zu produzieren beginnt.« Walter Hollstein, Der Untergrund, Neuwied/West-Berlin 1969, S. 108 f.

44 Ed Sanders, Sommer der Liebe. Tales of Beatnik Glory, St. Andrä-Wördern 1997, S. 39 f.

45 Die Wahl ihres düster wirkenden Namens »Die dankbaren Toten« soll unabsichtlich erfolgt sein und auf einem Ulk beruhen. Angeblich haben die Gründungsmitglieder einfach ein Oxford Dictionary aufgeschlagen und das erste sich bietende Stichwort ausgewählt, einen Ausdruck aus der Mythen- und Sagenforschung, mit dem erdgebundene Geister gemeint sind, die sich durch menschliche Einwirkung angeblich ihrer irdischen Fesseln entledigen können sollen. Zur Geschichte der »Grateful Dead« vgl.: Helmut Salzinger, Rock Power oder Wie musikalisch ist die Revolution?, Reinbek 1982, S. 208–212.

46 George Martin/William Pearson, Summer of Love. Wie Sgt. Pepper entstand, Berlin 1997, S. 206.

47 Ebenda, S. 207.

48 Ebenda, S. 269.

49 Bob Dylans Filmporträt trägt den Titel »Don't Look Back«.

50 Vgl. Nikolaus Hansen, Einleitung zu: Elliott Landy, Woodstock Vision, Reinbek 1984, S. 10.

51 Zu Geschichte und Wirkung: Jan Feddersen, Woodstock. Ein Festival überlebt seine Jünger, Berlin 1999.

52 Zum Hintergrund der Improvisation vgl.: Lothar Trampert, Elektrisch! Jimi Hendrix. Der Musiker hinter dem Mythos, München/Mainz 1994, S. 219–229.

53 Das vom 4. bis 6. September 1970 auf der Ostseeinsel Fehmarn durchgeführte Popfestival erwies sich nicht zuletzt wegen der Unfähigkeit und Ignoranz der Organisatoren als ein Alptraum, der solche Veranstaltungen über Jahre hinaus diskreditierte. Vgl. Helmut Salzinger, Rock Power oder Wie musikalisch ist die Revolution?, ebenda, S. 50–53.

54 Die Verwandlung des Wortes Hippie in Yippie war eine Idee von Abbie Hoffman und Jerry Rubin. Sie versuchten ihre Wortschöpfung zugleich als verballhornte Abkürzung einer Partei, der Youth International Party, anzupreisen. Diese Organisation existierte jedoch nur in der Phantasie Hoffmans und seiner Freunde.

55 Vgl. Marty Jelzer, Abbie Hoffman. American Rebel, New Brunswick 1993, S. 190.

56 Walter Mekler, All Power to the People, San Francisco 1970, S. 187.

57 Seit 1969 existiert eine Woodstock Nation Foundation. Auf ihrer Website www.woodstocknation.org wird mit der Feststellung geworben, dass im Laufe der letzten drei Jahre über zwei Millionen Personen aus mehr als dreißig Ländern diese Adresse aufgesucht hätten.

58 Abbie Hoffman, Woodstock Nation, in: The Best of Abbie Hoffman, New York 1989, S. 104.

59 In Verlängerung des »Summer of Love« im Jahr 1967 war bereits das Jahr 1968 als »Autumn of Love« bezeichnet worden.

60 Vgl. Charles Perry, The Haight-Ashbury. A History, New York 1985.

61 Vgl.: Ed Sanders, The Family. Die Geschichte von Charles Manson und seiner Strand-Buggy-Streitmacht, Reinbek 1972.

62 Peter Biskind, Easy Riders, Raging Bulls. Wie die Sex&Drugs&Rock'n'Roll-Generation Hollywood rettete, Hamburg 2000, S. 127.

63 Als Kenner der Szene war Bill Graham, wie er später in einem Interview äußerte, von Anfang an gegen die Ausrichtung eines solchen »Free Concerts« gewesen: »Eine Show in dieser Größenordnung ohne Eintritt – das war absolut gefährlich. Alle und jeder würde kommen. Was würden die Leute dort anstellen? Was würden sie anschleppen? Weswegen würden sie kommen. Weil es *umsonst* war. Ich hab das alles kommen sehen und mir gedacht: ›Halt bloß Abstand

von der Geschichte.‹ ... Ich bin extra nach New York gefahren ...« Bill Graham/Robert Greenfield, Bill Graham Presents ... Ein Leben zwischen Rock und Roll, Frankfurt am Main 1996, S. 420.

64 Nicht wenige sind, wie Bill Thompson etwa, der Manager von Jefferson Airplane, in der Rückbetrachtung gar der Ansicht, dass in Altamont eine Ära beendigt worden sei: »Mit Altamont waren die Sixties vorbei. Das war im Dezember 1969, und es war das Ende. Das ganze Feeling war weg. Wir haben zwar weitergemacht, aber anschließend war es ein total anderes feeling.« Ebenda, S. 422.

65 Vgl. Gunter Hofmann, Kulturkampf gegen die Kulturrevolutionäre, in: *Die Zeit* vom 1. Januar 1993, 48. Jg., Nr. 1, S. 3.

66 R. S. (d. i. Rudi Dutschke), Zum Verhältnis von Organisation und Emanzipationsbewegung, in: *Oberbaumblatt* vom 12. Juni 1967, Nr. 5, S. 4.

67 Bernd Rabehl, Rudi Dutschke. Revolutionär im geteilten Deutschland, Dresden 2002.

68 Vgl. Martin Jander, Horst Mahler, in: Wolfgang Kraushaar (Hg.), Die RAF und der linke Terrorismus, Bd. I, Hamburg 2006, S. 372–397.

69 Benjamin hatte 1927 festgestellt: »Schriftsteller sollten daran gewöhnt werden, das Wörtchen ›Ich‹ als ihre eiserne Ration zu betrachten. Wie Soldaten vor Ablauf von dreißig Tagen die ihrigen nicht anrühren dürfen, so sollten die Schriftsteller nicht vor geendigtem dreißigsten Jahr das ›Ich‹ auskramen. Je früher sie darauf zurückgreifen, desto schlechter verstehen sie sich auf ihr Handwerk.« Zit. nach: W. Martin Lüdke, Ein ›Ich‹ in der Bewegung: stillgestellt, in: *Merkur,* XXXV. Jg., Heft 11, November 1981, S. 1177.

70 Wolfgang Kraushaar, Die Studentenunruhen in der Sicht eines Primaners, in: König-Heinrich-Schule Fritzlar, Schuljahr 1967/68, Fritzlar 1968, S. 20–22.

71 Wolfgang Kraushaar (Hg.), Autonomie oder Getto? Kontroversen über die Alternativbewegung, Frankfurt am Main 1978.

72 Georges Devereux, Angst und Methode in den Verhaltenswissenschaften, München 1974.

73 *Der Spiegel* vom 18. Dezember 1967, 21. Jg., Nr. 52, S. 60.

74 Karl Heinz Bohrer, 1968: Phantasie an die Macht? Studentenbewegung – Walter Benjamin – Surrealismus, in: *Merkur,* 51. Jg., 12/1997, S. 1080.

75 Ludolf Hermann, zit. nach: Christoph Kleßmann, Zwei Staaten, eine Nation. Deutsche Geschichte 1955–1970, Bonn 1988, S. 185.

76 Was sie offenbar nicht daran hindert, Bücher zum Thema herauszugeben, ohne darin einen eigenen Beitrag zu verfassen. Vgl. Daniel Cohn-Bendit/Rüdiger Dammann (Hg.), 1968. Die Revolte, Frankfurt am Main 2007.

77 Hans Magnus Enzensberger, Erinnerungen an einen Tumult. Zu einem Tagebuch aus dem Jahre 1968, in: *Text und Kritik,* hrsg. von Heinz Ludwig Arnold, Heft 49, Hans Magnus Enzensberger, Zweite, erweiterte Auflage, März 1985, S. 6–8.

78 »Was geschieht«, schreibt Marcuse auf dem Höhepunkt der internationalen Protestbewegung, »ist die Formierung von noch relativ kleinen und schwächlich organisierten (oft desorganisierten) Gruppen, die kraft ihres Bewußtseins und ihrer Bedürfnisse als potentielle Katalysatoren der Rebellion innerhalb der Mehrheit wirken, zu denen sie ihrer Klassenherkunft nach gehören.« Herbert Marcuse, Versuch über die Befreiung, Frankfurt am Main 1969, S. 80.

79 Gerd Koenen, Das rote Jahrzehnt. Unsere kleine deutsche Kulturrevolution 1967–1977, Köln 2001.

80 Thomas Steinfeld, Das Phantom. Uwe Nettelbeck, das Jahr 1968 und die großen Projekte, in: *Süddeutsche Zeitung* vom 24. Januar 2007.

81 Ludwig von Friedeburg, Jugend in der modernen Gesellschaft, Köln 1965.

82 Hans Jäger, Generationen in der Geschichte. Überlegungen zu einer umstrittenen Konzeption, in: *Geschichte und Gesellschaft,* 3. Jg., Heft 4, 1977, S. 429–452, hier: S. 450.

83 Karl Mannheim, Das Problem der Generationen, in: ders., Wissenssoziologie, West- Berlin/Neuwied 1964, S. 509–565.

84 Vgl. Norman Birnbaum, 1968 im internationalen Kontext, in: Edmund Jacoby/Georg M. Hafner (Hg.), 1968 – Bilderbuch einer Revolte, Frankfurt am Main 1993, S. 13–44.

85 Gert Schäfer/Carl Nedelmann, Der CDU-Staat. Studien zur Verfassungswirklichkeit der Bundesrepublik, München 1967.

86 Herbert Marcuse, Der eindimensionale Mensch – Studien zur Ideologie der fortgeschrittenen Industriegesellschaft, Neuwied/West-Berlin 1967.

87 Peter Handke, Die Innenwelt der Außenwelt der Innenwelt, Frankfurt am Main 1969.

88 Reimut Reiche, Sexuelle Revolution – Erinnerung an einen Mythos, in: Lothar Baier u. a., Die Früchte der Revolte. Über die Veränderung der politischen Kultur durch die Studentenbewegung, West-Berlin 1988, S. 52 f.

89 Peter R. Hofstätter, Bewältigte Vergangenheit?, in: *Die Zeit* vom 14. Juni 1963.

90 »Der Fall Hofstätter«. Dokumentation des Liberalen Studentenbundes, Hamburg 1963.

91 Die Beiträge sind dokumentiert worden in: Andreas Flitner (Hg.), Deutsches Geistesleben und Nationalsozialismus. Eine Vortragsreihe der Universität Tübingen mit einem Nachwort von Hermann Diem, Tübingen 1965; vgl. außerdem: Die deutsche Universität im

Dritten Reich. Eine Vortragsreihe der Universität München, München 1966.

92 Wolfgang Fritz Haug, Der hilflose Antifaschismus, Frankfurt am Main 1967.

93 »Organisieren wir den Ungehorsam gegen die Nazi-Generation«, in: Deutsches Literaturarchiv, Protest! Literatur um 1968, Marbach 1998, S. 43 f.

94 Ebenda.

95 Max Horkheimer, Die Juden und Europa, in: ders., Gesammelte Schriften Bd. 4: Schriften 1936–1941, hrsg. von Alfred Schmidt, Frankfurt am Main 1988, S. 308 f.

96 Vgl. Claude Lévi-Strauss, Strukturale Anthropologie, Frankfurt am Main 1967, S. 226–254; ders., Mythos und Bedeutung, Frankfurt am Main 1995.

97 Jeanne Hersch: Mythos und Politik, in: Kurt Hoffman (Hg.): Die Wirklichkeit des Mythos, München/Zürich. 1965, S. 79–91, hier: S. 86.

98 Das war zum Beispiel das erklärte Ziel von Mitgliedern der Kommune I wie Dieter Kunzelmann. Dieser hatte seinem Credo auf einer Postkarte mit den Worten Ausdruck verliehen: »Das sichtbarste Abenteuer eines jeden Menschen besteht aus einer Folge von Akten, die das Gesetz brechen …« Aus: Frank Böckelmann/ Herbert Nagel (Hg.), Subversive Aktion – Der Sinn der Organisation ist ihr Scheitern, Frankfurt am Main 1976, o. S.

99 Peter Schneider, Wir haben Fehler gemacht, in: ders., Ansprachen: Reden – Notizen – Gedichte, West-Berlin 1970, S. 12–14.

100 Einleitung zu der vom Frankfurter Institut für Sozialforschung durchgeführten empirischen Studie: Jürgen Habermas/Ludwig von Friedeburg/ Christoph Oehler/Friedrich Weltz, Student und Politik – Eine soziologische Untersuchung zum politischen Bewußtsein Frankfurter Studenten, Neuwied/West-Berlin 1961, S. 11–55.

101 Jürgen Habermas, Strukturwandel der Öffentlichkeit – Untersuchungen zu einer Kategorie der bürgerlichen Gesellschaft, Neuwied/West-Berlin 1962.

102 Siehe: Uwe Bergmann (Hg.), Bedingungen und Organisation des Widerstandes – Der Kongreß in Hannover, West-Berlin 1967, S. 100–102.

103 Wolfgang Abendroth u. a., Die Linke antwortet Jürgen Habermas, Frankfurt am Main 1968.

104 Jürgen Habermas, Die Scheinrevolution und ihre Kinder – Sechs Thesen über Taktik, Ziele und Situationsanalysen der oppositionellen Jugend, in: *Frankfurter Rundschau* vom 5. Juni 1968.

105 Jürgen Habermas, Die Scheinrevolution und ihre Kinder, in: ders., Protestbewegung und Hochschulreform, Frankfurt am Main 1969, S. 191.

106 Ebenda, S. 192.
107 Ulrike Meinhof, Vom Protest zum Widerstand, in: *konkret* vom Mai 1968, S. 5.
108 Sibylle Plogstedt (Red.), Der Kampf des vietnamesischen Volkes und die Globalstrategie des Imperialismus – Internationaler Vietnam-Kongreß 17./18. Februar 1968, West-Berlin 1968, S. 139.
109 Ebenda, S. 140.
110 Ulrike Meinhof, Vom Protest zum Widerstand, ebenda.
111 Rudi Dutschke, Notizen, a. a. O., Blatt 1.
112 Vgl. Michael »Bommi« Baumann, Wie alles anfing, München 1975, S. 47.
113 Michael »Bommi« Baumann, Wie alles anfing, München 1975, S. 42.
114 Wolf Lepenies, »Il Mercenario« Ästhetik und Gewalt im posthistoire, in: Martin Jürgens u. a., Ästhetik und Gewalt, Gütersloh 1970, S. 68.
115 Helmut Schelsky, Soziologie der Sexualität. Über die Beziehungen zwischen Geschlecht, Moral und Gesellschaft, Hamburg 1955, S. 11.
116 Wilhelm Reich, Massenpsychologie des Faschismus, Kopenhagen 1933 (Raubdruck 1965).
117 Wilhelm Reich, Die sexuelle Revolution, Frankfurt am Main 1966.
118 Sex in Deutschland. Die gefallene Natur, in: *Der Spiegel* vom 2. Mai 1966, 20. Jg., Nr. 19, S. 50–69.
119 Götz von Olenhusen/Christa Gnirß (Hg.), Handbuch der Raubdrucke 2. Theorie und Klassenkampf, sozialisierte Drucke und proletarische Reprints. Eine Bibliographie, Pullach bei München 1973, S. 17 f.
120 Wilhelm Reich, Die Funktion des Orgasmus. Zur Psychopathologie und Soziologie des Geschlechtslebens, Leipzig 1927.
121 Wilhelm Reich, Die Entdeckung des Orgons, Bd. 1: Die Funktion des Orgasmus. Sexualökonomische Grundprobleme der biologischen Energie, Köln 1969, S. 31 f.
122 Wilhelm Reich, Charakteranalyse, Frankfurt am Main 1970, S. 447.
123 Ebenda, S. 345 f.
124 Helmut Dahmer, Libido und Gesellschaft. Studien über Freud und die Freudsche Linke, Frankfurt am Main 1973, S. 416.
125 Alfred Sauvy, Trois mondes, une planète, in: *L'Observateur* vom 14. August 1952.
126 Emmanuel Joseph Sieyès, Was ist der Dritte Stand?, in: ders., Politische Schriften 1788–1790, hrsg. von Eberhard Schmitt und Rolf Reichardt, Darmstadt/Neuwied 1975, S. 117.

127 Jean-Paul Sartre, Vorwort, in: Frantz Fanon, Die Verdammten dieser Erde, Frankfurt am Main 1966.

128 »Einen Europäer erschlagen heißt zwei Fliegen auf einmal treffen, nämlich gleichzeitig einen Unterdrücker und einen Unterdrückten aus der Welt schaffen. Was übrigbleibt, ist ein toter Mensch und ein freier Mensch.« Ebenda, S. 18.

129 Vgl. dazu Rudi Dutschkes gemeinsam mit T. Käsemann und R. Schöller verfasstes Vorwort zu: Régis Debray/Fidel Castro/Gisela Mandel/K. S. Karol, Der Lange Marsch. Wege der Revolution in Lateinamerika, München 1968, S. 7–24.

130 Verstärkt wurden von SDS-Mitgliedern Anstrengungen unternommen, aktuelle Analysen des Kolonialismus und Imperialismus ins Deutsche zu übersetzen: Pierre Jalée, Die Ausbeutung der Dritten Welt, Frankfurt am Main 1968; Pierre Jalée, Die Dritte Welt in der Weltwirtschaft, Frankfurt am Main 1969; Harry Magdoff, Das Zeitalter des Imperialismus, Frankfurt am Main 1969; André Gunder Frank, Kapitalismus und Unterentwicklung in Lateinamerika, Frankfurt am Main 1969.

131 Jürgen Horlemann/Peter Gäng, Vietnam – Analyse eines Exempels, Frankfurt am Main 1966; Peter Gäng/Reimut Reiche, Modelle der kolonialen Revolution, Frankfurt am Main 1967; Jürgen Horlemann, Modelle der kolonialen Konterrevolution, Frankfurt am Main 1968.

132 Eckhard Siepmann, Vietnam – Der große Katalysator, in: ders. (Red.), Che, Schah, Shit: Die sechziger Jahre zwischen Cocktail und Molotow, West-Berlin 1984, S. 125.

133 »Die NATO ist die organisierte Zentrale des Imperialismus in Mittel- und Westeuropa zur Verhinderung der Emanzipation der produzierenden Massen. Innerhalb einer Anti-NATO-Kampagne hätten diese imperialistischen Praktiken ihren politischen Stellenwert.« Rudi Dutschke, Die geschichtlichen Bedingungen für den internationalen Befreiungskampf, in: Sibylle Plogstedt (Red.), Der Kampf des vietnamesischen Volkes und die Globalstrategie des Imperialismus. Internationaler Vietnam-Kongreß 17./18. Februar 1968 West-Berlin, West-Berlin 1968, S. 115.

134 Einer Umfrage zufolge hätte 1968 jedes zweite SDS-Mitglied lieber auf Kuba als in der Bundesrepublik gelebt. *Der Spiegel* vom 25. März 1968, 22. Jg., Nr. 13, S. 52.

135 Traum im Campo, *Der Spiegel* vom 25. März 1968, 22. Jg., Nr. 13, S. 52.

136 Dazu zählen mit dem Münchner Erich von Derschatta der Inhaber des Trikont-Verlages, dem Erlanger Arnhelm Neusüß ein Hochschulassistent und mit Jürgen Treulieb der stellvertretende AStA-Vorsitzende der Freien Universität Berlin. Vgl. Arbeitslager statt Ferienvergnügen, *Die Welt* vom 18. November 1968.

137 Kleine Anfrage der Abgeordneten Prochazka, Gierenstein, Dr. Hudak, Rainer, Schlager, Ziegler und Genossen vom 23. Oktober 1968, in: Verhandlungen des Deutschen Bundestages, 5. Wahlperiode, Anlagen zu den stenographischen Berichten, Band 124. Drucksachen V/3341 bis V/3500, Bonn 1968, Drucksache V/3405 S. 1.

138 Der Bundesminister des Innern zur Kleinen Anfrage der Abgeordneten Prochazka, Gierenstein, Dr. Hudak, Rainer, Schlager, Ziegler und Genossen vom 23. Oktober 1968, in: Verhandlungen des Deutschen Bundestages, 5. Wahlperiode, Anlagen zu den stenographischen Berichten, Band 125. Drucksachen V/3501 bis V/3620, Bonn 1968, Drucksache V/3555 S. 2.

139 So die selbstkritische Formulierung des ehemaligen SDS-Bundesvorstandsmitglieds Peter Gäng, der mit seinen Publikationen damals als einer der Vietnam-Experten gegolten hatte: Werner Balsen/Karl Rössel, Hoch die internationale Solidarität. Zur Geschichte der Dritte-Welt-Bewegung in der Bundesrepublik, Köln 1986, S. 255.

140 Brief Hannah Arendts vom 25. November 1967 an Hans-Jürgen Benedict, in: *Mittelweg* 36, 17. Jg., Heft 1/2007.

141 Mit Mao für die freie Liebe: Rotgardisten sprengten Diskussion an der FU, in: *Der Abend* vom 28. November 1966.

142 Li Zhensheng, Roter Nachrichtensoldat. Ein chinesischer Fotograf in den Wirren der Kulturrevolution, hrsg. von Robert Pledge, Berlin 2003, S. 73.

143 Peter Schneider, Die Phantasie im Spätkapitalismus und die Kulturrevolution, in: *Kursbuch,* 5. Jg., Nr. 16, März 1969, S. 1–37, hier S. 4.

144 Ebenda, S. 29 f.

145 Ebenda, S. 30.

146 Ein Gedanke für die Zukunft, in: *Kursbuch,* 4. Jg., Nr. 11, Januar 1968, S. 170 f.

147 Géza Kirchknopf, Vom elastischen Familienverband zur Kommune, in: *Kursbuch,* 4. Jg., Nr. 14, August 1968, S. 110 f.

148 Theodor W. Adorno, Minima moralia. Reflexionen aus dem beschädigten Leben, Gesammelte Schriften Bd. 4, Frankfurt am Main 1980, S. 43.

149 Li Zhensheng, Roter Nachrichtensoldat, ebenda, S. 37.

150 Zitiert nach: Ulrich Chaussy, Die drei Leben des Rudi Dutschke. Eine Biographie, Darmstadt/Neuwied 1983, S. 137.

151 Dieter Kunzelmann, Notizen zur Gründung revolutionärer Kommunen in den Metropolen, in: Frank Böckelmann/Herbert Nagel (Hg.), Subversive Aktion. Der Sinn der Organisation ist ihr Scheitern, Frankfurt am Main 1976, S. 143 f., hier S. 143.

152 Ebenda.

153 Zur Geschichte der Situationisten: Roberto Ohrt, Phantom Avantgarde – Eine Geschichte der Situationistischen Internationale und der modernen Kunst, Hamburg 1990.
154 Vgl. Situationistische Internationale 1958–1969 – Gesammelte Ausgaben des Organs der Situationistischen Internationale, Bd. 1 und 2, bearbeitet von Hanna Mittelstädt, Hamburg 1976/77.
155 Vgl. Gruppe SPUR 1958–1965, Eine Dokumentation, München 1979.
156 Vgl. zu ihrer Geschichte vor allem: Frank Böckelmann/Herbert Nagel (Hg.), Subversive Aktion – Der Sinn der Organisation ist ihr Scheitern, Frankfurt am Main 1976.
157 Viele Jahre später stritt Kunzelmann seine Autorschaft ab: »Ich verrate Ihnen jetzt ein Geheimnis: Dieser Spruch ist nicht von mir. Er fiel mal während einer Pressekonferenz im April 1967. Ich glaube, er stammt von Rainer Langhans ... Er wurde aber mir zugeschrieben, und ich habe es nie dementiert. Mir gefiel, daß sich dadurch viele Frauen aufgefordert fühlten, meine angeblichen Schwierigkeiten genauer zu überprüfen.« *Stern* vom 20. Mai 1999, Nr. 21, S. 60.
158 Dieter Kunzelmann, Leisten Sie keinen Widerstand! Bilder aus meinem Leben, Berlin 1998.
159 Ebenda, S. 27.
160 Vgl. dazu vor allem die Erinnerungen des konzeptionellen Kopfes der Kommune I: Dieter Kunzelmann, Leisten Sie keinen Widerstand! Bilder aus meinem Leben, Berlin 1998.
161 *Kommune I* (Hrsg.), Quellen zur Kommuneforschung, West-Berlin 1967.
162 Peter Brügge, »Lieber Fritz! Wem soll das nützen?«, in: *Der Spiegel* vom 24. Juli 1967, 21. Jg., Nr. 31, S. 38.
163 Ebenda, S. 39.
164 Exkommunarde Rainer Langhans über das Fernsehen in der Kommune I, in: Bernd Müllender/Achim Nöllenheidt (Hg.), Am Fuß der blauen Berge. Die Flimmerkiste in den 60er Jahren, Essen 1994, S. 240.
165 Ebenda.
166 Ebenda, S. 242 f.
167 Einsam strickt Teufel an der Revolution. Der Ex-Kommunarde lebt versteckt in München, in: *Abendzeitung* vom 6. Februar 1970.
168 Kommune 2, Versuch der Revolutionierung des bürgerlichen Individuums. Kollektives Leben mit politischer Arbeit verbinden!, West-Berlin 1969.
169 Kommune 2 (Christel Bookhagen, Eike Hemmer, Jan Raspe, Eberhard Schultz), Kindererziehung in der Kommune, in *Kursbuch,* 5. Jg., Nr. 17, Juni 1969, S. 149.

170 Berliner Kinderläden. Antiautoritäre Erziehung und sozialistischer Kampf, hrsg. von Katia Sadoun, Valeria Schmidt, Eberhard Schultz, Köln 1970, S. 9 und S. 103.
171 Wilhelm Reich, Der Einbruch der Sexualmoral, Kopenhagen 1935, S. 6.
172 Vgl. Monika Seifert, Zur Theorie der antiautoritären Kindergärten, in: *konkret* vom 27. Januar 1969, Nr. 3, S. 42 f.
173 Theodor W. Adorno, Erziehung nach Auschwitz, in: ders., Kulturkritik und Gesellschaft II, Gesammelte Schriften Bd. 10/2, Frankfurt am Main 1977, S. 674–690, hier S. 676.
174 Anna Freud in Zusammenarbeit mit Sophie Dann, Gemeinschaftsleben im frühen Kindesalter (1951), in: Die Schriften der Anna Freud, Bd. IV, 1945–1956, Indikationsstellung in der Kinderanalyse und andere Schriften, München 1980, S. 1161–1228.
175 Ebenda, S. 1171.
176 Anleitungen für eine revolutionäre Erziehung Nr. 5: Kinder im Kollektiv, September 1969, S. 33–75, hier S. 53.
177 Ebenda, S. 89.
178 Heiko Gebhardt. Kleine Linke mit großen Rechten. Berliner APO-Mitglieder experimentieren mit ihren Kindern. Sie gründeten zwölf ›anti-autoritäre Kinderläden‹, in denen ohne Zwang erzogen wird, in: *Stern* vom 2. März 1969.
179 Vgl. das Protokoll: Gerhard Bott (Hg.), Erziehung zum Ungehorsam – Kinderläden berichten aus der Praxis der antiautoritären Erziehung, Frankfurt am Main 1971, S. 83–108.
180 A. S. Neill, Theorie und Praxis der antiautoritären Erziehung – Das Beispiel Summerhill, Reinbek 1969.
181 A. S. Neill, Erziehung in Summerhill. Das revolutionäre Beispiel einer freien Schule, München 1965.
182 Die Startauflage des im Dezember 1969 erschienenen Bandes lag bei 30 000 Exemplaren. Zusammen mit einer kleinen Hardcoverausgabe von 7000 Exemplaren war der Titel nach einem Jahr 607 000 mal verkauft worden. Bis 2007 sind siebenundvierzig Auflagen der deutschen Übersetzung gedruckt worden.
183 A. S. Neill, The Problem Child, London 1926.
184 Summerhill – pro und contra. 15 Ansichten zu A. S. Neills Theorie und Praxis, Reinbek 1971.
185 A. S. Neill, Das Prinzip Summerhill – Fragen und Antworten, Argumente, Erfahrungen, Ratschläge, Reinbek 1986.
186 Zit. nach: Studentendemokratie gegen Studentenparlament, in: *Diskus – Frankfurter Studentenzeitung,* 2. Jg., Nr. 10, Dezember 1952, S. 2.
187 Vgl. dazu einen grundlegenden Text, der aus einer Vorlesung mit dem Titel »Protest als publizistische Form« an der Freien Univer-

sität in West-Berlin hervorgegangen ist: Harry Pross, Protest – Versuch über das Verhältnis von Form und Prinzip, Neuwied/West-Berlin 1971.

188 Ebenda, S. 76–82.

189 »Die Konzeption des Teach-Ins gründet auf der liberalen Idee der öffentlichen Diskussion mit Andersdenkenden, in der man durch bessere Information, rationale Argumentation und publizistische Enthüllungen aufklären und überzeugen will. ... Die Teach-ins waren eine Form der Opposition, in der Wissenschaftler und Intellektuelle sich demonstrativ auf die Seite der protestierenden Studenten stellten.« Susanne Kleemann, Ursachen und Formen der amerikanischen Studentenopposition, Frankfurt am Main 1971, S. 98.

190 Carl Schmitt, Die geistesgeschichtliche Lage des heutigen Parlamentarismus, München/Leipzig 1923.

191 Wilhelm Hennis, Haben wir ein faules Parlament? Wünsche an den neuen Bundestag – Die Reform ist unausweichlich, in: *Die Zeit* vom 22. Oktober 1965, 20. Jg., S. 7.

192 Johannes Agnoli/Peter Brückner, Die Transformation der Demokratie, West-Berlin 1967.

193 Rudolf Walther, Vom Bewunderer Mussolinis zum Wortführer der APO, in: *Die Zeit* vom 31. Dezember 2004.

194 Agnoli/Brückner, Die Transformation der Demokratie, S. 68.

195 Johannes Agnoli, Thesen zur Transformation der Demokratie und zur außerparlamentarischen Opposition, in: *Neue Kritik,* 9. Jg., 1968, Nr. 47, S. 24–33.

196 »Die Bundesrepublik Deutschland ist kein faschistischer Staat, aber die Kerntendenz der Abwehr gegen Emanzipation in der Bundesrepublik, im bürgerlichen Staat, ist faschistisch. D. h. konkreter formuliert und auch historischer: Der Umschlag in den offenen Faschismus ist dem bürgerlichen Staat immanent.« Johannes Agnoli, Autoritärer Staat und Faschismus, in: Detlev Claussen/Regine Dermitzel (Hg.), Universität und Widerstand. Versuch einer politischen Universität in Frankfurt, Frankfurt am Main 1968, S. 57.

197 »Es kann aber im Verlauf bestimmter politischer Prozesse zu einem Umschlag der außerparlamentarischen Opposition in einen offenen, antiparlamentarischen Kampf kommen ... sofern Parlamente trotz demokratischer Wahlakte, aus denen sie hervorgehen, antidemokratisch funktionieren, muß der Kampf für die Demokratie in antiparlamentarischer Praxis geführt werden.« Agnoli, Thesen, S. 31.

198 Vgl. Wilfried Gottschalch, Parlamentarismus und Rätedemokratie. Mit einem Lesebuch, West-Berlin 1968. Dieser Teil der Auseinandersetzung, der sich aus der seinerzeit populären Vorstellung

speiste, dass die gesellschaftliche »Basis« die Macht übernehmen müsse, wird an dieser Stelle jedoch nicht weiter verfolgt.

199 Karl Marx, Bürgerkrieg in Frankreich, in: Karl Marx/Friedrich Engels, Werke Bd. 17, hrsg. vom Institut für Marxismus-Leninismus beim ZK der SED, Berlin/DDR 1971, S. 339.

200 Peter von Oertzen, Freiheitliche demokratische Grundordnung und Rätesystem, in: Die demokratische Grundordnung. Reihe: Politische Bildung, 2. Jg., 1969, Heft 1, S. 14 ff.

201 Pierre Viansson-Ponté, »Quand la France s'ennuie ...«, in: *Le Monde* vom 15. März 1968.

202 Ludwig von Friedeburg (Hg.), Jugend in der modernen Gesellschaft, Köln 1965, S. 18.

203 Internationale Befreiungsfront, Mord (Flugblatt), Wien, o. J., im Besitz des Verfassers.

204 Eckhard Siepmann u. a. (Hg.), CheSchahShit – Die sechziger Jahre zwischen Cocktail und Molotow, West-Berlin 1984, S. 118.

205 Christian Semler, Schah Reza Pahlevi, seine Kaiserinnen, die Deutschen und der 2. Juni 1967, in: *Kursbuch,* 38. Jg., Nr. 150, 2002, S. 138–149, hier: 138.

206 Vgl. Klaus Rainer Röhl, Kesselschlacht. Protokoll einer Notstandsübung, in: *konkret,* Nr. 7/1967, S. 30–35.

207 Zitiert nach: Knut Nevermann, Der 2. Juni 1967, Köln 1967, S. 141.

208 Heinrich Albertz, Erinnerungen an den 2. Juni, in: Eckhard Siepmann u. a. (Hg.), CheSchahShit – Die sechziger Jahre zwischen Cocktail und Molotow, West-Berlin 1984, S. 116.

209 Zu den Hintergründen vgl. Wolfgang Kraushaar, Die Bombe im Jüdischen Gemeindehaus, Hamburg 2005, S. 173–181.

210 Die Erklärung der Vierzehn, in: *Die Zeit* vom 19. April 1968, 23. Jg., Nr. 16, S. 5.

211 Springer erklärte: »Ich stelle fest: Die Parole von der Enteignung stammt von drüben ... Ganz plötzlich ist diese große, große Hetzkampagne da! ... da muß ja wohl jemand dran gedreht haben ...« *Der Spiegel* vom 30. Oktober 1967, 21. Jg., Nr. 45, S. 34.

212 Verlagshaus Axel Springer (Hg.), Die These von der »Enteignung des Axel-Springer-Verlages« – Ihr Ursprung und ihre Verbreitung, HIS-Archiv, S. 1–14, 14.

213 Franz Knipping, Jeder vierte zahlt an Axel Cäsar – Das Abenteuer des Hauses Springer, Berlin/DDR 1963. Der Anhang mit Angaben zur Verlagsstruktur, allen Publikationsorganen mitsamt den Angaben zur jeweils gedruckten und verkauften Auflagenhöhe findet sich auf S. 225 bis 227.

214 Klaus Wilczynski, Methoden der politischen Hetze und der Verdummung des Leserpublikums mit den Mitteln der Bildjournalistik in der imperialistischen Massenpresse, dargestellt an Beispie-

len der »Bild«-Zeitung 1958/59, unveröffentlichte Diplomarbeit, Leipzig 1960, zit. n. Knipping, S. 53.

215 Der Weg zum künftigen Vaterland der Deutschen – Festansprache des Genossen Walter Ulbricht in der Berliner Dynamo-Sporthalle am 21. April, in: *Neues Deutschland* vom 22. April 1966, S. 5.

216 Vgl. Michael Jürgs, Der Fall Axel Springer. Eine deutsche Biographie, München 1995, S. 255.

217 Ulrike Meinhof, Enteignet Springer! *konkret,* 13. Jg., Nr. 9, September 1967, S. 2. Bemerkenswert an der Kolumne war, dass sich Meinhofs Kritik vor allem gegen den *Spiegel*-Herausgeber Rudolf Augstein richtete, dem sie vorwarf, dass er einen »platonischen Demokratiebegriff« habe, der besser zum Hause Springer passe.

218 Sozialistischer Deutscher Studentenbund, Resolution zum Kampf gegen Manipulation und für die Demokratisierung der Öffentlichkeit« der 22. ordentlichen Delegiertenkonferenz des SDS, in: *neue Kritik,* 8. Jg., 1967, Nr. 44, S. 33.

219 *Der Spiegel* vom 30. Oktober 1967, 21. Jg., Nr. 45, S. 24.

220 In einem kommentarlosen Flugblatt, das zu dieser Zeit zirkulierte, wurden die Adressen von fünfundzwanzig Springer-Filialen und die von neun Vertriebsstellen samt Telefonnummern aufgeführt. Es begann mit der »Kochstr. 50 (Hochhaus)«, der Adresse der Berliner Geschäftszentrale. Jeder, der verstehen wollte, verstand, was die Adressenliste bedeutete. Sie war eine Aufforderung zur Tat. [SPRINGER-FILIALEN, Flugblatt, o. O., o. J., im Besitz des Verfassers]

221 Zur Biografie des am 9. November 1974 durch einen Hungerstreik zu Tode gekommenen RAF-Mitglieds Holger Meins vgl. die von einem ehemaligen Kommilitonen an der DFFB produzierte Dokumentation: Gerd Conradt, Starbuck. Holger Meins. Ein Porträt als Zeitbild, Berlin 2001. Neben Meins gehörte mit dem am 9. Mai 1975 in Köln von der Polizei erschossenen Philip Sauber ein weiterer ehemaliger DFFB-Student zu einer Untergrundgruppierung.

222 Helmut Schauer, Eröffnung des Kongresses, in: Bundesvorstand des Sozialistischen Deutschen Studentenbundes (Hg.), Demokratie vor dem Notstand – Protokoll des Bonner Kongresses gegen die Notstandsgesetze am 30. Mai 1965, Sonderheft der Zeitschrift *neue kritik,* Frankfurt am Main 1965, S. 5.

223 Zit. nach: Siegward Lönnendonker/Tilman Fichter unter Mitarbeit von Claus Rietzschel, Freie Universität Berlin 1948–1973, Hochschule im Umbruch, Teil IV 1964–1967, Die Krise, Dokumentation der Freien Universität Berlin vom 15. Juni 1975, S. 355.

224 Ebenda, S. 356.

225 H. Jürgen Gießler, APO-Rebellion Mai 1968, München 1968, S. 168.
226 Ebenda, S. 45.
227 *Der Spiegel* vom 10. Juni 1968, 22. Jg., Nr. 24, S. 34.
228 Hans-Jürgen Krahl, Römerbergrede, in: ders., Konstitution und Klassenkampf, Frankfurt am Main 1971, S. 151.
229 Michael Schneider, Demokratie in Gefahr? Der Konflikt um die Notstandsgesetze: Sozialdemokratie, Gewerkschaften und intellektueller Protest (1958–1968), Bonn 1986, S. 273.
230 Ulrike Marie Meinhof, Der dritte Entwurf, in: *konkret,* April 1967, Nr. 4, S. 2.
231 Helmut Herles, Wie Brenner Schauer entließ – Das Ende des Kuratori-ums »Notstand der Demokratie«, in: *Süddeutsche Zeitung* vom 13. Juli 1968.
232 *Der Spiegel* vom 23. Dezember 1968, 22. Jg., Nr. 52, S. 31.
233 Max Weber, Die Wirtschaftsethik der Weltreligionen II, in: ders., Religion und Gesellschaft. Gesammelte Aufsätze zur Religionssoziologie, Frankfurt am Main 2006, S. 569.
234 Max Weber, Die protestantischen Sekten und der Geist des Kapitalismus, in: ders., Religion und Gesellschaft. Gesammelte Aufsätze zur Religionssoziologie, Frankfurt am Main 2006, S. 187.
235 Detlev Claussen/Bernd Leineweber/Oskar Negt, Rede zur Beerdigung des Genossen Hans-Jürgen Krahl, in: *neue kritik,* 10. Jg., Nr. 55/56, 1970, S. 3–8.
236 *Kommunistische Volkszeitung* vom 21. April 1980.
237 Vgl. Joscha Schmierer, Es gibt keinen Mao ohne Mao, in: *Die Welt* vom 1. Oktober 2005.
238 Gottfried Küenzlen, Auf der Suche nach dem Sinn, in: Gilda Boysen/ Hansjörg Hemminer/Gottfried Küenzlen, Im Sog der Psychoszene. Erfahrungen und Kommentare, Stuttgart 1988, S. 139 f.
239 Bhagwan Shree Rajneesh (Osho), Vom Sex zum kosmischen Bewußtsein, München 1983.
240 Jörg Andrees Elten, Ganz entspannt im Hier und Jetzt! Tagebuch über mein Leben mit Bhagwan in Poona, Reinbek 1979.
241 Uli Grandtner, Sektenreport, München 1993, S. 71 f.
242 »Unter einem heiteren Himmel« Interview mit Peter Sloterdijk, in: *die tageszeitung* vom 13. Juni 2006.
243 Rüdiger Safranski, Meister der fröhlichen Wissenschaft, in: *Die Welt* vom 26. Juni 2007.
244 Vgl. seine Autobiografie: Otto Muehl, Weg aus dem Sumpf, Nürnberg 1977.
245 Vgl. Peter Stoeckl, Kommune und Ritual. Das Scheitern einer utopischen Gemeinschaft, Frankfurt am Main/New York 1994.
246 Dieter Duhm, »Revolution ohne Emanzipation ist Konterrevolution!« Der Beitrag der marxistischen Theorie zum Problem der

persönlichen Emanzipation, hrsg. vom Sozialistischen Hochschulbund/shb-sf, o. O., o. J. (1972), Typoskript. Danach in erweiterter Fassung als Buch erschienen: Dieter Duhm, Revolution ohne Emanzipation ist Konterrevolution. Zwei Aufsätze, Köln 1973.

247 Dieter Duhm, Politische Texte, Für eine gewaltfreie Erde, Berlin 1992, S. 62.

248 Protokolle, Ankündigungs- und Diskussionspapiere wurden in einem Sammelband publiziert: Harald Harrer/Heinz Funke/Dieter Duhm (Hg.), Frankfurter Seminar April 1973. Politische Arbeit und Emanzipation. Aufsätze und Protokolle einer Tagungsreihe, Köln 1974.

249 Dieter Duhm, Angst im Kapitalismus. Versuch der gesellschaftlichen Begründung zwischenmenschlicher Angst in der kapitalistischen Warengesellschaft, Lampertheim 1973.

250 Dieter Duhm, San-Diego-Magazin, Nr. 2, 1991.

251 Die Rote Armee aufbauen!, in: *Agit 883* vom 5. Juni 1970, 2. Jg., Nr. 62, S. 6.

252 Albert Camus, Der Mensch in der Revolte, Hamburg 1953, S. 53.

253 Bundeskriminalamt – Abteilung TE – Tgb.Nr. 9018/71, Bericht über die Auswertung des am 22. 1. 1975 in den Zellen der Angeklagten BAADER, ENSSLIN, MEINHOF und RASPE in der JVA Stuttgart-Stammheim beschlagnahmten Beweismaterials, Januar 1976, KOK 04/004, Archiv des Hamburger Instituts für Sozialforschung, S. 12.

254 Albert Camus, ebenda, S. 57.

255 Lieselotte Süllwold, Stationen in der Entwicklung von Terroristen. Psychologische Aspekte biographischer Daten, 6. Abschnitt, Daten zu Frauen in der linken Terroristengruppe, in: Herbert Jäger/Gerhard Schmidtchen/Lieselotte Süllwold, Lebenslaufanalysen, Analysen zum Terrorismus, Bd. 2, hrsg. vom Bundesministerium des Innern, Opladen 1981, S. 110.

256 Andreas Baader, Brief vom 3. September 1974, in: das info. Briefe der Gefangenen aus der RAF 1973–1977, hrsg. von Pieter H. Bakker Schut, Kiel 1987, S. 158.

257 Vgl. Ronald Steckel, Bewußtseinserweiternde Drogen. Eine Aufforderung zur Diskussion, herausgegeben von der Projektgruppe Edition Voltaire, West-Berlin 1969.

258 »Pot« ist eine umgangssprachliche Bezeichnung für Drogen, die Delta-9-Tetrahydrocannabinol (THC) enthalten. Das ist der Hauptwirkstoff von Cannabis (Haschisch, Marihuana). THC löst psychische Effekte wie Euphorie, Entspannungs- und Unbeschwertheitsgefühle aus, zuweilen aber auch Angstzustände.

259 Mao Tse-tung, Über die Mentalität umherschweifender Rebellenhaufen (1929), in: ders., Ausgewählte Werke, Bd. 1, Peking 1966, S. 129.

260 Michael »Bommi« Baumann, Wie alles anfing, München 1975, S. 61.
261 Der naive Anarchismus. Drei Dokumente, in: *Agit 883* vom 20. November 1969, 1. Jg., Nr. 41, S. 7.
262 Vgl. das Diskussionspapier: Frauengruppe im »Revolutionären Kampf«, o. O., o. J. [Frankfurt am Main 1972].
263 Vgl. die von diesem sich als Interessenvertretung verstehenden Organ herausgegebene Darstellung der Frankfurter Hausbesetzerbewegung: Häuserrat Frankfurt, Wohnungskampf in Frankfurt, München 1974.
264 Aus dem mit Heiner Goebbels einer der wichtigsten Avantgardemusiker hervorgegangen ist.
265 Wolfgang Kraushaar, Thesen zum Verhältnis von Alternativ- und Fluchtbewegung, in: ders. (Hg.), Autonomie oder Getto?, Frankfurt am Main 1978, S. 36 f.
266 Vgl. Wolfgang Kraushaar, Fischer in Frankfurt, Hamburg 2001, S. 134–140.
267 Vgl. Gerd Koenen, Das rote Jahrzehnt, Köln 2001.
268 Vgl. Claus Leggewie, 1968: Ein Laboratorium der nachindustriellen Gesellschaft? Zur Tradition der antiautoritären Revolte seit den sechziger Jahren, in: *Aus Politik und Zeitgeschichte* vom 13. Mai 1988, B 20/88, S. 3–15.
269 Valerie Solanas, Manifest der Gesellschaft zur Vernichtung der Männer S. C. U. M., Reinbek 1983, S. 21.
270 Ebenda, S. 21 f.
271 Ebenda, S. 79.
272 Helke Sander, Rede des »Aktionsrates zur Befreiung der Frauen«, in Ann Anders (Hg.), Autonome Frauen. Schlüsseltexte der Neuen Frauenbewegung seit 1968, Frankfurt am Main 1988, S. 39–47, hier S. 47.
273 Rechenschaftsbericht des Weiberrats der Gruppe Frankfurt, in: Frauenjahrbuch '75, Frankfurt am Main 1975, S. 16.
274 Vgl. den Tagungsband: Heinrich-Böll-Stiftung (Hg.), Wie weit flog die Tomate? Eine 68erinnen-Gala der Reflexion, Berlin 1999.
275 Hans Magnus Enzensberger, Zur Kritik der politischen Ökologie, in: *Kursbuch,* 9. Jg., Oktober 1973, Nr. 33, S. 41.
276 Holger Strohm, Friedlich in die Katastrophe, Hamburg 1973.
277 »Wir Anarchisten, Spontis und Verweigerer sollen plötzlich alles vergessen und wählen oder gar gewählt werden? Warum haben wir dann 1969 nicht Brandt gewählt? Warum nicht 1972? Warum haben wir nie gewählt (zumindest als Bewegung, auch wenn es viele einzelne getan haben) und sollen es jetzt tun? Weil sonst die Welt untergeht und Kalkar und Grohnde gebaut werden? Man versteht sofort: hier geht es um mehr als um eine bloß pragmatische, realpolitische Entscheidung.« Joschka Fischer, Warum

eigentlich nicht?, in: ders., Von grüner Kraft und Herrlichkeit, Reinbek 1984, S. 91.

278 Ebenda, S. 95.

279 Ebenda, S. 92.

280 Ebenda, S. 97.

281 Ebenda, S. 96.

282 Joschka Fischer: Der Widerspenstigen Zähmung, in: ders., Von grüner Kraft und Herrlichkeit, Reinbek 1984, S. 105.

283 »Es gibt sie nicht mehr, die Spontis ...«, ebenda, S. 105.

284 »... ich bin davon überzeugt, daß sich hinter der Ökologiebewegung eine grundsätzliche Kehre verbirgt.«, ebenda, S. 107.

285 Ebenda.

286 »In defensiver Fundamentalopposition zu verharren heißt, eine historische Chance zu verspielen, heißt der SPD den Spielraum geben, den die Protestbewegungen eigentlich den Grünen zugemessen haben. Hält man an dieser Haltung fest, bedeutet das, den Bruch in die eigene Partei zu tragen und nicht die vorhandene Kluft in der SPD zu vertiefen und zu ersten Schritten einer qualitativen neuen Politik zu nutzen.« Arbeitskreis Realpolitik, Zwischen puritanischer Skylla und opportunistischer Charybdis für eine listige Odyssee, in: *Pflasterstrand,* 8. Jg., Nr. 143, Oktober/November 1982, S. 9 f.

287 *die tageszeitung* vom 13. Dezember 1985.

288 Horst Mahler, Der Geheimagent des Weltgeistes – Das Kommende ist noch unsichtbar: Wir wissen nichts von Gerhard Schröder, in: *Süddeutsche Zeitung* vom 30. September 1998.

289 Horst Mahler, »Zwischen Turmbau zu Babel und Pfingstwunder« (Watzlawik) – Ist das Ende der Defundamentalisierung der Kultur in Sicht? Gedanken zum 70. Geburtstag von Günter Rohrmoser, in: www.horst-mahler.de. Die Lobrede auf den früheren Filbinger-Berater begann mit den Worten: »Ich ehre Günter Rohrmoser als Mentor der Linken in unserem Lande.«

290 Bernd Rabehl, Ein Volk ohne Kultur kann zu allem verleitet werden, in: *Junge Freiheit* vom 18. Dezember 1998.

291 *die tageszeitung* vom 5. Januar 1999.

292 Vgl. Wolfgang Kraushaar, Rudi Dutschke und die Wiedervereinigung – Zur heimlichen Dialektik von Nationalismus und Internationalismus, in: *Mittelweg 36*, 1. Jg., Nr. 2, Juni/Juli 1992, S. 12–48.

293 Vgl. die Schilderung eines Treffens zwischen Heinemann und Dutschke im Juli 1972: Gretchen Dutschke, Wir hatten ein barbarisches, schönes Leben – Rudi Dutschke, Köln 1996, S. 278 f.

294 R. S. [d. i. ein Pseudonym für Rudi Dutschke, W. K.], Zum Verhältnis von Organisation und Emanzipationsbewegung, in: *Oberbaumblatt* vom 12. Juni 1967, Nr. 5, S. 4.

295 Claus-M. Wolfschlag (Hg.), Bye-bye '68 ... Renegaten der Linken, APO-Abweichler und allerlei Querdenker berichten, Graz 1998.
296 Horst Mahler/Günter Maschke/Reinhold Oberlercher, Kanonische Erklärung zur Bewegung von 1968, in: *Junge Freiheit* vom 5. März 1999, 14. Jg., Nr. 10, S. 7.
297 Reinhold Oberlercher, Die 68er-Wortergreifung, in: *Staatsbriefe,* 4/1994, S. 28–32.
298 »Wir waren nie Nationalisten«, in: *Junge Welt* vom 15. Februar 1999.
299 Schwarze Ratten TW, SCHALOM + NAPALM, in: *Agit 883* vom 13. November 1969, 1. Jg., Nr. 40, S. 9.
300 Dieter Kunzelmann, Brief aus Amman, in: *Agit 883* vom 27. November 1969, 1. Jg., Nr. 42, S. 5.
301 Jean Améry, Der ehrbare Antisemitismus. Die Barrikade vereint mit dem Spießer. Stammtisch gegen den Staat der Juden, in: *Die Zeit* vom 25. Juli 1969, 24. Jg., Nr. 30, S. 16.
302 Wolfgang Kraushaar, Die Bombe im Jüdischen Gemeindehaus, Hamburg 2005.
303 Karl Kraus, Der sterbende Mensch, in: ders., Ausgewählte Gedichte, München 1920, S. 85–87, hier S. 87.
304 Marx hatte für die »Natur-Idolatrie« der Frühsozialisten nur Hohn und Spott übrig. Zusammen mit Engels hatte er 1845 geschrieben: »Der wahre Sozialist geht von dem Gedanken aus, daß der Zwiespalt von Leben und Glück aufhören müsse. Um für diesen Satz einen Beweis zu finden, nimmt er die Natur zu Hülfe und unterstellt, daß in ihr dieser Zwiespalt nicht existiere, und hieraus schließt er, daß, da der Mensch ebenfalls ein Naturkörper sei und die allgemeinen Eigenschaften des Körpers besitze, für ihn dieser Zwiespalt ebenfalls nicht existieren dürfe.« Karl Marx/Friedrich Engels, Die deutsche Ideologie, in: Karl Marx/Friedrich Engels, Werke, Bd. 3, hrsg. vom Institut für Marxismus-Leninismus beim ZK der SED, Berlin/DDR 1969, S. 460.
305 Jean-Jacques Rousseau, Émile oder über die Erziehung, hrsg. von Martin Rang, Stuttgart 1970, S. 107.
306 Bernhard Bueb, Lob der Disziplin. Eine Streitschrift, Berlin 2006.
307 Zeit-Geschichte, Nr. 1, 2007, Erziehung und Revolte: Was bleibt von 1968? Der ehemalige Kinderladen-Aktivist Daniel Cohn-Bendit im Gespräch mit »Lob der Disziplin«-Autor Bernhard Bueb, S. 34.
308 Agnoli, Transformation der Demokratie, S. 70.
309 Jean-Jacques Rousseau, An die Republik zu Genf, [Widmung zu der] Abhandlung über den Ursprung und die Grundlagen der Ungleichheit unter den Menschen, in: ders., Sozialphilosophische und Politische Schriften, München 1981, S. 42.

310 Für Agnoli ist Pluralismus eine Fiktion und der Gegenbegriff zu dem des Antagonismus. So behauptet er, dass die »Transformation des Verfassungsstaates« die »Reduktion des Antagonismus auf den Pluralismus« widerspiegele. Agnoli, Transformation, S. 24. Während es bei der Austragung von Differenzen beim Pluralismus um Konsens, im Zweifelsfall um die Herstellung von Kompromissen geht und damit garantiert ist, dass dessen Rahmenbedingung, der Rechtsstaat, nicht angetastet wird, so geht es beim Antagonismus um das Gegenteil einer einvernehmlichen Lösung: um die Auflösung des Widerspruchs im offenen Konflikt, letztlich um die Austragung eines Kampfes.

311 »Die Parteien trennen sich von der eigenen, aktuellen gesellschaftlichen Basis und werden zu staatspolitischen Vereinigungen.« Agnoli, Transformation der Demokratie, S. 33.

312 Zu den möglichen totalitären Implikationen des Rousseau'schen Demokratiemodells vgl. Jacob Leib Talmon, Die Ursprünge der totalitären Demokratie, Köln/Opladen 1961.

313 Marion Gräfin Dönhoff, Die Rebellion der Romantiker, in: *Die Zeit* vom 5. Januar 1968, 23. Jg., Nr. 1, S. 1.

314 Vgl. Werner Helwig, Die Blaue Blume des Wandervogels. Vom Aufstieg, Glanz und Sinn einer Jugendbewegung Gütersloh 1960. Dort findet sich auch der Text des Wandervogel-Liedes »Wir wollen zu Land ausfahren«. Darin heißt es: »Es blühet im Walde tief drinnen die blaue Blume fein, die Blume zu gewinnen, ziehn wir in die Welt hinein. Es rauschen die Bäume, es murmelt der Fluß, und wer die blaue Blume finden will, der muß ein Wandervogel sein.«

315 Carl Schmitt, Politische Romantik, Berlin 1919, S. 222.

316 Walter Benjamin, Traumkitsch, in: ders., Gesammelte Schriften, Bd. II.2, hrsg. von Rolf Tiedemann und Hermann Schweppenhäuser, Frankfurt am Main 1977, S. 620.

317 Die Literatur zu dem genannten Zusammenhang zwischen 68er-Bewegung und Romantik ist bislang eher spärlich. Affirmativ: Richard Faber, Novalis: Die Phantasie an die Macht, Stuttgart 1970; kritisch dagegen: Lothar Voigt, Aktivismus und moralischer Rigorismus. Die politische Romantik der 68er Studentenbewegung, Wiesbaden 1991; vgl. außerdem: Simon Kießling, Die antiautoritäre Revolte der 68er. Postindustrielle Komsumgesellschaft und säkulare Religionsgeschichte der Moderne, Köln/Weimar/Wien 2006.

318 Vgl. Rüdiger Safranski, Romantik. Eine deutsche Affäre, München 2007.

319 Das Symbol stammt aus dem Romanfragment »Heinrich von Ofterdingen«. An einer Stelle heißt es dort: »... die blaue Blume sehn' ich mich zu erblicken. Sie liegt mir unaufhörlich im Sinn,

und ich kann nichts anders dichten und denken. So ist mir noch nie zu Muthe gewesen: es ist, als hätt' ich vorhin geträumt, oder ich wäre in eine andere Welt hinübergeschlummert; denn in der Welt, in der ich sonst lebte, wer hätte da sich um Blumen bekümmert, und gar von einer so seltsamen Leidenschaft für eine Blume hab' ich damals nie gehört.« Novalis, Schriften. Die Werke Friedrich von Hardenbergs, hrsg. von Paul Kluckhohn und Richard Samuel, Bd. I, 3., nach den Handschriften ergänzte, erw. und verb. Auflage, Stuttgart 1977, S. 195.

320 Walter Benjamin, Deutsche Menschen, Frankfurt am Main 1967.

321 Brief an Theodor W. Adorno vom 15. Mai 1968, in: Theodor W. Adorno und Elisabeth Lenk, Briefwechsel 1962–1969, hrsg. von Elisabeth Lenk, München 2001, S. 144 f.

322 Ebenda, S. 145 f.

323 Novalis, Heinrich von Ofterdingen, ebenda, S. 318.

324 Novalis, Schriften. Die Werke Friedrich von Hardenbergs, hrsg. Von Paul Kluckhohn und Richard Samuel, Bd. II, Darmstadt 1968, S. 545.

325 Richard Faber, Frühromantik, Surrealismus und Studentenrevolte oder die Frage nach dem Anarchismus, in: Gisela Dischner/Richard Faber (Hg.), Romantische Utopie – Utopische Romantik, Hildesheim 1979, S. 339.

326 Novalis, Schriften, Bd. II, hrsg. von Jacob Minor, Jena 1923, S. 375.

327 Herbert Marcuse, Triebstruktur und Gesellschaft. Ein philosophischer Beitrag zu Sigmund Freud, Frankfurt am Main 1967, S. 159.

328 Jörg Bopp, Geliebt und doch gehaßt. Über den Umgang der Studentenbewegung mit Theorie, in: *Kursbuch*, 20. Jg., 1984, Nr. 78, S. 121–142, hier S. 126.

329 Herbert Marcuse, Das Ende der Utopie. Herbert Marcuse diskutiert mit Studenten und Professoren Westberlins an der Freien Universität Berlin über die Möglichkeiten und Chancen einer politischen Opposition in den Metropolen in Zusammenhang mit den Befreiungsbewegungen in den Ländern der Dritten Welt, hrsg. von Horst Kurnitzky und Hansmartin Kuhn, West-Berlin 1967.

330 Paul Sering (d. i. Richard Löwenthal), Jenseits des Kapitalismus. Ein Beitrag zur sozialistischen Neuorientierung, Lauf bei Nürnberg 1947; Neuausgabe: West-Berlin/Bonn-Bad Godesberg 1977.

331 Richard Löwenthal, Romantischer Rückfall, Stuttgart 1970, S. 8 f.

332 Rudi Dutschke/Hans-Jürgen Krahl, Organisationsreferat, *diskus – Frankfurter Studentenzeitung*, 30. Jg., Nr. 1/2, Februar 1980, S. 6–9.

333 Carl Schmitt, Politische Romantik, Dritte Auflage, West-Berlin 1968, S. 226.
334 Vgl. Kai Sichtermann/Jens Johler/Christian Stahl, Keine Macht für Niemand. Die Geschichte der »TON STEINE SCHERBEN«, Berlin 2000.
335 Karl Kraus, Der sterbende Mensch, ebenda.
336 Walter Benjamin, Über den Begriff der Geschichte, in: ders., Gesammelte Schriften, Bd. I.2, hrsg. von Rolf Tiedemann und Hermann Schweppenhäuser, Frankfurt am Main 1974, S. 701.
337 Der Katholizismus dagegen, hatte Carl Schmitt 1919 konstatiert, sei unromantisch.
338 Paul Tillich, Protestantismus und politische Romantik, in: *Neue Blätter für den Sozialismus*, 3. Jg., 1932, S. 413–422, hier S. 414.
339 Vgl. Rolf Hanusch, Aufstand gegen die Pastorenkirche. Welche Auswirkungen die 68er-Bewegung auf den Protestantismus hatte, in: *Evangelische Kommentare*, 31. Jg., 5/1998, S. 257–260.
340 Martin Greiffenhagen (Hg.), Das evangelische Pfarrhaus. Eine Kultur- und Sozialgeschichte, Stuttgart 1984, S. 7 f.
341 Robert Minder, Das Bild des Pfarrhauses in der deutschen Literatur von Jean Paul bis Gottfried Benn, in: ders., Kultur und Literatur in Deutschland und Frankreich. Fünf Essays, Frankfurt am Main 1962, S. 44–72, hier S. 72.
342 Eschatologisches Programm, in: *Unverbindliche Richtlinien 1*, hrsg. Von Christofer Baldeney/Rodolphe Gasché/Dieter Kunzelmann, München 1962, S. 26.
343 Ebenda, S. 27.
344 Rudi Dutschke, Jeder hat sein Leben ganz zu leben. Die Tagebücher 1963–1979, hrsg. von Gretchen Dutschke, Köln 2003, S. 17.
345 Karl Marx, Zur Kritik der Hegelschen Rechtsphilosophie, in: Marx Engels Werke, Bd. 1, hrsg. vom Institut für Marxismus-Leninismus beim ZK der SED, Berlin/DDR 1971, S. 378.
346 Peter Schütt, Wie ich zum Islam gekommen bin, in: *Die Welt* vom 8. September 2007.
347 Vgl. Peter Schütt, Mein letztes Gefecht. Abschied und Beichte eines Genossen, Berlin 1992.
348 Vgl. Peter Schütt, Allahs Sonne lacht über der Alster. 111 Geschichten aus der 1002. Nacht, Asendorf 2001.
349 Vgl. Hadayatullah Hübsch, Keine Zeit für Trips. Autobiographischer Bericht, Frankfurt am Main 1991.
350 Hadayatullah Hübsch, Alles war Geheimnis. Vom LSD zum Islam, in: Claus-M. Wolfschlag (Hg.): Bye-bye '68. Renegaten der Linke, APO-Abweichler und allerlei Querdenker berichten, Graz/Stuttgart 1998, S. 161–170.
351 Jacob Taubes, Surrealistische Provokation. Ein Gutachten zur Anklageschrift im Prozeß Langhans-Teufel über die Flugblät-

ter der »Kommune I«, in: *Merkur*, XXI. Jg., November 1967, Nr. 236, S. 1079.

352 Rudi Dutschke, »Genossen! Wir haben nicht mehr viel Zeit ...« (Referat auf dem »Internationalen Vietnam-Kongreß« in West-Berlin), in: Sibylle Plogstedt (Red.), Der Kampf des vietnamesischen Volkes und die Globalstrategie des Imperialismus – Internationaler Vietnam-Kongreß 17./18. Februar 1968, West-Berlin 1968, S. 123.

353 Frantz Fanon, Die Verdammten dieser Erde, Frankfurt am Main 1966, S. 239.

354 Vgl. Gottfried Küenzlen, Der Neue Mensch. Eine Untersuchung zur säkularen Religionsgeschichte der Moderne, Frankfurt am Main 1997.

355 Gustav Wyneken, 1916, in: Werner Kindt (Hg.), Grundschriften der deutschen Jugendbewegung, Düsseldorf/Köln 1963, S. 154.

356 Paul Tillich, Kairos (1922), in: ders., Der Protestantismus. Prinzip und Wirklichkeit, Stuttgart 1950, S. 80.

357 Ebenda, S. 83.

358 Ebenda.

359 Vgl. Friedrich-Wilhelm Marquardt, Rudi Dutschke als Christ, Tübingen 1998.

360 Rudi Dutschke, Warum ich Marxist bin und nach Marx keiner sein dürfte, in: Fritz J. Raddatz (Hg.), Warum ich Marxist bin, München 1978, S. 99.

361 Jürgen Miermeister, Rudi Dutschke, Reinbek 1986, S. 38 f.

362 »Alles in Feuer und Blut ersticken« Ernesto Che Guevara über Geschichte und Zukunft Lateinamerikas, in: *Der Spiegel* vom 29. Juli 1968, 22. Jg., Nr. 31, S. 62.

363 Ebenda.

364 *konkret*, Nr. 8, April 1969, S. 42/43.

365 In der Interpretation eines damaligen Aktivisten ist die Protestbewegung gegen den Vietnamkrieg »... vom protestantischen Prinzip des Gewissengehorsams mit ermöglicht worden.« Hans-Jürgen Benedict, Der neue Protestantismus. Motive und Formen der kirchlichen Kriegsopposition in den USA, Stuttgart 1971, S. 9.

366 Helmut Gollwitzer, Leidenschaft für Menschen. Beerdigungspredigt für Rudi Dutschke (7. 3. 1940–24. 12. 1979) auf dem St. Annen-Friedhof in Berlin-Dahlem, in: *Junge Kirche*, 41. Jg., 1980, Nr. 1, S. 3–5, hier S. 5.

367 Zitiert nach: Stefan Aust, Der Baader-Meinhof-Komplex, Hamburg 1997, S. 78.

368 Gerhard Schmidtchen, Terroristische Karrieren. Soziologische Analyse anhand von Fahndungsunterlagen und Prozeßakten, in: Herbert Jäger/Gerhard Schmidtchen/Liselotte Süllwold, Lebens-

laufanalysen, Analysen zum Terrorismus, Bd. 2, hrsg. vom Bundesministerium des Innern, Opladen1981, S. 31.

369 Ebenda, S. 32.

370 Ebenda.

371 Helmuth Plessner, Grenzen der Gemeinschaft. Eine Kritik des sozialen Radikalismus, Frankfurt am Main 2001, S. 25.

372 Eine Gleichberechtigung zwischen Lehrenden, Studierenden und Dienstleistenden in den universitären Selbstverwaltungsgremien durchzusetzen, gelang lediglich an der 1971 neu gegründeten Universität Bremen. Der Erfolg war jedoch nur vorübergehend. Nach der Klage einiger Professoren musste die Drittelparität wieder zurückgenommen werden.

373 *Der Spiegel* vom 27. Oktober 1969, 23. Jg., Nr. 44, S. 27.

374 Ebenda.

375 Dietrich Strothmann, NPD vor dem Ruin, in: *Die Zeit* vom 10. Oktober 1969, S. 4.

376 Vgl. Hans-Jürgen Wirth, Die Schärfung der Sinne. Jugendprotest als persönliche und kulturelle Chance, Frankfurt am Main 1984.

377 Schüler Rudolf Wildenmanns haben 1995 in Potsdam das DFG-Projekt unter dem Titel »Elitenrekrutierung und -zirkulation im vereinten Deutschland« durchgeführt: Wilhelm Bürklin u. a., Eliten in Deutschland – Rekrutierung und Integration, Opladen 1997.

378 Wilhelm Bürklin u. a., ebenda, S. 417 f.

379 Edgar Wolfrum, »1968« in der gegenwärtigen deutschen Geschichtspolitik, in: *Aus Politik und Zeitgeschichte* vom 25. Mai 2001 (B 22–23/2001), S. 28–36, hier S. 35.

380 Theodor W. Adorno, Eilbrief an Herbert Marcuse, 6. August 1969, in: Wolfgang Kraushaar (Hg.), Frankfurter Schule und Studentenbewegung. Von der Flaschenpost zum Molotowcocktail, 1946–1995, Bd. 2: Dokumente, Hamburg 1998, S. 671.

Personenregister

Abendroth, Wolfgang 54, 166
Adams, Carolyn siehe Mountain Girl
Adenauer, Konrad 67f., 182, 282, 289, 295
Adler, Lou 34
Adorno, Theodor W. 71, 123, 133, 155f., 170, 262f., 297f.
Agnoli, Johannes 143ff., 256f.
Ahlborn, Herbert 179f.
Ahmadinedschad, Mahmud 251
Albertz, Heinrich 153, 282f.
Alpert, Richard 18
Alteköster, Alois 108f.
Aly, Götz 43
Amendt, Günter 281
Améry, Jean 249
Amin, Idi 193
Anders, Günther 162
Anthony, Gene 26
Arafat, Jassir 107, 249
Arendt, Hannah 109f.
Arnim, Ludwig Achim von 261
Aron, Raymond 51
Augstein, Rudolf 170
Aust, Ernst 192, 205

Baader, Andreas 88, 92, 94, 207–211, 283
Babbs, Ken 17
Bach, Johann Sebastian 271
Bachmann, Josef 90, 154
Baez, Joan 12, 23
Bahro, Rudolf 197
Bakunin, Michail A. 266
Barakad, Daud 107
Bateson, Gregory 15
Batista y Zaldívar, Fulgencio 102
Baudelaire, Charles 208
Baum, Gerhart 250
Baumann, Michael »Bommi« 91, 94, 214f.
Bebel, August 134
Beermann, Hermann 168
Beethoven, Ludwig van 120
Belmondo, Jean Paul 92
Beltz, Matthias 219ff.
Benda, Ernst 106f., 167, 177
Benjamin, Walter 45, 259, 262, 269
Benn, Gottfried 271
Benz, Georg 168
Berg, Peter 23
Bhagwan Shree Rajneesh 195ff., 205, 292
Bhaktivedanta, A.C. Swami Prabhupada 195
Bismarck, Otto Eduard Leopold von 287
Blair, Tony 240
Blanke, Bernhard 161
Bloch, Ernst 71, 165f., 170

Böll, Heinrich 155f., 168, 170
Boepple, Willy 194
Bohrer, Karl Heinz 51f.
Bott, Gerhard 137
Bowen, Michael 25–28
Boyd, Patti 33
Bracher, Karl Dietrich 164
Brando, Marlon 92
Brandt, Willy 43, 103, 182, 185, 231, 287
Brenner, Otto 165, 168
Brentano, Clemens 261
Breton, André 263
Browne, Jackson 23
Brückner, Peter 123, 143, 188
Brus, Günter 198, 199
Bubis, Ignatz 250
Bucharin, Nikolai I. 102
Bueb, Bernhard 255
Büsch, Wolfgang 153
Burroughs, William 13, 15

California, Randy 35
Caligula 199
Camus, Albert 208, 210, 273
Carmichael, Stokely 94
Carré, John le 240
Cassady, Neal 16f., 24
Castro, Fidel 102, 109
Chang, Jung 193
Chaussy, Ulrich 124
Chruschtschow, Nikita 16
Claessens, Dietrich 167
Claussen, Detlev 191
Cohen, Allen 25, 27f.
Cohen, Irving 20
Cohn-Bendit, Daniel 52, 188, 219ff., 234f., 237f., 256, 281
Corbucci, Sergio 91
Craig, Gordon A. 260
Cromwell, Oliver 23

Debord, Guy 126
Dellinger, Dave 9
Deng Pufang 115
Deng Xiaoping 112, 115f.
Devereux, Georges 48
Dick, Georg 237
Dilthey, Wilhelm 271
Discher, Raimund 108f.
Ditfurth, Jutta 237
Dönhoff, Marion Gräfin 258, 260
Dorn, Wolfram 167
Dos Passos, John 38
Duensing, Erich 152f.
Dürrenmatt, Friedrich 271
Duhm, Dieter 202–205
Dutschke, Rudi 44, 50, 85, 87–90, 93f., 105, 119, 123f., 127, 153–156, 159, 162f., 166, 227, 238, 242ff., 246, 265f., 276–279, 281ff.
Dutschke-Klotz, Gretchen 279
Dylan, Bob 22, 33ff.

Ebelseder, Sepp 137
Ehmann, Christoph 167
Eichel, Hans 180
Elias, Norbert 71
Ellwein, Thomas 164
Elten, Jörg Andrees 196
Engels, Friedrich 102
Enke, Werner 81f.
Ensslin, Gudrun 88, 92, 207f., 283
Ensslin, Helmut 283
Enzensberger, Dagrun 128
Enzensberger, Hans Magnus 52f., 118, 128, 165, 170, 209, 231
Enzensberger, Ulrich 128

Faber, Richard 264
Falk, Peter 20
Fanon, Frantz 101f., 277
Fatemi, Hossein 151
Feltrinelli, Giangiacomo 281
Ferlinghetti, Lawrence 21f., 27
Feuerbach, Ludwig Andreas 260, 273

Fichter, Albert 249
Fischer, Joschka 219f., 234–238, 240, 290
Fitzgerald, Francis Scott 38
Flechtheim, Ossip K. 178
Fogerty, John 23
Fonda, Peter 285
Foster, Paul 17
Fourier, Charles 263
Frahm, Herbert siehe Willy Brandt
Franco Bahamonde, Francisco 157
Freud, Anna 135f.
Freud, Sigmund 48, 96f., 119, 133, 228, 289
Fried, Erich 168
Friedeburg, Ludwig von 59, 150
Friedman, Michel 250
Friedrich, Erzherzog 201
Froines, John 9
Fücks, Ralf 238
Furth, Peter 241

Gäng, Peter 103
Galinski, Heinz 247
Gandhi, Mahatma 93
Garcia, Jerry 17, 31, 38
Gaulle, Charles de 55
Gebbert, Volker 128
Gebhardt, Heiko 137
Gehlen, Arnold 96
Gehlen, Reinhard 67
Geismar, Alain 107
Genscher, Hans-Dietrich 194
Gerstenmaier, Eugen 172
Gillette, Lorin 30
Ginsberg, Allen 13, 15f., 22, 27, 41
Glas, Uschi 81
Globke, Hans 67
Godard, Jean-Luc 92
Goethe, Johann Wolfgang von 271
Goldhagen, Jonathan 250
Gollwitzer, Helmut 178, 282
Gorbatschow, Michail 274
Graham, Bill (William) 15, 20–23, 25, 30, 32, 34f.
Grajonca, Wolfgang siehe Bill Graham
Grass, Günter 176
Greiffenhagen, Martin 270
Greiner, Ulrich 60
Griffith, David Wark 26
Grogan, Emmett 23, 28
Groß, Thomas 35
Gryphius, Andreas 274
Günther, Eberhard 162
Guevara, (Ernesto) Che 93, 103, 109, 125f., 206, 277f., 280ff.
Guthrie, Arlo 9

Habermas, Jürgen 43, 51, 84ff., 92, 164f., 178
Haffner, Sebastian 57f.
Halbritter, Kurt 227
Hallyday, Jon 193
Hameister, Hans-Joachim 128
Handke, Peter 68
Hardenberg, Friedrich von siehe Novalis
Harrison, George 33, 195
Haug, Wolfgang Fritz 73, 96
Hayden, Tom 9
Hegel, Georg Wilhelm Friedrich 109, 241, 252, 273
Heidegger, Martin 273
Heinemann, Gustav 243, 287
Hemingway, Ernest 38
Hendrix, Jimi 34, 36, 40
Hennis, Wilhelm 143
Hermann, Ludolf 52
Herold, Horst 209
Hersch, Jeanne 80
Hesse, Hermann 271, 284
Hitchcock, Billy 18
Hitler, Adolf 52, 287
Ho Chi Minh 104, 109
Hochhuth, Rolf 170

Hölderlin, Friedrich 271
Hoffman, Abbie 9f., 36ff.
Hoffman, Dustin 20
Hofmann, Albert 18
Hofstätter, Peter R. 73
Hoke, Michael 180, 181
Homann, Peter 281
Homer 237
Hopper, Dennis 27, 285
Horkheimer, Max 71, 75, 141f.
Horlemann, Jürgen 103, 192, 205
Hoxha, Enver 192
Hübsch, Hadayatullah (Paul-Gerhard) 275
Huffschmid, Jörg 162
Humphrey, Hubert 88, 127

Illies, Florian 60f.

Jackson, Jesse 10
Jäger, Hans 61
Jäger, Lorenz 209
Jahn, Gerhard 228
Janov, Arthur 200
Jaspers, Karl 271
Jens, Walter 155, 156, 170
Jesus von Nazareth 271, 278–282
Jiang Qing 116
Johannes 279
Johnson, Lyndon B. 87, 105
Johnson, Uwe 127
Joplin, Janis 32, 34, 40f.
Jorn, Asger 127
Judas Ischariot 281
Jungclas, Georg 194
Jungk, Robert 198

Kennedy, Robert 198
Kerouac, Jack 13, 15f., 40
Kesey, Ken 16f., 23f., 27
Kierkegaard, Søren Aabye 273
Kiesinger, Kurt Georg 73, 167, 176f., 182ff.
King, Martin Luther 84, 93
Kinsey, Alfred Charles 95
Kirchknopf, Géza 122
Klug, Ulrich 167
Kluncker, Heinz 168
König, Traugott 102
Kogon, Eugen 155f., 162, 166
Kohl, Helmut 241
Kolář, Jiří 53
Kolle, Oswalt 95
Kolley, Klaus 179–182, 288
Kooper, Al 35
Kracauer, Siegfried 71
Krahl, Hans-Jürgen 105, 171, 191, 227, 266, 281
Krainick, Horst-Günther 108f.
Kraus, Karl 253, 268f.
Kreisky, Bruno 199
Kristeva, Julia 60
Kristofferson, Kris 23, 40
Kuby, Erich 162
Kunzelmann, Dieter 123–129, 131, 190, 209, 215, 248f., 252
Kuperberg, Tuli 28
Kurras, Karl-Heinz 66, 90, 152

Lang, Michael 35
Langhans, Rainer 50, 123, 128–131, 210, 242, 252, 281
Lao She 114
Lauermann, Manfred 242
Leary, Timothy 9, 15, 17ff., 27
Lefebvre, Henri 128
Lefèvre, Wolfgang 106, 127, 281
Leggewie, Claus 51, 60, 224
Lehmann, Ines 227
Leibniz, Gottfried Wilhelm 271
Leineweber, Bernd 191
Lenin, Wladimir Iljitsch 102, 194, 206, 218, 228
Lenk, Elisabeth 263
Lennon, John 33
Lennon, Julian 33
Leonardo da Vinci 281

Leone, Sergio 91
Lepenies, Wolf 91
Lessing, Gotthold Ephraim 271
Li Zhensheng 114f.
Lichtenfels, Sabine 205
Lieber, Hans-Joachim 112
Liebknecht, Karl 192
Liedtke, Klaus 181
Lin Biao 113
Liu Shaoqi 112, 116
Löwenthal, Leo 71
Löwenthal, Richard 51, 265–268
Lorenz, Peter 282
Loughran, Gerry 107f.
Lowen, Alexander 200
Lübke, Heinrich 73, 151, 183
Lumumba, Patrice 101
Lunkewitz, Bernd 179f.
Luther, Martin 270, 282
Luxemburg, Rosa 102, 192, 218

Mahler, Horst 44, 89, 155, 207f., 240f., 244f., 250ff., 281, 283
Maier, Willfried 238
Mailer, Norman 9, 16
Mandel, Ernest 194, 205f.
Mann, Golo 155f.
Mannheim, Karl 59, 61f.
Manson, Charles 38, 40
Mao Tse-tung 111–117, 119ff., 123f., 193, 206, 215, 217, 228, 281
Marcilly, Jean 280
Marcuse, Herbert 54, 56, 68, 70f., 126, 188, 262–265, 267f., 297
Marquardt, Friedrich-Wilhelm 270
Martin, George 33
Marx, Karl 63, 106, 109, 146, 205, 228, 231, 252ff., 260, 266, 273
Maschke, Günter 50, 244f., 252
McClure, Michael 27f.
McKenzie, Scott 27
McLuhan, Marshall 25
McNamara, Robert 105
Meinhof, Ulrike 86f., 160, 173, 207f., 210, 222, 283
Meins, Holger 161
Meredith, James 41
Meschkat, Klaus 162
Miermeister, Jürgen 279
Milk, Harvey 12
Minder, Robert 271
Mitscherlich, Alexander 133, 155f., 170
Mitterrand, François 55
Mohr, Reinhard 60
Mollenhauer, Klaus 171
Moneta, Jakob 194
Moses, Stefan 136
Mountain Girl 17
Muehl, Otto 198–205
Müller, Hermann 287
Mugabe, Robert 193
Murphy, Ann 24

Negt, Oskar 191
Neill, Alexander Sutherland 138–141
Niemöller, Martin 282
Nietzsche, Friedrich 271, 273
Nirumand, Bahman 151
Nitsch, Hermann 198
Nixon, Richard 88
Novalis 261ff.

Oberländer, Theodor 67
Oberlercher, Reinhold 50, 242, 244f., 252
Obermaier, Uschi 129, 131
Oertzen, Peter von 146
Offe, Claus 51
Ohnesorg, Benno 66, 90, 150, 152f., 187, 282
Osho siehe Bhagwan Shree Rajneesh

Pahlavi, Farah 151ff.
Pahlavi, Mohammad Reza 66, 150–153, 156
Pascalini, Gabriel 280
Paul, Jean 68, 271
Pennebaker, D.A. 34
Perls, Fritz 200
Perry, Charles 10, 14, 25
Peymann, Claus 68
Philips, John 34
Plessner, Helmuth 270, 284
Pol Pot 109, 121, 192f.
Polanski, Roman 40
Politycki, Matthias 60
Pompili, Jerry 23
Proll, Thorwald 88

Qualtinger, Helmut 199

Rabehl, Bernd 44, 50, 106, 123f., 127, 241–245, 252, 265, 281
Rajneesh, Acharya siehe Bhagwan Shree Rajneesh
Rauch, Georg von 214, 217, 249
Redding, Otis 22, 34
Reich, Wilhelm 96–100, 133, 139, 200, 203, 216, 221, 254
Reiche, Reimut 69, 103, 106
Reiser, Rio 239, 268
Ren Zhongyi 114f.
Renzi, Eva 197
Ridder, Dorothea 128
Ridder, Helmut 165f., 168
Röttgen, Herbert 50
Rohrmoser, Günter 241, 250
Roth, Claudia 239
Roth, Karl Heinz 281
Rousseau, Jean-Jacques 141, 148, 200, 253–257, 284
Rubin, Jerry 9, 25, 27, 37
Ruedt von Collenberg, Hasso Freiherr 109
Rüger, Sigrid 227

Safranski, Rüdiger 198
Sager, Krista 238
Salvatore, Gaston 279, 281
Sander, Helke 134, 226
Sanders, Ed 28
Santana, Carlos 23, 32, 36, 41
Sartre, Jean-Paul 101f., 209, 271, 273
Sauvy, Alfred 100
Scharf, Kurt 282
Schauer, Helmut 164f., 167, 174
Schelling, Friedrich Wilhelm Joseph von 271
Schelsky, Helmut 95f.
Schily, Otto 240
Schirazi, Karimpour 151
Schlegel, August Wilhelm von 261, 271
Schlegel, Friedrich von 261, 271
Schleiermacher, Friedrich Daniel Ernst 271
Schleyer, Hanns Martin 222, 283
Schmid, Thomas 219ff.
Schmidt, Helmut 51, 231
Schmidtchen, Gerhard 283f.
Schmierer, Joscha 191ff., 205
Schmitt, Carl 142, 259, 267
Schneider, Michael 173
Schneider, Peter 82ff., 119ff., 162
Schröder, Gerhard (CDU) 163f., 172f., 182
Schröder, Gerhard (SPD) 240f.
Schütt, Peter 274f.
Schütz, Klaus 247
Schwarzer, Alice 228
Schweitzer, Albert 271
Seale, Bobby 9
Seehuber, Dagmar 128
Seifert, Jürgen 60, 133
Seifert, Monika 133, 137
Sellner, Albert 237
Semler, Christian 205, 281
Sering, Paul siehe Richard Löwenthal

Siepmann, Eckhard 104
Siepmann, Walter 152
Sieyès, Emmanuel Joseph 101
Sinclair, John 37
Slick, Grace 31
Sloterdijk, Peter 197f.
Smith, Dale A. 86f.
Snider, Gary 25ff.
Söhnlein, Horst 88
Sohn-Rethel, Alfred 71
Solanas, Valerie 224ff.
Spiel, Hilde 198
Spiel, Walter 199
Spils, May 81
Springer Axel C. 91, 157–162
Stanley, Owsley 15, 19f.
Steffen, Monika 227
Stein, Gertrude 38
Steiner, Rudolf 203
Stephan, Cora 237
Strasberg, Lee 20
Strauß, Franz Josef 56, 182, 287
Strecker, Reinhard 72
Süllwold, Lieselotte 211
Sylbert, Richard 37

Tacke, Bernhard 168
Tate, Sharon 38, 40
Taubes, Jacob 275f.
Taylor, Derek 23
Teufel, Fritz 90f., 123, 128f., 131, 281
Thadden, Adolf von 177–181, 288
Thelin, Jay 25, 28
Thelin, Ron 28f.
Thomas, Dylan 34
Tieck, Ludwig 261
Tillich, Paul 269, 278
Torres, Camilo 281
Townshend, Pete 22, 37
Trimondi, Victor siehe Herbert Röttgen
Trittin, Jürgen 238
Trotzki, Leo 194
Tschu En-lai 115

Ulbricht, Walter 158f.
Urbach, Peter 91, 155, 249

Vitt, Werner 168
Vollmer, Antje 239

Warhol, Andy 22, 224ff.
Weber, Max 189f.
Wehner, Herbert 56
Weichselberger, Kurt 161
Weiner, Lee 9
Weisbecker, Thomas 214, 217f.
Wieland, Christoph Martin 271
Wiener, Oswald 199
Williams, Robin 23
Williams, William Carlos 16
Wissmann, Hermann von 274
Wolfe, Tom 24
Wolff, Frank 160
Wolff, Karl Dietrich 167f.
Wolff, Reinhard 138
Wolfrum, Edgar 296
Wossnessenski, Andrej 22
Wyneken, Gustav 277

Yagur, Sam 37

Zappa, Frank 22
Zetkin, Clara 134
Zimmermann, Robert siehe Bob Dylan

Bildnachweis

alpha Filmgesellschaft: 10
Archiv des Autors: 3, 4, 6, 27, 33, 35, 38
Archiv des Hamburger Instituts für Sozialforschung: 2, 13, 14, 28, 29 und 30 (Manfred A. Tripp), 37
dpa: 8, 25, 26
Fotosammlung des Kreuzberg Museums, Berlin / Jürgen Henschel: 7
Barbara Klemm: 19
Werner Kohn: 18
Klaus Maier-Ude: 22
Fred McDarrah: 1
Harald Meisert: 32
Tony Obert: 5
Michael Ruetz: 36
Der Spiegel: 17, 20, 40
Stern: 34
Erika Sulzer-Kleinmeier: 11, 31
ullsteinbild: 9, 12, 15, 16, 21, 24
Kurt Weiner: 23
Günter Zint: 39

Alexander Demandt
Über die Deutschen

Eine kleine Kulturgeschichte

496 Seiten | 70 Farbabbildungen
Gebunden mit Schutzumschlag
ISBN 978-3-549-07294-3

Wer sind die Deutschen? Wo kommen sie her, was hat sie geprägt, was unterscheidet sie von anderen Völkern Europas und der Welt? Alexander Demandt, einer der besten Kenner der deutschen Geschichte, hat sich die reizvolle Aufgabe gestellt, das Wissenswerte über die Deutschen und ihr Land in einer kompakten Kulturgeschichte zusammenzutragen. Eine faszinierende Reise in unsere Vergangenheit, die auf kurzweilige Art informiert, bildet, unterhält und zum Nachdenken anregt.

»Ein Werk von stupender Gelehrsamkeit, so etwas wie das summum opus eines der alten Geschichte gewidmeten Gelehrtenlebens.« Welt am Sonntag